마케팅조사 원론

이규현

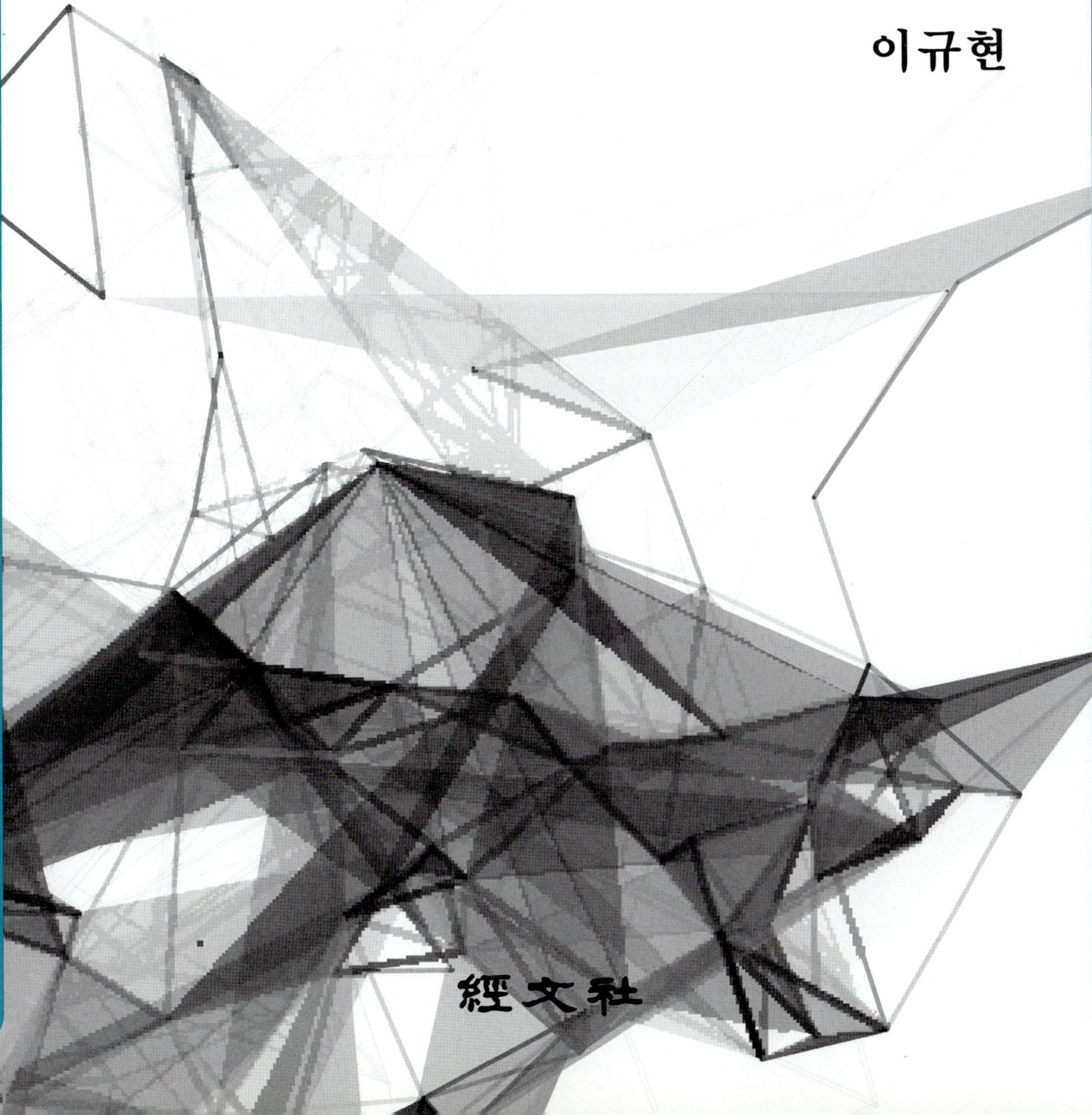

經文社

머리말

인간행동을 설명하고 예측하기 위해 조사능력이 필요하다. 마케팅조사는 시장을 창출하고 유지하고 성장시키는 데 관련된 마케팅 활동을 성공적으로 수행하는 데 도움을 주고자 한다. 이 책은 학계와 실무계 양쪽에서 사용할 수 있도록 작성되었다. 대학에서 마케팅조사 수업을 듣고자 하는 학생들과 논문작성에 직면한 학생들, 그리고 기업에서 조사를 필요로 하는 이들에게 도움을 주고자 이론과 사례를 결합하면서 접근하였다.

이 책은 크게 조사과정과 시스템, 조사설계, 그리고 자료준비와 분석으로 구성되어 있다.

제1부에서는 마케팅조사가 이루어지는 과정과 구조를 다룬다. 제1장에서 마케팅시스템에서 마케팅조사가 이루어지는 과정을 중심으로 다루어, 이 책의 진도를 나가는 과정에서 어느 과정을 수행하고 있는지에 대해 이해할 수 있도록 도와준다. 제2장에서 기업이 조사중심 의사결정 단계로 변화하면서 정보시스템화하려는 노력이 어떻게 구축되고, 어떠한 윤리적인 쟁점이 나타나는가를 다룬다.

제2부에서 조사설계를 다룬다. 탐색조사, 기술조사, 인과조사로 나눈다. 탐색조사로서 2차 자료조사(제3장)와 정성적조사(제4장)를 다루고, 기술조사로서 서베이와 관찰(제5장)을 다루며, 인과조사로서 실험설계(제6장)를 다룬다. 그리고 측정과 척도개발(제7장), 설문지 설계(제8장), 표본설계(제9장)를 다룬다.

제3부에서 자료준비와 통계적 분석방법을 다룬다. 제10장에서 수집한 설문지에 나타난 자료를 코딩하는 과정에서부터 자료분석을 준비하는 과정과 기초적인 통계에 대한 이해를 가설검정절차를 중심으로

다룬다. 이후의 장에서 통계적 자료분석을 수행하는 절차를 보여준다. 제11장에서는 교차분석, 카이자승검정 독립성과 적합성 검정, t-검정을 통한 차이검정과 같은 비교적 쉬운 분석을 가설검정 절차로 보여준다. 그리고 분산분석과 회귀분석으로 넘어간다. 제12장에서 실험설계에 기반을 둔 집단간 차이분석을 사전조사자료를 가지고 가설검정하는 절차를 다룬다. 제13장에서는 변수 사이의 관계를 이해하기 위해 상관분석과 회귀분석을 다룬다. 단순회귀분석을 중심으로 한 실행절차를 실제 자료를 가지고 살펴보고, 다중회귀와 더미변수를 이용한 회귀분석까지 다룬다. 그리고 제14장에서 조사보고서 작성과 커뮤니케이션 과제를 다루고 마친다.

위에서 보여준 마케팅조사 능력을 기르는 이들은 그렇지 못한 이들보다 경쟁력이 있을 것이라고 판단된다. 이러한 경쟁력을 효율적으로 길러주기 위해 각 장의 구성을 독자 중심으로 편집하였다. 이 책은 각 장에서 도입부, 본론, 사례제시, 요약, 토의과제, 참고문헌을 단계적으로 제시하여 학습을 용이하도록 조직하여, 다른 책과 차별화될 수 있게 했다. 독자들이 도입부에서 방향을 잡고, 본론에서 이론을 학습하고, 사례에서 실무적인 감각을 보완하고, 요약에서 정리를 하고, 그룹으로 토의과제를 풀면서 이해를 넓히도록 했고, 참고문헌을 찾으면서 심화시킬 수 있는 여지를 남겨두었다.

이 책은 저자가 1981년 교수가 된 이후, 현재까지 연구하고 강의한 경험을 담고 있고, 그 과정에서 여러 사람들에게 도움을 받았으며, 그 중에서 이 책 집필에 직접적인 영향을 미친 이들에게 감사의 마음을 남기고자 한다.

대학원 과정에서 마케팅과 조사관련 이론적 기반을 전수해주셨던 서울대학교 임종원 교수님과 김원수 교수님께 감사드린다. 이 책에는 미국 미시간대학교 경영대학의 Richard P. Bagozzi 교수님과의 공동연구도 부분적으로 담고 있으며, 지난 20년 가까이 연구와 삶을 공유할 수 있음에 감사드린다.

또한 이 책의 내용에 있는 Barbara L. Fredrickson 교수의 긍정심리학 연구를 소개해주고, 삽화를 그려주는 등 도움을 준 UT, Austin 박사과정생인 작은딸 이현정과 독일 막스플랑크 연구소 실험실에서 박사후 과정에 몰두하고 있는 큰딸 이현옥에게 감사드린다. 그리고 이 책에 관련된 사진을 찍고, 곁에서 도와준 아내 노유옥에게도 감사드린다.

'사회를 생각하는 마케팅연구회'를 함께 만들어 지난 20년 이상 동안 학문적인 삶을 공유하고 있는 안길상 교수님을 중심으로 한 동료들에게 감사드린다. 우리나라 마케팅 관련 학회에 적극적으로 참여하면서 지적 공동체의 발전을 위해 노력하여온 학계 동료들이 있어서 지식의 지평을 넓힐 수 있었다. "해 아래 새것이 없다(전도서 1:9)"라는 성경의 가르침처럼, 이 책은 참고문헌에 제시된 여러 연구자들의 지적 노력에 도움을 받고 있다.

지난 수년 동안 SPSS코리아와 파트너 관계를 형성하여 강의를 위한 프로그램 지원을 지속적으로 하여 주신 데에도 감사드린다. 끝으로 이 책의 집필을 독려해주신 경문사 한헌주 사장님과 김재홍 부장님, 그리고 편집부와 디자인팀에게 감사드린다.

마케팅의 핵심은 고객지향성에 있다. 이 책을 읽고자 하는 이들이 조사에 대한 이해를 가지고 경쟁력을 확보할 수 있을 것이라는 생각에 기쁜 감정이 울려온다. 이 책을 읽는 독자들의 발전을 기원한다.

2014년 2월

저자 이규현

차 례

제1부/ 마케팅조사과정과 시스템

제1장 마케팅시스템과 조사과정 3

1. 마케팅시스템 5
   - 1.1 마케팅은 어떠한 영역을 강조하는가? / 5
   - 1.2 마케팅시스템은 무엇인가? / 8
   - 1.3 마케팅시스템과 조사와의 관계는 무엇인가? / 10
2. 마케팅시스템에서 정보요구 12
   - 2.1 마케팅의사결정을 위한 정보요구 / 12
   - 2.2 조사수행을 위한 의사결정과정 / 17
3. 조사설계: 탐색조사, 기술조사, 인과조사 21
   - 3.1 탐색조사설계 / 22
   - 3.2 기술조사설계 / 23
   - 3.3 인과조사설계 / 25
4. 마케팅조사과정의 개관 25
   - 4.1 문제의 발견과 조사목표의 정의 / 25
   - 4.2 탐색적 조사기법의 선정 / 27
   - 4.3 문제의 정의: 조사목적과 정보요구 상술 / 27
   - 4.4 조사방법의 선정(서베이, 관찰, 실험) / 27
   - 4.5 표본설계 / 28
   - 4.6 자료수집 / 28
   - 4.7 자료분석의 준비 / 29
   - 4.8 자료의 분석 및 해석 / 29
   - 4.9 조사보고서 작성 / 32
5. 마케팅 지식개발을 위한 방법론 32
   - 5.1 논리경험주의와 반증주의 / 33
   - 5.2 해석주의 / 35

●● 사례: 코카콜라 / 38 ●● 요약 / 40 ●● 토의과제 / 41

제 2 장 마케팅조사시스템과 윤리 43

1. 마케팅조사의 세련화 ········· 45
   1.1 직관중심 의사결정단계 / 45
   1.2 조사중심 발전단계 / 45
   1.3 조사중심 의사결정단계 / 46
2. 정보시스템과 인터넷 ········· 47
   2.1 가치로운 정보의 기준 / 47
   2.2 정보시스템과 경쟁력 / 48
   2.3 마케팅 의사결정지원시스템 / 50
   2.4 인터넷과 정보운영시스템 / 57
3. 마케팅조사의 수행주체 ········· 59
   3.1 기업내부의 마케팅조사부서 / 59
   3.2 기업외부 조사기관: 조사공급자와 계약자들 / 61
4. 마케팅조사의 윤리적 쟁점들 ········· 64
   4.1 마케팅 윤리강령 / 65
   4.2 응답자, 조사자, 사용자의 권리와 의무 / 66
   4.3 윤리에 대한 최종 노트 / 68

●● 사례: 월마트 / 70 ●● 요약 / 72 ●● 토의과제 / 74

제2부/ 조사설계

제 3 장 탐색조사설계: 2차 자료조사 79

1. 2차 자료의 가치 ········· 81
   1.1 2차 자료의 가치 / 81
   1.2 2차 자료의 평가 / 82
2. 2차 자료조사설계의 목표 ········· 83
   2.1 사실발견 / 83
   2.2 모형구축 / 84
   2.3 데이터베이스 마케팅과 CRM / 86
   2.4 데이터 마이닝 / 88
3. 2차 자료의 원천 ········· 91

Contents

3.1 내부자료 / 91
3.2 외부자료 / 93

4. 표준화된 마케팅정보서비스 ······ 97
4.1 고객프로파일 제공 / 97
4.2 패널과 스캐너 자료 이용 / 98
4.3 광고효과와 시청률 측정 / 98

5. 2차 자료의 유통 ······ 100

사례: NPD와 ACNielsen / 103 요약 / 105 토의과제 / 106

제4장 탐색조사설계: 정성적 조사 109

1. 정성적 조사를 사용하는 이유 ······ 111
1.1 신제품아이디어 창출과 스크리닝 / 112
1.2 조사과정에서 문제인식과 정의의 명확화 / 112

2. 탐색조사의 범주와 내용 ······ 114
2.1 전문가 의견조사 / 114
2.2 2차 자료조사 / 114
2.3 사례연구 / 115
2.4 정성적 조사 / 116

3. 인터넷과 컴퓨터를 통한 탐색조사 ······ 127

4. 탐색조사의 기술조사와 인과조사와의 연계 ······ 129
4.1 정성적 조사와 정량적 조사의 연계 / 129
4.2 조사설계에서 연계 / 132

사례: 시티은행 / 134 요약 / 135 토의과제 / 136

제5장 기술조사설계: 서베이와 관찰 139

1. 서베이 조사 ······ 141
1.1 서베이의 성질 / 141
1.2 서베이의 분류 / 142
1.3 서베이 선정기준 / 148
1.4 서베이의 장단점 / 150

1.5 서베이 조사의 오류 / 151

2. 관찰조사 ········· 152

2.1 마케팅조사에서 관찰 대상 / 152

2.2 관찰법의 분류 / 154

3. 서베이 조사와 관찰조사의 비교 ········· 157

3.1 관찰조사의 상대적 이점 / 157

3.2 관찰조사의 상대적 단점 / 158

●● 사례: 유니레버의 도브(Dove) / 159

●● 요약 / 161 ●● 토의과제 / 162

제6장 인과조사설계: 실험 165

1. 인과성과 가설검정 ········· 167

1.1 인과성 / 167

1.2 인과성의 성립조건과 구조 / 168

1.3 인과관계에서 매개성 / 170

1.4 이론과 실험의 연결 / 172

1.5 가설설정과 검증 / 174

2. 외생변수의 유형과 통제 ········· 176

2.1 외생변수의 유형 / 176

2.2 외생변수의 통제 / 180

3. 내적 타당성과 외적 타당성 ········· 182

3.1 실험실 실험과 현장실험 / 182

3.2 내적타당성과 외적 타당성 / 183

4. 실험설계의 종류 ········· 184

4.1 유사실험설계의 세 가지 종류 / 184

4.2 무작위화를 사용한 보다 세련된 세 가지 실험설계 / 186

5. 시험마케팅 ········· 189

5.1 표준시험시장법 / 189

5.2 통제시험시장법 / 191

●● 사례: BehaviorScan 또는 미니시험시장 / 192

●● 요약 / 194 ●● 토의과제 / 196

Contents

제7장 측정과 척도개발 199

1. 구성개념과 측정변수 ········ 201
   1.1 구성개념과 측정 / 201
   1.2 개념적 정의와 조작적 정의 / 202
2. 척도의 종류 ········ 203
   2.1 명목척도 / 204
   2.2 서열척도 / 205
   2.3 등간척도 / 206
   2.4 비율척도 / 207
   2.5 척도에 따른 분석방법 / 208
3. 척도의 개발: 소비자 태도 척도 ········ 209
   3.1 소비자태도 조사에서 구성개념 개발 / 209
   3.2 태도측정 방법: 관찰조사와 설문조사 / 212
   3.3 태도척도개발 시 고려사항 / 213
   3.4 태도측정에 자주 사용되는 등급척도들 / 214
4. 척도의 평가: 타당성과 신뢰성 ········ 219
   4.1 타당성과 신뢰성 개념 / 219
5. 타당성 평가 ········ 223
   5.1 타당성의 개념 / 223
   5.2 타당성의 분류 / 224
   5.3 구성개념 타당성의 평가방법 / 230
6. 신뢰성 평가 ········ 231
   6.1 신뢰성의 개념 / 231
   6.2 신뢰성의 평가방법 / 232
   6.3 신뢰성 향상방안 / 235

●● 사례: 프레드릭슨의 긍정 감정연구 / 237

●● 요약 / 239 ●● 토의과제 / 241

제8장 설문지 설계 243

1. 필요한 정보의 결정 ········ 245
2. 면담방법의 유형 결정 ········ 245

3. 개별 질문내용의 결정 247
4. 응답형태의 결정 249
5. 질문의 표현기법 결정 251
6. 질문의 순서결정 255
7. 설문지의 전체 구조와 외형 결정 257
7.1 설문지의 전체 구조결정 / 257
7.2 설문지의 외형결정 / 258
8. 설문지의 사전조사와 수정 259
사례: 설문지 작성사례 / 260
요약 / 268 토의과제 / 270

제 9 장 표본설계 273

1. 표본추출의 의의 275
1.1 전수조사와 표본조사 / 275
2. 표본설계 관련 용어 278
2.1 모집단 / 278
2.2 모집단 구성요소 / 279
2.3 표본추출단위 / 279
2.4 표본추출프레임 / 279
3. 표본추출과정 280
4. 표본추출방법 283
4.1 확률표본추출방법 / 284
4.2 비확률표본추출방법 / 287
4.3 표본추출법의 장단점 / 289
5. 표본크기의 결정 290
5.1 표본추출방법과 표본크기결정 시 고려사항 / 290
5.2 표본크기의 결정 / 291
5.3 표본크기결정의 일반적인 방법 / 294
사례: 적은 표본의 오류 / 296
요약 / 297 토의과제 / 298

Contents

제3부/ 자료준비와 분석

제10장 자료준비와 기초통계 303

1. 자료준비과정 ······ 305
2. 통계기법의 선택 ······ 314
   2.1 단일변량 통계기법 / 314
   2.2 다변량 통계기법 / 315
3. 표본의 기술분석 ······ 316
   3.1 도수분포 / 316
   3.2 도수분포와 관련된 통계량 / 316
4. 추리통계의 기초 ······ 321
   4.1 추리통계학의 의미 / 321
   4.2 표본분포 / 322
   4.3 중심극한정리 / 323
5. 가설검정 ······ 325
   5.1 연구가설 / 325
   5.2 오류, 유의수준, 알파, 검정력 / 326
   5.3 가설검정절차 / 330

●● 사례: 태도설문에 대한 코딩지침 / 333

●● 요약 / 335 ●● 토의과제 / 336

제11장 교차분석, 카이자승검정 및 t-검정 339

1. 교차분석표를 이용한 검정 ······ 341
   1.1 교차분석표를 이용한 검정 / 341
2. 카이자승을 이용한 독립성검정과 적합성검정 ······ 345
   2.1 카이자승을 이용한 독립성에 관한 검정 / 345
   2.2 카이자승을 이용한 적합도에 관한 검정 / 349
3. 차이에 관한 검정: t-검정 ······ 352
   3.1 독립표본 t-검정 / 352
   3.2 대응표본 t-검정 / 358

●● 사례: 하겐다즈(Haagen-Dazs) / 360

●● 요약 / 361 ●● 토의과제 / 362

제12장 집단차이분석: 분산분석 365

1. 분산분석의 분류와 타 분석과의 차이 ······ 367
   1.1 분산분석의 분류 / 367
   1.2 분산분석, t-검정, 회귀분석 사이의 차이 / 369
2. 일원분산분석 ······ 370
   2.1 분산과 F-분포 / 370
   2.2 일원분산분석 가설검정 / 372
3. 이원분산분석 ······ 377
   3.1 상호작용효과 / 378
   3.2 3×2 factorial design 가설검정 / 379
4. 공분산분석 ······ 385
   4.1 실험설계 / 385
   4.2 컴퓨터 프로그램에 의한 가설검정 / 386
5. 다변량분산분석 ······ 387

●● 사례: Petty, Cacioppo, Schumann의 실험설계 / 389

●● 요약 / 391 ●● 토의과제 / 392

제13장 변수 사이의 관계 분석: 상관관계와 회귀분석 395

1. 상관관계 ······ 397
   1.1 상관계수 / 397
   1.2 상관관계의 종류 / 397
2. 회귀분석의 기초 ······ 404
   2.1 회귀분석의 이론적 배경 / 404
   2.2 회귀분석의 종류와 가정 / 406
3. 단순회귀분석 실행절차 ······ 408
   3.1 산포도 작성 / 408
   3.2 선형모형 형성 / 408

Contents

3.3 모수추정 / 410
3.4 표준화 회귀계수의 추정 / 414
3.5 회귀모형과 독립변수의 유의성검정 / 415
3.6 관계의 강도와 회귀모형의 설명력 / 416
3.7 예측의 정확성 검토 / 419
3.8 잔차의 검토 / 421
3.9 모형의 교차타당성 검정 / 422

4. 다중회귀분석 실행절차 ······ 423
4.1. 다중회귀분석의 실행절차 / 424
4.2 다중공선성 / 429
4.3 독립변수 선정방법 / 433

5. 더미변수를 이용한 회귀분석 ······ 435
5.1 개 념 / 436
5.2 사 례 / 436
5.3 SPSS를 활용한 분석 / 437

사례: 경제학과 마케팅에서 회귀분석 / 439

요약 / 441 토의과제 / 443

제14장 조사결과의 커뮤니케이션 445

1. 조사보고서의 평가기준과 작성기준 ······ 447
1.1 조사보고서 평가기준 / 447
1.2 조사보고서 작성기준 / 448

2. 조사보고서 양식 ······ 450
2.1 표 제 / 450
2.2 목 차 / 450
2.3 결과요약 / 452
2.4 본 문 / 452
2.5 부 록 / 453

3. 구두 프레젠테이션 ······ 454
3.1 구두보고서 준비 / 455
3.2 구두보고서의 전달 / 456

4. 도해 프레젠테이션 ······ 457

4.1 파이그림표 / 457
4.2 선그림표 / 458
4.3 층그림표 / 458
4.4 막대그래프 / 459
4.5 지 도 / 459
5. 사후조치와 조사결과의 확산 ········ 459
5.1 사후조치 / 459
5.2 조사결과의 확산 / 460
●● 사례: 스티브 잡스의 프레젠테이션 / 461
●● 요약 / 462 ●● 토의과제 / 463

❒ 부록: 통계표 / 465
❒ 찾아보기 / 471

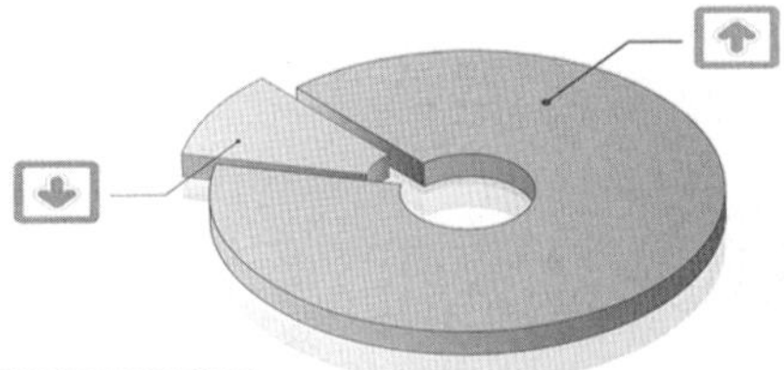

PART 01

마케팅조사과정과 시스템

CHAPTER 01
마케팅시스템과 조사과정

02
마케팅조사시스템과 윤리

Marketing Research

학습개요 Learning Objectives

제1부에서는 마케팅에서 마케팅조사를, 그리고 경영정보시스템에서 마케팅조사를 보여주고자 한다. 즉, 과정과 구조를 보여주고자 한다.

제1장에서는 마케팅시스템 속에서 마케팅조사가 이루어지는 영역을 보여주고자 한다. 정성적 조사와 정량적 조사의 결합을 강조하면서 방법론쟁점을 다루고자 한다.

제2장에서는 조직에서 구축하는 정보시스템 속에서 마케팅조사가 어떻게 연결되는가를 보여주고자 한다. 나아가 윤리적 쟁점을 보여주고자 한다.

Marketing Research

01

마케팅시스템과 조사과정

M

Intro

1. 마케팅시스템
2. 마케팅시스템에서 정보요구
3. 조사설계 : 탐색조사, 기술조사, 인과조사
4. 마케팅조사과정의 개관
5. 마케팅 지식개발을 위한 방법론

사례: 코카콜라

요약

토의과제

INTRO

이 장에서는 마케팅조사가 전개되는 숲을 보여주고자 한다.

마케팅조사는 마케팅시스템에서 정보를 얻어 의사결정에 도움을 주고자 수행된다. 여기서 마케팅시스템은 기업과 소비자 사이의 관계에서 형성되고 발전한다. 즉, 외부적인 상황 변화 속에서 전략과 마케팅믹스 프로그램을 수행하고, 소비자들의 호의적인 반응과 성과를 창출하는 과정으로 연결되는 시스템이다. 이 시스템에서 객관적이고 타당한 자료를 수집하고 분석하는 마케팅조사의 도움을 받아 경영자는 의사결정의 불확실성을 줄이려고 노력한다. 이 장 제1절에서 이러한 마케팅시스템을 설명하고, 이 시스템 속에서 의사결정을 위한 정보투입으로서 마케팅조사의 역할에 대해서 설명하면서 시작하고자 한다. 제2절에서 마케팅시스템에서 어떠한 정보가 구체적으로 요구되고 있는지를 소개한다.

마케팅조사를 성공적으로 수행하기 위해서 집을 지을 때 청사진이 필요한 것처럼 조사설계를 하고 시작하여야 한다. 조사설계는 탐색조사, 기술조사, 인과조사 세 가지가 있고, 이 조사설계에 따라 분석방법이 달라진다. 이 장의 제3절에서 이 조사설계에 대해 설명하고자 한다.

이 장의 제4절에서 마케팅조사과정을 아홉 단계로 나누어 개괄적인 설명을 하고자 하며, 이 과정에 대한 이해는 이 책 전체 과정을 이해하는 데 도움이 될 수 있다. 그리고 이러한 과정에 대한 이해에 도움을 주고자 마지막 장에서 마케팅 지식개발을 위한 방법론을 다룬다. 이는 사회과학 방법론에 대한 주제를 담고 있다. 실증주의 방법론은 새로운 현상에 관심을 기울이고, 기존 문헌들과 이론들로부터 새로운 가설을 설정하고, 적절한 통계방법을 기반으로 가설을 검증하여 지식성장에 공헌하고자 한다. 그리고 연구자의 주관이 개입되는 해석주의 방법론을 간단히 소개하고자 한다. 이 장 마지막에 다소 어렵지만 이러한 방법론을 소개하는 것은 책 전체에서 전개될 정량적 조사와 정성적 조사의 인식론적인 기반을 제시하고자 함이며, 이 절이 다소 어렵게 느껴지면, 진도에서 뛰고, 이 책 전체를 이해하고 나중에 다시 돌아와 이해할 수 있다고 본다.

1 마케팅시스템

1.1 마케팅은 어떠한 영역을 강조하는가?

마케팅관리적인 관점에서 마케팅조사(marketing research)는 마케팅관리자에게 시장에 대한 정확한 지식을 제공하려고 한다. 마케팅조사자(marketing researcher)는 공식적인 조사를 통해 마케팅관리자를 도와주려고 한다. 이와 같이 마케팅조사는 마케팅의사결정을 도와주는 것이기 때문에 마케팅조사를 이해하기 위해서는 마케팅에 대한 이해가 선행되어야 한다. 마케팅은 근본적으로 시장과의 관계를 다룬다. 미국 마케팅학회에서는 마케팅을 다음과 같이 정의하고 있다.

> "마케팅은 고객, 의뢰인, 파트너, 넓게는 사회를 향해 가치를 가진 제공물을 창출하고, 소통하며, 전달하고, 교환하기 위한 활동이고 제도이며, 과정이다(Marketing is the activity, set of institutions, and processes for creating, communicating, delivering, and exchanging offerings that have value for customers, clients, partners, and society at large)"(www.marketingpower.com).

이 정의에서 마케팅을 고객, 의뢰인, 파트너, 사회를 향한 가치창출, 소통, 전달을 바라본 것은 기업의 가치사슬을 구성하고 있는 고객, 파트너로서 공급자, 지역사회 등 넓게 바라보고 있는 것임을 알 수 있다. 이 정의는 기업과 기업과의 관계, 기업과 고객과의 관계 등을 넓게 바라보고 있는 것으로 해석된다. 이러한 교환과정에 잘 대처하기 위해서는 상당한 활동과 기술이 요구되어 관리론적인 사고가 필요한다. Kotler와 Keller(2012)는 마케팅관리를 다음과 같이 보고 있다.

> "마케팅관리는 표적시장을 선정하여, 우수한 고객가치를 창출하고 전달하며 의사소통함으로써 고객을 확보하고 유지하며 성장시키는 예술과 과학"이다(Kotler and Keller, 2012, p. 27).

오늘날 마케팅은 고객가치를 창출하고 유지하기 위해 고객의 소리(voice of customer)에 귀를 기울이는 고객지향성을 강조하고 있으며, 이에 따라 마케팅조사의 영역도 고객으로 깊이 다가가고 있다.

1) 고객지향성

기업의 사회경제적인 목적은 새로운 재화와 서비스를 창출하고 분배하는 데 있다. 기업의 주요 기능으로서 마케팅은 고객을 창출하고 유지하여 시장을 지배하는 것을 도와준다. 이를 위해서 고객을 이해하고, 고객의 선호에 맞는 신제품을 창출하여 고객의 욕구에 부응하고자 한다. 이러한 고객지향성(customer orientation)을 중심으로 기업이 움직여가면 갈수록, 고객이 지닌 가치를 조사하거나, 기업이 고객에 주는 가치에 대해 고객의 반응 조사에 근거하여 새로운 전략을 모색하고자 한다.

2) 장기적인 수익성

지구의 에너지와 자원 고갈, 빈부격차 등 지속가능한 사회(sustainable society)라는 과제 속에서 사회지향 마케팅(societal marketing)이 중요해지고 있다. 기업 경영자는 사회책임을 당연하게 받아들이고, 고객만족, 공공의 이익, 기업의 성장을 함께 바라보아야 기업의 장기적인 이익을 확보할 수 있다고 믿게 되었다. 공공의 이익을 위해서는 기업을 둘러싸고 있는 지역과 사회와 관련하여 기업이 적극적으로 관계하여 전체적인 기업이미지를 높이는 활동에 관심을 기울이게 되고, 이를 위해 조사를 통해 사회지향적 전략을 수립하고자 한다.

3) 부서의 기능 간 협력

기업이 고객지향성은 마케팅부서만의 일이 아니라 전사적인 일임을 깨닫고 있다. 서비스기업들은 고객지향성을 통해 고객만족을 이루기 위해서 종업원만족을 달성하고자 한다. 즉, 서비스마케팅에서는 기업, 종업원, 고객의 세 집단 사이의 관계에서 기업과 종업원을 내부마케팅(internal marketing), 기존의 기업과 고객과의 관계를 외부마케팅(external marketing), 종업원과 고객 사이의 관계를 상호작용마케팅(interactive marketing)이라고 구별하면서 접근하고 있다. 이 경우 종업원이 고객지향성을 가질 수 있도록 교육훈련시키고, 보상체제를 만드는 등 경영층이 지원해야 한다(Grönroos, 2007).

고객지향성이 전사적으로 구현되기 위해서 종업원들이 종사하는 부서간의 기능의 벽을 어느 정도 허물고 학습능력을 고도화시키려는 노력이 필요하다. 이를 위해 마케팅기능뿐만 아니라 생산, 재무, 인사 등 기업의 기능들이 협력하면서 이루어질 필요가 있다.

신제품을 개발하고 시장에 성공적으로 확산시킬 수 있기 위해서는 처음부터 소비자에 대한 조사에서 시작하여 그들에게 맞는 제품을 개발하기 위해서 마케팅부서와 연구개발부서, 생산부서가 협력하여야 한다. 이 경우 마케팅 조사의 내용이 연구개발, 생산, 마케팅전략 전반에 영향을 미치게 된다.

4) 가치네트워크의 구축과 유지

오늘날 마케팅은 고객과의 일회적인 거래가 아니라 지속적인 관계로 발전시키는 관계마케팅(relationship marketing)이 강조되고 있고, 이 관점에서는 구매자-판매자 파트너관계(buyer-seller partnership), 전략적 제휴 등 기업이 쌓아가는 가치네트워크(value networks)를 강조하게 된다. 공급자와의 관계, 유통업자와의 관계, 고객과의 관계, 심지어 경쟁자와의 관계까지 넓게 바라보고 마케팅활동을 펼쳐야 한다. 글로벌마케팅활동으로 넘어가면 이러한 관계와 네트워크가 전 세계적으로 펼쳐지게 된다(이규현, 2012). 이러한 관계와 네트워크의 확장은 조사의 범위를 넓게 하고 있다.

1.2 마케팅시스템은 무엇인가?

단순한 마케팅시스템(simple marketing system)은 기업과 소비자 사이의 교환관계에서 나타난다. 기업은 소비자에게 제공물에 대한 정보를 제공하고, 소비자는 가격을 지불하거나 시장에 대한 정보를 제공한다(Kotler and Keller, 2012, pp. 31~32).

이를 보다 구체적으로 제시하면 마케팅시스템은 [그림 1.1]에서 볼 수 있다. 즉, 기업은 전략을 수행하면서 통제가능하지 않는 상황변수를 고려하면서 기업이 통제가능한 마케팅믹스결정을 하고, 소비자는 소비자행동 반응을 하고, 그 반응여부에 따라 마케팅성과가 결정되는 시스템으로 볼 수 있다(Feinberg, Kinnear, and Taylor, 2007).

여기서 상황변수는 마케팅관리자가 의사결정을 할 때, 통제가능하지 않지만, 전략적으로 파악하여 기회를 찾을 수 있다. 글로벌기업이 글로벌마케팅을 수행하는 상황에서는 정치와 공중관계를 잘 살리면서 이러한 상황변수의 일부를 통제 가능한 변수로 바꾸는 경우도 있다. 상황변수를 고려하면서, 기업의 제한된 자원을 효율적으로 배분할 수 있는 마케팅믹스 활

그림 1.1 마케팅시스템

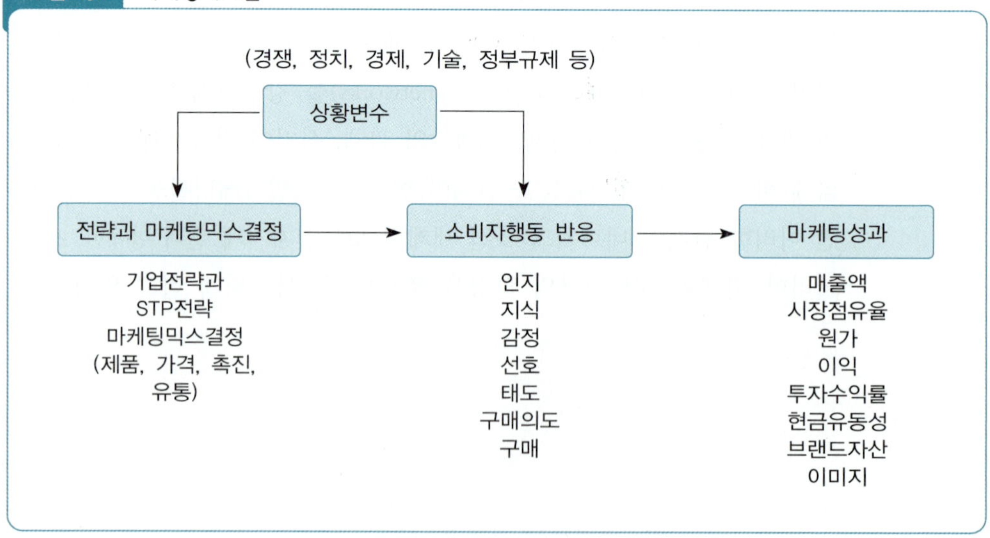

동을 잘 수행하여 소비자들의 호의적인 반응을 창출하는 것이 마케팅노하우이다. 이를 보다 자세하게 설명하면 다음과 같다.

1) 상황변수 분석

기업이 어떠한 전략과 마케팅믹스결정을 수행하는가와 소비자행동 반응은 상황변수들에 영향을 받는다. 경제상황, 정치적·법적 상황, 기술여건, 정부규제 등 거시 환경은 상황변수들로서 작용한다. 경쟁과 수요가 변해가면서 기업행동을 변화시킨다. 기업은 이러한 상황변수들을 통제할 수는 없지만 잘 고려하여 기업 성장을 위한 기회로 삼으려고 한다.

펩시콜라의 인도시장 진출처럼, 다국적기업들이 해외시장을 진출하고자 할 때, 진출국 정부와 협상을 통하여 정치적·법적 상황이나 정부규제 등 통제가 어려운 변수들을 어느 정도 통제 가능한 변수로 만들기도 한다. 정치력과 공중관계가 강조되는데 이를 Kotler(1986)교수는 메가마케팅(mega marketing)이라고 부른 바 있다.

2) 전략과 마케팅믹스 결정

기업은 전략과 마케팅믹스 결정(제품결정, 가격결정, 유통결정, 촉진결정)을 수행한다. 이러한 결정은 기업이 주어진 자원을 배분하면서 통제할 수 있는 결정들이다. 경쟁자와 상황변수들을 이해하면서 이러한 자원배분을 잘 수행하여 소비자들에게 호의적인 반응을 얻어 성과를 내려고 한다.

3) 소비자행동 반응

기업이 마케팅믹스활동을 통하여 자사의 제품과 서비스에 대해 호의적인 방향으로 기존의 태도를 변화시키거나 새로운 태도를 형성시키려고 한다. 이를 위해 기업은 표적소비자들이 왜, 언제, 어떻게, 얼마나, 어떠한 경로를 통하여 구매하는가에 대한 구매행위를 파악할 수 있어야 한다. 이러한 행동반응은 인지적, 감정적 요소들에 영향을 받고 있으며, 과거행동의 결과에 의해서 영향을 받는다. 소비자태도조사를 통하여 태도를 이해하면 태도가 행동의도를 예측할 수 있기 때문에 소비자들의 호의적인 반응을 얻을 수 있는 방법을 이해하게 된다. 이 책 제7장에서 소비자태도조사에 대해 다룰 것이다.

4) 성과측정

기업은 상황요인들 속에서 기회를 찾아 전략과 마케팅믹스결정을 잘 수행하면서 마케팅성과를 결정짓는다. 마케팅성과는 매출액, 시장점유율, 원가, 이익, 투자수익률, 현금유동성, 브랜드자산, 이미지 등으로 측정된다. 효과적인 성과측정을 개발하면 마케팅활동을 효율적으로 관리할 수 있다. 마케팅조사는 기업의 마케팅믹스활동이 어떠한 성과를 가져오는가를 측정하는 기법과 자료원천을 제공하는 데 중요한 역할을 한다.

1.3 마케팅시스템과 조사와의 관계는 무엇인가?

마케팅조사가 마케팅시스템에서 수행되는 것이라면 조사의 수행은 정치, 경제, 사회의 상황변수에 대한 이해, 기업전략과 마케팅믹스(제품, 가격, 유통, 촉진결정의 결합)활동에 대한 이해, 소비자들의 반응에 대한 이해, 그리고 기업의 성과에 대한 이해 전반에 대해 조사할 수 있다.

훌륭한 마케팅관리자는 과거의 성과를 해석하고, 미래 활동을 계획하도록 도와주는 통찰을 필요로 한다. 단기적인 전술적인 결정이나 장기적인 전략적인 결정을 수행하기 위해 고객, 경쟁자, 브랜드 등에 관한 시기적절하고, 정확하고, 행동으로 옮길 수 있는 정보를 필요로 한다.

훌륭한 마케팅관리자가 올바른 의사결정을 수행하기 위해서 올바른 마케팅조사를 필요로 한다. 마케팅조사자는 이러한 마케팅상황에 관련된 자료를 체계적으로 설계하고, 수집하고, 분석하여 마케팅관리자에게 제공해주어, 올바른 의사결정을 수행하도록 도와준다.

이와 같이, "마케팅조사는 기업에 직면하는 특정 마케팅상황에 관련되는 자료와 발견들을 체계적으로 설계하고, 수집하고, 분석하고 보고

그림 1.2 의사결정을 위한 정보투입으로서 마케팅조사

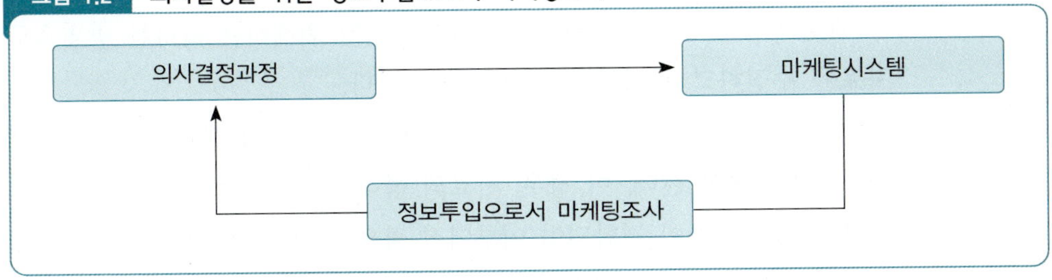

(systematic design, collection, analysis, and reporting of data and findings relevant to a specific marketing situation facing the company)하는 과정"이다 (Kotler and Keller, 2012). 즉, 마케팅조사는 마케팅의사결정을 하는 데 도움이 되는 정보를 창출하는 체계적이고 객관적인 과정이다.

실무계에서는 자료를 정보화시켜, 의사결정에 유익하게 사용될 수 있다. 여기서 마케팅자료는 마케팅시스템에서 발생하고, 마케팅조사는 의사결정을 위한 정보투입의 역할을 한다(그림 1.2 참조). 마케팅조사의 역할에 대해서 보다 자세하게 이해하면 다음과 같다.

첫째, 마케팅조사는 다른 사회과학 조사와 다르게 마케팅시스템에서 일어나는 마케팅현상을 파악하는 활동이다. 마케팅조사를 이해하기 위해서는 마케팅시스템에 대한 이해가 선행되어야 한다. 기업은 통제하기 어려운 환경 변수들 속에서 경쟁자들과 차별화된 전략을 펼치려고 하며, 통제가능한 마케팅믹스변수들을 잘 작성하여 소비자들에게 호의적인 반응을 창출하려고 한다. 이러한 과정 전체를 도와주는 활동이 마케팅조사이다.

둘째, 마케팅조사는 마케팅시스템 속에서 기업이 올바른 의사결정을 하는 데 도움을 주는 정보창출활동이다. 마케팅조사를 성공시키기 위해서는 마케팅조사자와 마케팅관리자가 의사소통이 잘 되어야 한다. 일반적으로 마케팅조사자는 자료 분석에는 밝으나 마케팅관리자에게 직면하고 있는 마케팅상황에 어둡게 된다면 마케팅의사결정에 도움이 되는 조사를 수행하지 못할 수 있다.

셋째, 마케팅조사는 체계적이고 객관적인 과정을 요구한다. 체계적이 되기 위해서 조사절차가 명확히 규정되고 의도적으로 설정되어 일관성 있는 과정으로 진행되어야 한다. 객관적이 되기 위해서는 올바른 방법으로 자료를 수집하고 분석하여 제시되어야 한다.

넷째, 마케팅조사는 자료수집, 자료분석, 해석과정이 전체적으로 일관성 있게 이루어져야 한다. 이 경우, 자료의 성격에서 정성적 분석기법과 정량적 분석기법 양쪽이 결합되어 이루어질 필요가 있다. 시장에 새롭게 출현하는 하이테크 제품에 대한 소비자반응은 소비자들이 특정 제품에 대한 경험과 지식이 없기 때문에 정량적인 분석만으로 파악하기 어려우며, 정성적인 분석이 필요하게 된다.

2 마케팅시스템에서 정보요구

2.1 마케팅의사결정을 위한 정보요구

올바른 의사결정을 위해 산업에서 경쟁자들과의 관계에서 경쟁자수가 증가하고 새로운 진입자들이 등장하고 있기 때문에 경쟁강도를 고려해야 한다. 경쟁이 치열해져가는 현실에서는 전략적 사고가 중요시된다. 전략적 의사결정은 상황분석 → 전략수립 → 프로그램개발 및 실행 → 통제과정으로 진행된다. 이를 마케팅의사결정에 적용하면 상황분석 → 시장세분화, 표적시장, 포지셔닝분석 → 마케팅믹스 프로그램 결정 → 행동반응 분석 → 성과측정분야에서 나타난다. 이 과정에 나타나는 정보요구를 구체적으로 살펴보면 다음과 같다(Feinberg, Kinnear와 Taylor, 2007 참조).

1) 상황 분석

상황분석은 기회를 식별하고 평가하기 위해서 수행된다. 이는 시장특성분석, 경쟁분석, 일반환경분석으로 이루어진다. 다음과 같은 질문에 답할 수 있는 조사를 수행할 수 있다.

(1) 시장특성분석

① 시장과 잠재력은 어느 규모인가?

② 세분시장의 규모와 특성은 어떠한가?

③ 미래 시장동향은 어떻게 예측되는가?

(2) 경쟁분석

① 누가 경쟁자인가?

② 경쟁자의 마케팅 프로그램, 경쟁행동, 자원은 어떠한가?

③ 경쟁자와 비교하여 자사의 주요 강점과 약점은 어떻게 분석되는가?

④ 미래 경쟁환경은 어떻게 예측되는가?

(3) 일반환경분석

① 정치적인 분위기는 어떠한가?

② 경제여건과 경기동향은 어떠한가?

③ 기술동향은 어떠한가?

④ 정보규제와 정책방향은 어떠한가?

⑤ 환경, 안전, 소비자운동은 어떻게 나타나고 있는가?

(4) 기업의 내적 환경분석

① 자사의 마케팅능력은 어떠한가?

② 자사의 생산능력은 어떠한가?

③ 자사의 재무능력은 어떠한가?

④ 자사의 기술능력은 어떠한가?

⑤ 내적 여건의 미래 방향은 어떠한가?

2) 시장세분화, 표적시장, 포지셔닝 분석

마케팅전략은 시장세분화를 통하여 표적시장을 선정하고, 표적시장 내에서 경쟁자와 차별화될 수 있는 포지셔닝 전략을 수립하면서 경쟁우위의 기반이 잡힌다. 이들 각 단계에서 마케팅조사가 필요하다.

시장세분화를 위해서 시장세분화 변수를 결정하는 군집분석 등의 조사가 필요하다. 표적시장 결정을 위해서는 각 세분시장의 크기, 구매력, 경쟁사 조사가 필요하다. 그리고 포지셔닝 분석을 위해서 다차원척도법(multi-dimensional scaling)을 이용하여 지각도를 작성하여 이상점과의 거리를 조사하여 미래 신제품개발 등에 반영할 수 있다.

3) 마케팅믹스 프로그램 결정

시장세분화, 표적시장, 포지셔닝 분석이 전략이라면 마케팅믹스는 프로그램으로서 제품, 가격, 유통, 촉진 전반에 대한 이해를 기반으로 보다 구체적으로 전개되어야 한다. 다음과 같은 질문에 답할 수 있는 조사를 수행할 수 있다.

(1) 제 품

① 어떠한 제품속성이 중요한가?
② 어떻게 제품을 차별화해야 하는가?
③ 서비스, 품질보증 등은 얼마나 중요한가?
④ 제품다양성이나 제품계열에 대한 필요는 있는가?
⑤ 포장은 얼마나 중요한가?
⑥ 경쟁제품에 대해서 자사제품이 어떻게 인식되고 있는가?
⑦ 신제품개발을 위한 제품콘셉트를 어떻게 받아들이는가?
⑧ 신제품에 대한 시험 마케팅의 반응은 어떠한가?
⑨ 제품 포트폴리오 결정을 위한 제품별 강점과 약점은 어떠한가?
⑩ 제품에 대한 고객만족도는 어떠한가?

(2) 가 격

① 수요의 탄력성은 어떠한가?
② 원가, 수요, 경쟁관계에서 어떠한 가격정책이 적절한가?
③ 제품계열별 가격조정은 어떻게 되어야 하는가?
④ 제품별 가격변화는 어느 정도가 적당한가?

⑤ 경쟁자의 가격위협에 어떻게 대처해야 하는가?
⑥ 가격이 구매자에게 얼마나 중요한가?

(3) 유 통

① 제품을 어떠한 유형의 중간상이 취급하게 할 것인가?
② 제품을 취급하는 거래처의 동기유발, 태도는 어떠한가?
③ 도매, 소매를 지역별로 얼마나 깊숙이 침투시켜야 할 것인가?
④ 마진율은 얼마가 적당한가?
⑤ 물적 유통체계는 어떻게 설계할 것인가?
⑥ 상권분석을 어떻게 할 것인가?
⑦ 점포이미지는 어떠한가?
⑧ 지역별·유통업태별 매출액은 어떠한가?

(4) 촉 진

① 최적촉진예산은 얼마인가?
② 수요를 자극하는 데 있어서 판매촉진, 광고, 인적판매, 인터넷과 다이렉트 마케팅의 효과는 어떠한가?
③ 촉진믹스는 어떻게 할 것인가?
④ 촉진수단의 효율성은 어떻게 측정할 것인가?
⑤ 가장 효율적인 광고카피는 무엇인가?
⑥ 가장 효율적인 미디어는 무엇인가?
⑦ 광고효과(인지도, 광고태도, 브랜드태도, 구매의도)는 어떠한가?
⑧ 판매원 성과조사는 어떠한가?

4) 소비자행동 반응분석

기업은 자사제품에 대해 소비자들의 구매행동 특성을 이해하고, 기업의 마케팅믹스 프로그램이 소비자들에게 어떠한 반응을 일으켜 왔으며, 새로운 프로그램이 어떠한 반응을 일으킬 수 있는가를 예측한다.

(1) 구매행동 특성

① 소비자들은 무엇을 구매하는가?

② 누가 구매자인가?

③ 어디서 구매하는가?

④ 왜 구매하는가?

⑤ 어떻게 구매하는가?

⑥ 언제 구매하는가?

⑦ 얼마나 구매하는가?

⑧ 미래에 구매자들의 구매행위나 특성은 어떻게 변화할 것인가?

⑨ 고객들은 어느 정도 만족하는가?

⑩ 고객들은 어느 정도 유지될 것인가?

(2) 기업의 마케팅믹스에 대한 반응

다음과 같은 마케팅믹스에 대한 개별적 반응뿐만 아니라 판매와 이미지에 미치는 마케팅믹스의 통합된 효과를 조사할 수 있다.

① 소비자들은 자사와 경쟁기업들의 제품변화에 어떻게 반응하는가?

② 소비자들은 자사와 경쟁기업의 가격변화에 어떻게 반응하는가?

③ 소비자들은 자사와 경쟁기업의 유통변화에 어떻게 반응하는가?

④ 소비자들은 자사와 경쟁기업의 촉진변화에 어떻게 반응하는가?

⑤ 소비자들은 자사의 어떠한 통합된 마케팅믹스에 대하여 잘 반응하는가?

5) 성과 측정

마케팅프로그램을 실행하고 통제한 것에 대한 피드백을 얻기 위해 마케팅조사를 수행할 수 있다. 이러한 마케팅조사는 소비자들이 기업으로부터 혜택을 얻는 전체 과정, 즉 고객가치(customer value)를 성공적으로 관리하는 데 매우 중요하다. 마케팅활동을 평가하고 통제하기 위해 정규적이고 일상적으로 피드백을 제공하는 조사를 성과모니터링조사(performance monitoring research)라고 한다.

① 제품계열에 의한 현재 판매량은 얼마인가?
② 제품계열에 의한 현재 시장점유율은 얼마인가?
③ 고객유형, 판매지역 등에 의한 현재 판매량과 시장점유율은 얼마인가?
④ 고객들, 유통업자들, 공중들은 본사 제품과 기업이미지를 어느 정도 강하게 가지고 있는가?
⑤ 자사 촉진의 인식수준은 얼마인가?
⑥ 자사 브랜드의 회상수준은 얼마인가?
⑦ 우리의 대형 소매업자들 중에서 유통업자 비율은 얼마인가?
⑧ 유통경로의 비율은 제안된 소매가격 이하로 판매하는 것은 얼마인가? 본사 제품의 평균소매가격은 얼마인가?
⑨ 고객의 만족비율은 얼마인가?
⑩ 현행 고객들의 반복구매 비율은 얼마인가?

2.2 조사수행을 위한 의사결정과정

앞에서 마케팅시스템과 마케팅시스템에서 정보요구가 어떻게 나타나는가를 살펴보았다. 결국 이러한 정보요구를 선택하는 것은 경영자의사결정에서 이루어진다.

의사결정(decision-making)은 실용주의 철학자 존 듀이(John Dewey, 1933)가 『*How We Think*』라는 저서에서 처음으로 제기한 바 있는데, 이는 인간이 문제인식을 하고 문제를 풀기 위해 여러 대안을 만들고, 평가를 하여 하나를 선택한다고 보았다. 경영학자들은 이를 발전시켜, 상황파악 → 문제인식과 정의 → 대안 식별 → 대안 평가 → 선택 → 실행 및 수정이라는 연속적인 과정으로 발전시켰다.

노벨상을 받은 경제학자 사이몬(H. Simon)은 시간과 자원의 제약성 속에서 최적의 결정을 하여야 하기 때문에 완전한 합리성에 도달할 수 없으며 제한된 합리성(bounded rationality)에서 의사결정을 할 수밖에 없다고 바라보았다. 이 제한된 합리성에 기초하여 Tversky와 Kahneman(1974, 1981)은 인간이 불확실성하에서 판단을 추단과 편향에 의해서 수행한다는 것과 위험한 상황 속에서 내리는 결정 분석이 손실회피성향임을 잘 설명하고 있다.

1) 조사 수행여부에 관한 초기 의사결정

마케팅조사를 수행할 것인가 아닌가에 대한 초기결정에는 시간적인 제약, 자료를 얻을 수 있는가의 여부, 이루어질 의사결정의 성질, 그리고 투자되는 비용에 비해서 들어오는 이점이 더 큰가를 따지게 된다. [그림 1.3]은 마케팅조사를 수행하는 때를 결정하기 위한 기준을 요약하고 있다.

첫째, 시간적인 제약이 따른다. 특히, 체계적인 조사를 수행하고자 할 때 많은 시간을 요한다. 관리자들은 결정을 즉각적으로 수행하여야 할 때가 많으나 조사자의 입장에서는 마케팅상황에 대한 이해를 필요로 하며 이는 시간적인 제약에 직면하게 된다. 그러므로 "관리적 의사결정이 이루어지기 전에 충분한 시간이 있는가?"라는 물음에서 "예"라고 답해야 마케팅조사를 수행할 수 있다.

둘째, 자료의 입수가능성 여부가 영향을 미친다. 마케팅관리자는 의사결정을 하기 위하여 자료를 가지고 있는 경우가 많으며, 그 자료가 적절하지 않을 경우 새로운 자료를 수집하여야 한다. 그러므로 "의사결정을 위해 현재의 정보가 부적절하다"고 판단해야 조사가 진행된다.

셋째, 마케팅조사는 수행되는 의사결정의 성질에 의존하는 경향이 있다. 의사결정이 전략적으로 중요할수록 상당한 비용을 할당하려고 하고, 전술적이어서 그 중요성이 크지 않을 때는 비용을 적게 할당하려고 한다.

넷째, 마케팅조사는 투자로서 조사를 수행하려는 데는 비용과 혜택(cost and benefit) 양쪽이 수반되기 때문에 비용보다 혜택이 크면 조사를 수행하려고 한다. 투자로서 마케팅조사를 보면, 투자수익률(return on investment)을 고려하게 된다.

그림 1.3 마케팅조사의 수행 여부

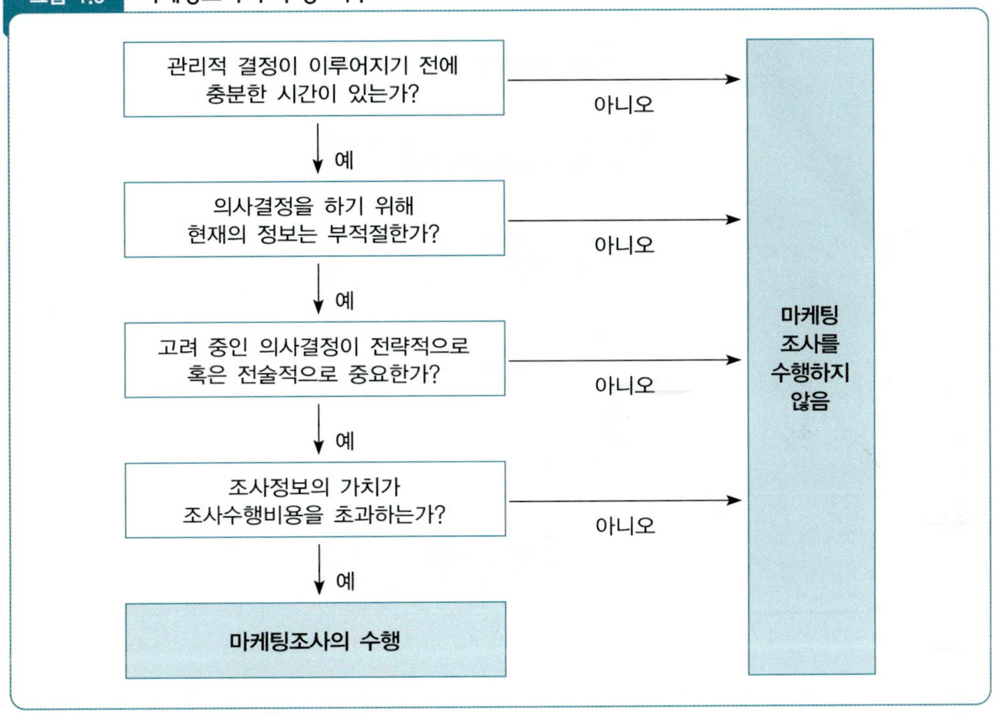

자료 : William G. Zikmund and Barry J. Babin(2007), Essentials of Marketing Research, Thomson, p. 15.

2) 조사를 위한 의사결정과정

마케팅조사과정이 일어나는 일반적인 과정을 이해할 필요가 있으며, 이는 다음과 같은 단계로 나타난다.

첫째 단계에서 상황파악이 우선한다. 매출액이 갑자기 떨어지고 있다는 것은 상황파악의 예가 된다. 주변상황을 잘 파악함으로써 문제의 본질이 어디에 있는가를 제대로 파악하지 못하면 문제를 해결할 수 있는 조사를 수행할 수 없게 된다.

둘째 단계에서 의사결정에 영향을 미치는 주요 문제를 명확하게 정의한다. 매출액이 갑자기 떨어지고 있다면, 이 문제를 명확하게 인식하고 정의하려는 노력이 필요하다. 이러한 문제인식과 정의를 명확하게 하기 위해 심층면접이나 표적집단면접과 같은 탐색적이고 정성적인 조사를

그림 1.4 의사결정과정의 단계

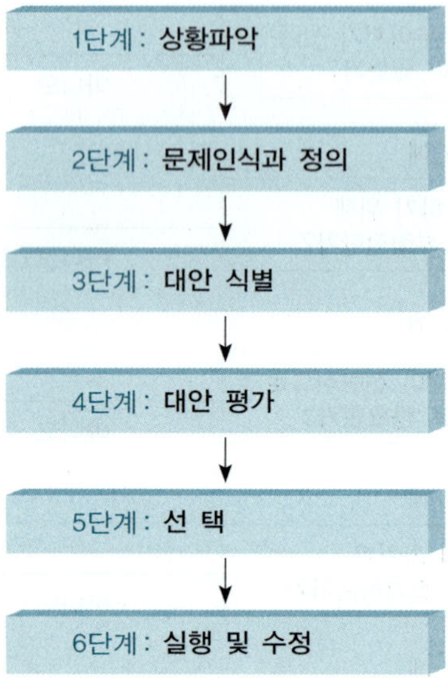

많이 이용한다.

셋째 단계는 직면하고 있는 마케팅문제를 풀기 위해 여러 가지 대안을 개발하는 단계이며, 창의적인 과정을 요구한다. 팀 사이의 협력을 통하여 브레인스토밍을 한다든지 하여 가능한 여러 대안을 만들어낼 수 있어야 한다. 실제로 의사결정에서 대안을 만드는 것이 만들어낸 대안을 선택하는 과정보다 더 어렵다. 대안을 선택하는 과정은 대안을 만들어낸 과정에 종속되기 때문이다. 이 경우에는 기술조사나 인과조사와 같은 실증적 조사를 수행한다.

넷째 단계는 셋째 단계에서 개발한 대안을 평가하는 단계이다. 어떠한 대안이 마케팅목적을 극대화할 수 있고, 불확실성을 줄일 수 있는 것인가를 결정한다.

다섯째 단계는 여러 대안을 평가하고 하나를 선택하는 단계이다. 어느 대안이 가장 효율적으로 마케팅 목적을 달성할 수 있는가를 파악해내는 단계이다.

여섯째 단계는 선택된 대안을 실행에 옮기고, 실행하면서 수정하는 단계이다. 마케팅조사를 통하여 프로그램의 성과에 영향을 미치는 선택된 행동코스와 상황변수의 효율성을 모니터링하는 수단을 제공한다. 이 경우에는 모니터링조사(monitoring research)를 수행하여 성과에 영향을 미치는 변수들을 추적한다.

3 조사설계 : 탐색조사, 기술조사, 인과조사

청사진이 있어야 건물을 지을 수 있는 것처럼, 조사설계(research design)가 있어야 조사를 수행할 수 있다. 조사설계는 탐색조사, 기술조사, 인과조사 세 종류로 설계될 수 있다. 어느 경우에 이들 중에 선택하는가?

"우리 회사의 판매액이 감소하고 있다. 그 이유가 무엇일까?" "우리가 만든 이 신제품 아이디어에 소비자들이 관심이 있을까?"와 같이 문제의 규명이 아직 애매한 상태에 있을 경우에는 탐색조사(exploratory research)를 설계한다.

"우리 제품을 구매하고, 경쟁자들의 제품을 구매하는 소비자들의 특성이 무엇인가?"와 같은 부분적으로 애매한 상태에 있을 경우에는 기술조사(descriptive research)를 설계한다.

"신제품에 대한 두 광고 캠페인 중에서 어느 것이 더 효율적인가?" "광고와 판매액과는 어떠한 관계에 있는가?"와 같이 문제가 애매하지 않고 확정적으로 보이는 경우에는 인과조사(causal research)를 설계한다.

그러나 [그림 1.5]와 같이 조사들이 함께 수행하는 경우도 많은데, 탐색조사를 수행하고 기술조사나 인과조사로 연결하는 조사설계를 하는 경우이다.

그림 1.5 탐색조사, 기술조사, 인과조사의 비교

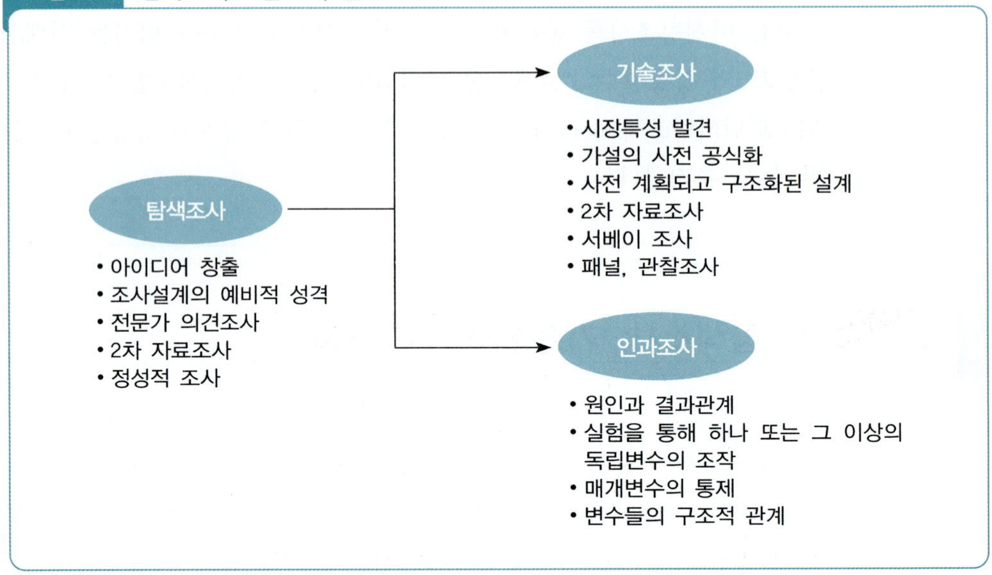

3.1 탐색조사설계

조사는 현상에서 나타나는 문제를 명확하게 규명하는 것이 먼저이다. 탐색조사(exploratory research)는 조사문제가 명확하지 않을 때 문제규명에 통찰과 아이디어를 얻기 위하여 이용한다. 이 조사는 마케팅현상에서 나타나는 변수들을 파악하고, 서로 어떠한 관련성을 가지고 있는가를 개괄적으로 파악하여, 연구가설을 설정하기 위해 수행하는 조사이다. 마케팅조사자가 특정 마케팅문제에 대해 생소하거나 사전지식이 부족하여 주어진 문제에 대해 사전지식을 획득하고 문제에 익숙해지기 위해서 수행할 수 있다.

그러므로 탐색조사를 수행하고 난 뒤 보다 정교한 본 조사를 수행하면 효율적으로 수행할 수 있다. 이러한 탐색조사를 수행하면 마케팅문제와 기회를 보다 명확하고 정교하게 파악하게 해주며, 상황과 관련된 변수들 사이에 어떠한 관계성이 있는가에 대한 통찰력을 제공해주어 마케팅의사결정자와 조사자 사이에 이해를 증진시켜준다. 그리하여 조사수행절차나 행동을 구체적으로 정할 수 있게 되고 최종적인 조사수행을 위해서 정보를 보다 용이하게 수집할 수 있게 된다. 이 책의 제3장과 제4장에서 자세하게 다루고자 한다.

3.2 기술조사설계

마케팅조사가 마케팅 관련 변수들의 특성에 대한 조사를 수행할 때, 가장 적절한 조사가 기술조사(descriptive research)이다. 마케팅 관련 상황에 대한 특성파악과 특정 상황의 발생빈도, 마케팅 관련변수 간의 상호관계의 정도를 파악하여 제품의 소비량과 소비자의 인구통계적 특성을 조사하고자 한다.

이 특성 조사는 예측에 이용되기도 한다. 그러나 예측이 필요한 변수와 관련이 있는 측정가능한 변수를 찾아내고, 변수들 사이의 관련성을 개괄적으로 파악하는 데 도움을 주지만, 정확한 예측을 하기 어렵다. 보다 정확한 예측을 위해서는 인과조사를 수행하여야 한다.

기술조사는 모집단에서 추출된 표본으로부터 자료를 획득하는 한 번의 측정을 하는 횡단조사(cross sectional study)와 소비자 패널을 이용하여 일정한 시간 간격을 두고 반복적으로 측정하는 종단조사(longitudinal study)가 있다. 이들 횡단조사와 종단조사를 보다 자세하게 유형화시켜보면 [그림 1.6]과 같다.

횡단조사는 한 번 이루어지는 측정이기 때문에 상이한 특성을 가지고 있는 집단들 사이의 측정치를 비교함으로써 차이를 규명하는 데 사용된다. 조사대상이 갖는 특성의 차이에 따라 분류하여 비교 분석해야 하기 때문에, 표본의 크기가 상대적으로 커야 하고, 직접적으로 측정된 결과를 그대로 이용하여 결론을 도출하지 않고, 교차분석(cross tabulation)에 의해 결론을 이끌어낸다(이 책 11장 참조).

시장세분화에서 연령, 성별, 직업, 자녀수, 교육정도와 같은 인구통계적 변수들과 태도, 가치와 같은 심리분석적 변수들로 분류될 수 있는데, 이러

그림 1.6 기술조사의 유형

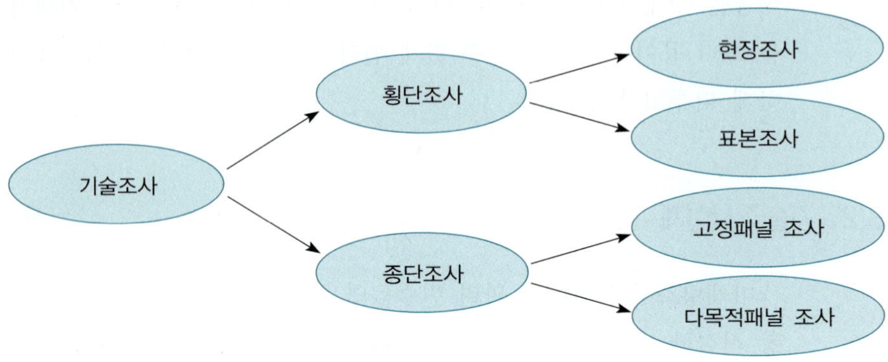

한 변수들 사이의 관계를 교차분석을 하여 바라볼 수 있다. 또한 이들 특성 사이에 독립성 정도를 알 수 있다.

종단조사는 시점을 달리하면서 동일한 현상에 대해 반복적으로 측정하여 각 기간 동안에 일어난 변화를 측정하려고 한다. 이러한 조사는 미리 선정한 특정 조사대상을 반복적으로 조사하는 방식인 패널조사를 이용한다. 패널은 동일한 변수에 대해서만 반복적으로 응답케 하는 고정패널과 필요에 따라 다른 변수에 대한 조사도 할 수 있는 다목적패널로 나눈다. 후자는 패널을 구성하고 있는 집단에서 조사목적에 부합하도록 표본을 다시 선정하여 그들에 대해서만 반복적으로 조사를 하는 방식을 취한다. 패널 조사는 패널구성원들이 측정이 끝날 때까지 패널로써 유지되어야 조사가 가능하다.

종단조사로 얻어진 자료는 변화분석(turnover analysis)에 이용된다. 시간의 변화에 따라 마케팅변수의 변화상태를 작성하여 변화가 일어난 원인을 분석하는 기법이다. 브랜드충성도(brand loyalty)나 구매패턴의 변화조사 등에 널리 쓰인다. 또한 시점을 달리하여 반복 측정함으로써 시계열자료를 얻을 수 있어 추세분석(trend analysis)에도 이용할 수 있다. 이 책 제5장 서베이와 관찰, 제11장 교차분석과 카이자승검정에서 기술조사설계와 분석을 다룬다.

3.3 인과조사설계

원인과 결과 관계, 즉 인과성(causality)을 규명하기 위한 조사를 인과조사(causal research)라고 한다. 이러한 예는 현재 심혈을 기울인 광고가 판매에 어떠한 영향을 미치는가, 기업이 신제품을 출시한 후 소비자들의 선호를 유발하고 구매행동을 유발하는 데 영향을 미치는 변수들에는 어떠한 것들이 있는가를 파악하는 조사들이 될 수 있다. 이 책의 많은 부분이 이 조사에 할당되어 있다. 제6장 실험설계, 제7장 측정, 제8장 설문지설계, 제9장 표본설계, 제10장 기초통계, 제11장 차이검정, 제12장 분산분석, 제13장 회귀분석 전체 흐름 속에 이 인과조사를 이해하려고 하는 노력이 깔려 있다.

4 마케팅조사과정의 개관

문제를 명확하게 발견하지 않으면 문제를 해결할 수 없다. 말호트라(Malhotra, 2006)는 마케팅을 문제를 발견하기 위한 조사와 문제를 해결하기 위한 조사가 있음을 구별한 바 있다. 문제를 발견하기 위한 조사의 예는 시장점유율조사, 시장잠재력조사, 이미지조사, 시장특성조사, 매출분석조사, 매출예측조사 등이 있고, 문제해결을 위한 조사는 시장세분화조사와 마케팅믹스조사(제품관련조사, 가격관련조사, 유통관련조사, 촉진관련조사)로 나누었다.

마케팅조사 과정에 대한 이해는 다음 [그림 1.7]과 같은 과정으로 진행된다.

4.1 문제의 발견과 조사목표의 정의

마케팅조사는 문제를 발견하면서 시작된다. 갑자기 판매액이 떨어지거나, 경쟁상황에서 기업의 미래를 위해 신제품개발의 필요성을 강하게 제기

그림 1.7 마케팅조사과정

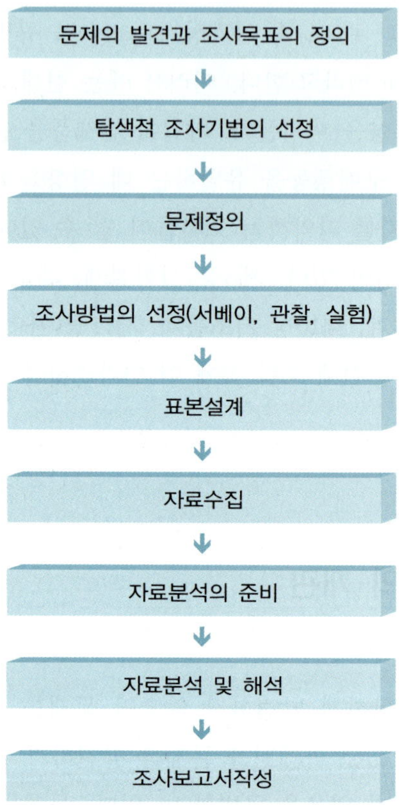

되는 경우이다. 문제가 명확해지면, 조사설계를 효율적으로 정하여 정보수집을 할 수 있다. 문제를 명확하게 파악하기 위해서 탐색조사를 수행하는 경우가 많다.

이 단계에서 경영자와 조사자 사이에 이해의 상충이 다르게 나타날 수 있다. 조사자는 시장자체의 자료에 집착하여 사물을 좁게 바라볼 수 있지만, 경영자는 경험을 통한 직관을 통해 볼 수 있는 눈이 있어, 이 단계에서는 경영자의 직관이 조사자의 분석보다 중요하게 작용할 수 있다.

소니의 회장 모리타 아끼오의 워크맨에 대한 아이디어개발과 시장성공에 대한 확신, 삼성의 이병철 회장의 반도체 시장진출, 스티브 잡스의 애플

제품에 대한 확신 등 하이테크 제품의 개발과 확산에 대한 의사결정에는 경영자의 직관이 매우 중요하게 작용한다. 이 경우는 소비자들이 하이테크 제품에 대한 태도가 형성되지 않기 때문에 조사에 정성적인 면이 요구되는 경우이다.

4.2 탐색적 조사기법의 선정

문제를 정의하가 위해서 대부분 탐색조사를 수행한다. 탐색조사를 통하여 문제정의가 이루어지면, 문제해결과정에서 기술조사와 인과조사를 연결하려는 경향이 있다. 이 탐색조사가 수행되는 데는 문헌조사, 전문가 의견조사, 사례조사(case study), 심층면접(depth interview), 표적집단인터뷰(focus group interview), 잘트만(Zaltman) 교수가 개발한 은유도법(ZMET: Zaltman Metaphoric Elicitation Technique) 등이 이용되고 있다.

4.3 문제의 정의 : 조사목적과 정보요구 상술

문제를 정의하고, 조사목적과 어떠한 정보가 필요한가를 상술하는 단계이다. 조사 문제를 명확히 규정해야 효율적인 조사가 이루어진다. 이 단계는 전체적인 마케팅조사의 방향을 설정하고, 마케팅활동을 수행하는 과정에서 나타날 수 있는 문제점을 해결하고, 기회를 포착하는 가장 중요한 단계이다. 문제를 잘못 규정하거나 너무 광범위하게 또는 너무 협소하게 문제를 설정한다면, 완벽한 조사를 수행하더라도 조사결과는 마케팅 의사결정에 실질적인 도움을 주지 못한다.

4.4 조사방법의 선정(서베이, 관찰, 실험)

문제가 정의되고 조사목적이 설정되면, 조사자는 조사목적을 달성할 수 있는 조사 방법을 개발하여야 한다. 조사방법은 서베이, 관찰, 실험, 2차 자료조사 등의 방법을 사용할 수 있다. 이러한 방법은 시간과 비용을 절약하고 조사의 효율성을 높일 수 있는 방법을 선정하게 된다.

4.5 표본설계

이 단계는 조사대상자를 구체적으로 선정하는 단계이다. 조사대상자의 선정방법은 조사대상자들이 속해 있는 집단 전체를 조사하는 전수조사와 그 중에서 일부를 조사하는 표본조사가 있다. 전자는 시간과 비용이 많이 들기 때문에 후자를 많이 수행한다. 표본에 따라 분석결과가 다르게 나타나기 때문에 표본조사의 핵심은 표본선정에 있다. 쓰레기가 들어가면 쓰레기가 나온다는 말처럼, 잘못된 표본은 잘못된 결과를 수반한다.

표본선정방법은 조사내용과 지역적인 범위, 조사대상자들의 특성에 따라 달라진다. 표본추출방법은 크게 확률표본추출기법과 비확률표본추출기법으로 나눈다. 이는 이 책 제9장에서 자세하게 다루고자 한다.

4.6 자료수집

표본설계와 함께 정보를 모으는 자료수집 단계로 들어간다. 자료는 인간 관찰자들이나 인터뷰를 하는 이들로부터 수집될 수 있거나 스캐너 자료의 경우에서처럼 기계에 의해서 기록될 수 있다. 이러한 자료의 수집단계에서 조사자는 경영자가 필요로 하는 것과 현실적인 자료원 사이를 효율적으로 연결시키는 능력이 중요하다.

자료수집은 제3자에 의해서 조사된 2차 자료수집과 직접 조사하는 1차 자료수집에 의해서 수행될 수 있다. 2차 자료수집은 조사설계로 보면 탐색조사에 해당되지만 기술조사와 인과조사를 수행하기 위해서도 매우 중요한 분석이다. 마케팅조사를 본격적으로 수행하기 위해서 2차 자료조사는 1차 자료조사에 비해서 시간과 비용이 적게 들어 수행할 수 있으나, 2차 자료는 신뢰성과 정확성이 떨어지는 경우가 많아 2차 자료를 그대로 믿었다가는 의사결정에서 어려움에 직면할 수 있다.

2차 자료에서도 경쟁자들에 관한 자료가 중요하다. 글로벌 경쟁에 직면해 있을 때 경쟁자의 신제품의 시장출시에 관한 정보와 같은 경쟁자에 관한 정보는 결정적으로 중요할 수 있다. 경쟁자가 신제품이 시장에 나오는 타이밍에 관한 정보는 매우 중요하게 다루고 있다. 이러한 경우, 기업 내부에 정보시스템을 가지고 있을 필요가 있게 된다. 이 경우 마케팅의사결정을 지원하는 마케팅정보센터가 필요하다.

1차 자료수집은 조사설계와 표본설계에 따라 자료를 수집하는 것이다. 이는 조사예산이 많이 들고, 조사결과에 오류가 가장 많이 나타난다. 따라서 효율적인 마케팅조사는 숙련된 면접원(interviewers)을 선발하고, 이러한 면접원들이 조사를 정확하게 수행하도록 훈련하며, 조사일정의 준수와 자료수집 상에서의 오류가 발생하지 않도록 철저히 감독해야 한다.

자료수집을 위한 현장조사로는 개인면접, 전화면접, 우편면접, 컴퓨터에 기반을 둔 조사 등이 있다. 인터넷 시대의 등장으로 온라인 조사가 점점 더 중요해져가고 있다. 이메일 조사나 온라인 서베이 과정에 대한 이해가 필요하다.

4.7 자료분석의 준비

이 단계는 수집된 자료에서 분석을 준비하는 단계이다. 이 단계는 우선 코딩(coding)과 입력작업을 통하여 전산입력하고, 자료의 편집을 해야 한다. 자료의 편집은 조사분석을 수행할 수 있도록 완전하고 일관성 있는 자료를 확보하기 위한 작업으로 자료의 정정, 보완 및 삭제 등이 이루어진다. 즉, 자료분석을 용이하게 하기 위해서 관찰된 내용에 일정한 숫자를 부여하는 과정이다.

4.8 자료의 분석 및 해석

자료분석을 위하여 다음을 이해하여야 한다.

1) 척도와 분석기법의 종류

척도개발은 이 책 제7장에서 다룬다. 척도는 명목척도, 서열척도, 등간척도, 비율척도가 있다. 척도의 종류에 따라 집중화경향과 산포도 분석에서 차이가 있다. 척도가 등간척도나 비율척도일 때는 평균과 표준편차가 중요하고 척도가 서열척도일 때는 중앙값이 중요하다. 또한, 척도가 명목척도일 때는 최빈값이 중요하다.

이 책의 제3부에서 분산분석과 회귀분석을 중심으로 다룬다. 분산분석을 하고자 할 때는 척도가 명목척도와 등간척도나 비율척도의 관계를 조사한다. 즉, 명목척도로 나오는 집단 간에 등간척도로 나오는 내용이 어떠한 차이가 있는가를 보고자 한다. 회귀분석을 하고자 할 때는 독립변수도 등간척도나 비율척도이고 종속변수도 등간척도나 비율척도가 되어 변수 간의 관계를 보고자 한다.

2) 자료의 기술통계 분석

표본분석을 하면서 표본이 지닌 특성에서 집중화경향과 분산 등이 나타나는 기술통계는 통계의 근본으로서 매우 중요하다. 신문, 잡지 등에서 여론조사의 많은 부분들이 기술통계적인 접근을 하고 있다. 이 책 제10장에서 다룬다.

3) 집단 간 차이 분석

마케팅조사에서 집단과 집단 사이의 차이를 분석하려는 경우가 많다. 새로운 제품이나 광고를 선보이는 소비자집단과 기존의 제품이나 광고를 접하는 소비자집단 사이에 차이가 있어야 새로운 제품이나 광고개발의 의미가 있게 된다. 두 집단으로 나눌 때, 표본크기 30여 개 정도의 소집단에서 집단평균 차이를 알기 위해서는 t-검정이 유효하다. 그러나 표본수가 크고, 두 집단 이상인 분석에서는 분산분석(Analysis of Variance : ANOVA)을 사용한다. t-검정과 분산분석은 각각 이 책 제11장과 제12장에서 다루고자 한다.

4) 변수 간 관련성 분석 : 상관분석과 회귀분석

조사하고자 하는 여러 변수들 사이의 관계를 알려고 할 때, 일차적으로 상관분석을 한다. 관계가 깊으면 상관계수가 1로 접근한다. 상관관계가 어느 정도 있을 경우, 변수들 사이의 수량적인 관계를 파악하고자 회귀분석을 사용한다.

회귀분석은 변수들을 독립변수와 종속변수로 나누어, 전자가 변하면 후자가 어떻게 변하는가를 분석하는 방법이다. 예를 들어 광고액을 늘리면 매출액이 늘어난다는 것처럼 하나의 독립변수와 하나의 종속변수와의 관계를 보고자 할 때 단순회귀분석을 수행한다. 독립변수가 두 개 이상으로 늘어날 때, 예를 들어 광고뿐만 아니라 가격 등 독립변수가 많아질 때, 하나의 종속변수에 그 독립변수들이 어떠한 영향을 미치는가를 분석할 때는 다중회귀분석을 수행한다. 이 책 제13장에서 자세하게 다루고자 한다.

5) 군집분석, 다차원척도법, 비모수통계

이 책에서는 강조하지 않았지만, 마케팅조사에는 군집분석, 다차원척도법, 비모수통계법이 등장한다. 군집분석은 시장세분화를 위해 다양한 특성을 지닌 대상들을 동질적인 집단으로 분류하는 데 이용되는 기법이다. 대상들 간의 유사성을 거리의 개념으로 고려하여 측정하여 군집화한다. 계층적 군집화는 모든 대상들이 하나의 독립된 군집을 이루는 상태에서 출발하여 순차적으로 가장 유사한 대상들끼리 군집화하여 가면서 최종적으로 모든 대상들을 하나의 군집으로 묶어간다.

다차원척도법은 시장세분화를 하고 표적시장을 선정한 후에 포지셔닝 단계에서 많이 사용되는 분석기법이다. 대상들 간의 유사성을 평가하여 평가자가 대상을 평가하기 위한 평가기준을 발견하고, 각 기준에 따라 평가대상들이 갖는 측정치를 찾는다. 포지셔닝 맵(positioning map)을 작성하는 데 사용된다.

비모수통계는 수집된 자료가 명목척도로 수집되는 경우에 사용되는 자료분석이다. 변수와 변수 사이의 상호관계를 알아보기 위해서 교차분석을 이용한 독립성검정 등을 수행한다.

4.9 조사보고서 작성

이는 조사결과와 결과에 대한 해석을 마케팅 관리자에게 제공하기 위한 단계이다. 따라서 조사자는 전반적인 조사과정, 조사결과, 추출한 정보, 요약 및 의사결정을 위한 권장사항 등을 보고서로 작성하여야 한다. 이 보고서는 의사결정에 도움이 되도록 그래프, 차트 등을 이용하여 작성하여야 한다. 이때에 경영자와 조사담당자 사이에서 원활한 커뮤니케이션이 이루어져 의사결정에 필요한 정보제공이 이루어져야 한다.

5 마케팅 지식개발을 위한 방법론

이제까지 경영자의 의사결정을 도와주는 조사를 중심으로 설명하여왔지만, 대학에서 교수들과 대학원생들을 중심으로 수행하는 마케팅조사는 새로운 지식개발에 공헌하기도 한다. 기존 이론과 새로운 자료와의 관계에서 새로운 이론을 창출하고자 새로운 자료를 바라보는 데 있어서 양적 자료를 중요시 여기는가, 질적 자료를 중요시 여기는가에 따라 방법론이 다르게 전개된다.

사회과학에서 나타난 방법론 쟁점(methodological issues) 논쟁은 이 책의 제3장과 제4장에서 전개하는 정성적 조사, 그리고 제5장부터 제13장까지 전개하는 정량적 조사의 인식론적인 기반을 제시해준다는 점에서 중요하다.

방법론 논쟁은 논리경험주의(logical empiricism)를 따를 것인가, 아니면 반증주의 (falsification)를 따를 것인가, 과학의 정치적·사회적 구성에 대해서 폭넓게 이해하는 방법을 따를 것인가가 중심이 되었다. 이는 정량적 조사를 통한 지식개발과 연결되었다.

그림 1.8 논리경험주의 방법론

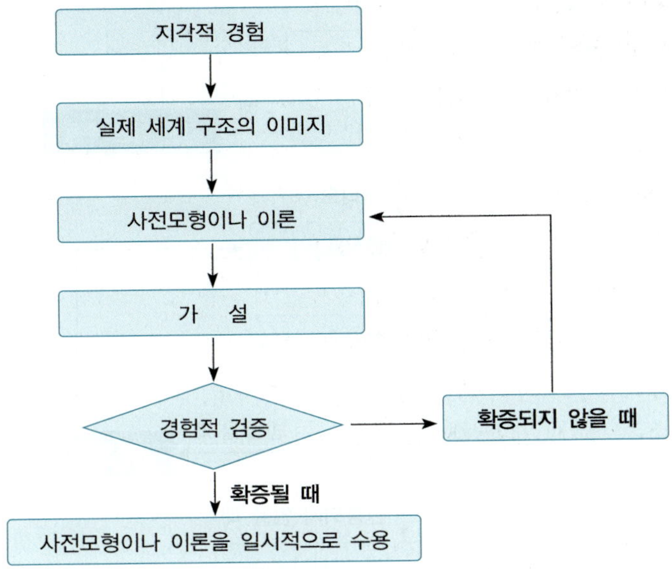

자료: Paul F. Anderson(1983), "Marketing, Scientific Progress, and Scientific Method," *Journal of Marketing*, 47(4), pp. 18~31.

이와 다른 진영에서 인간행동에 대한 폭넓은 이해를 위해 기호학, 민속학, 현상학과 같은 반실증주의적인 방법을 수용하였는데 이는 정성적 조사방법에 대한 이해로 연결되었다. 본 절에서는 이 두 흐름을 간략하게 이해하고자 한다.

5.1 논리경험주의와 반증주의

논리경험주의는 1930년대 철학자 카르나프(Rudolf Carnap)가 제기한 방법론을 받아들였다. 그는 어떠한 과학문제는 결론적으로 증명될 수 없지만, 정교한 '논리'규칙들과 주의 깊은 관찰을 통한 '경험'을 통하여 '점차적으로 확증'될 수 있다고 보았다. 이는 연구자가 내세운 가설은 그것이 관찰된 증거집군에 의해서 어느 정도 확증되었을 때에만 인식적으로 유의

그림 1.9 반증주의 방법론

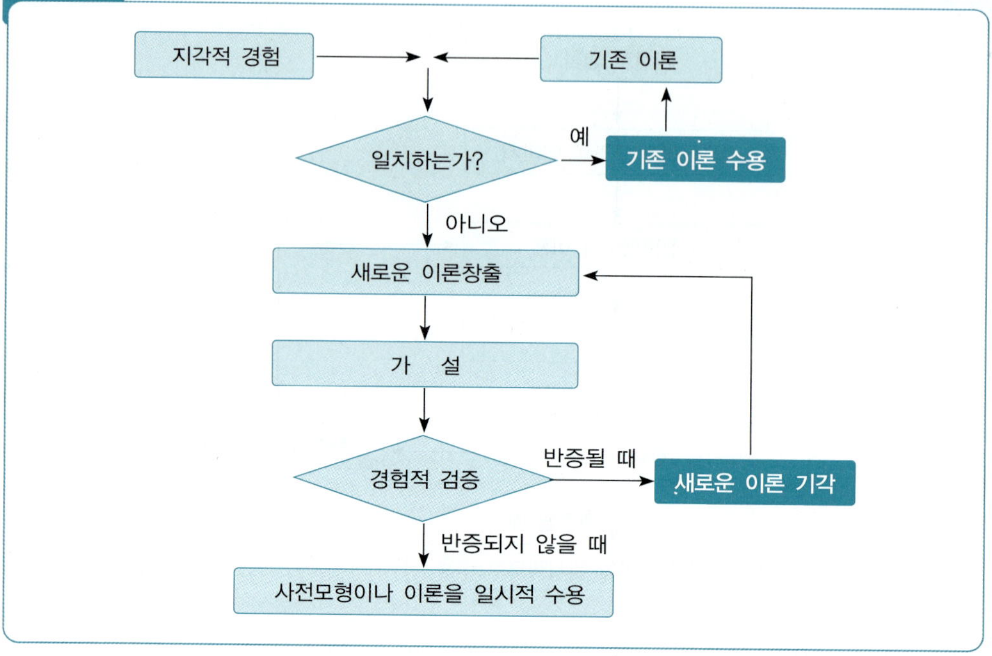

자료: Paul F. Anderson(1983), "Marketing, Scientific Progress, and Scientific Method," *Journal of Marketing*, 47(4), p. 24.

미하다고 보았다. 이 방법은 과학철학에서 정설(Received View)로 받아들였고, 마케팅연구에서 지배적으로 작용하여왔다. 이러한 방법은 우리나라 학계에서 미국을 중심으로 나타난 주요 마케팅이론들을 수용하면서 우리나라 현실에 기반을 두어 가설검정하여 확증하여 일시적으로 받아들이는 방법의 연구들을 촉발시켜 왔다.

과학철학자 포퍼(Karl Popper)는 논리경험주의에서 과학의 관찰의존성은 관찰절차와 측정기술이 발달함에 따라 측정 상의 오류를 줄일 수 있을지 모르나 결코 제거할 수 없다는 사실과 인간이 그가 관찰하는 것과 그의 사전적 감각과 개념적 경험이 관찰하게 하는 것에만 의존한다는 것을 보이는 과학사에서 나타나는 수많은 과학적 사례들을 설명할 수 없다는 것을 보였다. 그는 "관찰은 언제나 기대체계의 존재를 전제로 하고 있다"는 사실을 받아들여 과학적 과정은 관찰들이 기존 이론이나 사전 개념들과 충돌할 때 시작한다고 보는 반증주의 방법을 제시하였다.

이러한 반증주의는 과학활동을 문제를 풀기 위한 활동으로 보고, 관찰을 통한 지각적 경험이 기존의 이론들이나 사전개념과 충돌할 때 과학적 문제가 발생하는 것으로 본다. 이론이나 가설이 경험적 검증을 받을 때 검증의 목표는 가설을 지지하는 것보다 가설을 논박하는 데 둠으로써 추측과 논박(conjectures and refutation)의 과정으로 과학발전을 해석한다. 그는 과학의 목표를 진리에 가까이 가는 것(verisimilitude)으로 보아 합리적 비판을 통한 지식성장의 중요성을 논하고 있다.

이 반증주의는 인간이 지니고 있는 지적능력과 이성이라는 것이 한계를 지니고 있으며, 항상 오류가능하다는 것을 인정하고, 현상에 대한 인식은 부단한 비판을 통해서만 점진적으로 확대될 수 있고 진리에 접근될 수 있다고 본다.

이러한 방법론을 택하는 연구가들은 그들의 연구결과가 갖는 사회적 의미나 연구자들의 인식에 대한 동기가 갖는 내용은 중요하지 않는 것으로 보았다. 토마스 쿤(Thomas Kuhn)의 대저 『과학혁명의 구조(The Structure of Scientific Revolution)』에서 과학자들의 연구는 그 연구 공동체가 가지고 있는 세계관적 배경에서 연구자들의 연구가 이루어진다고 보았고, 한 과학 공동체의 세계관(the worldwiew of a scientific community)을 패러다임으로 표현하면서 기존의 패러다임이 굳어져 정상과학 단계에 이르면, 불일치단계와 위기단계가 나타나 과학혁명의 단계가 나타나 새로운 패러다임으로 발전한다는 것을 과학사의 사례들을 통하여 보여주었다. 마케팅이론에 공헌한 헌트(Shelby Hunt, 2002)는 이론구성을 위한 방법론분야에서 사회적 합의나 평가가 과학성을 후원하는 기능을 수행할 수 있다고 주장한다.

5.2 해석주의

소비자행동연구를 중심으로 나타난 해석주의 방법은 인간으로서 소비자들을 이해하는 데 있어서 보다 질적 자료를 중요시 여긴다. 이들 연구의 철학적인 배경은 현상학, 민속학, 기호학 등에서 찾는다.

기호학(semiology)에서는 우리의 삶이 우리가 살아가고 있는 문화적 공간과 시간에서 부호와 상징으로 얽혀져 있는 의미의 망으로 짜여져 있다고 보고 기호를 통한 의미형성 과정과 의사소통과정의 구조와 해석을 탐구한다. 광고를 기호로 보고 기호학적 방법으로 광고를 해석하는 연구가 나타났다. 소비자에게 전달되는 제품이 언어로서 작용한다고 할 때, 표면에 나타난 것과 이면에 숨어있는 의미와의 양자의 관계가 공동체의 관습이나 사회적 협약에 의해서 설정되고 있음을 보여주었다.

민속학(ethnography)은 일상적인 삶의 세계를 살아가는 사람들의 행동을 직접 간접적으로 관찰하는 것을 중요시 여긴다. 그들에게 규범, 역할, 가치, 신념 등의 외재적인 세계가 있느냐 없느냐는 쟁점을 괄호 속에 넣어버리고 아무것도 당연시 여기지 않고 현상의 본질까지 파고들어가 일상적인 상식적 사회적 상호작용에 참여하는 보통 사람들이 사용하는 갖가지 가정들과 관행기법들을 조성해 가는 방법에 관심을 가진다.

현상학(phenomenology)은 철학자 훗설(Edmund Husserl)에 의해서 사물을 있는 그대로 직시할 수 있는 방법을 제시하였다. 그는 우리가 배워온 과학적이고 객관적인 태도를 괄호 속에 두고, 있는 그대로의 세계로 돌아갈 것을 주장한다. 우리에게 직접적으로 주어지는 세계는 주관적 상대적 지각세계이다. 그는 자연과학주의에 물들지 않은 원초적 지각에 나타나는 세계를 생활세계(Lebenswelt)라고 규정하고 이 생활세계로 돌아갈 것을 주장한다.

> "생활세계로 돌아간다는 것은 지식에 선행하는 세계로 돌아가는 것이며, 그 세계에 관해서 지식이 언제나 말하고 있고, 우리가 이전에 숲이, 평원이, 강이 무엇인가를 배워온 시골에 지리가 관계하고 있는 것처럼 그 세계와의 관계에서 모든 과학적 도해는 추상적이고 파생적 표현 언어인 것이다."

그는 어떤 대상이 시간과 공간을 초월한 변하지 않는 그 무엇이 되었을 때 그 대상을 본질이라 하며, 이러한 본질을 어떠한 전제 없이 파악할 때, 직관이라 한다. 이는 해석주의로 연결된다.

소비자행동연구가인 허쉬만(Hirschman, 1986)은 해석주의 방법으로 마케팅조사를 하기 위해서 다음 네 단계들을 제시하였다.

첫째 단계에서 조사자는 연구하려는 현상의 개념화를 시도한다. 실증주의자와 달리, 해석주의 조사가들은 현상이 연속적인 창조과정으로 나타나기 때문에 한 조의 현상을 원인이라 하고 다른 한 조의 현상을 결과라 규정하지 않고, 현상을 크고 구분되지 않는 덩어리로 구성한다. 이때, 조사자와 연구현상은 함께 상호작용하며, 주관적 상호작용에 의해 나오는 사회구성으로서 조사가 이루어진다.

둘째 단계에서 조사자는 조사자의 마음속에 직물화된 덩어리를 더 잘 이해하기 위해 사전 탐구한다. 조사를 행하고자 하는 장소를 사전 방문한다.

셋째 단계에서 조사자는 현상으로 몰입한다. 몰입의 전형적인 형태로서 참여관찰(participant observation)이 있다. 이는 현상 내부에 거주(in-dwelling)하는 방법으로, 몰입과정 동안 관찰→가설형성→관찰→가설형성의 연속적인 과정을 거친다. 이때 조사자는 자신을 열고 자신을 탐색도구로 받아들이며, 현상을 충분하고 완전하게 이해하려 한다. 이론구성은 실증주의 과정처럼 직선과 연역적 통로를 따르지 않으며 꽃이 피는 것이나 양파가 벗겨지는 것과 같기 때문에 조사자에 의해 개발된 사상, 전제, 가설 그리고 사상의 수정을 상세히 기술하는 일기나 일지가 필요하다. 일지 속에 참여관찰과정의 연속적 기록을 적을 뿐만 아니라, 오디오 테이프기록들, 비디오테이프기록들, 가공품들과 잡지, 조사자료, 인구통계보고서 등 보조적 서류를 필요로 한다. 이때 다루는 자료는 경험에서 얻어지는 모든 자료를 포함한다. 색깔과 소리도 자료가 될 수 있다. 거리와 기간에 대한 인상도 자료가 될 수 있으며, 두려움, 환상, 동경 등과 같은 감정적 자료도 중요하다(Holbrook와 Hirschman, 1982).

넷째 단계에서 조사자는 조사하려는 현상에 대해 해석을 하면서 결과물을 만든다. 참여관찰 등의 방법을 통해서 나타나는 해석은 사례연구 형식으로 특정 지역과 시간을 선정한 근거와 그 현상에 대한 해석을 제시한다.

사례 코카콜라

1985년 코카콜라사는 펩시콜라사의 도전을 받아 시장점유율이 계속 떨어져가고 있는 것에 문제인식을 가졌다. 이에 코카콜라사는 펩시콜라와 같은 마일드한 맛을 지닌 'New Coke'라는 신제품을 개발하여 소비자들에게 테스트하는 조사를 수행하였다. 그리고 창립부터 1985년까지 99년간 지켜온 "최초의 콜라를 망치지 말라(Don't mess with mother Coke)"라는 기본규칙을 깨뜨리고 보다 향긋하고 단맛이 나는 New Coke라는 브랜드를 시장에 출시하게 되었다.

그러나 곧 거대한 개인적·집단적 소비자저항에 직면하게 된다. 출시 초기에는 집중적인 광고와 홍보를 통하여 새로운 맛이라는 것을 강조하여 소비자들이 신제품이라는 호기심 때문에 'New Coke'는 비교적 잘 팔렸지만, 확산 초기에 곧 매출액은 떨어지기 시작하고 소비자들의 반발에 직면하게 되었다. 분노한 소비자들로부터 1,500통 이상의 항의전화와 편지가 회사로 쏟아져 들어왔다. 오랫동안 코카콜라를 마셔온 고객집단은 반대문구가 새겨져 있는 T셔츠를 시민들에게 나누어 주기까지 하면서 본래의 콜라제조법으로 돌아가지 않으면 손해배상소송을 하겠다고 위협하였다.

이러한 소비자저항에 못 이겨 3개월 후 New Coke를 그대로 두고, 이전의 코카콜라를 CoCa Cola Classic이라고 하여 생산하게 되었다. 1985년 말에 CoCa Cola Classic이 New Coke에 비해 2배 이상 많이 팔렸다. 기업은 CoCa Cola Classic에 주력하고 New Coke를 보조적으로 판매하면서 1987년 다시 CoCa Cola Classic은 코카콜라의 주력브랜드가 되었고, 미국의 주도적 소프트드링크가 되었고, New Coke는 펩시콜라를 공격하는 공격용 브랜드가 되었다. 그러나 New Coke의 시장점유율은 2%에 불과했다. 1989년까지 CoCa Cola Classic은 New Coke의 10배 이상 판매되었기 때문에 New Coke 브랜드에 대한 광고예산을 반으로 줄였다.

코카콜라사의 1985년 신제품 실패는 어디에서 왔는가? 대부분의 연구가들이 마케팅조사의 실수로 보고 있다. 1980년 초반 'Pepsi Challenges' 광고를 통하여 펩시콜라사는 소비자들이 보다 달콤한 맛을 선호한다는 맛 테스트 장면을 보여주었다. 1985년 초까지 코카콜라가 시장을 선도하고 있었지만, 슈퍼마켓 판매에서 펩시콜라는 2% 앞서고 있었기 때문에 코카콜라사는 시장점유율을 지키기 위하여 무엇인가를 해야 했고, 이때 코카콜라 맛을 바꾸는 결정을 해결책으로 보았다.

신제품을 개발하기 위하여 수행된 거대한 신제품개발 프로젝트에서는 2년간의 시간에 4백만 달러를 투입하였고, 약 20만 번의 맛 테스트를 시행하였고, 최종적으로 결정된 맛에 대해 3만 번의 테스트를 하였다. 테스트방법은 블라인드 테스트(blind test)였다. 이 블라인드 테스트 결과 60%의 소비자들이 신제품이 이전의 제품보다 더 맛이 좋다고 하였다. 52%는 펩시콜라보다 맛이 더 좋다고 하였다. 조사결과에 따라 자신감을 가지고 신제품을 시장에 출시하였다.

조사결과를 보면 이 마케팅조사는 초점을 너무 좁게 잡았다. 지나치게 맛에 국한되어 있었으며, 소비자들이 기존의 제품을 버리고 새로운 제품으로 바꿀 것인가에 대한 소비자들의 마음에 대해서는 관심을 두지 않았다. 소비자들의 심리에는 보이지 않는 명성, 역사, 포장, 문화적 유산 및 이미지 등이 영향을 미친다. Coke는 야구장, 핫도그, 애플파이 등 미국문화 속에 스며들어 맛 이상의 중요한 상징적 의미를 지니고 있었다. 마케팅조사를 수행하는 데 있어서 이와 같은 문화와 감성적인 요소를 담아야 했다.

또한 경영자들은 조사결과를 해석하고 전략을 수립하는 데 있어서 그릇된 판단을 하였다. 예를 들면, 그들은 60% 고객이 New Coke의 맛을 선호한다는 것을 선거에 한 후보가 다른 후보를 60% 이긴다는 뜻으로 해석하였다. 40% 소비자들이 여전히 본래의 Coke를 원하는데, 그들을 어떻게 대할 것인가를 고려하지 않았다. 본래의 Coke를 포기하여 변화를 원하지 않는 충성고객들의 입맛을 무시하였다. 코카콜라사는 기존의 Coke는 그대로 두고 브랜드확장을 통해 New Coke를 도입하였다면 나중에 Cherry Coke가 성공하였듯이 성공하였을 것으로 판단된다.

조사방법으로서 블라인드 테스트는 소비자 개인과 개인들에게 평가를 통해 조사를 하지만, 실제 코카콜라를 마시는 소비자들은 개인적이고, 사회적인 요소가 함께 있고, 인지적 요소뿐만 아니라 감정적인 요소를 함께 가지고 있는 것이기 때문에, 블라인드 테스트만으로는 분석에서 오류를 수반한다. 즉, 마케팅조사를 수행할 때, 경쟁사와 대비하여 전략적인 고려를 해야 하지만, 소비자행동에 대한 깊은 지식과 이해를 기반으로 수행되어야 함을 이해하게 한다. 인간으로서 소비자들의 보이지 않는 내부의 심리는 문화심리에 대한 정성적 이해와 정량적 이해 양쪽을 필요로 한다.

요약

1. 마케팅조사는 마케팅시스템 속에서 수행된다. 마케팅시스템은 기업에서 통제가능하지 않은 상황변수와 통제가능한 마케팅믹스변수, 소비자행동반응과 성과로 이루어진다. 이러한 마케팅시스템 속에서 마케팅활용에 대한 소비자반응과 성과측정이 중요하다.

2. 마케팅조사를 수행하는 데 있어서 조사설계는 건물을 지을 때 청사진과 같이 비유된다. 탐색조사, 기술조사, 인과조사 중에서 어떠한 조사설계를 가지고 조사를 수행할 것인가를 판별하는 것이 중요하다. 탐색조사를 먼저 수행하고 기술조사와 인과조사를 수행할 수 있다.

3. 마케팅조사는 마케팅 현상에서 일어나고 있는 환경에서 마케팅 문제를 인식하면서 시작한다. 문제인식이 시작되면서 마케팅조사과정은 다음과 같이 전개된다. 즉, 문제의 발견과 조사목표의 정의 → 탐색적 조사기법의 선정 → 문제정의 → 조사방법의 선정(서베이, 관찰, 실험) → 표본설계 → 자료수집 → 자료분석의 준비 → 자료분석 및 해석 → 조사보고서 작성

4. 마케팅조사는 마케팅분야에서 새로운 지식개발에 공헌하여 왔다. 사회과학에서 나타난 방법론 쟁점(methodological issues)에 관심을 기울이고 마케팅연구에 도입하는 연구들이 나타났다. 이는 논리경험주의, 반증주의, 해석주의 등의 형태로 나타났다. 논리경험주의와 반증주의 방법론은 마케팅조사에서 정량적 조사의 방법론적 기반을 제공해주었고, 해석주의는 정성적 조사의 방법론적인 기반을 제공해주었다.

5. 코카콜라의 사례에서 경쟁상황 하에서 신제품개발전략을 수행하고자 할 때 조사를 잘못 수행하거나, 조사결과를 전략적 의사결정에 반영하는 데 있어서 잘못 반영할 경우 기업이 큰 어려움에 직면할 수 있다. 소비자들의 보이지 않는 내부를 조사할 수 있는 정성적 조사와 함께 과학적이고 객관적인 조사가 필요하다.

토의과제

1. 그룹단위로 나누어 프로젝트를 진행하려고 한다. 그룹단위로 특정 기업과 제품을 선정하고 마케팅전략분석을 위해 다음 절차로 분석하려고 한다.
   1) 서론 - 문제제기와 연구목적
   2) 마케팅전략 사례분석
      (1) 기업이 직면하고 있는 상황분석
      (2) 시장세분화, 표적시장, 포지셔닝 분석
      (3) 마케팅믹스 프로그램
   3) 소비자행동반응 분석
   4) 결론 - 시사점

   어떻게 하면 훌륭한 그룹프로젝트를 수행할 수 있겠는지를 이 장에 있는 내용을 충분히 숙지하고 토론하여 보라.

2. 위 과정에서 소비자행동반응 분석을 탐색조사, 기술조사, 인과조사를 통해 수행하려고 한다고 가정하고, 어떻게 할 수 있겠는가를 본 장의 제3절을 이해하고 토의하라.

3. 위 토의과제에서 2차 자료분석과 정성적 분석, 그리고 1차 자료분석을 어떻게 조화롭게 수행하여 마케팅전략 사례분석과 소비자행동반응 분석을 할 수 있겠는가를 토의하여 보라.

4. 이 책 제4절에서는 방법론을 실증주의 방법론(논리경험주의와 반증주의)와 해석주의 방법론으로 크게 나누고 있다. 이것이 정량적 조사와 정성적 조사에 어떻게 관련되는지에 대해서 토의하라.

참/고/문/헌

이규현(2014), 『Big to Great 신한카드』, 고객만족경영학회 사례연구집, 2014.5.31.

이규현(1987), "소비자행동 이론개발을 위한 방법론적 검토－후기경험주의 세계관을 중심으로－", 『서울대학교 경영논집』, 제21권 제4호, pp. 131～153.

Anderson, Paul F.(1983), "Marketing, Scientific Progress, and Scientific Method," *Journal of Marketing*, 47(4), pp. 18～31.

Bagozzi, Richard P.(1984), "A Prospectus of Theory Construction in Marketing," *Journal of Marketing*, (Winter), pp. 11～29.

Bezilla, Robert, Joel B. Haynes, and Clifford Elliot(1976), "Ethics in Marketing Research," *Business Horizons*, April, pp. 83～86.

Bhide, A. and H. H. Stevenson(1990), "Why be Honest if Honesty doesn't Pay," *Harvard Business Review*, September–October, pp. 121～129.

Calder, Bobby J., Alice M. Tybout(1987), "What Consumer Research Is...," *Journal of Consumer Research*, (June), pp. 136～140.

Feinberg Fred M., Thomas C. Kinnear, and James R. Taylor(2007), *Marketing Research: Concepts, Methods, and Cases*, Cengage Learning.

Hirschman, Elizabeth C.(1986), "Humanistic Inquiry in Marketing Research : Philosophy, Method, and Criteria," *Journal of Marketing Research*, (August), pp. 237～249.

Holbrook, Morris B. and Elizabeth C. Hirschman(1982), "The Experiential Aspects of Consumption : Consumer Fantasies, Feelings, and Fun," *Journal of Consumer Research*, (September), pp. 132～140.

Hunt, Shelby(2002), *Foundations of Marketing Theory : Toward a General Theory of Marketing*, M.E. Sharpe.

Kotler, Philip(1986), "Megamarketing," *Harvard Business Review*, March–April, pp. 117～124.

Malhotra, Naresh K.(2006), *Marketing Research*, 5th edition, Prentice-Hall.

Zikmund, William G. and Barry J. Babin(2007), *Essentials of Marketing Research*, 3rd edition, Thompson.

Marketing Research

02

마케팅조사시스템과 윤리

Intro
1. 마케팅조사의 세련화
2. 정보시스템과 인터넷
3. 마케팅조사의 수행주체
4. 마케팅조사의 윤리적 쟁점들
사례: 월마트
요약
토의과제

INTRO

기업이 시장지향성으로 변해가면서 마케팅조사에 대한 필요성도 계속적으로 변하고 있다. 마케팅조사를 보다 세련화되게 수행하기 위해 정보기술(information technology)을 내부화시켜 정보시스템 속에서 조사를 수행하고자 한다. 이는 소비자행동에서의 변화 때문에 어쩔 수 없는 과정이다.

1990년 world wide web이 나타난 이후 인터넷이 빠르게 발전하면서 쉽게 정보를 교환하고 수집하고 저장하게 되었다. 이전에 전체 도서관에 포함된 정도의 정보량을 단 하나의 개인용 컴퓨터에 쉽게 저장할 수 있게 되었고, 이전에는 대기업, 주요 대학, 정부출연연구소 등에서 비싼 메인프레임 컴퓨터에서만 접했던 컴퓨터 응용프로그램들을 노트북에 깔고, 조사분석도 가능하게 되었다.

놀라울 정도로 빠른 정보 교환 능력도 가지고 있다. 전화, 인터넷, 팩스 등을 통해 세계 어디로나 정보를 전달하고 있으며, 인터넷이 동영상이 지배하는 '미디어넷'으로 진화하고, 컴퓨터기술에서의 변화는 자료수집과 자료분석을 더 쉽게 하게 하고 있다. 인터넷 상에 이메일을 이용한 조사도 늘어나고 있다. 그리고 스마트폰이 발달과 함께, 페이스북, 트위터, 카카오톡, 이메일을 언제 어디에서나 이용하고 있다.

이러한 커뮤니케이션 기술의 변화는 산업을 대량생산(mass production)에서 대량맞춤(mass customization)으로 패러다임을 변화시켜왔다. 즉, 자동차산업, 정보기술산업, 이동통신산업, 화장품산업, 음료수산업, 시리얼산업, 패스트푸드 식당산업, 보험산업, 은행산업 등 전 영역에서 정보화는 필수적으로 자리해왔다. 공급관계를 분석하는 공급망관리(supply chain management), 고객에 정보를 기반으로 고객관계관리(customer relationship management)를 가능하게 하고 있다. 글로벌화도 빠르게 진행되면서 조사의 영역도 변하고 있다(이규현, 2012).

이러한 흐름 속에서 기업은 자료를 수집, 저장, 정보화할 수 있는 능력이 경쟁력이 되고 있다. 본 장에서는 마케팅조사를 정보시스템과 연결지어 바라보고자 하는 이유이다.

정보화와 함께 윤리적인 쟁점도 강하게 대두되고 있다. 2013년 말부터 카드회사의 고객 정보유출이 큰 사회적인 문제로 대두된 바 있는 것처럼, 기업에서 소비자에 대한 자료가 축적되고 이를 이용하는 과정에서 고객에 대한 정보가 유출되고 나쁘게 이용될 수 있는 가능성이 증가하고 있다. 본 장에서는 마케팅조사의 윤리적인 문제가 앞으로 시스템적으로 발전하여야 한다고 보고, 시스템과 윤리를 함께 다루고자 한다.

1 마케팅조사의 세련화

고객지향성이 고도화되면서 마케팅조사의 중요성이 증가하고 조사시스템을 세련화시킬 필요성이 증가한다. 경쟁이 치열해지자 시장이 움직이는 타깃(moving target)이라는 것을 인식하고 움직이는 방향에 맞게 전략을 짜고자, 마케팅조사를 강조하게 된다. 이에 따라 의사결정의 방향이 직관중심에서 조사중심으로 발전하게 된다.

1.1 직관중심 의사결정단계

기업이 창업하여 성장초기단계에서 경영자는 직관중심 의사결정을 하는 경향이 있다. 이러한 경영자의 경험과 직관에 의존하는 의사결정은 그 판단이 주관적인 것이어서 조직이 커져가고 구성원이 많아지고 면 조직의 내부균형을 창출하기 위해서 합리성을 제시하면서 사회적 합의를 창출하기가 어려워지게 된다. 경영자들은 객관성에 기반을 두어 의사결정을 하는 방향으로 발전하면서, 내부조사를 수행하거나 외부조사기관에 의뢰하는 단계로 발전하게 된다.

1.2 조사중심 발전단계

직관에 기반을 둔 의사결정에서 문제가 발생하면서, 객관성을 확보하기

그림 2.1 마케팅조사 세련화의 정도

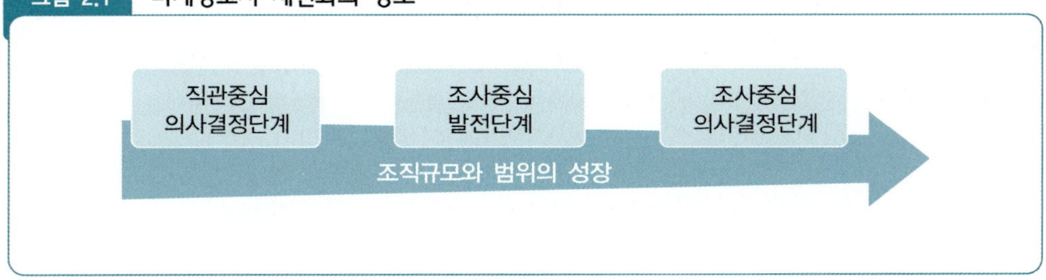

위해서 조사를 수행할 필요를 느끼는 단계로 발전한다. 이 단계에서는 마케팅조사를 완전히 무시하지도 않고, 마케팅조사를 기반으로 하지도 않는 단계이다. 이 단계는 아직 정보가 불확실성을 줄여준다는 것을 완전히 받아들이지 않는 단계이다. 그러나 시간이 지남에 따라 경영자들이 마케팅조사자가 제시하는 컴퓨터 그래픽의 형태로 제시된 프레젠테이션에서 감명을 받게 되면 마케팅조사의 중요성을 점차 더 인식하게 된다. 이러한 학습단계를 거치면서 진정한 조사중심단계로 변해간다.

1.3 조사중심 의사결정단계

이 단계에서는 마케팅조사를 강조하고, 조사에서 나오는 정보에 기반을 두어 적극적으로 의사결정을 하는 단계이다. 조사가 불확실성을 완전히 제거하지는 않지만, 불확실성을 감소하는 수단으로서 작용하기 때문에 조사에 비용을 투자할 가치가 있다는 것을 이해하는 단계이다.

경영자는 조사자와 원활한 커뮤니케이션을 할 필요성이 증대한다. 조사자는 통계에 기반을 둔 조사기법에 의존하여 의사결정을 내릴 것을 권고하나, 지나치게 어려운 통계기법들을 제시할 경우, 경영자들에게는 이해가 어려워진다. 조사자는 지나치게 정교한 조사방법으로 내적타당성을 높이려는 노력도 중요하지만, 경영자가 필요로 하는 여러 여건들을 고려하면서 외적 타당성도 고려할 필요가 있다. 즉, 조사자는 의사결정자의 실무적인 방향에 대해서 이해하고 내적 타당성과 외적 타당성 양쪽에서 균형있게 조사를 수행할 필요가 있다.

경영자가 조사중심으로 의사결정을 수행하기 위해 정보시스템을 구축하려고 하며, 이는 다음 절에서 살펴보자.

2 정보시스템과 인터넷

2.1 가치로운 정보의 기준

> "내가 그의 이름을 불러주기 전에는 그는 다만 하나의 몸짓에 지나지 않았다. 내가 그의 이름을 불러주었을 때, 그는 나에게로 와서 꽃이 되었다."

이는 김춘수(1922~2004) 시인이 문단에 등단한 "꽃"이라는 시의 전반부이다. 자료가 정보로 변하는 과정도 이와 같다. 의사결정자에게 다가가기 전에는 자료(data)에 지나지 않던 내용이 의사결정자가 존재가치를 발견하면서 정보(information)로서 가치를 발휘하게 된다. 자료는 어떤 현상의 기록된 측정치를 말하나, 정보는 이 자료가 의사결정을 지원하기에 적절한 형태로 변화된 것이라는 것을 알 수 있다. 그래서 자료는 의사결정자에게 다가와 정보로 변환된다. 그러므로 자료는 저장된 상태(stock)이고, 정보는 흐르는 상태(flow)이다.

학습조직(learning organization)으로서 기업이 환경 변화에 창조적으로 대응하기 위해서는 변화를 빠르게 감지할 수 있는 정보시스템을 구축해야 하며, 외부의 정보를 내부로 전달하여 외부에 대응할 수 있어야 한다. 이 경우, 들어온 외부의 정보가 의사결정을 도와줄 수 있는 가치있는 정보여야 한다. 가치있는 정보는 다음 네 가지 특징을 가지고 있다.

첫째, 적절성(relevance)기준이다. 이는 마케팅관리자가 의사결정에 필요로 하는 정보여야 한다는 것이다. 이는 마케팅조사자가 의사결정자에게 직면하고 있는 문제의식에 대하여 이해하고 접근하여야 함을 의미한다.

둘째, 정보의 품질(quality)이 좋아야 한다. 정보가 실제상황을 대변해주는가의 정도에 따라 정보의 품질이 결정된다. 고품질의 정보는 정확하고 타당하며 신뢰성이 있다. 현실의 진실한 모습을 나타내준다.

셋째, 시기적절성(timeliness)기준이다. 경영전략 자체가 그러하듯 타이밍이 중요하고, 마케팅조사정보도 시기적절해야 한다. 마케팅상황은 동태적으로 변하기 때문에 낡은 정보를 가지고 의사결정을 하면 그 의사결정이 잘못될 가능성이 크다. 마케팅정보는 올바른 시점에 제공되어야 한다. 컴퓨터화된 정보시스템은 거래가 발생하면 빠르게 관련 사건을 기록하고 처리할 수 있게 해준다. 정보기술이 발달하면서 시기적절성의 기준이 재정의되고 있다.

넷째, 정보의 완전성(completeness)기준이다. 이는 올바른 양을 가지고 있음을 의미한다. 모든 측면의 결정에 대해 충분한 정보를 가져야 한다. 우리나라 기업이 유럽으로 진출하고자 할 때, 인구통계나 인플레이션 등의 자료를 얻을 수 있으나, 전체 유럽 국가들의 가처분소득에 대한 정보를 얻지 못하고 소수의 국가만을 얻는다고 하면 부적절한 정보일 수 있다. 이러한 정보의 부족은 마케팅조사를 통하여 충족시킬 수 있다.

2.2 정보시스템과 경쟁력

오늘날 기업이 정보시스템을 구축하고 활용하는 것은 필수적인 사안이 되고 있다. 시기적절하고 정확한 정보를 입수하여 활용하는 과제는 시스템적으로 운영되고 있다. 어떻게 시스템화되고 있는가를 살펴보자.

마이클 포터(Michael Porter, 1985)의 산업조직론 분석에 따르면 기업이윤에 영향을 미칠 수 있는 요소에는 동종산업 내의 경쟁기업, 공급자, 구매자, 대체품, 잠재적 진출기업 등이 있다.

네일버프와 브란덴버그(1996)는 경쟁과 협력을 함께 강조하면서 기업과 관계를 맺는 상대를 보았다. 기업의 제품과 서비스를 현재 구매해주는 사람은 기업의 협력자이지만, 이들이 다른 경쟁기업의 제품과 서비스로 변환해버리면 경쟁기업을 살찌게 하고 결국 자사는 어려움에 빠질 수 있다. 공급자도 마찬가지이다.

가치사슬은 공급자, 기업, 유통, 소비자로 연결된다. 이 과정에서 경쟁자와 보완자가 기업과 관계한다. 기업은 컴퓨터를 활용하여 기업 가치사슬에 관련된 요소들을 연결한다. 공급자와는 공급망, 기업내부에서는 공장자동화, 고객과는 고객관계를 효율적으로 관리하고자 한다.

그림 2.2 가치사슬

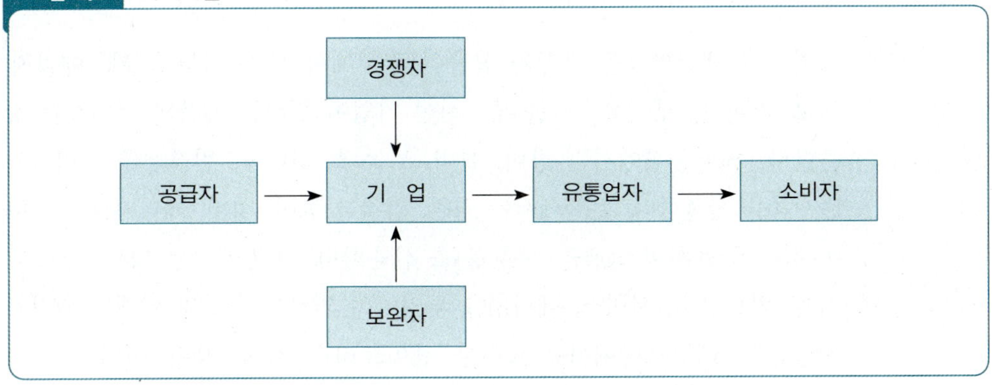

기업은 공급자, 기업내부, 고객관계를 통합화하기 위해 통합전산망을 구축하고 있다. 공급자와는 공급망관리(supply chain management)로 연결하고, 기업내부의 경영관리를 전산화시킨다. 공장에서 사용하는 기계설비에 컴퓨터를 부착하고 시스템화하고, 사무실과 공장이 연결되도록 한다. 고객과의 관계에서 고객들이 물품을 구입할 때 물품에 부착된 바코드를 통해서 가격 등 물품에 대한 정보와 고객정보가 함께 기업으로 투입되어 데이터베이스화된다. 이는 기업으로 하여금 고객관계관리(customer relationship management)나 데이터 마이닝(data mining)을 가능하게 하여 마케팅 의사결정에 필요한 정보로 변한다.

전략적 정보시스템 구축 속에 마케팅정보시스템(marketing information system)이 하위 시스템으로 구축된다. 마케팅정보시스템은 마케팅 계획, 실행, 통제방법을 개선할 목적으로 마케팅 의사결정자가 이용하는 것으로 정확하고, 적재적소에 필요한 정보를 수집, 분류, 분석, 평가, 분배하기 위한 사람, 기구, 절차의 지속적이고 상호작용하는 체계를 말한다. 코틀러와 켈러(Kotler & Keller, 2012)는 마케팅정보시스템을 구성하는 4개의 하위시스템을 내부보고시스템, 마케팅일상정보시스템, 마케팅조사시스템, 분석적 마케팅시스템으로 보면서 마케팅조사를 연결시키고 있다.

2.3 마케팅 의사결정지원시스템

기업의 생산활동을 투입과 산출의 관계에서 보면 인력, 자재, 에너지, 정보, 자본 등 생산요소들을 투입하여 기업이 원하는 제품과 서비스를 창출한다. 제조공장에서는 장비, 설비, 노동력, 에너지, 원자재를 투입하여 완제품을 산출한다. 은행에서는 직원, 컴퓨터 장비, 설비, 에너지를 투입하여 각종 금융서비스(예금, 대출 등)를 산출한다. 병원에서는 의사, 간호사, 직원, 의료장비, 서비스, 에너지를 투입하여 의료서비스 및 완쾌된 환자를 산출한다. 레스토랑에서는 요리사, 웨이트리스, 식품, 장비, 설비, 에너지를 투입하여 식사, 고객의 즐거움 및 만족감을 산출한다.

기업의 의사결정지원시스템도 이러한 투입과 산출 내부에 있는 변환과정(transformation process)으로 이해될 수 있다. 마케팅 의사결정지원시스템은 마케팅분야에서 [그림 2.3]과 같이 투입, 변환, 산출과정으로 볼 수 있다. 데이터베이스와 소프트웨어를 통해 변환시스템을 가지면 투입되는 마케팅에 관련된 자료들을 활용하면서 올바른 의사결정에 이용될 수 있는 산출물을 창출한다.

기업은 보다 큰 정보시스템의 구성요소가 되는 여러 가지 의사결정지원시스템을 가지고 있다. 마케팅 의사결정지원시스템(marketing decision support system)은 의사결정자들이 데이터베이스와 분석적 소프트웨어 프로그램과 직접적인 상호작용을 통해 문제를 풀 수 있도록 도와주는 컴퓨터기반 시스템을 말한다.

고객지향적인 기업들은 유통정보화, 공급망관리, 고객관계관리를 촉진

그림 2.3 마케팅 의사결정지원시스템

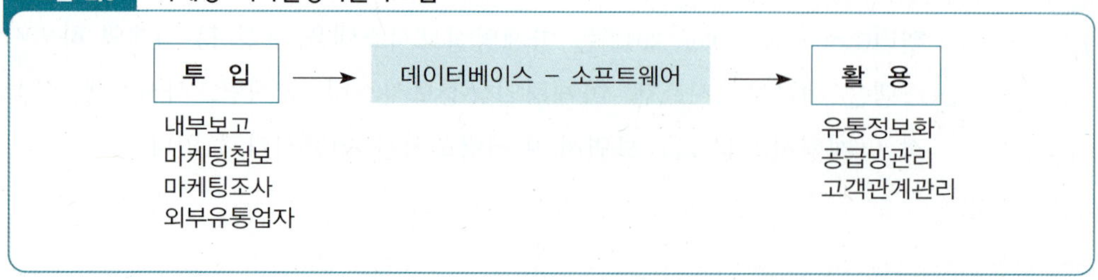

시킬 수 있는 의사결정지원시스템을 가지고 있다. 이 시스템은 고객과 마케팅활동에 관련된 수많은 정보들을 결합시켜 준다. 투입관리, 데이터베이스관리 그리고 활용에 대해 살펴보자.

1) 투입관리

투입으로서 기업에 들어오는 자료는 내부보고 자료, 마케팅첩보 자료, 마케팅조사 자료, 외부판매업자, 유통업자 자료 등이 있다.

(1) 내부보고 자료

주문, 매출, 가격, 원가, 재고수준 등을 내부보고 자료를 분석하면서 마케팅의 중요한 기회와 문제를 파악해낼 수 있다. 다음과 같은 내부보고자료가 중요하다.

주문-지불 주기(the order-to-payment cycle)자료이다. 판매대리점, 판매상, 고객들이 기업에 주문을 하고, 판매부서는 청구서를 작성하여 여러 관련부서에 카피를 송부한다. 재고가 떨어지면 다시 주문한다. 선적된 품목들에는 여러 관련 부서로 보내어진 선적과 지불서류들이 동반된다. 오늘날 기업들은 이들 단계들을 빠르고 정확하게 수행될 필요가 있다. 고객들은 시간에 맞추어 배달하는 기업들을 선호한다. 고객들과 판매대리점이 그들의 주문을 팩스를 보내고 이메일을 보낸다. 컴퓨터화된 웨어하우스는 이들 주문을 빠르게 받아들이고, 다른 부서에서 가능한 빠르게 반응한다. 오늘날 많은 기업들이 주문-지불 주기에서 속도, 정확성, 효율성을 높이기 위하여 인트라넷과 엑스트라넷을 사용하고 있다.

표 2.1 의사결정지원시스템에 대한 마케팅투입의 주요 근원

자료원	예
내부보고	고객프로파일, 주문, 재고, 판매
마케팅첩보	이메일, 경쟁자들에 의한 가격변화, 산업기술에 관한 뉴스
마케팅조사	서베이 결과, 테스트시장 결과
외부판매업자 유통업자	산업 판매추세, 경쟁자들의 시장점유율, 인구통계적 추세

기업은 현재의 판매에 대한 시기적절하고 정확한 자료가 필요한데, 이 경우 판매정보시스템(sales information system)을 구축한다. 대표적인 사례가 월마트이다.

판매자료에 대한 주의 깊은 해석이 중요하다. 소비자들이 자동차를 구매하기 위하여 대리점에 갔을 때, 노란색 자동차가 세 대 있었다고 가정하자. 고객은 붉은색의 자동차를 원하였지만 판매업자는 판매수단을 동원하여 노란색의 자동차를 판매하였다고 하자. 이 경우 마케팅관리자에게 들어가는 정보는 고객이 노란색의 자동차를 원한다는 것으로 올라갈 수 있다. 판매자료 내부에 숨겨져 있는 고객의 마음을 읽을 수 있는 능력이 있어야 한다.

(2) 마케팅첩보 자료

마케팅관리자가 마케팅환경에서 발전하고 있는 일상적인 정보를 얻기 위해서 필요로 하는 정보를 마케팅첩보(marketing intelligence)라고 한다. 내부보고자료들이 결과적인 자료라면, 이는 발생하고 있는 자료(happenings data)이다. 마케팅관리자는 경영에 관련된 최신 저서, 월스트리트 저널(Wall Street Journal), 매일경제, 한국경제와 같은 신문, 무역에 관련된 출판물 등을 읽으면서 일상적인 정보를 입수하고 있다.

고객들, 공급업자들, 그리고 유통업자들과 지속적인 대화를 나누면서도 정보를 입수하고 있다. 여러 회합 등에서 다른 기업 관리자들과 만나면서 정보를 교환하고 얻기도 한다.

다음과 같은 첩보자료들은 결정적으로 중요하다.

- 고객리스트
- 제품명세와 기술자료뿐만 아니라 상세 제품과 가격결정 정보
- 비즈니스 목표와 전략에 대한 규정
- 신제품계획과 R&D 노력
- 새로운 비즈니스 강조점을 두는 광범위한 회사 직무
- 제조과정과 품질통제 노력에 대한 세부사항
- 기업조직구조와 경영자들에 대한 정보

- 기업입지선정, 유통업자들, 서비스센터들에 대한 광범위한 정보
- 파트너십과 제휴에 대한 정보

기업은 마케팅첩보의 질을 높이기 위해서 다음 단계를 거친다.

첫째, 기업은 새로이 발생하는 것을 지적하고 보고하도록 판매원들을 훈련하고 동기유발한다.

둘째, 기업은 중요한 첩보를 전달하도록 유통업자, 소매업자, 다른 중개상인들을 동기유발한다.

셋째, 기업은 외부적으로 네트워킹을 한다.

넷째, 기업은 고객권고 패널을 구축한다.

다섯째, 기업은 정부 자료원을 이용한다.

여섯째, 기업은 외부 공급업자들로부터 정보를 구매한다.

일곱째, 기업은 경쟁적 첩보(competitive intelligence)를 수집하기 위해서 온라인 고객피드백시스템들을 사용한다.

(3) 마케팅조사 자료

내부보고와 마케팅첩보에서 나타나는 정보는 2차 자료들이 대부분이다. 때때로 1차 자료를 얻기 위한 마케팅조사(marketing research)를 수행하여야 할 필요가 크다. 마케팅 기회와 문제를 확인하고 정의해주며, 마케팅믹스활동이 소비자들에게 어떠한 반응을 일으키고 있으며, 마케팅성과에 어떻게 연결되고 있는가를 생생하게 알기 위해서는 보다 객관적인 자료수집, 분석, 해석을 통한 조사가 필요한 경우가 많다. 이는 이 책의 주제이다. 이러한 마케팅조사가 기업에서 행하는 정보시스템과 마케팅정보시스템과의 관계 속에서 수행되는 것이 보다 효율적이다.

(4) 외부판매업자, 유통업자 자료

내부보고, 마케팅첩보, 마케팅조사뿐만 아니라 외부판매원들과 유통업자들로부터 좋은 정보들을 입수할 수 있다. 산업판매 추세, 경쟁자들의 시장점유율, 인구통계적 추세 등에 대한 자료들은 의사결정에 도움이 되는 자료들이다.

2) 데이터베이스관리

데이터베이스(database)는 투입에서 컴퓨터에 의해서 저장되고 처리될 수 있는 형태로 정리되고 조직되는 원천자료들의 집합을 말한다. 고객의 이메일자료나 주소자료 등은 데이터베이스형태이다. 이는 컴퓨터의 하드 디스크와 같은 컴퓨터에 저장되기도 하며, 대행해주는 기관이 보유하여 서비스해 주기도 한다. 많은 종류의 데이터베이스를 축적하고 있기 때문에 자료저장시스템(data warehousing system)을 개발한다.

(1) 통계데이터베이스

통계데이터베이스는 시장분석과 예측을 위한 숫자로 된 자료를 포함한다. 인구통계, 판매와 다른 관련 마케팅변수들이 지역에 따라 기록된다. 소프트웨어를 사용하여 관련변수들의 컴퓨터 지도를 만들어 제공하는 기업들도 있다. A.C.Nielsen처럼 스캐너자료와 전산시스템을 이용하는 강력한 데이터베이스 제공기업들도 등장하고 있다(제4장 참조).

(2) 재무 데이터베이스

소득, 재무제표와 같은 경쟁자들과 고객들의 재무자료는 경영자들에게 관심을 끈다. 기업들에 관한 수천 가지의 재무 데이터베이스를 제공해주는 기업들도 등장하고 있다. 미국 McGraw-Hill Companies의 계열사인 Standard & Poors사의 Compustat 데이터베이스는 1962년부터 축적된 전 세계 2만 8,000여 기업들에 대한 공적 금융자료를 가지고 있다(www.standardandpoors.com). 2008년 비즈니스위크(BusinessWeek)는 이 데이터베이스 중에서 정보기술회사만을 골라내어 좋은 실적을 내는 하이테크기업을 선정한 바 있는데 아마존(1위), 애플(2위), 닌텐도(4위), 구글(11위) 등이 나타났다.

(3) 비디오 데이터베이스

비디오 데이터베이스와 매체들은 재화와 서비스의 마케팅에 많은 영향을 미친다. 광고대행사들의 의사결정지원시스템에 디지털 비디오 데이터베이스의 가치는 엄청나게 크다.

(4) 네트워크와 EDI

이러한 데이터베이스는 네트워크로 연결되어 전자자료처리시스템을 통하여 통신망을 통하여 본사에서 통제할 수 있도록 연결된다.

3) 활 용

정보화는 유통정보화, 공급망관리, 고객관계관리와 데이터 마이닝으로 활용되고 있다.

(1) 유통정보화

유통과 물류분야는 정보기술력과 연결하여 경쟁력을 창출하고 있다.

① 제품에 바코드(bar code)를 부착하게 되고 스캐너(scanner)가 발달하여 바코드를 정확·신속하게 읽을 수 있게 해주었으며, 바코드는 판매시점에 자료를 수집·처리하여 경영활동에 이용하는 POS(Point of Sale)시스템이 가능하게 해준다. POS시스템은 제품의 판매시점에서 무엇이, 언제, 얼마나, 어디서, 어떻게 처리되는가에 관한 정보를 실시간으로 수집하고 처리하여 점포의 재고수준을 파악하여 자동발주 및 수령 등 점포자동화를 실현시킨다.

② 유통과 물류기업들은 소비자들에게 ID카드를 발급하고 소비자들이 이를 이용하면서 언제, 어떠한 제품을 구입하는가를 분석할 수 있게 되었으며, 충성고객을 창출하고 유지할 수 있게 되었다.

③ EDI(전자식 정보교환시스템)을 이용, 제조업체와 소매상이 주문, 배달, 회계처리를 하나의 컴퓨터로 연결하여 주문하자마자 조달이 가능해졌다.

(2) 공급망관리

고객가치를 창출하기 위해 [그림 2.4]와 같이 공급체인을 구성하는 공급자, 구매담당자, 마케팅관리자, 경로구성원을 고객들이 수행하는 활동과

그림 2.4 공급망관리

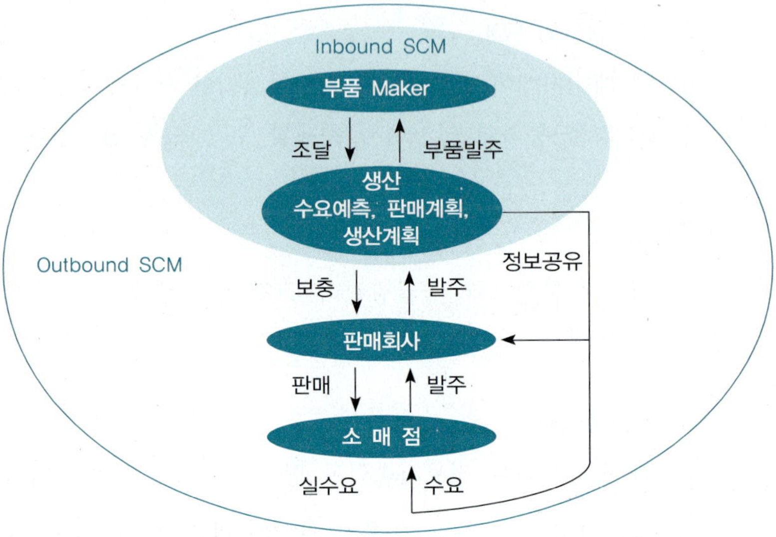

관계를 맺도록 하여 협력적인 운영체제를 구축할 수 있게 되었다.

(3) 고객관계관리와 데이터 마이닝

정보화에서 고객에 관한 데이터베이스를 확보하고 이를 전략에 적용하는 것이 중요해지고 있다. 고객관계관리의 발달은 데이터 마이닝(Data Mining) 기법의 발달로 연결되어 고객의 유용한 정보들을 연결하면서 기업의 판매액을 증대시킬 수 있게 되고 있다. 즉, 고객관계관리는 기업과 소비자 간 관계를 디지털 기반으로 변화시키고, 소비자와의 지속적인 커뮤니케이션을 통해 소비자행동을 이해하고 영향을 주기 위해 콜센터, 캠페인 관리도구 등을 결합, 소비자정보를 전사적으로 활용하고 있다. 다양한 소비자접점(영업사원의 소비자접촉, A/S직원의 방문, 소비자로부터 걸려온 전화 등)을 활용, 발생되는 데이터를 소비자욕구에 맞추어 1 : 1로 차별화된 마케팅을 실시할 수 있게 되고 있다(Peppers와 Rogers, 2004).

2.4 인터넷과 정보운영시스템

인터넷은 먼 거리에서부터 정보와 서류에 사용자들이 접근할 수 있게 하는 세계적으로 연결된 컴퓨터들의 네트워크이다. 21세기에 들어서면서 가장 중요한 커뮤니케이션 매체가 되었다. 인터넷은 사람들이 정보를 얻고 전달하는 방법을 변화시켰다. 우리나라는 정보통신 강국으로서 세계에서 가장 많이 인터넷을 이용하는 국가 중의 하나가 되었다.

이에 따라, 점차적으로 인터넷마케팅이 중요해지고 있다. 홈페이지를 개설하고, 인터넷 상에서 공동체 활동이 증가하고, 블로그가 많아지고 UCC가 증가하면서 콘텐츠(contents)의 중요성이 증가하고 있다. 인터넷의 장점인 상호작용성은 정보전파의 지평을 변화시키고 있다. 기업에서 이루어지고 있는 인터넷과 정보운영시스템에 대해서 살펴보자.

1) 그룹웨어(Groupware)

그룹웨어는 조직 내 구성원들이 상호작용과 협력을 통해 업무를 수행하는 그룹 작업을 보다 효율적으로 할 수 있도록 컴퓨터 지원에 의한 공동작업(CSCW: Computer Supported Cooperative Work)을 위한 소프트웨어나 소프트웨어를 포함하는 구조를 말한다. 부서나 업무별로 분산되어 있던 정보를 종합 처리하고 업무를 표준화할 수 있다는 점에서 기업 생산성 향상에 핵심요소가 되고 있다. 그룹웨어의 범주는 다음과 같다.

- 전자메일과 커뮤니케이션
- 스케줄링
- 정보공유회의
- 모임지원
- 문서공유와 공동집필
- 워크플로우 관리

2) 인트라넷(intranet)

이는 조직내부용 인터넷이라고 불리는 것으로서 world wide web(WWW)과 브라우저 소프트웨어 기술로 정보공유시스템을 구축하여 조직 내부인들이 필요한 정보를 공유하게 하는 시스템을 말한다. 복잡한 작업을 수행하는 그룹웨어와 달리 전자메일, 기본문서공유 등 간단한 작업을 처리하는 데 사용된다. 인터넷과 인트라넷의 핵심적인 차이는 시스템에 들어가기 위해서 종업원들에게만 접근이 제한되는 안전소프트웨어 프로그램이 설치되어 있다는 것이다.

대기업들은 인트라넷을 쓰는 자사 직원들이 양방향으로 메시지를 자폐할 수 있는 능력을 갖춘 방화벽서버를 통해서만 공중 인터넷에 엑세스할 수 있도록 하여 회사보안이 유지되도록 하고 있다. 인트라넷의 일부를 고객이나 협력사, 공급사 또는 회사의 외부 다른 사람들에게 접근이 허용된 엑스트라넷(extranet)으로 활용하고 있다.

3) ERP(Enterprise Resource Planning)시스템

전사적 자원관리시스템으로 경영활동의 모든 영역을 효율적으로 개선하여 전사적으로 완전통합 솔루션을 제공하고 기업의 다양한 업무프로세스에 대해 응용프로그램으로 연결시키는 종합경영정보시스템이다. 이는 기업 내 정보인프라를 새롭게 통합적으로 구축하는 것이기 때문에 도입과정에서 기업 내부의 저항에 부닥칠 가능성이 높다. 그래서 최고경영자의 확고한 의지와 구성원들의 광범위한 의견수렴과정이 필요하다.

우리나라에 ERP패키지를 공급하고 있는 업체는 주로 외국업체들의 한국 현지법인들로서 한국 SAP, 한국오라클, 한국 SSA, 한국 QAD, D&BS 등이 있으며, 일부 국내기업들이 활동하고 있다. 이 시스템의 활용도가 높기 때문에 대기업들을 중심으로 이루어지고 있고, 일부 중소기업에서 도입하고 있다.

3 마케팅조사의 수행주체

3.1 기업내부의 마케팅조사부서

경영자가 조사에 기반을 두어 의사결정을 내리는 단계로 발전하게 되면 공식적인 마케팅조사 부서를 가져야 한다는 것을 인식하게 된다. 소비재 제품을 다루는 기업이나, 제조업, 그리고 소매업태들 사이에서 그 필요성을 크게 느낀다. 기업에서 마케팅조사의 위치나 부서의 구조는 다양하게 나타난다. 조사와 의사결정자들이 함께 연결되어 있기 때문에 최적 조직구조는 조사부서에서 최고 경영자 집단에게 보고하도록 하는 형태를 취한다. 그렇지 않고 마케팅조사의 지위를 잘못 설정하면 마케팅조사 부서를 고립시킬 수 있다.

1) 스탭기능으로서 마케팅조사

스탭기능을 수행하는 조사부서는 경영층이 도움을 요청하는 것을 기다리면서 조사를 요청하는 경영층의 요구에 부응하여야 한다. 경영층의 요구에 반응해야 하고 모든 조사를 설계하고 집행하는 데 책임을 져야 한다. 중소기업에서는 마케팅 부사장이 마케팅조사에 책임을 지는 경우가 있다.

이 경우에는 판매관리자로 하여금 판매자료, 무역협회 통계 등을 수집하고 분석하게 한다. 서베이가 수행될 필요가 있으면 광고기관이나 마케팅조사를 전문적으로 수행하는 기업이 서베이를 하도록 계약을 맺을 수 있다. 소비재를 다루는 대기업들은 많은 인원을 채용하여 마케팅부서를 운영하고 있다. 기업이 커져가면 [그림 2.5]와 같이 마케팅조사이사, 조사분석가, 조사보조원, 의사결정지원시스템 관리자와 같은 직위를 갖춘다.

마케팅조사 부서들이 성장하여 감에 따라, 그들은 제품이나 전략적사업단위에 의해서 전문화되는 경향이 생긴다. 호텔의 경우, 숙소 담당 마케팅조사이사, 계약서비스와 레스토랑 담당 마케팅조사이사 등을 만든다.

이들 마케팅조사이사(director of marketing research)는 리더십을 가지고 스탭 수준의 활동들을 통합한다. 그는 시장과 신제품 조사관리자, 고객만

그림 2.5 대기업에서 마케팅조사 조직의 예

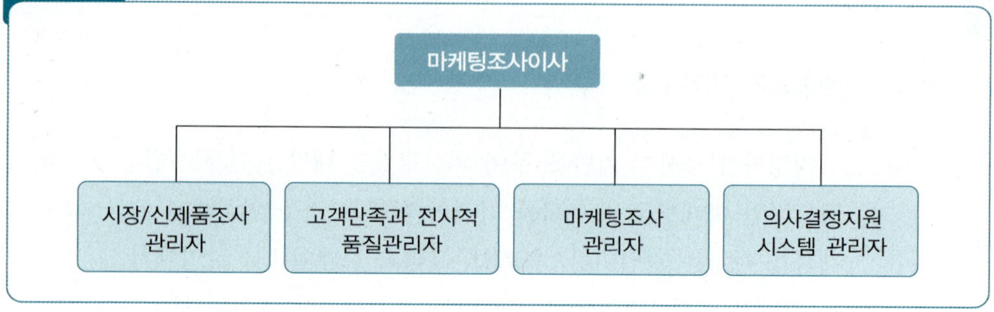

족과 전사적 품질관리자, 마케팅조사 관리자, 의사결정지원시스템 관리자를 통합한다. 필자가 수년 동안 한국능률협회 고객만족 대상을 평가하면서, 우리나라의 많은 대기업들이 제품이나 서비스품질수준을 높이면서 고객만족을 달성하기 위해서 이러한 측정과 조사를 수행해나가는 관리자를 길러가는 추세를 확인할 수 있었다.

2) 기능을 넘어선 팀 조직

글로벌 정보시대의 도전에 직면하여 많은 기업들의 전통적 조직구조에서 변화가 나타나고 있다. 신제품을 창출하기 위하여 연구개발, 생산, 마케팅에 관련된 모든 쟁점들을 고려할 수 있는 통합된 노력을 할 수 있는 조직을 필요로 한다. 기능을 넘어선 팀조직(cross-functional teams)은 엔지니어링, 생산, 재무, 마케팅과 같은 여러 조직부서들로부터 온 개인들로 구성된다. 이러한 조직은 고객만족 서비스나 신제품개발과 같은 핵심 사업과정에 몰두하는 것을 도와준다. 팀으로 일하는 것은 종업원들을 고립된 기능활동에 초점을 두지 않고 고객가치를 창출하기 위해서 서로 협력하는 체제를 가지게 한다.

신제품을 개발하기 위해서는 연구개발부서에서 아이디어 창출과정이 있어야 하고, 생산부서에서 생산가능성을 타진해야 하고, 재무부서에서는 투자할 자금을 조달할 수 있는가를 따져야 하고, 마케팅부서에서는 시장성을 따질 수 있어야 한다. 전체적으로 타당성이 있는 신제품을 개발하여야 한다. 팀으로 일하는 조사자들은 조사의 보다 넓은 목적을 이해하고 조사 방법론에만 매달리지 않는 경향이 있다. 경쟁자들보다 원가와 품질에서 이점이 있는 제품을 창출하여 진정으로 고객만족을 달성할 수 있는 방향으로 나아가고자 한다.

중소기업이나 벤처기업의 경우 기업내부에 마케팅조사부서를 두기가 쉽지 않지만 우리나라의 대기업들은 기업내부에 마케팅조사를 수행하는 부서를 두고 있다. 이들은 사내 마케팅조사부서, 마케팅 팀장, 연구개발부서, 마케팅의사결정 지원시스템 등 다양하게 나타나고 있다. 이들 부서들은 국내의 시장동향분석에서부터 외국의 소비시장, 원자재시장, 산업동향분석 등 새로운 성장기회를 파악하기 위해 지속적으로 마케팅조사를 수행하고 있다. 그러나 이러한 기업내부 부서에서의 조사는 특성상 인력이 부족하고 전문성이 결여되어 충분히 이루어지지 못한다고 판단이 들어 마케팅조사에 기반을 두어 마케팅전략을 펼치는 것이 중요하며, 중요한 의사결정을 위해 마케팅조사를 수행하려면 외부 전문조사기관을 이용하는 경우가 많아지고 있다.

3.2 기업외부 조사기관: 조사공급자와 계약자들

기업내부에서 조사능력이 부족하거나 의사결정에 객관적으로 중요하다고 판단되는 조사를 수행할 경우, 전문적인 외부조사기관에 의뢰할 수 있다. 이 경우 신디케이트 조사기관, 대학조사기관, 비영리기관 및 인터넷 조사기관을 이용한다. 이들을 자세하게 살펴보자.

1) 신디케이트 조사기관

신디케이트 조사기관은 공통적인 자료 풀(data pool)을 이용하여 다양한 고객에게 표준화된 정보를 제공하는 서비스 기업을 말한다. 예를 들어, J. D. Power는 미국 전역에서 수천 명의 자동차구매자들의 표본으로부터 자동차품질에 대한 고객들의 등급과 그들의 만족이유에 대하여 조사하여

그림 2.6 외부조사기관

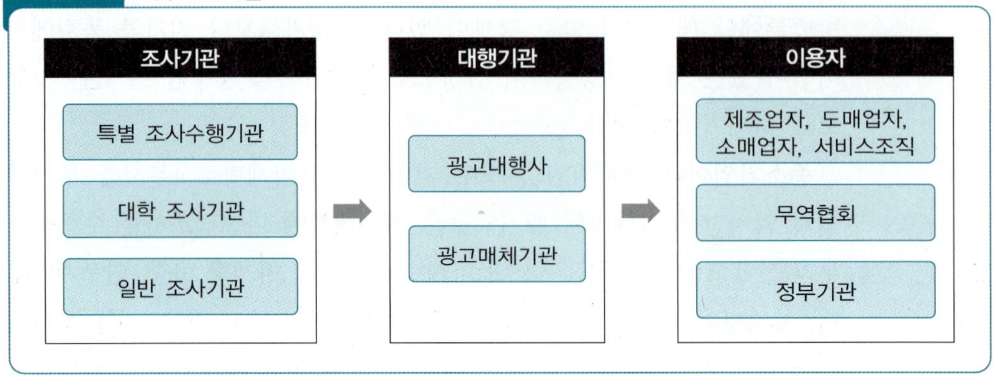

판매하고 있다. 대부분의 자동차 제조업자들과 그들의 광고대행사들이 이러한 신디케이트 서비스를 구매하고 있다.

A.C. Nielsen Korea와 한국갤럽 등에서는 공통적인 자료 풀은 서베이 조사, 일정기간 이상을 정기적인 간격으로 정보를 제공하는 다이어리 패널(diary panel), POS시스템을 이용한 스캐너 자료를 제공한다. A.C. Nielsen Korea(www.acnielsen.co.kr)는 슈퍼마켓, 농협연쇄점 및 일반식품점을 대상으로 식품, 화장품, 담배 등의 제품군의 상표점유율, 소매점 구매 및 재고, 소매가격 등을 신디케이트 조사를 통하여 전국적으로 조사하여 고객사에게 판매한다.

한국갤럽(www.gallop.co.kr)은 Brandex 조사를 통해, 만 18~54세 여성을 대상으로 하는 프로그램과 만 13~54세 남녀를 대상으로 하는 프로그램이 있는데, 각각 4개월마다 5대 도시 2,000명을 대상으로 1 : 1 개별면접을 실시하여 한 제품군 내 여러 브랜드들의 시장경쟁 현황을 조사하여 그 결과를 고객사에게 제공한다. 고객사는 신제품개발, 브랜드전략 등에 이용한다.

이러한 신디케이트 자료의 장점과 단점을 살펴보자. 이 자료는 수집하는 데 비용이 적게 들고, 수집시간이 빠르고, 소비자들의 구매의도가 아닌 구매행동에 관한 직접적인 자료를 수집할 수 있다는 장점이 있다. 그러나 패널자료이기 때문에 표본의 대표성이 결여되고, 패널구성원의 이탈 가능성이 있으며, 응답자의 신원 노출로 인해 응답에서 편견이 나타날 수 있다는 단점이 있다.

2) 대학조사기관

이는 대학에서 교수나 연구소 연구원들은 새로운 지식을 창출하여 이를 전파하기 위하여 전문적이고 객관적인 조사활동을 수행한다. 대학교수나 연구원들은 대학에서 학술적인 논문 등 기초적인 연구에 집중하여, 실제 기업의 문제를 해결하는 데 제약이 있다.

3) 비영리기관

정부와 관련된 비영리기관에서는 국가정책결정이나 국민통계, 산업통계에 관한 중요한 자료를 제공하고 있다. 각종 공공기관에서 많은 통계자료를 제공하여 마케팅활동에 유용하게 활용할 수 있다.

한국은행(www.bok.or.kr)에서도 생산자물가조사, 수출입물가조사, 통화금융통계, 재정통계, 국제수지통계 등의 자료를 제공하고 있고, 산업은행(www.kdb.co.kr)은 주요 기업의 설비투자계획, 기업은행(www.ibk.co.kr)은 중소제조업 동향조사를 제공하고 있다.

정부기관의 2차 자료에 대해서 이 책 제4장에서 보다 자세하게 다루고 있는데, 예를 들어, 통계청(www.nso.go.kr)에서는 인구센서스, 산업생산통계, 소비자물가조사, 도소매총조사, 경기종합지수, 한국의 사회지표, 소비자전망조사, 생활시간조사 등을 발표하고 있다.

4) 인터넷 조사기관

인터넷마케팅이 발달하면서 온라인 마케팅조사의 영역의 범위가 넓어져 가고 있다. 비밀이 보장되어 있는 웹사이트를 기반으로 마케팅조사를 수행하는 기업이 나타나고 있다. 서베이클릭(www.s-click.com), 아이러브인포(www.iloveinfco.kr), 아이클릭(www.i-click.co.kr) 등이 인터넷조사 서비스를 제공하고 있다.

4 마케팅조사의 윤리적 쟁점들

노벨 경제학상을 받은 사이먼(Herbert A. Simon)은 가치전제(value premises)와 사실전제(factual premises)로 나누고, 가치전제는 주관적이어서 다루기 어렵기 때문에 사실전제에 입각한 의사결정을 다루는 것이 중요하다고 보았으나, 오늘날에는 가치전제가 중요해지고 있다.

배가 바다위에 떠 있듯이, 인간행동은 윤리의 기반에서 움직인다. 마케팅활동에서 윤리적 기반이 흔들리면 일시에 무너질 수 있다.

White(1993)는 [그림 2.7]에서 도덕적 행위와 소득은 역함수 관계를 가지고 있음을 제시한 바 있다(곡선 A). 실제로 배반과 변절행위와 같은 비윤리적인 행위가 보상을 받는 경우이다. 높은 소득을 얻기 위해서 도덕이라는 자기 존경을 희생시키는 경우이다. 역으로 해석하면 인간은 도덕수준을 높이기 위해서 소득이나 부를 희생할 수 있다는 것도 된다. 그러나 오늘날

그림 2.7 도덕적 행위와 부와의 관계

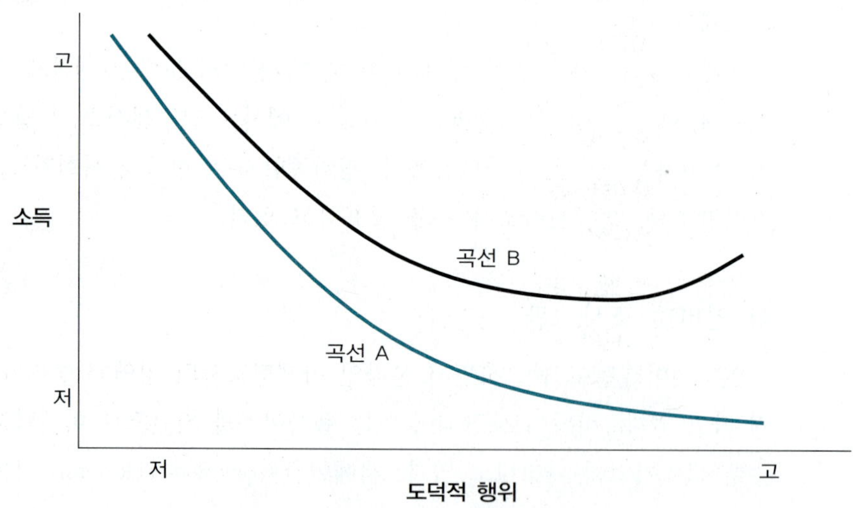

자료: T. I. White(1993), *Business Ethics : A Philosophical Reader*, MacMillan Publishing Company에서 곡선 A 주장, 필자는 곡선 B를 주장.

기업활동은 지속가능경영이 문제시되고, 윤리경영이 무너지면, 소득을 증가시킬 수 없는 시대가 되고 있다. 필자는 White(1993)의 도표에 곡선 B를 제시하여 도덕적 행위가 어느 정도 수준을 높아지면 다시 소득이 높아질 수 있을 가능성을 제시하고자 한다. 조사분야에서 조사윤리가 중요해져가고 있다. 윤리적으로 잘못된 조사는 의미를 상실하게 된다.

4.1 마케팅 윤리강령

마케팅에 종사하는 이들도 한 집단에 의해서 채택된 행동 코드인 사회적 규범을 지켜야 한다. 다음과 같은 윤리강령이 제시될 수 있다(이규현, 2005).

조직경영의 핵심활동인 마케팅은 조직 고유의 가치창출을 통해 소비자의 삶의 질을 향상시키고, 사회적 가치창출에 이바지하고 있다. 따라서 마케팅활동은 사회적으로 존중받아야 하고 권장되어야 한다. 이러한 마케팅의 사회적 가치를 유지, 발전시키기 위하여 기업을 중심으로 한 영리조직뿐만 아니라 비영리 조직 전체의 마케팅담당 임직원, 광고종사자, 마케팅조사기관, 마케팅 교육자 및 마케팅 연구자 등 마케팅 종사자들이 준수해야 할 행동의 지침으로서 마케팅 윤리강령이 필요하다. 모든 마케팅 종사자가 이러한 윤리강령을 준수함으로써 마케팅의 사회적 책임을 성실히 수행할 수 있다.

마케팅에 종사하는 이들은 고객, 종업원, 공급업자, 유통업자, 그리고 공중과 마케팅활동을 하는 과정에서 정직하고 공평하며 투명한 방법으로 마케팅을 수행해야 하고, 자신의 마케팅활동에 책임을 져야 한다. 항상 상호호혜(reciprocity)의 관점에서 상대방을 존중하고, 국가발전과 사회복지를 위해 헌신하여야 한다.

마케팅연구와 실무에 종사하는 이들은 다음 사항을 지켜야 한다.

첫째, 사회 전체적으로 유익하지 않거나 가치가 없는 제품과 서비스는 제공하지 말아야 하며, 제공되는 제품과 서비스 품질은 소비자 만족과 복지를 향상시킬 수 있어야 한다.

둘째, 제품과 서비스의 가격은 고객에게 제공하는 가치를 투명하게 반영하여야 하며, 가격담합 등 비합법적인 방법을 사용하여 건전한 시장경쟁을 저해하지 말아야 한다.

셋째, 제품과 서비스의 유통과정에서 건전한 경쟁을 유발하여야 하며, 시장지배력을 이용하여 유통채널에 부당한 영향력을 행사하지 말아야 하며, 기만행위를 하지 말아야 한다.

넷째, 소비자를 현혹시키거나 사실에 근거하지 않은 촉진활동을 하지 말아야 한다.

다섯째, 마케팅 조사과정에서 획득한 정보는 조사목적을 위해서만 사용해야 하고, 피조사자의 사적 정보를 보호해야 한다.

여섯째, 조직 간 관계에서 자신의 행동이 종업원, 공급업자, 유통업자 등 이해관계자들에게 영향을 줄 수 있음을 명심하고, 이들에게 비윤리적인 행위를 하도록 강요하거나 종용하지 말아야 한다.

4.2 응답자, 조사자, 사용자의 권리와 의무

대부분의 조사상황들은 응답자, 조사자, 사용자가 있다. 이 들 사이에는 [그림 2.8]과 같이 연결되어 있다. 이들의 관계를 고려하면서 각각의 권리와 의무를 살펴보자.

1) 응답자의 권리와 의무

첫째, 응답자에게는 거부권이 있다. 응답자는 조사에 꼭 참가해야 할 의무는 없기 때문에 응답자들에게 거부할 권리를 인식시켜 주어야 한다.

둘째, 진실한 응답을 해야 한다. 응답자가 참석하려고 동의할 때 진실한 답을 제시하도록 기대된다. 정직한 협력이 응답자의 주요 의무이다.

셋째, 응답자의 프라이버시를 보장해주어야 한다. 마케팅조사에서 응답자의 사생활이 간접적으로 침해되지 않도록 조심해야 한다. 동의 없이 관찰조사를 하거나, 심리적 기법을 활용하여 사생활을 자기도 모르게 노출시키도록 유도하는 질문을 삼가야 한다.

그림 2.8 응답자, 조사자, 사용자 사이의 권리와 의무

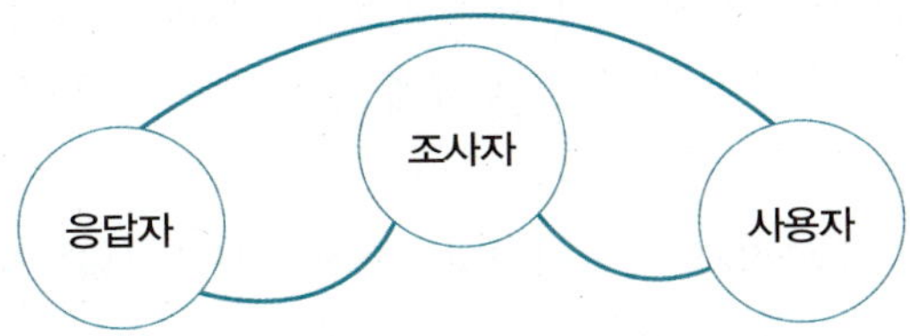

넷째, 응답자가 직접 느끼지 못하는 과정에 의해 기만당하게 되어서는 안 된다. 기만은 무기명 응답을 약속하고 설문지 기호를 이용하여 응답자를 알아내는 경우, 조사회사 이름을 정확하게 사용하지 않고 공공기관에서 조사하는 것처럼 조사기관을 속이는 경우, 응답시간을 속이는 경우 등이다.

다섯째, 응답자는 조사의 모든 면들에서 정보를 받을 권리를 가지고 있다. 만약 응답자들이 정보가 수집되는 이유를 알고, 사적인 정보를 관리하는 데 있어서 조사자를 신뢰한다면 장기적으로 조사를 수행하는 것이 쉬울 수 있다.

2) 조사자의 권리와 의무

첫째, 목적이 순수해야 한다. 조사를 수행할 때는 순수한 목적으로 수행한다고 하고 나중에는 기업이익을 위해 이용해서는 안 된다. 조사를 통하여 개인의 사적인 권리를 침해하거나 개인에게 피해를 주어서는 안 된다.

둘째, 객관성을 유지하려고 해야 한다. 객관성을 유지하기 위해서 조사자가 제시하는 자료의 정확성을 확정해 줄 수 있는 높은 기준을 가지고 있어야 한다.

셋째, 정확한 제시를 해야 한다. 조사비용을 줄이기 위해서 조사과정에서 조사범위, 표본추출방법, 설문지 문항을 감소시켜 연구를 축소시켜서는 안 된다. 조사한 자료의 통계적 정확성을 잘못 제시해서는 안 된다. 조사결과를 변경하여 결과의 중요성을 과장해서도 안 된다.

넷째, 비밀을 보장해주어야 한다. 조사의뢰기관과 경쟁관계에 있는 기

관들이 존재하기 때문에 조사를 수행하는 데 있어서 나타나는 보안을 지켜 주어야 하며, 경제적 이익이 침해되지 않도록 해야 한다. 특히, 두 경쟁회사로부터 용역을 받아서 동시에 수행하는 경우 윤리적으로 문제가 될 수 있다.

다섯째, 조사결과는 성실하고 정확하게 보고되어야 하며, 잘못된 결론을 전파해서는 안 된다. 객관적 자료와 과학적 분석방법에 의해 나타난 결과를 진실하게 보고해야 하며, 자료와 일치되지 않는 잘못된 내용을 전파해서는 안 된다.

3) 사용자의 권리와 의무

사용자는 조사공급자들과의 관계에서, 사용과정에서 윤리적인 쟁점이 존재한다.

첫째, 조사를 요청하는 사용자는 개인이나 조직에서 수행한 업무나 결정을 정당화하기 위한 수단으로 조사를 활용해서는 안 된다. 객관적으로 진실을 추구하는 조사를 수행하도록 용기를 주어야 한다.

둘째, 조사공급자가 연구를 계획하려면 상당한 노력이 소요된다. 그러므로 사용자는 심각하게 고려된 프로젝트에 대해서만 조사공급자에게 제안할 의무가 있다.

셋째, 사용자가 조사를 의뢰할 때, 탐구될 마케팅 문제를 공개해야 한다.

넷째, 특정 데이터베이스 회사가 브랜드 사용 정보를 얻기 위해 수백만 가계의 메일리스트를 가지고 있을 경우, 이를 사용하는 과정에서 프라이버시를 침범하지 않도록 조심해야 한다. 이 메일리스트 정보가 다른 기업에 제공될 때, 문제가 발생될 수 있다. 2013년 말 우리나라 카드회사들은 고객의 자료를 다른 기업에 유출하여 문제를 발생한 바 있다.

4.3 윤리에 대한 최종 노트

대부분의 조사자들은 윤리적인 사람들이다. 무엇이 윤리적인가에 대한 질문에 답하는 데 있어서 우리의 양심에 따라 행동하게 되면 비윤리적인 실무들을 막을 수 있다. 지속가능한 경영이 되기 위해 윤리는 생존과 경쟁력의 과제로 발전하고 있다. 경쟁력 있는 기업들은 내부적으로 강력한 윤리기준에 기반을 두어 청렴한 기업문화를 형성하려고 한다. 마케팅조사는 윤리적 기반위에서 수행되어야 한다. 윤리가 잘못되면 조사전체가 무너질 수 있다. 그러므로 지속가능한 기업이 되려면 조직내 마케팅조사의 윤리적 기반에 대한 전반적인 검토가 필요하며, 시스템으로 발전될 필요가 있다.

사례

월마트

월마트(Wal-Mart)는 샘 월튼(Sam Walton)이 1945년 미국 아칸소주 뉴포트에 한 잡화점을 인수하면서 시작하여, 1962년 아칸소주 로저스에 월마트 제1호점 개점을 시작하면서 본격화되었다. 샘 월튼은 검소한 삶을 견지했고 오직 월마트의 성장과 직원들과 고객 모두가 행복한 삶을 실천하고자 했다. 월마트는 창업 당시 Target 등에 비해서 후발주자로 등장하였으나, "우리는 항상 싸게 팝니다(Everyday Low Price)"라는 슬로건과 "고객만족을 보장합니다."라는 슬로건을 내걸면서 공격적으로 경영하기 시작하였다.

1970년대 미국 할인점이 성숙기에 접어들기 시작하면서 경쟁이 치열해질 때, 월마트는 대형할인점체인이 없었던 아칸사스(Arkanssas), 미주리(Missori), 오클라호마(Oklahoma)지역을 중심으로 K-mart 등과 경쟁을 피하면서 30배 이상의 매출액이 증가하였다. 1980년대에 이르자 매출액이 26배 증가하여 16억 달러 매출액의 대형체인으로 성장하여 Target, Zayre와 함께 미국 할인점체인의 2위 지위를 다투게 되었고, 1990년대 들어 K-mart, Sears 등을 제치고 미국뿐만 아니라 세계 최대 유통업체 자리를 차지하게 되었다. 2011년 자료에 의하면, 전세계적으로 직원 160만 명 이상을 두고, 매년 70억 명 이상의 고객이 매장을 방문하는 거대기업으로 성장하였다. 2013년에는 포춘(Fortune)지가 선정한 글로벌 500에서 세계1위를 차지하고 있다.

월마트의 경쟁력은 공급업체와의 제휴를 강화하여 저비용 저가전략을 실현시켜 왔다. P&G와 같은 거대공급업체와 연계한 경제생태계를 갖추고 있다. 예를 들어 1990년 데오드란트(땀을 억제하고 땀 냄새 제거하는 제품) 포장과 매장진열 방식을 획기적으로 바꾸었다. 기존의 종이 상자를 과감히 버려 5센트를 절약하고 그 중 몇 센트를 고객과 제조업체에 돌려주는 등의 정책으로 가격을 줄이는 정책을 펼쳤다. 경비절감의 효과를 이익으로 흡수하지 않고 즉시 그만큼 제품가격을 인하하는 사례였다. 월마트는 Everyday Low Price와 Everyday Low Cost를 실현하였다.

최고경영층과 점포현장주의를 택하여, 점포현장에서 보고 느낀 것을 토대로 의사결정을 한다. 직원을 동료라 부르며 집단정체감을 강조하여 일하기 좋은 일터로 선정되기도 한다. 정규직원뿐만 아니라 시간제직원까지 이익배분제 등 모든 복지시스템에 참여할 자격을 주어 동기를 부여하였다.

그러나 무엇보다도 월마트는 유통정보화로 유명하다. 첨단유통기술을 도입하였다. POS시스템, 위성통신시스템, 물류관리시스템 등 첨단유통기술을 도입하여 재고관리, 물류관리, 거래선관리 등 효율화를 이루어 관리비용을 절감하였다. 이러한 정보시스템 구축은 비용절약을 통한 경쟁력으로 연결시켰다. 유통비용 절감을 위해 물류센터, 위성통신시스템, 컴퓨터센터 등 경쟁기업에 비해 빠르게 도입하였다. 보다 자세하게 살펴보자.

첫째, 월마트는 물적유통센터를 설립하여 최첨단 물적유통시설을 통해 물적유통 효율화를 달성함으로써 업계 최고의 서비스를 최저의 비용으로 제공할 수 있었다. 재고관리비용을 줄이고 각 지점에 적시·적량의 제품을 공급하는 체제를 갖추었다.

둘째, 위성통신시스템의 구축을 통해 경쟁력을 확보하였다. 위성통신을 이용한 일상적인 물적 유통망의 구축은 거래와 관련된 데이터 송수신의 고속화와 정확도를 향상시켜 주고 전송비용을 절감시켜 주었다. 각 점포와의 효율적인 통신연결로 20~30%의 사내통신비용이 절감되었다. 정확한 판매정보의 분석을 통해 잘 팔리는 제품과 팔리지 않는 제품을 선정하여 머천다이징전략을 개선하고 강화할 수 있었다. 차량위치추적시스템으로 수송차량의 빈차운행을 방지하는 적하장 교차연결시스템(cross docking system)을 통해 생산출하단계에서 매장까지 제품흐름을 효율적으로 관리할 수 있었다.

셋째, 컴퓨터센터를 설립하였다. 이들은 낮은 가격실현을 위해 판매시점 정보시스템(POS), 전자데이터교환(EDI) 등을 채택하고, 자체적인 위성통신망을 도입하여 낮은 비용체계를 구축하였다. 제품공급시스템을 혁신시키기 위해 Quick Response System과 EDI를 구축하였다. 모든 제품에 바코드 체제를 도입하여 재고정보를 실시간으로 파악할 수 있도록 하여 작업의 신속화와 재고관리의 효율화를 달성하였다.

우리나라에도 진출하여 이마트에 고전을 면치 못하다가 2006년 철수한 것으로 보면 한국의 유통기업의 경쟁력도 높은 것을 알 수 있다.

(자료 : 샘 월튼, 존 휴이 지음, 김미옥 역(2008), 『샘 월튼』 21세기 북스; 찰스 피시먼 저, 이미정 역(2011), 『월마트 이펙트』, 이상미디어; www.walmartstores.com)

요약

1. 자료는 의사결정자에게 다가와 의사결정에 도움이 되면서 정보로 변한다. 가치있는 마케팅정보가 되기 위해서는 적절성, 품질, 시기적절성, 완전성 등이 갖추어져야 한다. 마케팅조사는 기업에 직면하는 특정 마케팅상황에 관련되는 자료와 발견들을 체계적으로 설계하고, 수집하고, 분석하고 보고하는 과정이다. 수많은 자료들을 정보화시켜가는 능력은 기업의 성장에 결정적으로 중요하다.

2. 기업이 고객지향성이 고도화되면서 마케팅조사를 더욱 중요하게 여긴다. 기업 창업의 초기단계에서 경영자는 직관적인 의사결정을 하는 경향이 있다. 그러나 이러한 경영자의 경험과 직관에 의존하는 의사결정은 그 판단이 주관적인 것이어서 조직이 커져가면서 객관성에 기반을 둔 조사중심 의사결정단계로 발전한다.

3. 경쟁강도가 높아져가는 상황에서는 기업경쟁력에 전략적 정보시스템을 확보하는 것은 결정적으로 중요하다. 가치사슬의 흐름 속에서 정보의 흐름을 이해하고 관리하는 능력을 필요로 한다. 기업의 정보시스템의 하위시스템으로 마케팅정보시스템이 구축되고, 그 핵심에 마케팅조사가 있다. 마케팅조사는 1차 정보를 입수하고, 마케팅정보시스템과 연결되면서 기업의 경쟁력과 함께 살펴보아야 할 필요가 있다. 의사결정지원시스템은 투입과 산출로 이해될 수 있는데, 투입되는 정보는 내부기록, 마케팅첩보, 마케팅조사, 외부판매업자와 유통업자로부터 온다. 데이터베이스가 구축되고 데이터웨어하우스가 만들어지면서 데이터 마이닝이 발전하고, SCM, CRM 등 마케팅혁신들이 발전하고 있다.

4. 마케팅조사활동은 기업의 마케팅조사 부서에서 수행된다. 기업은 스탭기능으로서 마케팅조사부서를 두는 경우가 있고, 기능을 넘어선 팀 조직으로 운영되는 경우가 있다. 후자는 엔지니어링, 생산, 재무, 마케팅과 같은 여러 조직부서들로부터 온 개인들로 구성되는데, 고객만족 서비스나 신제품개발과 같은 핵심사업과정에 몰두하는 것을 도와주면서 조사의 보다 넓은 목적을 이해하고 조사방법론에만 매달리지 않고 조사를

하는 경향이 있다.

기업들은 보다 정확하고 객관성을 확보하기 위해서 외부조사기관에 아웃소싱하는 경우도 많다. 이에 따라 세계적인 조사기관들이 우리나라에 진출하여 있고, 우리나라 조사기관도 발전하고 있다.

5. 마케팅조사에서 윤리적 쟁점들이 더욱 더 중요해져가고 있다. 모든 마케팅 활동은 윤리의 바다에 떠있는 배와 같다. 윤리가 잘못되면 바다에 잠식되고, 윤리가 잘되면 순항한다. 응답자, 조사자, 사용자들의 권리와 의무에 관한 사항들을 이해할 필요가 있다.

6. 월마트와 같은 경쟁력 있는 기업들은 네트워크화되어 EDI와 같은 통신시스템으로 연결되어 시장의 변화에 적극적으로 대응하고 있다.

토의과제

1. 오늘날 소비자들은 스마트폰과 SNS등을 마음껏 이용하면서 정보기술에 익숙하다. 인터넷은 동영상이 지배하는 '미디어넷'으로 진화하고 있다. 이러한 변화 과정에서 어떻게 마케팅조사를 수행하는 것이 좋은가를 'IT발전과 마케팅조사'라는 관점에서 토의하여 보라.

2. 투입, 변환, 산출의 개념으로 마케팅의사결정지원시스템을 설명하여 보라. 투입관리에서 내부기록, 마케팅첩보, 마케팅조사, 외부판매업자와 유통업자의 정보에 대하여 토의하라. SCM, CRM과 데이터 마이닝의 개념을 설명하고, 기업들은 이들을 어떻게 이용하면서 고객과 공급자관리를 하고 있는가를 토의하라.

3. 우리나라에서 잘 알려진 기업외부의 기관들에 대해서 조사하라. 다음 범주에 대해서 찾아보라. (1) 마케팅조사 컨설팅기업들, (2) 광고대행사들, (3) 신디케이트 조사기업들, (4) 인터뷰기관들, (5) 대학들, (6) 정부기관들

4. 마케팅조사에서 윤리적 쟁점이 왜 중요하며, 응답자, 조사자, 사용자 관점에서 제기될 수 있는 윤리적 쟁점에 대해서 토의하라.

5. 유통정보화를 이루기 위해서 소비자 ID카드, 바코드, 스캐너, EDI가 어떻게 활용되는가를 월마트 사례를 가지고 토의하고 여러분 가까이 있는 이마트와 홈플러스 등 할인점을 방문하여 이들 기술들이 어떻게 활용되고 있는가를 토의하라.

참/고/문/헌

샘 월튼, 존 휴이 지음, 김미옥 역(2008), 『샘 월튼 : 불황없는 소비를 창조하라』, 21세기북스.

배리 J. 네일버프와 아담 M. 브란덴버그 지음, 김광전 옮김(1996), 『코피티션』, 한국경제신문사.

이규현(2010), 『마케팅관리-이론과 사례』, 경문사.

이규현(2007), 『첨단기술제품 마케팅』, 경문사.

이규현(2012), 『글로벌 마케팅: 해외시장개척을 위한 이론과 사례』, 경문사

찰스 피시먼 저, 이미정 역(2011), 『월마트 이펙트』, 이상미디어.

이규현(2005), 한국마케팅학회 윤리강령 초안, 2005년 5월 발표.

Grönroos, Christian(2007), *Service Management and Marketing: Customer Management in Service Competition*, 3rd ed. Wiley.

Feinberg Fred M., Thomas C. Kinnear, and James R. Taylor(2007), *Marketing Research: Concepts, Methods, and Cases*, Cengage Learning.

Hartley, Robert F.(2004), *Marketing Mistakes and Successes*, John Wiley & Sons. 로버트 F. 하틀리 지음, 김민주·송희령 옮김(2004), 『피 말리는 마케팅전쟁이야기』, (주)아이앤컴퍼니, pp. 56~88.

Kotler, Philip and Kevin Lane Keller(2012), *Marketing Management*, 14th edition, Pearson.

Peppers, Don and Martha Rogers(2004), *Managing Customer Relationships : a Strategic Framework*, John Wiley & Sons, Inc.

Porter, Michael E.(1985), *Competitive Advantage*, The Free Press.

Zikmund, William G. and Barry J. Babin(2012), *Essentials of Marketing Research*, 5th ed., Cengage Learning.

www.walmartstores.com

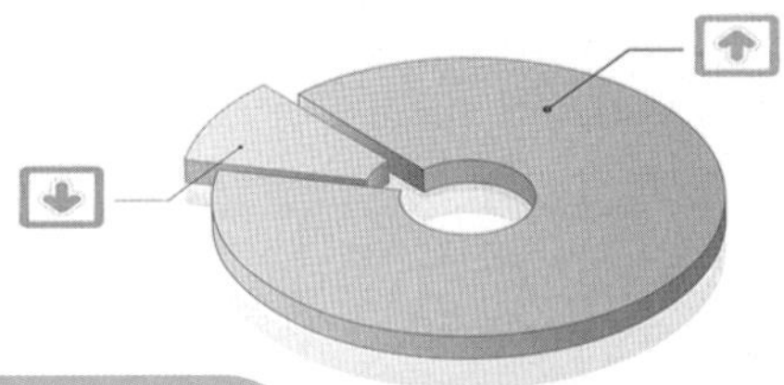

PART 02

조사설계

CHAPTER

03 탐색조사설계: 2차 자료조사

04 탐색조사설계: 정성적 조사

05 기술조사설계: 서베이와 관찰

06 인과조사설계: 실험

07 측정과 척도개발

08 설문지 설계

09 표본 설계

학습개요 Learning Objectives

제2부에서는 탐색조사, 기술조사, 인과조사로 나누어지는 조사설계를 다루고자 한다. 이 중에서 탐색조사를 2개의 장으로 나누어, 2차 자료조사를 제3장에서 정성적 조사를 제4장에서 다룬다.

서베이와 관찰을 중심으로 기술조사를 제5장에서 다루고, 실험을 중심으로 한 인과조사설계를 제6장에서 다룬다. 측정과 척도개발을 제7장, 설문지 설계를 제8장, 표본설계를 제9장으로 다룬다.

Marketing Research

03

탐색조사설계 : 2차 자료조사

Intro
1. 2차 자료의 가치
2. 2차 자료조사설계의 목표
3. 2차 자료의 원천
4. 표준화된 마케팅정보서비스
5. 2차 자료의 유통
사례: NPD와 ACNielsen
요약
토의과제

INTRO

본 장에서는 탐색조사설계에서 중요한 2차 자료조사에 대해 다룬다. 2차 자료는 1차 자료와 대별되는 용어이다. 1차 자료(primary data)는 조사자가 직접 조사를 통하여 얻는 자료를 말하지만, 2차 자료(secondary data)는 다른 사람들에 의해 이전에 수집되고 기록해 놓은 자료를 말한다. 수집시점이 1차 자료는 현재지만, 2차 자료는 과거가 된다. 그래서 2차 자료는 역사적이고 벌써 짜여져 있는 자료여서 축적된 힘이 존재한다. 1차 자료조사처럼 조사대상자들에게 접근할 필요가 없다.

기업은 내부활동을 통해 축적된 2차 자료를 마케팅관련 의사결정에 이용하고 있고, 행정기관이나 협회, 인터넷, 신디케이트조사회사로부터 외부자료를 수집하여 의사결정에 도움을 받고 있다.

많은 조사가 2차 자료 분석인 문헌분석에 많은 부분을 할애하고 있고, 2차 자료조사로 조사를 끝내는 경우도 있어, 2차 자료조사 그 자체로서 가치가 있다. 또한, 2차 자료조사는 1차 자료조사를 하기 전에 탐색조사로서 도움을 준다. 그러므로 2차 자료조사를 하고, 다시 1차 자료를 다루는 정성적 조사와 정량적 조사를 수행할 수 있다.

본 장에서는 2차 자료조사의 가치에 대해서 이해하고, 2차 자료조사 설계의 목표가 되는 사실발견, 예측, 모형구축, 데이터베이스마케팅과 CRM, 데이터 마이닝에 대해서 자세히 살펴보고자 한다. 2차 자료 원천과 표준화된 정보서비스자료에 대해 살펴보고, 마지막으로 2차 자료의 유통을 살펴보고자 한다.

1 2차 자료의 가치

1.1 2차 자료의 가치

2차 자료는 시간과 비용을 절감시켜주고, 조사하기 힘든 자료를 수집할 수 있게 해주고, 1차 자료조사에 도움을 준다. 보다 자세하게 살펴보자.

1) 시간과 비용을 절감시켜 준다

시간과 비용이 절감된다는 것은 2차 자료수집의 최대의 가치이다. 자료의 소재를 파악하거나, 자료를 복사하거나 구입하는 데 시간이 들며, 오랜 시간이 걸리지 않아도 해결할 수 있다. 적절한 자료만 있다면 약간의 비용만 부담하면 수집할 수가 있다. 정부간행물이나 학교, 학술단체, 각종 협회 등의 자료를 구하는데 비용은 복사비용밖에 들지 않는다. 일반 조사기관의 자료나 간행물이라 하더라도 구입비용은 실제 조사비용에 비하면 얼마 되지 않는다.

2) 조사하기 힘든 자료수집을 가능하게 한다

개인이나 기업이 자체적으로 조사하기 힘든 자료들이 2차 자료에 많이 있다. 정부기관에서 발행하는 자료나 신디케이트자료 등은 상당한 투자를 통해 국내적으로나 국제적으로 네트워크를 가지고 수행되고 있기 때문에 개인이나 기업 자체적으로 조사하기 힘든 자료들이다. 개인이나 다른 기업에서 만들기 어려운 내용 중에서 대외비가 아닌 자료는 여러 종류의 협회, 정부기관, 조합을 통해서 구할 수 있다. 이러한 2차 자료들은 문헌연구로서 마케팅현상을 이해하여 객관성에 기반을 두어 1차 조사인 마케팅조사를 효율적으로 수행할 수 있게 해주고, 전략적 방향을 잡아주는 데 매우 중요한 자료들이 된다.

3) 1차 자료조사에 도움을 준다

2차 자료조사는 1차 자료를 수행하기 위한 배경지식이 되는 문헌연구로서 실증적 조사인 1차 자료조사를 수행하는 데 방향을 제공해준다. 연구하고자 하는 문제를 명확하게 정의해주고, 문제를 해결하기 위한 방법이나 자료를 제시해주며, 적절한 조사설계를 개발할 수 있게 해주며, 조사하고자 하는 주요 변수들을 찾아낼 수 있게 해준다. 즉, 1차 자료를 보다 통찰력 있게 해석할 수 있게끔 하여 주는 비교원천이 된다.

따라서 마케팅조사에서는 2차 자료를 먼저 검토하고 그것을 이용할 수 없는 경우에 한해서 1차 자료를 수집하여 이용하는 것이 효율적인 경우가 많다. 2차 자료를 철저하게 검토하게 되면 1차 자료를 수행하는 데 명료성이 확보될 수 있다. 2차 자료분석과 1차 자료분석이 잘 연결될수록 좋은 연구가 되는 이유이다.

1.2 2차 자료의 평가

2차 자료는 타인들이 조사한 내용이기 때문에 이용하는 데 문제점들이 나타난다. 다음 두 가지 주요 문제점들을 고려하면서 2차 자료를 평가할 필요가 있다.

1) 적합성 문제

적합성의 문제(problems of fit)는 시간 차이와 연구목적 차이에서 나온다. 1차 자료는 현재 직면하고 있는 특정 마케팅상황에 맞게 수집된 정보여서 시간적으로 적합성이 높지만, 2차 자료는 지나간 시점에 만든 자료라는 점에서 현시점으로부터 시간적으로 멀어져 있는 자료일수록 현시점과의 적합성이 떨어지는 경우가 많다. 1990년도의 인구조사 자료는 지난 20년 이상 동안 인구변화가 급격하게 나타난 서울, 인천과 같은 대도시권을 분석하는데 적합하지 않을 수 있다. 현시점의 정보를 기반으로 의사결정을 하여야 하는 경우, 현시점에서 시간적으로 먼 과거인 2차 자료수집은 적합성이 떨어질 수 있다. 현시점에 대한 정보를 중요시 여길수록 1차 자료수집으로 넘어가는 이유이다.

2차 자료는 현재의 연구목적과 다른 목적으로 조사한 것이기 때문에 조사하고자 하는 프로젝트의 연구목적에 정확하게 맞추기가 어려워 적합성의 문제를 야기한다. 2차 자료 사이에 측정단위, 계급의 정의나 범위, 발행주기 차이가 나타나기 때문에 정보원천, 발행목적, 질적 수준 등을 나타내는 일반적인 증거를 검토하여 적합성을 평가할 필요가 있다.

2) 정확성 문제

2차 자료는 접근방법, 조사설계, 분석과 보고 단계에서 자료 제시자의 실수나 오류가 포함되어 있을 수 있어 정확성의 문제(problems of accuracy)가 나타난다. 정확성은 자료원의 신뢰성과 깊이 관련된다. 자료를 제시한 기관이 공신력이 있는 기관일수록, 출판목적이 공익성을 가질수록 신뢰성이 높다. 제공되는 자료의 품질은 자료 제공자가 어떠한 능력을 가지고 있고 어떻게 자료를 수집하였으며 언제 제공되었는가 등을 보면서 정확성을 평가할 수 있다.

2 2차 자료조사설계의 목표

2차 자료조사설계를 통해 사실발견, 모형구축, 데이터베이스 마케팅과 CRM, 그리고 데이터 마이닝을 이루어낼 수 있다.

2.1 사실발견

사실발견(fact-finding)은 가장 단순한 2차 자료조사설계의 목표이다. 이는 다음 세 가지 형태가 있다.

1) 특정 제품범주에 대한 소비자행동의 식별

2차 자료조사를 통해 특정 제품범주에 대한 소비자들의 행동에 관한 가치있는 자료를 얻을 수 있다. 특정 산업에 영향을 미치는 인구통계적 내용을 파악하여 시장세분화 자료를 얻을 수 있다. 가격에 대한 기업의 내부자료와 경쟁 기업들의 자료를 비교하면서 소비자들의 태도와 선호를 높일 수 있는 가격전략을 펼칠 수 있게 해준다.

2) 추세분석

수년에 걸쳐서 나타나는 2차 자료를 분석하면 시장 변화에 관한 추세를 알 수 있다. 대부분의 소비재를 취급하는 기업들은 시장추적(market tracking)을 통해 시간이 경과함에 따라 나타나는 2차 자료를 사용하여 판매량에서 추세를 관찰하고 분석하면서 새로운 전략을 짤 수 있다.

3) 환경탐색

2차 자료를 가지고 환경탐색(environmental scanning)을 할 수 있다. 환경탐색을 위해서 인터넷, 신문과 잡지와 같은 출판물, 관련 내용에 관한 보고서들을 주기적으로 검토하여야 한다.

온라인 정보서비스회사들은 산업, 제품 등에 대한 다른 주제들에 대한 뉴스나 이야기들을 일상적으로 제공해주고 있어 기업의 환경탐색에 크게 도움을 준다. 국내의 네이버(www.naver.com)와 같은 포털서비스, 미국의 경우 비즈니스 뉴스와 정보를 제공하는 Factiva(www.factiva.com)와 법률, 뉴스, 비즈니스 정보를 제공하는 LexisNexis(www.lexisnexis.com)와 같은 기업들이 예가 된다.

2.2 모형구축

2차 자료조사의 두 번째 목표는 모형구축(model building)이다. 모형구축은 두 변수 이상의 변수들 사이의 관계를 규정해 주어 기술적이거나 예측방정식을 개발하는 쪽으로 확장한다. 의사결정자들은 이해하기 어려운 복잡한 모형들보다 쉽게 이해할 수 있는 단순한 모형을 선호하기 때문에,

조사자는 복잡한 모형을 단순화시킬 수 있는 능력이 있어야 한다.

1) 특정 지역의 시장잠재력 추정

2차 자료를 사용하면서 지역에 대한 시장잠재력(market potential)을 추정할 수 있다. 인구기반으로 특정 제품의 시장잠재력을 추정할 경우에는 그 지역의 인구수와 특정 제품에 대한 1인당 소비량을 곱하면 시장잠재력이 나온다.

> 특정 제품에 대한 특정 지역에서 시장잠재력
> = 지역인구수 × 특정 제품에 대한 1인당 소비량

2) 판매예측

과거 수년 동안 나타난 2차 자료를 확보하여 미래를 투사(extrapolation)하는 방식으로 모형을 개발할 수 있다. 마케팅관리자들과 학자들은 과거 수년 동안 나타난 2차 자료를 추적하면서 미래 예측을 한다.

단순한 판매예측은 연도에 따른 평균가격을 조사하고, 이전 연도로부터 얼마나 성장하고 있는가 하는 퍼센트를 조사할 수 있다. 3년 동안의 평균 성장이나 쇠퇴율을 평균하게 되면 평균성장률이 도출된다. 2013년의 제품의 가격, 그리고 2011년, 2012년, 2013년 3년의 평균 성장이나 쇠퇴율이 도출되었다면, 다음과 같이 예측가능하다.

> 2014년도의 제품가격 = 2013년의 제품가격 + (2013년의 제품가격
> × 3년 동안의 평균 성장이나 쇠퇴율)

보다 복잡한 통계지식에 기반을 두어 수년 동안의 2차 자료를 가지고 미래 판매를 예측할 수 있는데, 이는 회귀분석(regression)이 가장 많이 이용된다. 회귀분석에 대한 자세한 분석은 이 책 제13장에서 다루고자 한다.

3) 거래지역과 사이트 분석

마케팅관리자들은 어느 지역에 소매점포 활동을 위한 최적위치를 선정하려고 할 때 2차 자료조사는 사이트 선정결정에 도움을 줄 수 있다. 그 지역의 소매 수요와 공급 사이의 관계를 측정하여 소매포화 지표를 개발할 수 있는데, 이는 지역 시장잠재력에다 지역 시장 소매공간을 나눈 지표이다.

$$\text{소매 포화지표} = \frac{\text{지역 시장잠재력}}{\text{지역 시장 소매공간}}$$

지역 시장잠재력은 그 지역의 인구에 특정 제품에 대한 1인당 연간판매액을 곱하면 도출된다. 그리고 특정 제품을 팔기 위해 필요한 소매 공간을 알게 되면 소매 포화지표가 나온다. 소매업자들은 이 지표를 지역에 따라 계산할 수 있는데, 소매경쟁이 적고 시장잠재력이 큰 사이트를 찾는 데 도움을 받을 수 있다. A지역의 소매 포화지표가 150이 나오고, B지역의 소매 포화지표가 200이 나온다면 B지역이 선정하기 좋다고 볼 수 있다.

2.3 데이터베이스 마케팅과 CRM

고객에 대한 2차 자료는 데이터 베이스에 축적되어, 기업으로 하여금 데이터베이스 마케팅과 고객관계관리를 가능하게 한다. 데이터베이스 마케팅(database marketing)은 3단계로 발달되어 왔다.

1단계에서는 시장세분화가 발달하지 않은 매스마케팅시대에 대량의 광고전단물을 파악한 고객의 주소로 다이렉트 메일링(direct mailing)을 하던 시대의 마케팅이었다.

2단계에서는 컴퓨터기술과 통신기술을 이용하여 기업의 내부와 외부자료를 통합하여 데이터 웨어하우징, Quick Response와 같은 마케팅을 하여 소비자데이터의 활용이 확장되었다.

3단계 데이터베이스 마케팅을 CRM, 즉 고객관계관리(Customer Relationship Management)이라고 한다. 이는 기업과 고객 사이에 상호작용이 높아지면서 기업의 내부와 외부자료, 고객의 자료를 통합하여 고객 특성에 기반을 두어 마케팅활동을 계획하고 지원하고 평가하는 시스템으로 발전하였다. 콜센터를 통해 외부에서 기업으로 들어오는 고객의 소리(voice of customer)를 정성적이고 정량적으로 분석하고 고객과 관련된 내부자료를 연결하기 때문에 소비자접점에서 다양하게 나타나는 정보를 전사적으로 활용할 수 있다.

CRM의 목적은 새로운 고객과의 거래를 시작한 후, 다양한 마케팅활동을 전개하여 그 고객과의 거래관계를 강화시켜 충성고객과 평생고객(life time customer)으로 발전시키고자 한다. 고객의 기업에 대한 충성도(loyalty)를 높이는 단계를 관계맺기, 관계유지, 관계강화라는 세 단계로 바라보면서 접근한다. 이와 같이 CRM은 고객의 이름, 주소, 전화번호, 과거 구매, 과거 촉진 제공물에 대한 반응, 그리고 인구통계적이고 재무자료와 같은 다른 관련 자료를 포함하는 고객 데이터베이스를 기반으로 고객과의 상호작용을 관리하는 의사결정지원시스템이다.

최정환과 이유재(2001)은 이전의 데이터베이스 마케팅(DM)과 CRM의 차이를 다음과 같이 제시하고 있다(최정환·이유재, 2001, pp. 75~76).

첫째, 주된 관심부분이 DM이 마케팅인 반면, CRM은 마케팅 영역을 넘어 고객관계관리에 필요한 모든 부분들, 즉 전체 경영 프로세스에 관심을 둔다.

둘째, 주된 목적이 DM이 일회적이거나 분리된 개별 데이터베이스 마케팅 프로그램의 투자수익률 제고를 목적으로 하나, CRM은 단순한 투자수익률을 넘어 고객생애가치(life time value) 극대화에 기반한 장기적인 수익성 증진을 목적으로 한다.

셋째, 고객과의 커뮤니케이션이 DM은 조정과 통합이 이루어지지 않지만, CRM은 모든 채널, 제품과 서비스에 걸쳐 조정과 통합이 이루어진다.

넷째, 고객지식의 공유와 활용에서 DM은 같은 부서나 영업단위에만 이루어져 제한적이나, CRM은 고객지식을 조직전체에 공유함으로써 전체 조직의 훈련과 학습을 통한 조직의 핵심수행능력을 증가시킨다.

2.4 데이터 마이닝

고객관계관리로부터 나오는 2차 자료 분석은 데이터 마이닝 분석방법을 통해 기업성과로 직접 연결시킬 수 있다.

1) 데이터 마이닝의 개념

고객관계관리를 활용하기 위하여 기업이 사용할 수 있는 대표적인 분석방법에는 데이터 마이닝(data mining)이 있다. 이는 자료라는 뜻의 데이터와 광산에서 채굴을 의미하는 마이닝이 합친 단어로서, 무수히 많은 데이터에서 금과 같은 의미있는 정보를 캐내는 방법을 말한다. Berry와 Linoff(2004)는 다음과 같이 정의하고 있다.

"데이터 마이닝은 의미 있는 패턴이나 규칙을 발견하기 위하여 거대한 양의 데이터를 탐색하고 분석하는 것(the exploration and analysis of large quantities of data in order to discover meaningful patterns and rules)을 말한다."

거대한 양의 데이터에서 쉽게 의미있는 정보를 추출할 수 있다면 시장지향적인 전략을 제대로 펼칠 수 있게 된다.

2) 데이터 마이닝 과정

고객관계관리와 데이터 마이닝이 연결되기 위해서는 소비자 자료를 수집하여 데이터베이스화를 이루고, 소비자행동분석과 예측을 하는 것이 선행되어야 한다. 그리고 집단을 세분화하고, 이탈방지를 위한 마케팅전략을 수립하는 것과 관련된다. [그림 3.1]에서 볼 수 있듯이 문제를 식별하고, 데이터를 수집하면서 분석을 위한 집단화를 하고, 데이터에 대한 클린징과 수정을 하여 적절한 모델을 개발하고 무엇이 최적 모형인가를 찾아 의사결정을 하고 기업성과로 연결시킨다.

데이터 마이닝은 다음 여섯 가지를 할 수 있다.

- 분류(classification)

그림 3.1 데이터 마이닝 과정

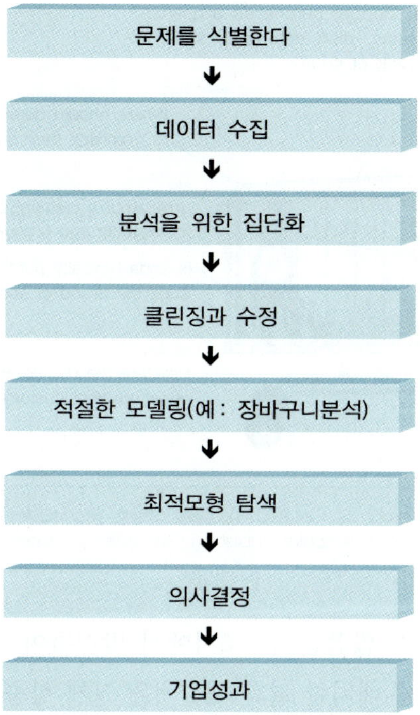

- 추정(estimation)
- 예측(prediction)
- 유사통합(affinity grouping)
- 군집화(clustering)
- 서술(description)

3) 데이터 마이닝 기법

Berry와 Linoff(2004)는 실무적으로 많이 사용되는 데이터 마이닝 기법으로 장바구니 분석, 의사결정수 및 인공신경망을 제시하고 있다.

장바구니분석(market basket analysis)은 일종의 군집화 방식을 찾는 것이다. 이 분석을 통하여 월마트는 아기들의 종이 기저귀와 캔맥주가 함께

그림 3.2 장바구니분석

자료 : Berry Michael J. A. and Gordon S. Linoff(2004), *Data Mining Techniques for Marketing, Sales, and Customer Relationship Management*, Wiley Computer Publishing, 2nd edition, Chapter 8.

팔리는 경우가 많음을 한 조사에서 발견하여 종이기저귀 판매대와 맥주 판매대를 함께 배치한 결과 매출액을 크게 상승시킨 바 있는데, 이는 데이터 마이닝에서 가장 잘 알려진 사례이다.

[그림 3.2]에 나타난 Berry와 Linoff의 장바구니분석을 살펴보면 다음과 같은 질문들에 답할 수 있음을 알 수 있다.

- 이 쇼핑 구매자는 무엇을 구매하였는가?
- 고객들이 구매하고 있는 것에 영향을 미치는 이웃사람들의 인구통계적 특징은 어떠한가?
- 이 구매자가 구매한 세척제들은 판매를 극대화하기 위하여 점포에서 어느 위치에 놓여야 하는가?
- 사이다는 전형적으로 바나나와 함께 구매되고 있는가? 사이다 브랜드는 차별화되고 있는가?

소비자가 이마트나 홈플러스 등 할인매장에서 사용하는 장바구니를 분석하면 물품들이 서로 연결되어 구매되는가를 분석하여 매장 내 배치 등의사결정에 활용할 수 있다. 월마트와 같은 기업에서는 거대한 양의 고객 데이터베이스가 존재하기 때문에, 이러한 거대한 양의 데이터 분석은 컴퓨터 소프트웨어를 가지고 깊이 있게 분석할 수 있다(제2장 마케팅 의사결정 지원시스템 참조).

의사결정수(decision tree)는 몇 개의 연속적인 의사결정이 필요할 때 가능한 모든 대안들을 나열하여 이들로부터 실제와 가장 유사한 결과를 유발하는 법칙을 발견하여 활용하는 분석기법이다. 예를 들어 특정 브랜드에 대한 선호도를 조사한 후 조사자를 성별과 수입만을 가지고 분류하는 경우를 보자. 이때 만일 "월소득이 150만원 이상인 여성이 우리 제품을 가장 좋아한다"는 결론을 내릴 수 있다면 자사제품의 포지셔닝에 매우 유용한 자료를 얻을 수 있는 셈이 된다. 의사결정수는 다른 분석기법에 비하여 시각화하기 쉽고, 변수들 간의 비선형관계를 밝히는 데 유용하기 때문에 실무적으로 자주 사용된다.

인공신경망(artificial neural network)은 데이터의 유형을 발견해 내기 위해 이전의 경험으로부터 학습해 나가는 인간 두뇌의 정보처리과정을 모방한 분석기법이다.

3 2차 자료의 원천

기업에서 얻을 수 있는 2차 자료에는 기업내부에서 얻을 수 있는 자료와 외부에서 얻을 수 있는 자료로 나누어볼 수 있다.

3.1 내부자료

내부자료(internal data)는 조직내부에서 생성된 자료를 말한다. 조직의 일상 업무와 관련하여 발생되는 각종 기록과 보고자료를 축적하여 기업의 내부에 보유하고 있는 자료를 말한다.

그림 3.3 기업 내부자료

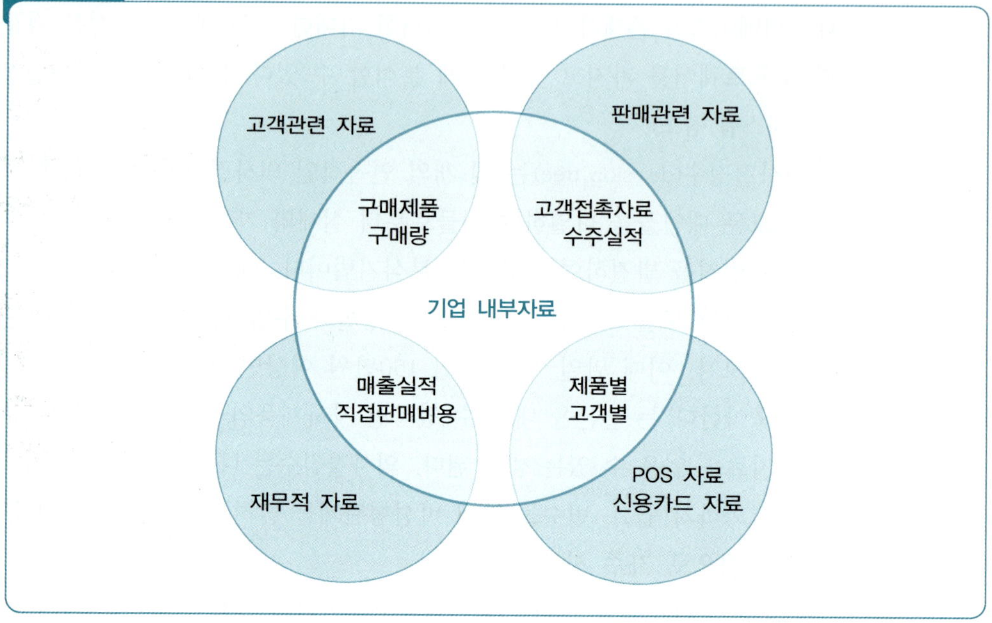

기업내부에서 획득할 수 있는 2차 자료에는 [그림 3.3]과 같이 여러 가지가 있다.

1) 고객관련 자료

고객ID에 나타난 정보. 고객이름, 주소, 전화번호, 고객이 구입한 제품과 서비스, 고객과 관계한 판매날짜 등이 있다. 데이터베이스 마케팅, CRM, 데이터 마이닝을 통해 의미있는 자료들이 나타나고 있다.

2) 판매관련 자료

제조업자들에게 판매송장(sales invoice)에는 중요한 정보가 담겨져 있다. 즉, 고객이름과 위치, 판매되는 제품과 서비스, 거래량, 판매되는 제품의 최종 사용, 고객의 산업과 유통채널, 판매조건, 주문에 대한 선적시점, 선적에서 사용되는 수송수단 등의 자료이다.

3) 재무적 자료

기업의 정상적인 회계처리과정에서 작성되는 매출실적과 직접판매비용에 관한 자료, 기업의 대차대조표와 손익계산서에 나타난 자료들에는 중요한 마케팅 관련 내용들이 포함되어 있다.

4) POS자료와 신용카드 자료

판매시점에 나타나는 제품별 매출실적, 신용카드에 나타난 인구통계적 특성, 고객별 구매한 제품의 종류, 수량에 관한 자료들에는 중요한 마케팅 관련 내용들이 포함되어 있다.

이러한 내부자료는 유용성이 뛰어날 뿐만 아니라, 쉽게 획득할 수 있고 비용이 적게 든다는 장점이 있다. 따라서 기업에서는 내부자료를 후임자나 관계자들이 이용할 수 있도록 하는 정보처리체계가 확립될 필요가 있다.

3.2 외부자료

외부자료(external data)는 기업 외부에 있는 개인이나 조직이 보유하고 있는 자료이다. 이는 크게 출판자료(published data)와 표준화된 마케팅정보서비스 자료(standardized marketing information services data)가 있다. 출판자료는 여러 외부기관에서 정기적으로 발행하는 자료로서, 인터넷이나 도서관 등은 무료나 저가격으로 판매하여 일반인들이 쉽게 이용할 수 있는 자료이다. 출판자료 중에서 정기간행물은 서적, 잡지, 마케팅학회보와 같은 협회에서 발행하는 발행물을 비롯하여 정부기관과 협회에서 한국통계연감, 한국경제연감, 물가연감, 경제정책정보, 한국기업총람, 산업동향분석, 전국기업체총람, 유통업체연감, 상품정보, 월간 소비자 등 특정 분야에 대한 정보를 제공해주고 있다.

최근에는 데이터베이스를 구축하고 이를 지속적으로 제공하는 공급자들이 증가하고 있으면서 표준화된 마케팅정보서비스 자료들이 제공되고 있다.

이러한 2차 자료는 가치를 가지기 때문에 이러한 정보도 제품처럼 생산하여 팔고 사고 할 수 있다. 일반 제품들이 다양하게 유통되고 있듯이, 2차 정보도 여러 유통채널을 통하여 흘러간다(제14장 참조). 대기업들은 정부기관이나 신디케이트조사기관으로부터 컴퓨터화된 인구통계자료나 시장점유율 자료 등을 구매한다. 그러나 많은 중소기업들은 도서관이나 다른 2차 정보판매자들로부터 인구통계를 비롯한 여러 자료를 얻고 있다.

1) 정부자료

정부기관들은 관련 분야에서 많은 양의 유용한 2차 자료들을 제공하고 있다. 우리나라는 5년마다 대통령이 바뀌고 정부 부처가 변화를 가진다. 2013년 들어 시작된 박근혜 정부는 13부 3처 17청으로 구성되었다. 2차 자료를 찾아볼 수 있는 정부기관의 웹사이트를 소개하면 다음과 같다(괄호 안은 각 부에 속한 청을 말함).

- 기획재정부 : www.mosf.go.kr(국세청: www.nta.go.kr, 관세청: www.customs.go.kr, 조달청: www.sarok.go.kr, 통계청: www.nso.go.kr)
- 미래창조과학부 : www.msip.go.kr
- 교육부 : www.moe.go.kr
- 외교부 : www.mofa.go.kr
- 통일부 : www.unikorea.go.kr
- 법무부 : www.moj.go.kr(검찰청: www.spo.go.kr)
- 국방부 : www.mnd.go.kr(병무청: www.mma.go.kr, 방위사업청: www.dapa.go.kr)
- 안전행정부 : www.mospa.go.kr(경찰청: www.npa.go.kr, 소방방재청: www.nema.go.kr)
- 문화체육관광부 : www.mcst.go.kr(문화재청: www.cha.go.kr)
- 농림축산식품부 : www.maf.go.kr(농촌진흥청: www.rda.go.kr, 산림청: www.forest.go.kr)

- 산업통산자원부 : www.motie.go.kr(중소기업청: www.smba.go.kr, 특허청: www.kipo.go.kr)
- 보건복지부 : www.mw.go.kr
- 환경부 : www.me.go.kr (기상청: www.kma.go.kr)
- 고용노동부 : www.moel.go.kr
- 여성가족부 : www.mogef.go.kr
- 국토교통부 : www.mltm.go.kr(행정중심복합도시건설청: www.macc.go.kr)
- 해양수산부 : www.mof.go.kr(해양경찰청: www.kcg.go.kr)
- 식품의약안전처 : www.kfds.go.kr
- 법제처 : www.moleg.go.kr
- 국가보훈처 : www.mpva.go.kr

2) 마케팅연구가들에 의해 생성된 자료

마케팅관련 연구자들은 수많은 마케팅관련 저서들을 출판사를 통하여 출판하고 판매하고 있다. 그리고 연구협회를 통하여 평가를 거쳐서 마케팅관련 연구논문들이 출판되어 유통되고 있다.

우리나라에서는 연구지들이 등재지 평가를 받으면서 출판되고 있다. 마케팅연구, 마케팅과학연구, 마케팅관리연구, 마케팅전략연구, 소비자학연구, 소비문화연구, 고객만족경영연구, 경영학연구 등의 학술지들에서 마케팅 연구가들이 생산한 연구들이 계속 나타나고 있다.

미국에서는 *Journal of Marketing, Journal of Marketing Research, Journal of Academy of Marketing Science, Journal of Consumer Research, Marketing Science, Journal of Advertising, Journal of Advertising Research, Advances in Consumer Research, Harvard Business Review, Sloan Management Review* 등의 잡지에서 경쟁을 통해 전 세계에 유통되는 학술적인 연구들이 나타나 영향을 미치고 있다.

3) 인터넷자료

오늘날 인터넷에서 생산되는 2차 자료의 양은 폭발적이라고 표현할 수 있다. 인터넷은 실시간 접근으로 새로운 정보들이 올라온다. 그러나 조사자들이 현재 필요한 정보가 얼마나 많은가는 문제가 되며, 그 많은 정보들 중에서 찾는 능력 또한 중요하다. 그럼에도 불구하고 검색엔진 사이트에서 나타나고 있는 2차 정보의 중요성을 간과해서는 안 된다.

앞에 정부자료를 인터넷으로 조사할 수 있는 웹사이트를 소개했지만, 네이버(www.naver.com), 다음(www.daum.com), 구글(www.google.com), 야후(www.yahoo.com) 등 많이 사용하고 있는 검색엔진으로부터 일상적인 정보를 얻을 수 있다.

4) 신디케이트 조사자료

큰 조사기관들이 기업 고객들에게 판매하기 위해 주기적으로 실시하는 조사를 신디케이트 조사(syndicated research)라고 하고, 이 조사에 의해서 생성된 자료를 신디케이트 자료(syndicated data)라고 한다. 상업자료(commercial data)는 이 신디케이트 자료를 말한다.

조사기관은 회원으로 가입한 기업들에게 공통적 데이터베이스로부터 신디케이트 서비스(syndicated services)를 제공한다. 조사기관은 기업 고객들의 정보욕구를 충족시키도록 설계된 자료의 공통 풀(pool)을 수집하고 판매한다. 이들 자료들은 개별 기업으로부터 특정 목적으로 조사된 마케팅 자료는 아니지만, 회원들에게 제공되는 자료나 보고서는 특정 욕구에 맞는 맞춤서비스 형태로 제공된다. 기업들은 이러한 신디케이트 서비스를 이용하는 비용이 1차 자료 수집에 드는 비용보다 적게 들기 때문에 이용한다.

4 표준화된 마케팅정보서비스

표준화된 마케팅정보서비스(standardized marketing information service)는 전문기관들이 제공하는 것으로서 마케팅조사자들이 가격을 지불하면서 입수하는 2차 자료이다. 고객프로파일제공, 제품판매와 시장점유율 측정, 광고효과와 시청률조사 등을 말한다.

4.1 고객프로파일 제공

시장세분화는 기업에서 마케팅노력을 개선시키기 위해 공통으로 나타나는 사항이다. 효율적인 세분화는 비교적 동질적인 집단으로 고객집단을 나눈다. 산업재를 파는 기업들에게 공통적인 시장세분화는 표준산업분류(standard industrial classification : SIC)를 수단으로 하여 고객들을 산업분류에 따라 분류할 수 있다. 미국의 경우 북아메리카 산업분류시스템(North American Industry Classification System : NAIC)으로 발전하였다. 이 분류에 따라 판매예상 소비자파일을 만들어 판매지역을 정의하고 지역잠재력을 측정하는 상업서비스가 가능해진다. 광고관리자들에게 잠재고객의 크기와 위치에 따라 잠재고객을 선정하고, 그들에게 도달한 매체를 분석하여 선정하고, 가장 최근의 메일링 리스트를 구축하고, 유지하도록 한다.

지리인구통계(geodemography)를 제공하는 서비스는 아주 작은 임의적으로 만든 경계에 있는 소비자들의 자료를 인구통계, 소비자행동, 라이프스타일 자료를 얻을 수 있게 하는 서비스이다. 지리적인 서비스를 지리정보시스템(geographic information system : GIS)을 통해 인구통계자료를 결합한다. 예를 들어 서울지역을 소득 평균을 구간별로 나누어 색깔을 다르게 하여 지역에 표시를 하는 서비스를 예로 들 수 있다. 천연색으로 칠해진 서울시를 특정 연령대에 특정 소득 이상의 가구의 밀도를 표시한 지도를 작성하여 제시하는 서비스가 예가 될 수 있다.

지리인구통계정보를 공급하는 기업들은 인구통계분석 자료를 기반으로 동질적인 집단으로 군집분석을 한다. 미국 마케팅 데이터베이스 회사인 Claritas사의 PRISM은 군집분석을 통해, 14개의 다른 집단들과 66개의 마케팅 세분시장(66 PRISM marketing segments)으로 고객들을 범주화시켰다. 분류한 군집들에 분류코드를 만들어 데이터웨어하우스를 통해 고객과 PRISM코드를 연결시킬 수 있는 서비스를 한다. 예를 들어, 은행이 이 서비스를 이용하게 되면 고객이름과 PRISM코드에 따라 고객에 맞는 상품을 제시할 수 있게 된다.

4.2 패널과 스캐너 자료 이용

신디케이트 자료는 대부분 패널(panel)에 의해 수집된다. 패널은 어느 기간에 걸쳐 특정 자료를 제공하기로 동의한 큰 규모의 가구표본을 말한다. 조사기업은 패널에 들어가 있는 가구들에게 동일한 설문을 반복실시하면서 가구들의 제품구매정보나 매체습관(media habits)에 관한 자료를 파악해낸다.

IT기술이 발달하면서 가구표본에서 수집되어온 자료가 소매점 패널 스캐너 자료로 수집된 자료에 의해 대체되고 있다. 소비자들이 소매점을 이용할 때 UPC(Universal Product Codes)를 사용하여 소매점 체크아웃에서 스캔을 하게 되는데, 이 자료는 시장점유율 자료로 축적된다.

미국의 경우 월마트는 RetailLinker라 부르는 점포 내 스캐너시스템을 가동하고 있다. InfoScan은 미국 전역에 32,000 이상의 슈퍼마켓, 약국, 양판점으로부터 매 주 스캐너자료로 수집하는 신디케이트 점포추적서비스이다. 이 점포추적서비스는 매출, 시장점유율, 유통, 가격, 촉진 상의 상세한 정보를 제공한다.

4.3 광고효과와 시청률 측정

미국의 Nielsen Media Research와 같은 회사는 정교한 자료수집, 자료처리, 표본선정, 방법을 가지고 텔레비전 프로그램의 등급을 매긴다. 특정

TV쇼를 시청하는 가구의 퍼센트를 추정한다. 사회경제적, 인구통계적 특징들로 집합적 등급을 구분한다. 이들 등급은 TV사들에게는 특정 프로그램에 대한 광고비를 책정하는 데 도움이 되고, 광고회사들에게는 광고에 맞는 TV프로그램을 선정하는 데 도움이 된다.

한국갤럽(www.gallup.co.kr)은 여론조사 및 마케팅조사를 수행하고 그 결과를 출판한다. 국내 기업과 다국적기업, 공공기관을 대상으로 광고효과측정은 컴퓨터시스템을 이용한 측정(AD-Score), 3A(Assessment of Advertising Activities)조사 프로그램에서 수행하고 있다. 이외에도 한국리서치, 코리아리서치센터 등 다양한 조사기업에서도 이러한 광고효과와 관련된 2차 자료를 만들어내고 있다.

우리나라에서 TV시청률조사 서비스는 AGB닐슨미디어리서치(www.agbnielsen.co.kr)와 TNS미디어리서치(www.tnsmk.co.kr)가 가장 유명하다. 이들은 소비자패널을 통한 시청률조사를 하는데, 닐슨패널은 전국 12개 도시(서울, 인천, 경기, 부산, 대전, 광주, 대전, 청주, 춘천, 전주, 구미, 마산)을 대상으로 2,050가구로 구성되고, TNS패널은 서울, 인천, 부산, 대구, 대전, 광주에 2,000가구를 패널로 정하고 있다.

Nielsen미디어리서치와 TNS미디어리서치의 피플미터(people meter)를 이용한 시청률조사과정을 살펴보자. 패널로 선정된 가구의 TV수상기에 가구구성원의 번호가 부여되어 있는 피플미터(people meter)라는 작은 측정기를 부착, 피플미터용 리모콘을 이용, TV를 켜거나 끌 때마다 가족구성원에게 해당되는 버턴을 눌러 시청시작과 끝을 기록한다. 기록된 데이터는 모뎀을 통해 본사 중앙 컴퓨터로 송신되고 이 중앙컴퓨터에서는 각 가구의 데이터를 picture matching이라는 첨단기법을 통해 시청화면을 분류하여 시청률이 나타난다. 조사범위는 공중파, 케이블TV, 위성TV 등 패널가구의 TV화면에 나타나는 모든 방송프로그램이 된다. 매일 아침 방송사나 광고회사 등 고객들에게 인터넷으로 전송된다.

5 2차 자료의 유통

2차 자료는 창출되는 주체들이 있고, 유통되어 사용하는 소비자가 존재한다. 정부, 신문과 잡지, 무역협회 등에서 정보를 창출하거나 생산한다. 전통적으로 이 정보는 출판되어 나타나 공공도서관, 무역협회, 정부기관에서 입수할 수 있다. 그러나 요즘 컴퓨터화된 자료 저장고와 전자자료 교환 시스템이 있어 외부자료를 내부자료를 얻는 만큼 쉬워졌다. Zikmund와 Babin은 [그림 3.4]와 같이 정보유통방법을 보여주고 있다.

1) 도서관

도서관은 공공시설이나 대학시설을 말하지만, 많은 주요 기업들과 정부기관들도 도서관을 보유하고 발전시켜가고 있다. [그림 3.5]는 2013년 12

그림 3.4 2차 자료의 유통경로

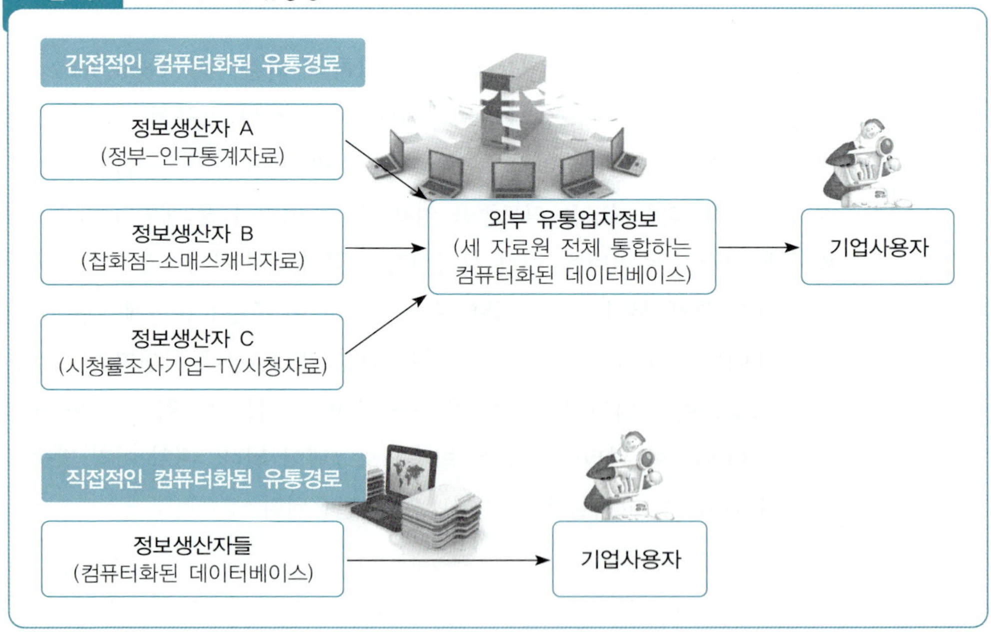

자료 : Zikmund와 Babin(2007), p. 115.

그림 3.5 국립세종도서관

월 12일에 개관을 한 국립세종도서관의 모습이다. '올해의 세계 최고 도서관 TOP 10'에 선정된 바 있다.

도서관의 역할은 2차 정보 생산자와 사용자 사이의 다리로서 역할을 한다. 기업의 사서가 산업정보원에 대해 정보를 제시해주고, 국가기관의 사서는 국제시장에 대한 통계에 대한 정보를 제시해주는 능력을 지니고 있다. 오늘날 도서관의 역할은 오프라인뿐만 아니라 온라인으로 확장된 모습으로 발전하고 있다. 인터넷 상에서 제공되는 2차 자료를 네트워크로 연결하여 이용자들에게 주요 정보들을 제공해주는 것이 도서관의 발전된 모습을 말해준다.

2) 인터넷

인터넷 시대가 되면서 2차 자료의 유통채널로서 인터넷의 역할은 더욱 더 커져가고 있다. 인터넷에는 포괄적인 정보가 지속적으로 누적되고 있다. 거시적인 시장에 관한 자료와 미시적인 제품에 관한 자료가 유통되고 있다. 거시적인 자료는 인구의 변화나 사회적 문화적 추세의 변동, 경제적·법률적 및 경쟁기업의 변화 등 엄청난 자료들이 인터넷 상에서 제공되고 있다.

마케팅조사자들이 학술적인 연구에 관심이 있을 때 미국마케팅학회(www.MarketingPower.com), 한국마케팅학회(www.kma.re.kr) 등 학회와 연결하여 최근의 학자들의 연구를 연결하여 문헌연구할 수 있고, 통계패캐지에 대한 관심을 증가시키고자 할 때 SPSS(www.spss.co.kr), SAS(www.sas.com) 등에서 정보를 얻으면서 현 시대에 맞는 조사방법을 익히는 방향을 잡을 수 있다.

3) 정보 유통업자

축적된 2차 자료의 중간유통업자들이 존재한다. Factiva와 같은 중간유통업자들은 컴퓨터와 원거리 통신시스템을 통해 수천 개의 외부 데이터베이스에 접근하도록 한다. Hoovers는 수천 개의 기업들의 금융상황과 활동에 대한 정보를 제공해주고 있다(www.hoovers.com).

사례

NPD와 ACNielsen

미국의 유명한 패널제공회사는 NPD(National Purchase Diary Group)과 NFO(National Family Opinion) 등이 있는데, NPD가 하는 일을 알아보자. NPD Group, Inc.는 250만 명 이상의 온라인 패널로부터 소비자가 기록한 구매행동뿐만 아니라 소매업자와 유통업자들의 실제 판매자료를 사용하여 의류, 자동차, 가전, 화장품, 음료, 운동화, 영화, 음악, 소프트웨어, 장난감, 비디오게임을 포함한 다양한 영역에서 소비자와 소매정보를 제조업자들과 소매업자들에게 제공한다. 수집된 자료는 1,600개 이상의 기업들에 제공되며, 제공받은 기업들은 실제 시장자료를 바탕으로 마케팅전략을 수립할 수 있게 된다. 이 자료는 수많은 사용자들에게 제공되고 있기 때문에 수집되는 자료의 내용과 수집방법이 표준화되어야 한다. 크게 고객프로파일, 판매와 시장점유율 측정, 광고노출과 효과측정으로 자료가 제공되고 있다.

ACNielsen은 ScanTrack이라 부르는 스캐너기반 마케팅과 판매정보서비스를 가지고 있다. 50개 미국 주요시장에서 800개 이상 소매점을 대표하는 4,800개 이상의 표본으로부터 판매와 마케팅자료를 모집하고 있다. 전체 포장소비재 시장에서 상당한 매출비중을 차지하는 특정 주요 소매유통업체에 대한 시장정보를 제공하고 있다. 단일 브랜드 또는 전체 경쟁브랜드에 대한 주요 사업동향을 제품, 카테고리, 체인 및 지역별로 파악할 수 있게 한다.

ACNielsen의 Homescan 소비자패널은 전세계 약 125,000가구의 구매를 기록하고 있다. 소비자들은 구매때 바코드에 스캔하고 서베이를 완성함으로써 패널참가자들은 신선, 비가공제품의 구매에 대한 소비자들의 의견을 수집한 서비스를 제공한다. 소비자이해, 신제품에 대한 소비자반응(시험구매)과 해당 제품과 소비자의 지속적인 관계(반복구매) 측정, 표적소비자집단과의 효과적인 접촉, 브랜드 전환행동 이해, 자사 소비자의 인구통계학적 프로필과 라이프스타일 단계식별 등을 한다(www.homescan.com; www.acnielsen.co.kr).

이러한 2차 자료의 활용은 오늘날 빅데이터(big data)를 이용한 마케팅으로 발전하고 있다.

표 3.1 ACNielsen의 Homescan서비스를 사용한 분석형태

형태	목적과 측정
시장개관/ 추세분석	• 특정 제품범주의 세분시장, 브랜드에 대한 소비자 구매의 전반적 개관을 제공 • 측정은 시장에서 변화와 발달상황을 식별하기 위해 브랜드끼리 비교 • 자료는 특정 기간 동안 분석되어 특정 소비자집단을 위해 점포 내 자료와 타 점포자료를 볼 수 있게 함. • 측정은 시장점유율, 구매자당 구매량, 구매가계퍼센트, 구매시점의 구매량, 가격 등
인구통계분석	• 특정 구매자 집단들의 인구통계프로파일을 결정하여 효율적으로 광고와 촉진 노력을 표적시장에 맞춤 • 측정은 구매자 분포, 판매량 분포, 구매자 지표, 인구통계집단 내 시장점유율, 거래되는 양의 퍼센트
충성도/ 결합구매분석	• 특정 브랜드나 소매점에 대한 구매자 충성도, 브랜드들의 경쟁적 환경, 크기/향/형태 선호도, 구매자들의 경쟁품목 구매시 가격과 거래 중요도 • 측정은 경쟁품목을 구매하는 구매자들의 퍼센트, 특정 브랜드 구매자들의 경쟁브랜드 구매 퍼센트
브랜드 전환분석	• 브랜드 판매에서 성장이나 소멸의 근원 식별, 가계와 가계 사이 기간과 기간 사이의 변화를 보고 수량변화가 브랜드전환에 의한 것인가 식별 • 측정은 브랜드전환량, 증가되거나 감소된 구매량, 신규나 감소 구매자들의 수, 이득과 손실지표
시용과 반복분석	• 시용은 제품을 사용하는 가계의 퍼센트 평가하여 신제품에 대한 소비자관심 측정 • 반복구매는 시용자들의 퍼센트와 브랜드 재구매에 의해 제품만족평가 • 측정은 누적적 시행, 누적적 반복, 반복의 깊이, 거래에 대한 퍼센트

자료 : ACNielsen

요약

1. 2차 자료는 이전에 다른 사람이 수집해놓은 자료로서 수집하는 데 시간과 비용이 절약되고 기업자체적으로 조사하기 힘든 자료를 구할 수 있으며, 1차 자료조사를 명확하게 하는 데 도움을 준다. 2차 자료는 적합성과 정확성의 관점에서 평가될 수 있다.

2. 2차 자료를 조사설계하는 목표는 사실발견, 모형구축, 데이터베이스마케팅과 CRM, 데이터 마이닝에 있다. 사실발견은 가장 단순한 2차 자료 설계의 목표로서 소비자행동식별, 추세분석, 환경탐색을 하는 것을 말한다. 모형구축은 두 변수 이상의 변수들 사이의 관계를 규정하려는 것이다. 고객데이터베이스가 중요하게 다루어지면서 데이터베이스마케팅이 발달하였고 이는 기업과 고객과의 상호작용이 높아지면서 CRM, 즉 고객관계관리로 발전하여 왔다. CRM을 활용하기 위해 기업은 데이터 마이닝기법들을 발전시키고 있다.

3. 2차 자료원천은 내부자료와 외부자료에서 올 수 있다. 내부자료는 고객관련자료, 판매관련자료, 재무적 자료, POS자료와 신용카드 자료가 있고, 외부자료는 각종 발행물들이 있다. 외부에서 생산되는 자료는 마케팅연구가들에 의한 생산, 정부기관에 의해서 생산되는 자료, 신디케이트 기관과 같은 전문기업들에서 생산되는 자료들이 있다.

4. 표준화된 마케팅정보서비스는 전문기관들이 제공하는 것으로서 마케팅 조사자들이 가격을 지불하면서 입수하는 2차 자료이다. 이 서비스 생산업체들은 고객프로파일 제공, 패널과 스캐너자료를 이용한 제품판매와 시장점유율 측정, 광고 효과와 시청률 조사에 관한 2차 자료를 만들어내고 있다.

5. 생산된 2차 자료는 유통을 거치면서 이용자들에게 다가간다. 유통은 전통적으로 도서관 등을 통해 이루어지지만, 오늘날에는 인터넷과 정보유통업자의 역할이 커지고 있다.

토의과제

1. 여러분 그룹이 프로젝트에 관련된 관심있는 2차 자료를 선택하여 그 자료의 가치와 적합성문제와 정확성문제를 평가하여 보라.

2. Berry와 Linoff(2004)의 자료를 중심으로 데이터 마이닝의 종류인 장바구니분석, 의사결정수, 인공신경망이 어떠한 차이가 있는지를 토의하여 보고, 이 중에서 장바구니분석은 어떻게 하는가를 토의하여 보라.

3. 2013년 들어 신정부는 17부 3처 17청으로 구성되었다. 이 장에서 제시된 정부기관의 웹사이트로 들어가 정부기관에서 현재 어떠한 주요 자료들을 제공하는지를 살펴보라.

4. 표준화된 마케팅정보서비스가 어떻게 창출되고 있는지 다음 사례를 조사하라.
   (1) www.claritas.com으로 들어가 미국마케팅 데이터베이스회사인 Claritas PRISM의 66 PRISM marketing segment가 어떠한 방법으로 수집되어 고객 프로파일 자료를 제공해주고 있는지를 토의하라.
   (2) ACNielsen의 ScanTrack서비스와 Homescan서비스가 어떠한 2차 자료들을 제공하고 있는지에 대해 토의하라.
   (3) AGB닐슨미디어리서치와 TNS미디어리서치에서 소비자패널을 중심으로 한 TV시청률조사를 어떻게 하고 있는지를 조사하고 토의하라.

5. Factiva, LexisNexis, Hoovers와 같은 정보유통업체들로부터 어떠한 종류의 2차 자료를 얻을 수 있는가를 조사하고 토의하여 보라.

참/고/문/헌

이규현(2007), 『첨단기술제품마케팅』, 경문사, 제14장.

최정환·이유재(2001), 『죽은 CRM, 살아있는 CRM』, 한언.

Berry Michael J. A. and Gordon S. Linoff(2004), *Data Mining Techniques for Marketing, Sales, and Customer Relationship Management*, Wiley Computer Publishing, 2nd edition.

Churchill, Gilbert A. Jr. and Tom J. Brown(2006), *Basic Marketing Research*, South-Western, Chapter 7 and 8.

Kotabe, Masaski(2002), "Using Euromonitor Database in International Marketing Research," *Journal of the Academy of Marketing Science*, 30(2), (Spring), p. 172.

Lee Eunkyu, Michael Y. Hu, and Rex S. Toh(2000), "Are Consumer Survey Results Distorted? Systematic Impact of Behavioral Frequency and Duration on Survey Response Errors," *Journal of Marketing Research*, 37(1), (February), pp. 125~133.

Zikmund William G. and Barry J. Babin(2007), *Essentials of Marketing Research*, South-Western. Chapter 6.

Wells, William D.(2000), "Recognition, Recall, and Rating Scales," *Journal of Advertising Research*, 40(6), (November/December), pp. 14~20.

Marketing Research

04

탐색조사설계 : 정성적 조사

Intro
1. 정성적 조사를 사용하는 이유
2. 탐색조사의 범주와 내용
3. 인터넷과 컴퓨터를 통한 탐색조사
4. 탐색조사의 기술조사와 인과조사와의 연계
사례: 시티은행
요약
토의과제

INTRO

이 책 제3장에서 설명한 2차 자료분석과 같이 정성적 조사는 탐색조사에 사용되는 주된 방법이다. 조사자들은 문제를 정의하거나 가설을 창출하거나 조사에 포함되는 변수를 파악하기 위해 정성적 조사를 수행한다. 정량적 조사를 할 수 없는 경우에 2차 자료조사와 정성적 조사로 마치는 경우가 있다. 정성적 자료는 2차 자료와 달리 1차 자료라는 특징이 있다.

정성적 조사는 초기 시장을 이해하는 데 특히 중요하다. 정성적 조사의 중요성을 이야기할 때, 1989년 창간되어 1991년에 중단된 '마리안느' 잡지 실패사례가 자주 인용된다. 창간되기 전에 정성적 조사를 하지않고 설문지에 기반을 둔 철저한 정량적 조사를 실시하였다. 그 결과 주부들은 섹스 이야기나 루머 일색의 기존 잡지들에 식상하며, 유익한 정보만을 담은 잡지가 나오면 응답자의 95% 이상이 구독하겠다는 결과가 나왔다. 이 조사결과에 따라 '무섹스, 무루머, 무스캔들'을 고수한 전략으로 새로운 잡지를 출시했지만 1991년 제17호의 발간을 끝으로 문을 닫고 말았다. 이는 고객의 숨겨진 마음을 읽지 못했다고 평가되었다. 고객들은 설문지에 진실한 마음을 표현하지 않았다.

또 다른 사례는 맥도날드 신제품개발 사례였다. 맥도날드는 설문조사를 실시한 결과 소비자들이 다이어트를 원한다는 결과가 나타나, 1991년 다이어트 버거인 맥린(McLean)을 출시하였으나 실패하였다. 정량적인 내용에만 치중하여 '다이어트'라는 개념이 패스트푸드 이미지에 맞지 않는다는 점을 간과한 것으로 분석되었다(최순화 외, 2003).

이들 사례에서 고객의 숨겨진 욕구를 파악하려는 심리내부 분석은 설문지로서는 파악하기가 어렵고 정성적 분석이 필요하다는 교훈을 얻을 수 있다. 실제로 LG는 해외시장에서 정성적 분석을 잘 사용하면서 신제품개발에 성공하여왔다. '홈스테이분석'을 통해 해외 현지 가정의 허락을 받아 카메라를 설치하고, 고객과 함께 생활하면서 그들의 관점에서 그들의 생활스타일을 분석하고 잠재욕구를 추출해내었다. 크리켓을 좋아하는 인도인들을 위해 크리켓 비디오게임을 즐길 수 있는 TV를 개발하고, 안식일 종교문화를 중요시 여기는 유대인들을 위해 마치 꺼져 있는 상태처럼 최소한의 가동만 하는 안식일 기능이 적용된 냉장고를 출시하고, 중동인들이 즐겨먹는 대추야자를 오랫동안 보관할 수 있는 냉장고를 출시하는 데 성공하였다(이규현, 2010, pp. 4~5).

이 책 제2장 마케팅조사과정에서 문제를 발견하여 문제를 제대로 정의하기 위해서 탐색조사를 수행하고 기술조사와 인과조사를 수행하는 것이 효율적임을 살펴본 바 있다. 본 장에서는 보다 구체적으로 들어가 탐색조사가 왜 수행되며, 탐색조사의 범위와 내용은 어떠한 것들이 있는가를 구체적으로 살펴보고자 한다. 그리고 탐색조사설계에서 필요한 정성적 조사가 기술조사설계와 인과조사설계에서 나타나는 정량적 조사가 어떠한 연계관계가 있는가를 살펴보고자 한다.

1 정성적 조사를 사용하는 이유

Henry는 1958년에 출간된 '동기조사(motivation research)'를 통해 마케팅과 광고분야에 사용되는 통계는 비키니와 같다고 비유했다. 흥미롭고 유익한 부분을 많이 나타내지만 가장 중요한 부분은 보통 감추어져 있다고 보았다(자일스 루리 지음, 구자룡 편역, 『마케팅통찰력을 키워주는 마케팅조사』, 2004, p. 47).

이렇게 감추어져 있는 중요한 부분을 탐색하기 위해 조사되는 정성적 자료는 중요한 1차 자료이다(그림 4.1 참조).

그림 4.1 마케팅조사 자료의 분류

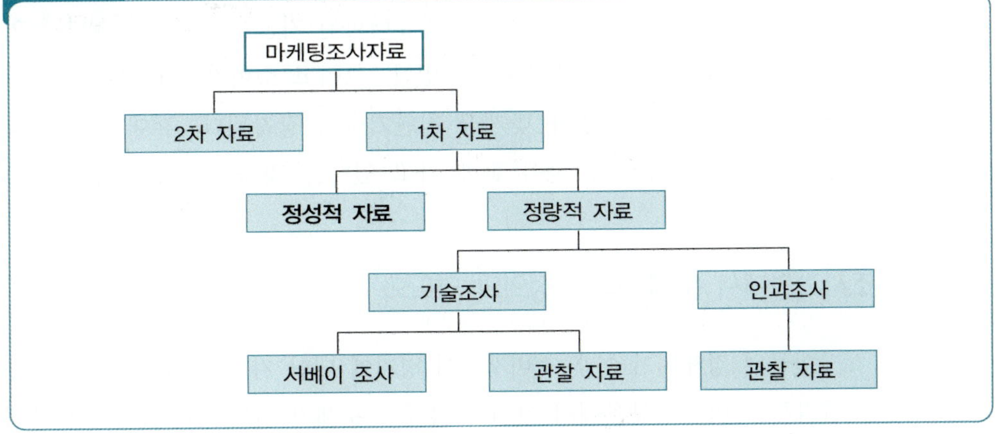

1차 자료로서 정성적 자료는 신제품 아이디어 창출과 스크리닝, 문제인식과 정의를 명확하게 하는 데 도움을 준다.

1.1 신제품아이디어 창출과 스크리닝

아이디어 창출을 시작점으로 신제품개발이 시작된다. 새로운 제품 아이디어를 개발하고 스크리닝하는 과정에서 브레인스토밍이나 표적집단과 같은 정성적이고 탐색적인 방법을 사용하여 다양한 아이디어를 창출하고 선별해간다.

정성적 조사나 탐색조사는 신제품개발과 개선뿐만 아니라 출시과정에서 광고와 촉진 등 다양한 아이디어를 얻을 수 있게 한다. 소비자들의 감성과 체험이 점차로 중요시되면서 이 접근은 더욱 더 중요해져가고 있다. 글로벌 지향기업이 타 국가의 문화에 맞는 제품을 개발하고 출시하는 과정에서도 이러한 접근은 더욱 중요시되고 있다. 그 나라 문화에 맞는 제품개발과정은 참여관찰(participative observation)과 같은 정성적인 접근이 설문지 분석을 통한 정량적 분석보다 유용성이 높은 경우가 많다. 실제 소비자들의 삶 자체는 기호와 상징 등 정성적으로 구성되고 있으며, 참여적이고 현상학적인 접근은 그들 삶의 의미를 파악해나가는 데 도움을 준다.

특히 오늘날에는 기술이 발전하면서 이러한 탐색조사에 도움을 준다. 소비자들의 수용도를 높일 수 있는 자동차제품을 개발하려면 디자인이 중요한데, 자동차 디자인개발자들은 컴퓨터화된 기술을 가지고 소비자들의 감성에 맞는 모형을 개발해나가고 있다. 그리고 소비자들에 맞는 디자인이 개발되면 그 디자인에 맞게끔 첨단기술이 장착된다. 휴대폰, 카메라 등을 보면 디자인과 기술이 함께 가고 있다는 것을 볼 수 있다.

1.2 조사과정에서 문제인식과 정의의 명확화

미국의 경제위기 이후 소비자들이 경기에 대한 기대가 위축되고 판매가 급감하고 마케팅상황에서 여러 분야에서 문제가 나타나고 있다. 이 문제는 내부에서 올 수도 있고, 외부에서 올 수도 있다. 마케팅에서 나타나는 문제를 명확하게 인식하여야 그 문제를 풀 수 있는 과정이 전개될 수 있다. 기업들은 문제를 보다 명확하게 하기 위해서 정성적, 탐색조사(qualitative and exploratory research)를 수행한다. 정성적이라는 말은 정량적이라는 말과 구별되며, 탐색조사는 조사설계에서 기술조사와 인과조사와 구별된다.

마케팅조사자가 특정 마케팅문제에 대해 생소하거나 사전지식이 부족한 경우에 사전지식을 획득하고 문제에 익숙해지기 위해서 탐색조사는 필수적이다. 탐색조사를 통하여 마케팅문제들이 서로 어떠한 관련성을 가지고 있는가를 개괄적으로 파악하고, 연구를 위한 가설을 설정한 후보다 정교한 본 조사를 수행하면 시간과 비용을 효율적으로 사용할 수 있다. 이 과정에서 보다 거시적이고 전략적인 사항에 대해서 익숙한 마케팅의사결정자와 조사방법에 익숙한 조사자 사이에 이해도가 증가될 수 있다. 이러한 이해도 증가는 조사수행절차나 행동을 구체적으로 정할 수 있고 최종적인 조사수행을 위해서 정보를 보다 용이하게 수집할 수 있게 해준다.

마케팅조사자가 문제를 이해하고 있다고 하더라도, 조사수행과정에서 전문가들로부터 통찰과 아이디어를 얻으면서 접근하는 것이 더 큰 도움이 될 수 있다고 판단되는 경우에도 유용하다.

이러한 탐색조사는 의사결정단계에서 앞부분에 해당된다. 마케팅의사결정단계는 상황인식 → 문제인식과 정의 → 대안으로서 행동코스 개발 → 행동코스의 평가 → 행동코스의 선택 → 실행 및 수정의 과정으로 이루어지는데, 이러한 문제인식과 정의를 명확하게 하기 위해서 탐색조사를 수행하게 된다.

2 탐색조사의 범주와 내용

정성적 조사는 넓은 의미의 탐색조사에서 1차 조사에 해당한다. 넓은 의미의 탐색조사는 전문가 의견조사, 2차 자료조사, 사례연구, 파일럿연구로 나눈다. 소규모조사 프로젝트인 파일럿 연구는 다시 직접적으로 수행되는 표적집단 인터뷰(focus group interview)과 심층면접(depth interview), 간접적으로 위장을 하면서 수행되는 투사기법(projective technique)이 있다. 최근 Zaltman 교수가 개발한 은유추출기법(Zaltman Metaphoric Elicitation Technique)도 사용된다.

2.1 전문가 의견조사

조사자는 개념들에 대한 통찰을 얻기 위해 회사 내부와 외부에 있는 전문가 의견(experts opinion)에 대한 조사를 수행하는 경우가 많다. 이는 주어진 문제에 대해 전문적인 견해와 경험을 가지고 있는 전문가들을 찾아 그들로부터 정보를 획득하는 방법이다. 특정 연구분야의 전문가들에게 문제의 성격에 대한 보다 명확한 이해와 관련변수들 사이의 관계에 대한 의견을 듣고 참조하면서 새로운 아이디어를 얻거나 문제를 해결할 수 있다.

이때 전문가들의 선정은 조사자의 판단과 편의에 따라 선정되며, 마케팅조사에 투입되는 비용과 조사에서 얻을 수 있는 기대수익을 비교하면서 접근한다. 전문가 의견조사는 전문가들의 의견제시에 아무런 제한이 없어야 한다.

2.2 2차 자료조사

조사문제를 명확하게 정의하거나 가설을 설정하기 위해 가장 경제적이고 신속한 방법이 문헌조사(literature search)이다. 이는 마케팅과 관련된 경영, 경제, 사회, 심리, 문화인류학에 관련된 다양한 분야에서 출판된 학술연구지와 자료들에서 도움을 받을 수 있다. 각종 신문, 상업잡지와 통계 자료집에서 유용한 자료들을 얻을 수 있다. 마케팅관련 연구지에 게재할 수 있는 학술연구를 할 경우에 이러한 문헌연구는 필수적이며 기존의 학술연구지를 참고할 뿐만 아니라, 경제신문이나 일반신문 그리고 상업잡지와 통계자료집에서 나타난 자료들을 이용할 경우 더욱 현실성 있는 자료를 제시할 수 있다. 실무적인 마케팅조사의 경우에도 학술연구에서 나타난 연구들로부터 보다 일반적인 이론을 탐색하여 제시하면 보다 강력한 조사가 될 수 있다.

이러한 문헌조사는 2차 자료에서 이루어지며, 마케팅전략을 짜기 위해서 거시환경과 미시환경 분석, 경쟁자, 유통업자, 소비자 등 기업의 가치사슬에 관련된 다양한 이해관계자집단들을 분석하여 진정한 소비자만족과 가치를 창출하기 위해서 필요하다.

2.3 사례연구

사례조사(case research)는 마케팅 현상에서 현재 직면하고 있는 상황과 유사한 사례들을 찾아 깊이 분석하는 조사방법이다. 주어진 문제에 대한 간접적인 경험과 사전지식을 획득할 수 있고, 현재 상황에 대한 논리적인 유추에 도움을 줄 수 있는 방법이다. 실제로 일어났던 사건의 기록이나 목격한 사실을 분석하는 경우와 시뮬레이션에 의한 가상적인 현실을 만들어 분석하는 경우가 있다. *Harvard Business Review*에서는 경영현상에 관한 다양한 사례연구를 제시하고 있다.

이 방법은 사후적인 조사방법이어서 그 결과가 의사결정에 결정적인 도움을 주기 어렵지만 문제의 규명과 관련된 변수 간의 관계를 명확하게 해주는 데는 효과가 있고 결과의 시사점을 도출하여 제시하기 때문에 유용하다. 이는 조사자의 종합 능력에 따라 커다란 영향을 받으며, 집중적으로 수행한다는 특징이 있다. 사례연구를 다른 방법과 결합하여 이론을 구축할 수 있다.

이 분야에서 가장 많이 인용되고 있는 Eisenhardt(1989)의 연구에서 다음과 같은 8단계가 제시되고 있다.

- 1단계 : 시작단계이다. 조사문제를 초기에 정의하는 단계이다. 아무리 표본이 적다 할지라도 잘 정의된 초점을 가지고 들어가려고 해야 한다.
- 2단계 : 사례를 선정하는 단계이다. 가설검정 조사에서는 모집단이 무엇인가를 설정하는 것이 중요한 것처럼, 사례연구에서도 선택된 모집단으로부터 적절한 사례를 선정하는 것이 중요하다.
- 3단계 : 자료수집단계이다. 이론을 설정하고자 하는 조사자들은 복수 자료 수집방법을 결합한다. 이 단계에서는 정량적인 자료도 포함하여 정성적인 인터뷰 등의 방법을 사용한다.
- 4단계 : 현장(field)에 들어간다. 조사하고자 하는 기업이나 사례 현장으로 들어가 참여관찰 등에 몰입한다.
- 5단계 : 자료를 분석한다. 사례 내부의 자료(within-case data)를 분석하고, 사례와 사례 사이의 패턴(cross-case patterns)을 찾는다.
- 6단계 : 가설을 형성한다. 구성개념을 정의하고, 각 사례에서 나타난 구성개념을 측정하는 증거를 구축한다.
- 7단계 : 문헌검토를 한다. 서로 대립하는 문헌들과 유사한 문헌들을 비교한다.
- 8단계 : 결론에 도달한다.

Eisenhardt는 이러한 과정에서 복잡한 이론이 나타나는 단점도 존재하지만 새로운 이론을 창출해주는 가능성이 크다는 점에서 사례연구의 이점을 제시하고 있다.

2.4 정성적 조사

파일럿 연구(pilot study)라는 용어는 조사가 소규모로 진행될 경우에 사용된다. 즉, 파일럿 연구는 표본추출을 사용하지만, 대규모 표본들로부터 정확한 계량적인 추정을 얻기 위해서 사용되는 엄격한 기준들을 적용하지

그림 4.2 정성적 조사절차의 분류

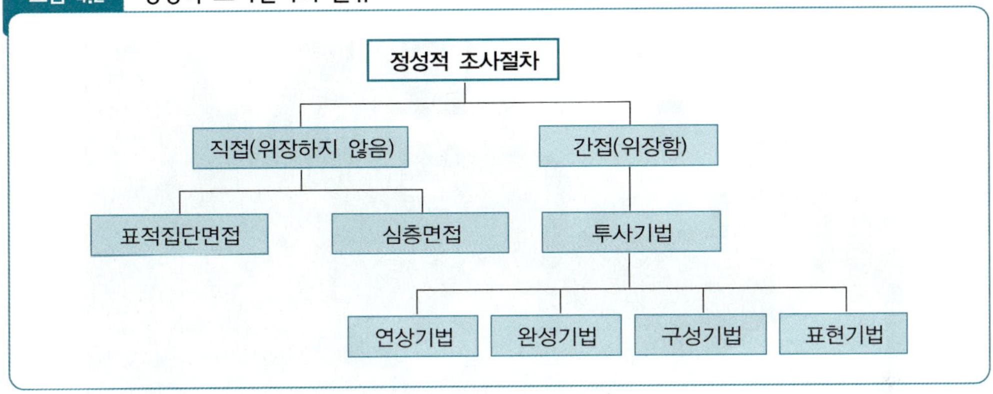

않는 소규모 조사 프로젝트를 말하는 집합적인 용어이다.

특정 파일럿 연구에서 조사자들이나 경영자들은 비용이 적게 들면서 가치로운 통찰을 얻기 위하여 소비자들이 경험하고 있는 것을 경험하려고 시도한다. 조선시대를 그리는 사극들을 보면 임금이 평인의 옷차림을 하고 나들이를 하면서 사람들의 생활을 탐색하는 모습을 볼 수 있다. 기업 내에서 임원진들이 그들의 지위에 관계없이 고객들에게 시중을 들고, 고객들로부터 걸려온 전화에 답할 수 있다. 예를 들어 렌트카 사장은 공항에서 차를 기다리는 고객들의 행렬에 줄을 서서 기다리거나 고객반응을 얻기 위해 카운터 뒤에서 일하고 있을 수 있다.

이러한 형태의 파일럿 연구는 고객상황에 대한 진실한 이해를 가능케 할 수 있다. 이러한 연구는 정성적 분석을 위한 원천자료를 만들어낸다. 이러한 특징은 2차 자료로부터 정보를 수집하는 것과 다르다. 연구가들은 정성적인 정보를 발생하는 파일럿 연구를 정성적 조사라고 말한다. 1차 자료는 전문가나 사례연구로부터 나타나기보다 항상 고객들이나 다른 궁극적인 관심을 두는 대상들로부터 나타난다. 이는 파일럿 연구를 경험조사와 사례연구와 구별짓고 있다. 파일럿 연구의 주요 범주는 표적집단면접, 심층면접, 투사기법이다. 표적집단면접과 심층면접은 위장하지 않고 직접적으로 수행되는 반면, 투사기법은 위장하여 간접적으로 수행된다는 점에서 서로 다르다.

그림 4.3 표적집단면접

자료 : http://www.genesis.users.gxn.net/traini2.jpg

1) 표적집단면접법

(1) 의 의

우리는 젊은 조사원과 소수의 주부들이 편안한 소파에 앉아 특정 음식에 대하여 토론하는 모습을 떠올릴 수 있다(그림 4.3 참조). TV의 100분 토론처럼 정치적인 토론을 위해 1명의 사회자가 진행을 담당하면서 6~12명의 참여자들이 당면한 정치적인 주제에 대하여 토론하는 모습을 떠올릴 수 있다. 이와 같이 표적집단면접법(focus group interview: FGI)은 경우에 따라서 2명이 될 수 있지만 보통 1명의 사회자와 6~12명의 참여자들이 1시간 반이나 2시간 동안 깊이 있게 토론을 한다. 조사는 대개 4주 내에 완료되는데, 한 주는 조사 참여에 동의하는 표본을 모집하고, 한 주 동안 조사를 진행하며, 나머지 두 주 동안 보고서를 준비해 보고를 마친다.

(2) 적합한 사용 경우

어떠한 경우에 표적집단면접을 사용하여 자료를 수집하는가? 계속적으로 기업의 매출액이 감소하고 있고 그 원인을 모를 때 사용할 수 있다. 예를 들어, 어떤 정육점에서는 계속 매출액이 감소하고 있어 이웃집 정육점에서 공격적으로 마케팅을 하여 그러한 것이라고 생각하고 있다가, 경쟁자를 자세히 관찰하여도 특별한 내용이 없기에 자신의 정육점을 방문하는 가까운 이들을 중심으로 하여 표적집단면접을 실시한 결과 이전보다 냄새가 주부들에게 좋지 않게 느껴지고 있다는 것을 알아차리고, 매장을 자세히 조사한 결과 매장 밑 하수구에서 좋지 않은 폐수가 흘러가고 있다는 것을 발견한 사례가 있다.

다음과 같은 경우에 표적집단면접법을 사용할 수 있다.

- 문제의 정의를 위해 사용할 수 있다.
- 어떤 정보를 획득해야 하는지를 알 수 있다.
- 소비자들의 내면적 욕구, 태도, 감정, 행동을 파악할 수 있다.
- 신제품 아이디어와 기존 제품의 다른 용도를 알 수 있다.
- 설문지 조사결과로부터 얻은 결과에 대해 구체적인 이해를 할 수 있다.

(3) 단점과 사회자의 역할

이 방식의 가장 명백한 약점 중 하나는 토론집단 구성원들이 서로 상호작용하면서 생기는 집단 내 역학관계의 부정적인 영향이다. 대부분의 집단에는 매우 강하고 지배적인 성향을 지닌 응답자나 전문가 혹은 스스로 자신이 그 분야의 전문가라고 믿는 사람들이 몇 명 있게 마련인데, 이들은 다른 사람의 반응을 약화시키거나 혹은 그 반응에 영향을 미치기도 한다.

또 하나의 문제점은 '표적집단 그루피(focus groupie)'라고 불리는 전문적인 응답자가 나타날 경우가 있다. 이들은 토론에서 필요로 하는 자신들의 의견이 어떤 것인지 알고 있어 토론 내내 그 기대에 맞춰서 말하고 행동한다. 이러한 경우 더 정확한 정보수집을 위해서 참가자를 선발하는 사람들에게 "지난 6개월 이내에 표적집단에 참여한 적이 있는 사람은 선발에서 제외해달라"는 부탁을 하는 것이 좋다.

이러한 약점들을 극복하기 위해서 사회자의 능력이 중요하다. 서로 대화하려는 마음가짐을 가진 참석자들로 구성되어야 하고 집단의 역동적 분위기를 살릴 수 있어야 한다. 한 집단에 대해서 1회 실시하고, 다른 집단들을 대상으로 여러 번 실시할 수 있다.

표적집단 성공은 사회자에 달려 있다. 사회자는 대인간 커뮤니케이션

능력과 청취능력을 가지고, 참여자의 발언에 이어 탐사질문(probing questions)을 할 수 있는 능력을 지녀야 한다. 전문가로서 세련된 매너를 갖추고 있어야 하고 주제에 대한 배경지식을 가지며 친화적이고 정중하고 열정적이고 분위기에 잘 적응할 수 있는 성격을 가지고 있어야 한다. 더 나아가 사회자는 여러 사람이 제기한 발언들을 통합하여 토론의 방향을 조정해 나갈 수 있어야 한다.

(4) 진행방식과 순서

다음 단계로 진행한다.

① 계획단계

조사의 목적과 필요한 정보에 대해서 명확하게 이해하고, 주제와 관련하여 경험과 지식을 갖추고 인구통계적 특성이 동질적인 사람들로 구성된다. 그리고 동질적인 사람들이 의견의 다양성에 제약을 받을 수 있다고 판단될 경우 몇 번의 다른 집단들로 수행할 수 있다.

② 실행단계

- 분위기 형성단계 : 인사말을 하고 참여자에게 이름이 적힌 카드를 주고 자기 앞에 비치하게 한다. 다음으로 사회자는 토론시 유의사항을 전달한다. 이때 조사자와 조사의뢰회사의 직원들이 일방거울(one-way mirror)을 통해서 안을 들여다 볼 수 있게 하고 진행과정을 녹화한다.
- 주제 질문과 토론 : 주제부터 질문과 토론이 시작된다. 사회자는 탐사질문에 의해 깊숙하고 많은 의견을 얻도록 한다.
- 종료 : 모든 주제가 토론되면 끝으로 필요한 추가 진술을 하도록 하고 감사의 말과 함께 종료한다.

③ 자료분석단계

종료직후 조사자, 사회자, 조사의뢰회사 직원은 의견교환을 하고 종합한다. 그 다음 비디오테이프와 내용을 기록한 결과를 가지고 내용분석을 한다.

그림 4.4 1대1 심층면접

2) 심층면접법

심층면접법(depth interviews or in-depth interviews)은 전문면접원이 주제와 관련된 질문의 방향을 갖고 1명의 피면접자를 대상으로 1대1 면접을 통하여 탐사방식(probing skills)에 따라 깊게 질문해나간다. 개인적이거나 민감한 주제에 대해 각 개인들의 반응을 철저하게 이해하고자 할 때 주로 사용된다. 이때, 탐사방식은 특정 관심사에 대하여 질문을 하고 질문에 대해 피면접자가 응답을 하면 그 응답을 단서로 연속적으로 질문하는 방식을 말한다.

면접원은 탐사능력을 지니고 피면접자의 마음속에 깊이 있게 자리하고 있는 생각들을 끌어낼 수 있어야 한다. 그리고 피면접자가 이해할 수 있도록 직접적이고 명확한 질문을 할 수 있는 커뮤니케이션 능력을 지니고 있어야 하며, 피면접자가 대답을 할 때 정확하게 이해할 수 있는 능력이 있어야 한다.

보통 영향력 있는 사람이나 전문가들을 대상으로 면접을 할 때 이들 표본집단의 참가자들은 넓은 지역에 흩어져 있어서 한자리에 모이기 힘들거나, 조사에 참여할 시간을 내기 힘든 경우가 많은데, 이 경우 효과적이다.

심층면접법은 〈표 4.1〉과 같은 장단점을 요약할 수 있다.

표 4.1 심층면접법의 장단점

장 점	• 그 이름이 뜻하는 대로 면접자가 주제를 보다 깊이 있게 탐구할 수 있다. • 참가자들은 자신의 개인적인 의견을 전달할 기회를 가진다(또 집단 압력으로 인한 문제를 피할 수 있다). • 민감하거나 개인적인 주제를 토론할 수 있는 적절한 장을 마련한다. • 다수의 의견과 소수의 의견을 모두 자유롭게 개진할 수 있다. • 응답자 한 명에게서 더 오랜 시간을 두고 정보를 수집할 수 있다. • 사회적으로 용납되는 규범과 행동, 태도 내에서 답변을 멈추려는 경향을 면접관이 극복할 수 있다. • 표적집단 접근이 실질적으로 가능한 소규모 목표집단에 표본을 분할하여 분포시킬 수 있다. • 넓은 지역에 분산되어 있거나 시간의 압박을 심하게 받는 표본조사에 매우 적합한 방식이다.
단 점	• 창의적인 사고를 교환하도록 유도하기가 힘들다. • 면접진행이나 대화 자료분석에 시간이 많이 걸린다. • 위와 같은 이유 때문에 비용이 많이 든다.

자료 : Giles Lury(2004), *Research Watching*, Leader's Book Publishers, Chapter 3.

3) 투사기법

투사기법(projective techniques)은 임상심리학에서 사용하는 기법이다. 이 방법의 가정은 오스카 와일드(Oscar Wilde)의 관찰에 기초하고 있다. "인간은 자신 속에서 말하고 있을 때 적어도 자신이다. 그가 마스크를 쓰고 있을 때 진실을 말하는 경향이 있다." 다른 말로 표현하면 투사기법의 옹호자들은 직접적으로 질문을 받을 때 응답자들은 그들의 자아개념들에 부정적으로 반영해주는 해답들에 대해서 당황하기 때문에 그들의 진실한 감정들을 표현하지 않는다. 그들은 조사자가 원하는 답을 하면서 조사자를 즐겁게 하기를 원한다. 그들은 그들이 깨닫지 못하는 무의식적인 감정을 보여줄 수 없다. 그러나 응답자들이 만화와 같은 구조화되지 않고 애매한 자극이 제시된다면 반응하기에 상당한 자유를 느낄 것이고 그들의 진실한 감정을 표현할 것이다.

투사기법은 응답자들이 제3의 대상이나 과제상황으로 신념과 감정을 투사할 수 있게 하는 간접적인 질문 수단을 이용한다. 즉, 응답자들에게 모호한 자극물을 제시하고 그 자극에 대한 해석을 통하여 간접적으로 자신의 동기, 태도, 느낌과 가치를 파악해내고자 한다. 상황이 모호할수록 투사하게 된다. 마케팅조사에서 자주 등장하는 투사기법은 사용하는 자극물에 따라 연상기법, 완성기법, 구성기법, 표현기법으로 구분할 수 있다.

(1) 연상기법

연상기법(association techniques)은 응답자에게 자극을 주고난 뒤, 그 자극에 대해 제일 먼저 마음에 떠오르는 반응을 말하게 하는 기법이다. 나열된 단어를 한 번에 하나씩 보여주고 각각의 단어에 대해 처음으로 마음에 떠오르는 단어를 말하게 하는 단어연상(word association)을 많이 사용한다. 애매한 그림을 제시하고 응답자의 마음에 무엇이 처음으로 연상되는지 말하도록 할 수도 있다. 이러한 연상기법은 응답자의 관심사에 대한 사고나 기억, 내면의 느낌을 드러내게 할 것이라고 가정한다.

(2) 완성기법

완성기법(completion techniques)은 응답자에게 미완성자극을 제시해주고 이를 완성하도록 하는 기법이다. 문장완성과 이야기완성이 있다. 문장완성(sentence completion)은 특정 상황을 완성되지 않은 문장이나 이야기 형태로 제시하고 미완성 부분을 응답자가 적어 넣거나 이야기하게 함으로써 생각이나 느낌을 간접적으로 알아보는 방법이다. 만화나 사진을 보조적으로 사용한다. 이야기완성(story completion)은 응답자가 자신의 단어들로 이야기를 끝내도록 함으로써 그들의 숨어있는 느낌과 감정을 드러나게 한다.

(3) 구성기법

구성기법(construction techniques)은 완성기법과 관계가 있다. 구성기업의 한 형태는 주제통각검사(主題統覺檢査)로 번역되는 TAT(Thematic Apperception Test)에 뿌리를 두는 그림응답(picture response)이 있다. TAT는 30매의 회화도판과 1매의 백지 카드를 이용한다. 회화도판은 거의 인물들을

그림 4.5 TAT의 그림좌절

포함하고 있는데 드라마틱한 구도로 되어 있다. 피험자의 연령과 성(性)에 따라 도판을 선택할 수 있다. 처음 10매, 다음에 10매의 카드를 사용하여 카드마다 공상적인 이야기를 자연스럽게 꾸미게 한다. 피험자는 그림을 보며 무엇이든지 자유롭게 이야기를 꾸며보라고 한다.

TAT의 한 방법으로 만화를 그려서 배역들 사이의 대화를 하는 것으로 설정하고 그림좌절(picture frustration)을 만들 수 있다. 예를 들어 일상적으로 나타날 수 있는 애매한 상황을 제시하고, 두 사람이 대화를 하는 상황을 설정하되, 한 사람이 대화를 공백으로 두어 반응자들이 상상하게 할 수 있다. 이는 제품, 포장, 진열, 매장에 종사하는 사람 등에 대한 토론으로 이어질 수 있다. [그림 4.5]는 신차가 출시되어 판매되고 있는 상황에서 나타날 수 있는 상황을 그림좌절로 표현한 것이다.

(4) 표현기법

표현기법(expressive techniques)은 응답자에게 언어나 시각적으로 상황을 보여주고 다른 사람의 느낌과 태도를 그 상황에 연관지어 말하게 한다. 응답자는 자기의 느낌이나 태도가 아닌 다른 사람의 느낌이나 태도를 표현한다. 이는 역할연기와 제3자기법이 있다. 역할연기(role playing)는 응답자를 다른 사람으로 가정하여 그 사람의 역할을 연기하게 한다. 조사자는 응답자가 그 역할에서 응답자 자신의 느낌을 투사할 것이라 가정한다. 제3자기법(third-person techniques)은 응답자에게 언어나 시각적인 상황을 제시하고 직접적으로 개인의 신념과 태도를 표현하기보다는 친구, 이웃, 동료 등 제3자의 신념과 태도에 연관되게 한다. 응답자가 그들의 반응을 표현하는 동안 그 응답자는 개인의 신념과 태도를 나타낸다고 가정한다.

4) 은유추출기법 : ZMET

은유(metaphor)를 이용하여 연구자가 과학발견으로 연결하는 경우가 있다. 물리학자 래드포드는 태양을 중심으로 하여 행성들이 회전하듯이 원자세계에서 전자가 회전하는 태양과 같은 물체가 있을 것이라고 추정하고 실험을 통하여 중성자를 발견한 것으로 유명하다(이규현·김재영, 2000).

하버드 경영대학원의 잘트만(Gerald Zaltman, 2004) 교수는 은유를 이용하여 ZMET(Zaltman Metahporic Elicitation Technique)를 개발하였다. 그는 인간 사고의 95%는 무의식에서 일어나고, 무엇을 필요로 하는지에 대한 생각이 뇌 속에 너무 깊이 자리해 있어서 거의 표출되지 않고 있다고 보았다. 그는 사람들의 언어는 깊이 자리한 그러한 생각들을 불러내기가 어렵기 때문에 보다 추상적인 새로운 기법이 필요하다고 제언하였다. 그는 신경생물학, 심리분석학, 언어학, 그리고 예술이론을 결합하여 ZMET라는 소비자행동의 심리모델을 개발하였다. 그가 개발한 ZMET는 세 가지 과정으로 진행된다.

첫째, 참여자는 1대 1 면담으로 진행되며 하나의 질문에 답하도록 인터뷰를 한다. 특정 제품이나 브랜드에 관련된 사고나 감정을 추출하도록 한다. 참여자에게 특정 제품이나 브랜드에 대해 2주 정도 숙고하게 한 후, 자신의 느낌이나 생각을 표현해주는 사진, 그림 등 이미지를 수집해오도록 한다.

둘째, 참여자는 조사자와 대면면접을 하기 위해서 다시 돌아온다. 이 인터뷰는 약 2시간이 걸리는데, 이 인터뷰 동안 일련의 질문을 받게 되고 그들이 수집하여온 이미지나 대상들에 대한 그들 자신의 인상을 기술하도록 질문을 받는다. 그림 사이의 유사성과 차이점을 탐색하고, 프레임을 넘어선 무엇인가에 대해서 생각하고 다른 가능한 시나리오를 이미지로 나타내고 표현한다. 잘트만 교수에 의하면 이러한 과정은 참여자들에게 그들의 아이디어들과 아이디어들과 연관된 의미의 주변에 있는 경계를 낮추거나 제거하도록 도운다.

셋째, 멀티미디어 디자이너나 은유 조사자는 참여자가 수집하고 토론하여온 이미지들의 디지털 모자이크나 콜라주를 창조하도록 도와준다. 이 과정에서 유사성이나 특성을 찾아 공통 테마를 파악하고 콜라주나 모자이크로 재창조하여 소비자들의 정신세계를 설명한다.

위 과정을 적용한 사례를 살펴보자. 세계최대의 화학회사 듀퐁은 나일론을 처음으로 개발하여, 나일론으로 된 팬티스타킹을 생산하여 판매하는데, 일반적인 마케팅조사를 실시한 결과 여성들 대부분이 팬티스타킹 착용을 싫어한다는 결과를 얻었다. 그러나 이 회사의 마케팅전략 담당자들은 이 조사는 여성의 마음 속 깊은 곳에 자리해 있으나 파악하지 못하고 있는 것이 있다고 생각했다. 이를 풀기 위해 잘트만 교수에게 의뢰하였고, 그는 20명의 여성들을 선발하여 다음 세 가지 과정으로 ZMET를 실시했다.

첫째, "당신은 팬티스타킹을 구매하여 착용하는 것에 대해 어떤 생각을 하며, 어떤 느낌을 가지는가?" 하는 질문을 시작하였고, 여성들에게 잡지, 카탈로그, 가족사진 앨범에서 그 제품에 대한 자신들의 생각과 느낌을 담고 있는 10장의 사진을 각자 수집하도록 했다. 이 여성들은 나무에 매달린 스틸밴드, 배배 꼬인 전화기코드, 단단한 플라스틱 포장에 들어있는 울타리 말굽 등 상상하기 어렵지 않은 이미지들을 선택했다. 그들은 또한 빈 벽에 걸린 두 개의 아프리카 마스크, 땅에 쏟아진 아이스크림, 고급 승용차, 꽃이 화병에 평화스럽게 담겨있는 장면의 사진들도 선택했다.

둘째, 1주일 뒤 이들 이미지가 여성들 각자의 의식 안에서 발전되어 특별히 훈련된 심리치료 전문가가 두 시간에 걸친 집중적인 토의를 거치면서 각 사진에 대한 주제를 심도있게 분석했다.

셋째, 그 후 합성사진 전문가들의 도움을 얻어 여성들이 팬티스타킹에 대해 가지는 생각과 느낌을 추상적인 콜라주로 구성하도록 했다. 이때 여성들이 역시 팬티스타킹 착용을 싫어하지만, 단순히 그렇게만 볼 수 없는 복잡한 심리상태를 발견되었다. 여성들이 나일론에 대하여 좋아함과 싫어함의 관계를 동시에 발견되었다. 예를 들면, 플라스틱 포장에 들어있는 울타리 말뚝 이미지를 선택한 여성은 꽃병 사진을 선택했다. 이 제품을 착용하는 것이 그녀가 날씬하고 키가 큰 느낌을 들도록 한다고 해석되었다. 아이스크림은 스타킹이 나가는 것 때문에 발생되는 난처함을, 비싼 자동차는 사치스러운 느낌을 나타냈다. 한 여성의 콜라주는 정원용 호스에 둘러싸인 쿠키 자르는 칼이 실크 드레스를 배경으로 놓여있는 장면이었는데 우아함에 대하여 동경과 불편함을 동시에 보여주는 것이었다.

그 결과는 이전에 강한 여성을 묘사한 광고전략에서 성적으로 섹시한 광고전략으로 바꾸는 계기가 되었고 시장점유율이 상승되었다. 여성들이 스타킹이 다리를 길게 보이게 하며, 긴 다리가 섹시하게 보이고 남자들이 좋아하기 때문에 착용한다는 내용은 설문지나 직선적인 인터뷰에서 나타나기 쉽지 않다.

3 인터넷과 컴퓨터를 통한 탐색조사

1990년 world wide web의 출현 이후 인터넷은 거리의 소멸을 통해 인간생활 전 영역에서 변화를 가져다주고 있다. 소비자들도 온라인과 오프라인 결합행동을 하고 있다(Wind, Mahajan and Gunther, 2002). 마케팅조사 영역에서도 상당한 변화를 가져다주어, 소비자조사를 위한 새로운 방법론으로서 온라인 표적집단면접(on-line focus group interview)이 나타나, 집단내 상호작용성을 통하여 유용한 정성적 자료들을 얻고 있다(Kozinets, 2002;

Kenny, 2005; Malhotra, 2006).

온라인 표적집단은 온라인으로 표적집단면접에 관심을 표시한 사람들의 목록에서 여과 질문들을 통하여 자격심사를 하면서 이루어진다. 자격이 있는 응답자들만이 참가하도록 초대를 받는데, 보통 6~7명 정도의 사람들을 구성한다. 그들에게 면담시간, 표적집단위치(URL), 방이름과 암호 등을 이메일로 통한다. 참가자들은 표적집단면접의 주제에 대해서 알기 위해서 웹사이트를 방문하거나 실제 TV광고를 열람하거나 하면서 사전에 정보를 열람할 수 있고, 면접이 시작하기 직전에 사이트를 열고 마지막 지침을 받아야 한다. 면접을 시작하기 전에 입력시에 감정 등을 어떻게 표현해야 하는가에 대한 정보를 제공받는다. 키보드 글자들을 사용하면서 웃음, 화가 남, 당황함, 슬픔 등과 같은 감정표현을 한다.

면접시간이 되면, 참가자들은 대화방(Web-based chatroom)으로 옮긴다. 표적집단위치(URL)로 가서 표적집단방으로 들어가기를 찍고, 대화방에 들어가기 전에 방이름, 사용자명, 암호를 제공한다. 대화방에서 사회자와 참가자들은 실시간으로 입력을 통해 상호작용한다. 사회자는 모든 질문을 대문자로 묻고 참가자들은 대문자와 소문자를 사용한다. 이 면접은 약 한 시간 동안 진행된다. 집단이 면담을 끝내고 만들어진 초기원고는 48시간 내 완성된다.

이러한 온라인 표적집단면접은 지리적 한계를 없앤다. 오프라인 표적집단면접과 달리 집단에 참가한 사람들은 나중에 다시 접촉할 수 있는 기회가 있다. 이 기회를 통해 문제를 다시 면접할 수 있고, 처음 집단에 제시된 자료들을 수정하도록 할 수 있다. 이는 전문 직종에 종사하거나 매우 바쁘게 생활하는 사람들이나 오프라인보다 온라인에 참여하는 데 흥미가 있는 이들을 대상으로 이루어진다. 이 방법은 거리의 제한이 없고, 비싼 장비가 필요 없어 오프라인 표적집단면접보다 비용이 저렴하다.

그러나 컴퓨터를 소유하고 사용하는 데 어느 정도 익숙한 사람들이 참여할 수 있다. 인터넷 상에서 개인의 이름은 공개되지 않는 경우가 있다는 한계가 있어 전화를 거는 전통적인 방법도 함께 사용하면서 응답자를 모집하고 확인할 필요도 있다. 또한, 컴퓨터 앞에 앉아 있는 응답자의 환경을 통제할 수 없다는 어려움이 있다. 조사자는 응답자의 청각과 시각 자극에 대한 반응만 알 수 있으며, 촉각적이고 후각적인 자극에 대한 반응을 알 수 없다. 따라서 감정에 민감하고 주관성이 강한 조사과제들은 오프라인 상에서 조사하는 것이 유리하다. 그러나 인터넷 상에서 사업을 하는 기업들에게 온라인 표적집단면접은 여러 가지로 유리하다.

온라인 표적집단면접 뿐만 아니라 온라인을 통하여 심층면접을 실시할 수 있다. 본 장에서 논한 모든 투사기법들은 온라인상으로 실시할 수 있다. TAT를 온라인조사로 옮겨 그림을 보여주고 응답자의 반응을 체크할 수 있다. 오프라인과 온라인 양쪽에서 탐색조사기법 도구를 활용하는 것은 정보수집에 여러 가지 이점을 제공해준다. 이러한 탐색조사기법은 앞으로 정성적 기법이 가지고 있는 심층성의 이점에 온라인이 가지고 있는 거리와 시간의 제약, 비용절감이라는 이점을 첨가하여 여러 가지 이점을 제공해 줄 수 있다.

4 탐색조사의 기술조사와 인과조사와의 연계

4.1 정성적 조사와 정량적 조사의 연계

대부분의 마케팅과 소비자행동조사는 설문지를 기반으로 한 정량적 조사로 이루어지고 있다. 소비자행동조사에는 태도와 행동의도를 측정하기 위해 상대적으로 규모가 큰 표본을 대상으로 하여 인과관계를 찾는 조사들이 많이 등장한다. 행동의도를 예측하기 위해 행동의도라는 종속변수에 영향을 미치는 변수들, 즉 태도, 주관적 규범, 과거행동, 집단정체감과 같은 변수들이 행동의도에 얼마나 설명력이 있는가를 살펴보는 연구를 수행할 수 있다(이규현, 리차드 바고찌, 2009 참조).

경제현상에서는 이 책 제13장에서 다룰 회귀분석과 같은 정량적 방법을 많이 사용하는데, 종속변수에 영향을 미치는 독립변수들을 찾아, 독립변수가 변하면 종속변수가 어떻게 변하는가는 선형회귀식을 찾을 수 있다면,

미래에도 어떠할 것이라는 것을 예측할 수 있다. 예를 들어 과거 수년 동안 광고액이 증가하면서 매출액이 증가하였다면, 그 증가한 식을 찾아서 미래 광고액을 증가시키면 매출액이 어느 정도 증가할 것이라는 것을 예측하는 경우이다.

이러한 정량적 조사는 정확한 통계와 숫자 측정을 기반으로 한다. 정량적 조사는 모집단을 조사하기 위해 모집단 전체를 인터뷰하는 것은 시간과 비용을 수반하여 현실적으로 불가능한 경우가 많아 통계적인 표본을 추출하여 이를 토대로 분석하는 경우가 많다. 마케팅전략을 도출하기 위해서 다음과 같은 분야들에서 정량적 조사들이 이루어진다.

- 시장세분화, 표적시장 선정, 그리고 포지셔닝 분석(군집분석, 다차원척도법)
- 표적시장에서 자사제품에 대한 잠재소비자들의 반응. 인구통계적, 심리분석적, 행동분석적 특징(demographic, psychographic, and behavioristic characteristics) 분석
- 자사와 경쟁사의 브랜드 자산 분석, 즉 특정 브랜드에 대한 지각된 품질, 브랜드 연상도, 브랜드 인지도, 브랜드 충성도 분석
- 신제품출시, 커뮤니케이션, 가격, 유통 등 마케팅믹스에 대한 소비자 반응분석

이러한 마케팅전략을 수립하는 분야에서 과학적이고 객관적으로 수립하고자 하는 정량적 분석은 가설을 검정하거나 확정하면서 법칙 같은 일반화(lawlike generalization)를 추구하는 방향으로 진행된다.

그러나 이러한 마케팅전략 수립 이전에 상황분석을 통한 문제인식과 문제정의 단계에서 정량적인 분석으로는 부족하다. 문헌연구, 사례연구, 그리고 소비자들의 심리내부 분석이 필요한 경우가 많다. 특히, 소비자들의 심리적인 내부를 이해하고자 하는 경우에는 설문지를 통한 정량적 조사보다 투사기법을 이용한 정성적 조사가 심리적 내부를 더 깊게 바라볼 수 있게 한다.

그림 4.6 정성적 조사와 정량적 조사

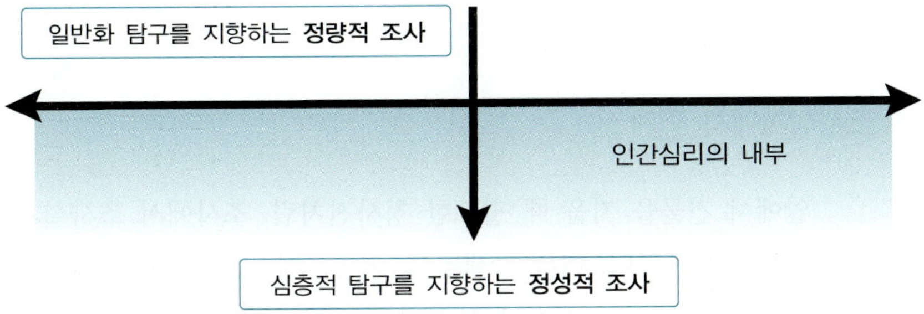

정량적 조사와 정성적 조사의 차이는 [그림 4.6]에서 볼 수 있듯이 전자는 일반화 탐구를 지향하지만, 후자는 심층적 탐구를 지향한다. 정량적 조사(quantitative research)는 일정한 모집단에서 대표본을 추출하여 가설검정을 통해 변수들의 관계를 알아내려는 데 주력하지만, 정성적 조사(qualitative research)는 조사대상이나 내용에 대하여 깊은 이해를 통하여 문제를 명확하게 정의하고 아이디어를 추출하려는 목적으로 소수의 표본을 가지고 심층적으로 파고드는 접근을 한다.

이 책 제1장에서 살펴본 바 있지만, 정량적 조사는 측정과 검증을 중요시여기는 논리경험주의 방법을 중심으로 한 실증주의 방법을 택하지만 정성적 조사는 관찰을 중요시 여기고 해석주의 방법을 택한다. 정성적 조사는 아이디어 추출에 강조를 두지만, 정량적 조사는 가설이나 조사문제의

표 4.2 정성적 조사와 정량적 조사의 비교

조사 관점	정성적 조사	정량적 조사
목 적	아이디어 추출	가설이나 조사문제의 검증
표 본	소수의 표본	통계적 유의성이 있을 대표본
접근방법	관찰과 해석	측정과 검증
조사자의 독립성	관련된 관찰자	관련되지 않은 관찰자
자료수집	비구조화된 반응	구조화된 반응
조사설계	탐색조사	기술조사나 인과조사

검증에 강조를 둔다. 〈표 4.2〉는 이들이 어떠한 차이가 나타나는가를 보여 주고 있다.

4.2 조사설계에서 연계

앞에서 건물을 지을 때 필요한 청사진처럼, 조사에서 조사설계(research design)가 필요하며, 이는 탐색조사, 기술조사, 인과조사가 있다는 것을 학습하였다. 이러한 조사설계를 하나를 사용하지 않고, 연계하여 사용하는 경우가 많다. 다음 세 가지 경우를 살펴보자.

1) 마케팅 상황에서 문제가 분명하게 나타나지 않는 경우

마케팅 문제를 보다 분명하게 도출하기 위해 탐색조사를 먼저 수행한다. 탐색조사를 통하여 문제가 명확하게 밝혀진 경우에 기술조사나 인과조사를 수행하게 되면, 기술조사나 인과조사의 방향을 명확하게 설정하고 나아갈 수 있게 된다. 기술조사나 인과조사를 전국적인 규모로 대단위 비용을 투자하려고 하는 경우일수록 이러한 절차를 수행하는 경우가 많다. 적은 비용으로 탐색조사를 수행하여 문제를 명확하게 밝히지 않는 경우에는 대단위 프로젝트의 비용지출에서 위험을 증가시킬 수 있다.

2) 문제가 명확하게 밝혀진 경우

이 경우라도 탐색조사를 먼저 실시하여 조사에 포함되는 내용을 결정할 수 있다. 예를 들어 필자가 고객만족평가를 하면서 경험한 내용이다. 2008년 들어 이랜드는 뉴코아 아울렛과 2001아울렛을 통합하여 이랜드 아울렛 BG를 만들었다. 이 통합된 회사가 통합된 고객만족도 조사를 시행한다고 하자. 제품품질, 가격, 구색, 시설, 친절도 등 여러 변수들 중에서 어느 변수들이 중요하게 작용할 것인가는 통합되기 이전의 개별 조사와 다를 수 있다. 탐색조사를 통하여 설문지를 개발하고 조사를 수행하는 것이 효율적일 수 있는 경우이다.

3) 기술조사와 인과조사를 수행한 후 탐색조사 수행

위의 예에서 뉴코아 아울렛과 2001아울렛이 통합하여 새로운 고객만족도 조사를 실시하였다고 하더라도 다시 탐색조사를 수행할 수 있다. 특정 주제에 대해서 고객들의 심리를 심층적으로 알고자 할 경우이다. 뉴코아는 백화점과 가깝고, 2001아울렛은 할인점에 가까워 찾는 고객들이 어디에서 출발하여 아울렛 매장으로 오는가는 심리적으로 다를 수 있다. 통합적인 만족도 조사를 한 후 두 점포를 구별하여 크게 다르게 나타난 항목들을 중심으로 하여 그 원인이 무엇인지를 다시 심층적인 탐색조사를 수행하여 밝혀내면 당초 설문지에서 포함되지 않은 중요한 변수들이 나타나 통합적인 전략수립에 도움을 받을 수 있다.

사례

시티은행

씨티은행이 신상품을 개발하는 과정에서 탐색조사와 기술조사를 연관시킨 바 있다(Malhotra, 2006). 씨티은행은 신상품개발을 위해 테스크포스 팀을 구성하여 55세 이상의 중산층 및 고소득층을 표적으로 하는 새로운 금융상품을 개발하여 모든 지점에 도입하는 것이 적절하다는 판단을 하였다. 그리고 표적 소비자층이 현재 시장에 있는 금융상품에 대해 얼마나 만족하는가에 대한 조사를 하기 위해 탐색조사인 표적집단면접을 실시하였다.

60세 이상의 노년층에는 재산, 나이, 배우자 유무에 따라 욕구가 매우 다양하다는 것을 발견하였다. 경쟁 은행의 금융상품에 대한 조사도 실시하였다. 다음 표적 소비자들에게 적합한 금융상품을 개발하기 위해 탐색조사인 브레인스토밍(brain storming)을 실시하였다. 브레인스토밍을 통하여 도출된 아이디어들을 평가하여 가장 적절하다고 판단한 한 개의 아이디어를 선정하였다. 그리고 그 아이디어를 구체적으로 나타내고 경쟁상품에 비해 상대적 이점을 지닌 상품기술서를 개발하였다.

개발된 상품기술서를 표적소비자층을 대상으로 제시하고 의견을 조사하는 서베이를 중심으로 한 기술조사를 실시하였다. 서베이 결과 상품기술서의 내용을 보다 간략하게 하고 경쟁상품들과 공통적인 내용은 제거하였다. 새로이 개발된 상품을 여섯 개의 지점에서 테스트 마케팅하였고, 그 성과가 성공적으로 나타나 신상품을 전국의 모든 지점에 도입하였다.

요약

1. 정성적 조사는 신제품개발과정에서 아이디어 창출과 스크리닝, 그리고 출시과정에서도 중요하게 나타나며, 조사과정에서 문제인식과 정의를 명확하게 할 때 중요하게 다루어진다.

2. 탐색조사에는 전문가 의견조사, 2차자료조사, 사례조사(case study), 파일럿 연구가 있다. 정성적 조사인 파일럿 연구는 소규모집단으로 수행되는 데, 이는 직접적으로 수행되는 표적집단면접(focus group interview)과 심층면접(depth interview), 간접적으로 수행되는 투사기법(projective technique) 이 있다. 투사기법은 다시, 연상기법, 완성기법, 구성기법, 표현기법으로 분류된다. 최근 Zaltman 교수가 개발한 은유추출기법(Zaltman Metaphoric Elicitation Technique)이 잘 알려져 있다.

3. 인터넷으로 탐색조사를 수행하기 위해 포럼, 뉴스그룹, 대화방(chatroom)을 이용할 수 있다. 이는 표적집단면접, 심층면접, 투사기법 전체에 사용할 수 있다.

4. 마케팅조사에서 정성적 조사는 정량적 조사와 서로 보완관계를 지니고 있으며, 함께 사용하는 능력이 필요하다. 즉, 정성적 조사와 기술조사, 정성적 조사와 인과조사를 함께 사용하는 예이다.

토의과제

1. 탐색조사를 이용하는 이유에 대해서 생각하면서 다음을 토의하라.
   (1) 마리안느 잡지와 맥도날드 신제품 맥린의 사례를 보다 깊이 조사하고, 조사과정에서 어떠한 점을 고려하였더라면 실패하지 않았겠는가를 토의하여 보라. LG의 라이프스타일 분석을 통한 성공사례도 토의하여 보라.
   (2) 자동차 부분에서 전기자동차를 개발하여 출시하는 과정을 가정하고, 이 과정에서 어떠한 탐색조사를 수행할 수 있는가를 조사하고 토의하라.
2. 이 책에서 나타나고 있는 정성적 기법에 대해서 다음을 조사하라.
   (1) 자료 분류에서 정성적 자료가 어느 범주인가를 설명하라.
   (2) 투사기법에서 연상기법, 완성기법, 구성기법, 표현기법이 구체적으로 어떻게 이루어지고 있는가를 토의하라.
   (3) 듀퐁이 개발한 나일론 팬티스타킹에 대한 소비자 조사에서 잘트만 교수가 ZMET를 어떻게 적용하였는가를 토의하라.
3. 인터넷과 컴퓨터를 이용하여 탐색조사를 온라인 표적집단면접을 중심으로 설명하라.
4. 씨티은행이 신상품개발과정에서 탐색조사와 기술조사를 어떻게 연계시켰는가를 분석하고, 여러분 주변의 은행을 택하여 이와 같은 사례를 개발하여 보라.

참/고/문/헌

이규현(2010), 『마케팅관리-이론과 사례』, 경문사.

이규현·김재영(2000), "상표확장에서 은유효과", 『2000 마케팅학회 발표논문집』.

이규현, 리차드 바고찌(2009), "태도의 사회적 영향력 : 집단의도에 미치는 집단정체감의 효과," 『소비문화연구』.

자이스 루리 지음, 구자룡 편역(2004), 『마케팅통찰력을 키워주는 시장조사의 기술』, 리더스북.

최순화·이동호·홍정우(2003), "고객 마음을 읽는 마케팅조사 기법," CEO Information, 제405호, 삼성경제연구소.

Eisenhardt, Kathleen M.(1989), "Building Theories from Case Study Research," *Academy of Management Review*, Vol.14, No.4, pp. 532~550.

Giles Lury(2004), *Research Watching*, Leader's Book Publishers, Chapter 3.

Kenny, Amanda(2005), "Interaction in Cyberspace : an Online Focus Group," *Journal of Advanced Nursing*, Vol.29, Issue 5, pp. 414~422.

Kozinets, Robert V.(2002), "The Field Behind the Screen : Using Netnography for Marketing Research Online Communities," *Journal of Marketing Research*, 39(1)(February), pp. 61~72.

Malhotra, Naresh K.(2006), *Marketing Research*, 5th edition, Prentice-Hall.

Shay, Sayre(2001), *Qualitative Methods for Marketplace Research*, Sage Publications.

Wind, Yoram, Vijay Mahajan, Robert E. Gunther(2002), *Convergence Marketing: Strategies for Reaching the New Hybrid Consumer*, Prentice-Hall.

Zaichowsky, Judith Lynne(2002), "The Why of Consumption : Contemporary Perspectives and Consumer Motives, Goals, and Desires," *Academy of Marketing Science*, 30(2), p. 179.

Zaltman, Gerald(2003), *How Customers Think : Essential Insights into the Mind of the Market*, Boston, MA : Harvard Business School Press.

Zaltman, Gerald and Lindsay H. Zaltman(2008), *Marketing Metaphoria : What Deep Metaphors Reveal About the Minds of Consumers*, Perseus Distribution Services.

Zikmund, William G. and Barry J. Babbin(2007), *Essentials of Marketing Research*, 3rd edition, Thompson.

Marketing Research

05

기술조사설계 : 서베이와 관찰

Intro
1. 서베이 조사
2. 관찰조사
3. 서베이 조사와 관찰조사의 비교
사례: 유니레버의 도브(Dove)
요약
토의과제

INTRO

이 책 제1장에서 살펴본 바와 같이, 조사설계는 탐색조사, 기술조사, 인과조사가 있다. 여기서 기술조사는 서베이 조사와 관찰조사가 있다. 기술조사의 목적은 시장에서 일어나고 있는 사건이나 특성에 대한 설명을 하고자 한다.

서베이 조사는 정보를 얻기 위해 응답자들에게 질문을 하는데, 질문은 응답자들의 지각, 동기, 자아, 태도, 행동, 의도, 인구통계적, 라이프스타일 등에 관한 다양한 질문을 한다. 질문방법은 대인면접, 우편면접, 전화면접, 전자 서베이가 있다.

관찰조사는 인적관찰과 기계적 관찰로 나누어진다. 소비자들도 슈퍼 등에 가서 어느 제품이 많이 팔리는가를 관찰하면서 제품을 선택할 수 있다. 이 책을 쓰고 있을 때 필자는 새우깡이 많이 팔리는 것을 관찰한 바 있다[그림 5.1 참조]. 관찰은 관찰자가 관심 있는 현상에 대한 정보를 얻기 위해 사람, 물체, 행동경향을 체계적인 방법으로 기록하는 것을 말한다. 어떠한 질문도 하지 않고, 사건 발생에서 나타나는 정보만 기록한다.

[그림 5.1] 관찰조사의 예

1 서베이 조사

1.1 서베이의 성질

서베이 조사(survey research)는 설문지를 가지고 응답자들에게 질문을 하면서, 그들의 의도와 행동에 관한 특징뿐만 아니라 인구통계적이고 생활양식에 관한 특징들을 파악해낸다. 구조화된 자료수집(structured data collection) 방식으로 진행되는데, 이는 공식적인 설문지를 준비하여 사전에 배열된 순서에 따라 질문이 이루어진다. 과정이 위장되지 않고 직접적이어서 조사목적이 응답자들에게 공개되거나 명확하게 드러나게 한다. 이는 제4장에서 설명한 과정이 위장되고 간접적으로 이루어지는 투사분석과 다르다.

응답자들은 대부분 고정된 대안질문(fixed-alternative question)으로 답을 선택하도록 요청받는다. 예를 들어 이 책 제7장의 태도측정에서 설명할 것이지만, 태도의 주관적 규범을 측정하기 위해 다음 질문을 할 수 있다.

> "나의 삶에서 중요한 대부분의 사람들이 내가 다음 2주 동안 때때로 친구들과 쇼핑을 함께 해야 한다고 생각한다."

그렇다		보통		그렇지 않다
1	2	3	4	5

응답자는 면접자와 직접 대면하면서 묻는 질문에 답하거나, 전화상에서 면접자가 읽는 질문에 답할 때 서베이 자료가 생성된다. 면접은 조사자가 개인들과 대화하면서 자료를 기록할 때 사용하는 매체에 기반을 두어 범주화될 수 있다. 면접은 집을 방문하여, 쇼핑몰에서, 메일을 통하여, 전화상에서, 혹은 인터넷을 통해 수행될 수 있다. 설문지는 종이나 전자형태로 구매시점이나 팩스로 전달될 수 있다.

이러한 서베이 조사는 시행하기가 단순하고, 얻는 자료는 신뢰성이 있

그림 5.2 서베이 조사의 분류

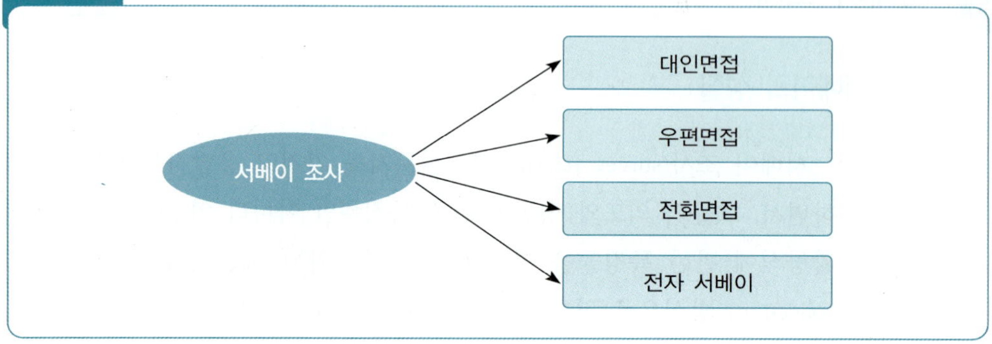

다. 그리고 자료의 코딩, 분석, 해석이 비교적 단순하다. 단점은 소비자들의 내면 깊이 있는 것을 조사할 수는 없다. 이는 정성적 조사에서 다루어야 한다.

1.2 서베이의 분류

서베이 설문지는 다음 네 가지 방법으로 배포할 수 있다. 즉, 대인면접, 우편면접, 전화면접, 그리고 전자 서베이이다. 대인면접은 가정에서나, 쇼핑몰의 점포에서나 컴퓨터지원 면접으로 수행할 수 있다. 우편면접에는 우편면접과 우편패널을 통해서 수행할 수 있다. 전화면접은 전통적 전화면접과 컴퓨터지원 전화면접이 있다. 전자 서베이는 이메일이나 인터넷을 통해서 이루어진다.

1) 대인면접

대인면접(personal interview)은 마케팅조사에서 가장 많이 이용되는 방법으로 마케팅조사자가 응답자를 직접 개인적으로 만나서 필요한 정보를 얻는 것이다. 조사자는 토론할 주제나 문제에 대해 설명을 하고 토론 및 면접의 형식을 통하여 주제에 대한 질문이나 토론을 이끌어가며 응답자의 반응을 기록한다. 마케팅조사에서 대부분의 대인면접은 개인가정이나,

그림 5.3 mall-intercept 면접

밀집상가에서 이루어지며, 컴퓨터보조 대인면접을 할 수 있다.

대인면접서베이는 다음과 같은 조사가 있을 수 있다.

첫째, 가정방문서베이(in-home survey)는 면접자가 조사대상자를 직접 방문하여 질문을 하고 응답을 얻는 방법이다. 이 방법은 비용이 많이 들어 일반적으로 잘 사용하지 않고, 신디케이트 회사들이 자주 사용하고 있다.

둘째, 밀집상가조우서베이(mall-intercept survey)는 밀집상가 점포 방문객에게 설문지를 통하여 면접하는 방법이다([그림 5.3]). 이 밀집상가조우면담(mall-intercept interview) 방법은 마케팅조사에서 신제품의 시험마케팅(test marketing)을 위한 조사나 고객만족도 조사 등에서 주로 사용하고 있다.

셋째, 컴퓨터지원 대인서베이(computer assisted personal survey)는 응답자들은 컴퓨터 모니터 앞에 앉아 키보드, 마우스, 터치스크린을 사용하여 모니터 화면에 나타난 질문에 답을 해나가는 방식으로 전개된다. 설문지는 응답자가 이해하기 쉽고, 사용하기 편리하도록 디자인해야 한다. 이 방법은 쇼핑몰, 회의장, 무역전시회 등에서 자료를 수집하기가 용이하며, 멀티미디어 환경에서 조사를 하기 때문에 동화상 등 현실감 있는 조사를 수행할 수 있다.

대인면접은 다음과 같은 장점과 단점을 가지고 있다.

(1) 장 점

- 피드백과 명료성의 기회 제공 : 소비자가 민감한 정보를 제공하기를 주저할 경우, 조사자는 정보가 엄격하게 비밀을 보장한다는 것을 확신시켜줌으로써 피드백을 증가시킬 수 있다. 그리고 대인면접은 반응자들이 질문을 잘못 해석할 기회를 낮출 수 있다.
- 답 탐색 : 응답자의 답이 너무 간단하고 불명확하다면, 조사자는 더 광범위하고 더 명확한 설명을 요청할 수 있다.
- 인터뷰 길이 : 조사목표가 매우 긴 설문지를 필요로 한다면 대인면접은 유일한 대안일 수 있다. 메일서베이는 6페이지를 초과해서는 안 되고 전화면접은 10분을 넘어서서는 안 된다는 점에서 대인면접은 장점이 있다.
- 질문지 완성 : 잘 훈련된 조사자와 응답자 사이의 사회적 상호작용을 통하여 응답자는 질문의 모든 항목에 답할 가능성을 증가시킬 수 있다.
- 시각적인 자료 사용 : 새로운 제품표본이나 제안된 광고의 스케치 등 시각적인 자료를 보여줄 수 있다.
- 높은 참여도 : 응답자로 하여금 면접에 참여도를 높이도록 동기유발할 수 있다.

(2) 단 점

- 응답자의 익명성의 어려움 : 인터뷰에 응하는 응답자는 신원을 감출 수 없고, 비밀스러운 정보를 타인에게 제공하기를 주저하기 때문에, 조사자는 민감한 질문에는 상당한 시간과 노력을 바쳐야 하는 경우가 발생한다.
- 조사자의 영향 : 조사자는 면접기술을 잘 알고 있어야 하고 질문 등을 명확히 해야 한다.

• 비용 : 비용과 시간이 많이 든다.

2) 우편서베이

우편서베이는 우편면접을 통하거나 우편패널을 이용하여 조사할 수 있다. 우편면접(mail interview)은 우편을 이용하여 설문지를 우송하고 응답자가 작성된 설문지를 우편으로 반송하는 방법이다. 기업에서는 일반제품에 포함된 보증서와 함께 카드를 동봉하여 서베이 자료로 활용하고 있다. 이는 마케팅 조사자가 응답자에게 설문지를 우편으로 우송하여 응답자로 하여금 이를 완성하여 발송하게 하는 방법이다.

우편패널(mail panels)은 다양한 보상을 받으면서 정기적인 우편설문조사, 제품테스트, 전화조사 등에 참여하기로 동의한 가구들로 구성된 대표성이 있는 전국적 규모의 표본을 말한다. 패널회원들의 참여율은 매우 높다. 이 방법은 비용이 저렴하고, 조사자와의 인간관계가 없어도 가능하며, 일반적으로 면접법으로는 묻기 힘든 내용도 조사할 수 있다는 장점이 있다. 따라서 마케팅조사에서 많이 쓰이고 있다. 우편이용법을 효과적으로 사용하기 위해서는 설문지가 이해하기 쉽고 명확해야 하며, 응답자가 반송을 하게끔 유도해야 한다.

3) 전화면접

전화면접(telephone interview)은 전화를 이용하여 설문조사를 하는 방법이다. 이 방법은 최근에 컴퓨터의 지원하에 이루어지고 있다. 즉, 설문문항을 직접 컴퓨터에 프로그램하여 화면에 띄워놓고, 조사자가 이를 읽어주면서 응답을 직접 컴퓨터에 입력하는 방법이다. 이는 응답자를 직접 만나는 대신에 전화를 이용하여 면접을 하는 방법이다.

이 방법은 비용과 시간이 비교적 적게 들고 얻고자 하는 정보를 정확하게 얻을 수 있는 장점이 있어 효과적인 방법으로 인식되어 마케팅조사에서 자주 쓰이는 방법 중의 하나이다.

첫째, 전통적 전화면접은 종이로 된 설문지를 이용하여 연필로 응답내용을 기록하는 형태이다. 원거리통신의 발달로 전국적으로 실시할 수 있게 하고 있다.

둘째, 컴퓨터지원 전화면접(computer-assisted telephone interview : CATI)은 전화를 통하여 응답자들에게 컴퓨터화된 질문을 하고, 이 질문은 면접자는 모니터 앞에 앉아 작은 이어폰 수신기를 쓰고 수행한다. 명령에 의해서 컴퓨터가 전화를 걸어야 할 번호의 다이얼을 돌려주고, 접속이 되면 면접자는 모니터 화면에 나타난 질문을 읽고 응답자들이 답변한 응답을 컴퓨터에 바로 입력한다. 응답이 직접 컴퓨터에 입력되기 때문에 중간보고와 자료 결과가 빠르게 나타난다.

이러한 전화면접은 조사할 수 있는 양이 제한되어 있고, 응답자를 통제할 수 있는 방법이 한정되어 있으므로 대인면접에서와 같이 많은 정보를 얻기는 힘들고, 특정 계층을 대상으로 조사할 경우에 응답자와 전화통화를 하기가 힘들어서 정보를 얻기가 힘든 경우가 있으며, 전화응답자가 의도하였던 표본인지를 확인하기도 힘들 수 있다는 단점이 있다.

전화조사는 대부분 최종 조사대상자 선정을 할당표본추출(quota sampling)에 의존하고 있는데, 이 표본에 의한 문제점을 풀어가기 위해 다음과 같이 세심한 고려가 필요하다(제9장 비확률표본추출 참조).

- 할당표본추출방법을 사용한 경우, 최신의 자료에 근거한 정확한 표본 틀을 사용하였는지 확인한다.
- 재통화(call-back) 등의 조사규칙을 준수하기 위해서는 조사기간이 충분해야 한다. 일반적으로 많은 전화조사가 1～2일 정도의 매우 짧은 기간 내에 이루어지고 있어 재통화의 기회가 없게 된다. 조사기간이 짧은 마케팅조사의 결과는 응답률이나 재통화 횟수 등을 확인해야 한다.
- 할당표본은 조사된 사람들과 조사되지 않은 사람들 간의 차이를 억제할 수 있는 변수가 있는 경우 채택할 수 있는 비확률표본추출방법이다. 타당성이 입증된 할당변수 없이 성·나이 등의 인구통계학적 변수만으로 할당표본추출을 한다는 것은 오류를 크게 한다. 따라서

전화조사는 조사규칙을 제대로 준수한 확률표본추출방법으로 하거나 타당성이 검증된 할당변수를 사용한 할당표본추출방법을 사용하는 것이 바람직하다.

- 대부분의 전화조사에서는 전화번호부가 표본추출의 틀로 사용되기 때문에 전화번호가 등재되지 않는 편향이 초래될 수 있다. 젊은 연령층·저소득 계층의 소비자가 집에 있을 확률로 인해 조사결과를 특정 계층에 편중시킬 가능성이 크다. 이에 대한 해결책으로 무작위번호 걸기(random digit dialing)기법이 있다.
- 전화조사결과는 조사의 양적 측면뿐만 아니라 질적 측면도 보아야 한다. 응답률, 조사응답 거절비율, 재통화 규칙의 준수 정도, 무응답 처리 등을 깊이 고려해야 한다.

4) 전자 서베이

전자 서베이는 이메일 면접이나 인터넷 면접으로 실시한다.

(1) 이메일 면접(email interview)

이는 이메일로 설문지를 작성하여 응답자에게 전송하여 응답을 기대하는 방식이다. 이메일 면접을 하기 위해서는 이메일 주소목록을 구입해야 한다. 응답자들은 응답항목에 나타난 질문에 답을 하면서 전체 입력이 마치면 회신을 하면 된다. 이메일 조사는 논리적인 체크나 무작위 등을 할 수 없으며, 메시지의 길이가 제한된다는 단점이 있다. 또한 응답자들은 메시지를 지워버릴 가능성이 있다.

(2) 인터넷 면접(internet interview)

인터넷은 많은 조직의 조사전략을 급진적으로 변화시키고 있다. 인터넷 면접(internet interviewing)은 마케팅조사자가 인터넷을 이용하여 응답자에게 질문하고, 응답자는 인터넷을 보고 마우스로 응답하는 면접조사이다.

인터넷을 이용한 조사방법은 웹사이트조사, 온라인 표적집단면접(제4장에서 설명) 등으로 나타난다.

표 5.1 서베이 조사의 비교

기 준	대인면접	우편면접	전화면접	전자 서베이
① 복잡한 질문을 다룰 수 있는 정도	아주 좋음	나쁨	좋음	보통
② 방대한 양의 자료수집 여부	아주 좋음	좋음	보통	보통
③ 얻어진 자료의 정확성	보통	좋음	보통	보통
④ 면접자 영향의 통제가능성	나쁨	아주 좋음	보통	아주 좋음
⑤ 표본오류통제의 정도	아주 좋음	보통	보통	보통
⑥ 조사에 소요되는 시간	보통	느림	아주 빠름	아주 빠름
⑦ 응답률	보통	보통	보통	낮음
⑧ 비용 측면	많이 소요	적게 소요	적게 소요	아주 좋음

인터넷 면접은 인터넷 인구가 계속 증가하고 있기 때문에 조사하기 쉽고, 정확한 정보를 신속하게 제공할 수 있고, 비용이 적게 든다는 장점이 있다. 멀티미디어를 이용할 수 있어서 전화조사나 우편조사의 단점을 극복할 수 있다.

1.3 서베이 선정기준

이들 4가지 방법들은 각각 장단점이 있다. 따라서 인구통계학적 특성과 자료의 성질이나 조사자의 능력에 따라 적합한 방법을 선정해야 한다. 〈표 5.1〉은 각 방법들의 장단점을 비교하여 나타내고 있다. 마케팅 조사자는 각 조사방법들의 장단점을 정확히 파악하고 조사특성에 맞는 조사방법을 선택하거나 이들의 적당한 조합을 선택해야 한다.

마케팅조사에서 어떠한 서베이 조사를 사용할 것인가를 결정할 때는 설문지의 복잡성, 자료의 양, 자료의 정확성, 표본통제, 시간적 요구 및 비용 등을 고려해야 한다. 이러한 서베이 조사의 장단점 비교는 〈표 5.2〉와 같다.

1) 설문지의 복잡성

마케팅조사에서 설문지를 작성할 때, 복잡성을 줄이려고 노력하고 있으나 복잡한 설문을 필요로 하는 경우도 있다. 이러한 복잡성이 있는 설문은

표 5.2 면접기법의 능력비교

기 준	대인면접	우편면접	전화면접	전자 서베이
① 설문지의 복잡성	최상	나쁨	좋음	좋음
② 자료의 양	최상	보통	좋음	좋음
③ 자료의 정확성	좋음	좋음	좋음	좋음
④ 표본통제	보통	보통	최상	보통
⑤ 시간적 요구	좋음	나쁨	최상	좋음
⑥ 비용	보통	좋음	좋음	보통

대인면접, 전화면접 및 전자 서베이가 적합하다.

2) 자료의 양

자료의 양은 앞에서 제시한 복잡성의 문제와 관련되어 있다. 이러한 자료의 양은 완성하는 데 걸리는 시간과 응답자의 노력 등의 문제와 관련이 있다. 대인면접은 시간이 오래 걸리며, 응답자에게 요구되는 노력의 양은 우편면접, 전화면접 및 전자 서베이보다 대인면접이 적다.

3) 자료의 정확성

서베이에서 획득된 자료의 정확성은 질문의 성격, 면접자의 특성, 선정된 표본의 성격, 설문지의 설계방법 등 많은 요인에 의해 영향을 받을 수 있음으로 고려하여 선정해야 한다. 민감한 질문은 우편면접을 이용하는 것이 좋고, 우편면접이나 전자 서베이는 면접자의 영향을 최소화할 수 있다는 장점이 있다.

4) 표본통제

대인면접과 전자 서베이는 표본통제의 잠재력이 가장 높은 방식이다. 전화면접은 직접 전화번호로 연결되기 때문에 가능한 표본이 명백히 한정될 수 있다. 우편면접도 표본추출에서 주소들로 구성된 표본의 틀이 필요함으로 조금은 통제가 가능하지만, 완벽한 주소목록이 존재하지 않기 때문에 표본통제의 문제점은 존재하고 있다.

5) 시간적 요구

시간적 요구는 전화면접이 가장 적게 걸린다. 설문지가 짧을 경우에는 전화면접이 장점이 가장 크다. 총 소요시간을 줄이기 위해서는 전자 서베이에서 면접자의 수를 증가시킬 수 있다. 대인면접은 시간이 많이 소요되고, 우편면접이 가장 많이 소요된다.

6) 비 용

서베이 비용은 서베이의 유형, 설문지의 특성, 필요한 응답률, 지역적 범위, 시간적 요구 등에 영향을 받는다.

1.4 서베이의 장단점

(1) 장 점

첫째, 큰 규모의 표본으로 일반화 가능성이 높다. 이는 상대적으로 적은 비용으로 넓은 지역의 응답자로부터 자료를 수집할 수 있기 때문에 일반화하여 해석할 수 있다.

둘째, 다양한 측면에서 차이분석이 가능하다. 이는 자료를 다양한 변수와 관련지어 분석할 수 있다.

셋째, 자료수집이 용이하다. 이는 다른 방법에 비해 숙련되지 않아도 수행하는 것이 가능하다.

넷째, 객관적인 해석이 가능하다. 이는 계량적인 자료를 통계기법에 의해 분석함으로 객관적 해석이 가능하다.

다섯째, 직접 관찰할 수 없는 요인이나 개념의 추정이 가능하다. 이는 원인의 측정이 가능하다.

(2) 단 점

첫째, 설문지 개발에 어려움이 있다. 이는 조사목적에 맞도록 적절한 변수가 개발되어야 하며, 이들 조작적 정의에 의한 척도는 신뢰성과 타당성이 보장되도록 해야 한다.

둘째, 탐사방식에 의한 깊이 있는 질문이 어렵다. 이는 심층면접법에 비해 깊이 있는 자료를 수집하기 어렵다.

셋째, 시간이 오래 걸리며, 응답률이 낮다. 이는 다른 자료수집방법에 비해 시간이 오래 걸리며 응답률이 낮다.

넷째, 응답의 정확성에 의문이 있다. 이는 응답자가 설문내용을 잘못 이해하고 응답하거나 응답하지 않을 경우 문제가 제기될 수 있다.

다섯째, 부적절한 통계기법을 사용하면 진실을 오도할 수 있다. 이는 장점인 동시에 잘못 적용하면 진실에 대한 해석을 오도하여 단점이 될 수 있다.

1.5 서베이 조사의 오류

서베이 조사에 의해서 수집된 자료는 여러 오류를 내포할 수 있다. 이는 임의표본추출 오류(random sampling error)와 체계적 오류(systematic error)로 나눌 수 있다. 대부분의 서베이들은 특정 표적모집단의 횡단분석을 한다. 임의 확률표본을 선정하려고 하는데, 추출한 표본이 모집단을 대표하지 못하여 오류가 발생한다. 이러한 오류를 줄이기 위하여 표본추출방법에 대해서 보다 자세한 이해가 필요한데, 이 책의 제9장에서 자세히 다루고자 한다.

두 번째 주요한 오류는 불완전한 조사설계나 조사 수행과정에서 실수를 함으로써 나타나는 오류이다. 이는 임의표본추출 이외에서 발생하는 오류로서 비표본추출오류(nonsampling error)라고 부르기도 한다. 이는 응답자 오류와 관리적 오류로 나눌 수 있다.

표 5.3 서베이 조사에서 나타나는 체계적 오류

응답자 오류	• 무응답오류 : 표본으로 선정된 대상자들이 설문지에 반응하지 않으면서 나타나는 오류. 원래 표본 내의 변수의 참평균값과 최종표본 내의 참평균값 간의 변량으로 정의한다. 이는 원래 표본의 크기나 구성을 최종표본이나 결과표본과 차이가 나게 만든다. • 응답자 편견 : 응답자가 가지고 있는 편견이 응답에 미치는 오류 • 무능력 오류 : 응답자가 정확한 답을 제공할 능력이 없을 때 발생하는 오류. 응답자에게 친숙하지 못하거나, 피로, 지루함, 잘못된 기억, 질문서에 나타난 형식과 내용 때문에 정확하지 않은 답을 하는 경우 • 꺼림 오류 : 응답자가 정확한 정보제공을 꺼리는 데서 발생하는 오류. 사회적으로 인정된 답이나, 황당함을 피하거나 면접자를 기쁘게 해주기 원하는 경우
관리적 오류	• 자료분석 오류 : 설문지에 의한 원자료가 조사결과로 변화되는 동안 발생하는 모든 오류 • 모집단정의 오류 : 실제 모집단과 조사자가 정의한 모집단 간의 차이에서 발생하는 오류 • 표본선정 오류 : 표본추출 프레임 설계에 의해 구체화된 응답자를 택하지 않고 면접자가 임의로 응답자를 선정할 때 발생하는 오류 • 면접자 오류 : 면접자의 잘못된 질문, 잘못된 기록, 불성실에서 발생하는 오류 • 인터뷰 치팅 : 면접자가 면접의 전부나 부분을 거짓으로 짜맞출 때 발생하는 오류

2 관찰조사

2.1 마케팅조사에서 관찰 대상

관찰은 모든 과학 활동의 시작으로 중요성이 있다. 마케팅조사에서 관찰법(methods of observation)은 사람의 행동패턴과 발생하는 사건을 체계적으로 기록하는 과정이다. 인간, 대상, 사건발생의 패턴을 기록하는 과정에는 사람과 어떠한 질문이나 의사소통도 이루어지지 않는다. 자료수집의 관찰방법을 사용하는 조사자는 사건들이 발생하고, 과거 사건들의 기록으로부터 증거가 축적될 때 정보를 목격하고 기록한다.

표 5.4 관찰 대상

현 상	사 례
육체적 행위	소비자들의 점포에서 운동 패턴
대화행동	판매 대화와 같은 말로 하는 행동
표현행동	목소리, 얼굴 표현, 다른 형태의 바디랭귀지
공간관계와 배치	교통 패턴
시간 패턴	쇼핑이나 운전에 소비하는 시간 패턴
물리적 대상	회수되는 신문의 양
말이나 그림 기록	제품포장에 있는 바코드

우리는 인간행동에 대하여 다양한 정보를 관찰할 수 있는데, 관찰 대상은 〈표 5.4〉와 같이 다양한 현상이 있다.

관찰법은 다음과 같은 장단점을 가지고 있다.

(1) 장 점

첫째, 응답자의 응답하고자 하는 마음상태에 의해 조사결과가 좌우되지 않는다.

둘째, 응답자가 자신의 느낌이나 태도를 정확히 모르고 있는 경우에도 조사가 가능하다. 즉, 무의식적인 행동이라든가 응답자가 말이나 글로 표시하기 어려운 문제, 또는 응답자가 정확히 인식하고 있지 못한 문제와 같은 경우에는 관찰을 통해서만이 측정이 가능하다.

(2) 단 점

첫째, 관찰방법을 통하여 다양한 행동을 기술할 수 있으나, 태도, 동기, 선호와 같은 인지적인 현상은 관찰할 수 없다. 행동이 왜 일어나는가, 어떠한 행위가 의도된 것인가를 설명될 수 없다.

둘째, 관찰이 불가능한 행동이 있을 수 있다. 응답자들의 사적인 행동이라든가 사회적으로 밝히기 꺼려하고 타인으로부터 관찰되기를 원치 않는 행동들은 관찰하기가 어렵다.

셋째, 행동양식들은 변하기가 쉽다. 즉, 태도나 신념에 비하여 행동양식은 쉽게 변할 수 있어 조사결과가 일시적인 것이 될 수도 있으며, 이를 정확하게 기록, 분석하는 것은 어렵다. 그러므로 많은 경우에 관찰법은 다른 조사방법과 함께 병행되어 사용되어지고 있다.

넷째, 관찰기간이 짧다. 기간이 길어지면 비용이 너무 많이 들거나 관찰하지 못할 수 있는 경우가 많다.

2.2 관찰법의 분류

일반적으로 마케팅조사에서는 관찰법만으로 자료를 수집하지 않고 다른 자료수집방법의 보조기능으로 주로 사용하고 있다. 식품제조업자들은 슈퍼마켓에 관찰자를 파견하여 자사와 경쟁 브랜드에 대한 소비자행동을 관찰하거나, 자사제품의 진열위치와 전시에 대해 많은 소매업자들이 어떻게 지원하고 있는지를 알아내기 위하여 조사원들을 수퍼마켓이나 할인점으로 보내 자료를 수집할 수 있다. 소규모 기업과 비영리조직의 경영자들은 이 방법을 사용하기 좋은데, 그들은 저렴한 비용으로 주위를 관찰하여 좋은 마케팅정보를 얻을 수 있기 때문이다.

관찰은 공식적인 조사목적을 성취하기 위해서 체계적으로 계획될 때 과학적 탐구의 도구가 된다. 과학적 관찰은 자료를 체계적으로 기록하여, 잘 형성된 가설과 연관지운다.

관찰은 구조화의 정도, 가장된 정도, 공개의 정도, 배경, 관찰주체에 따라 분류할 수 있다.

1) 구조화관찰과 비구조화관찰

구조화관찰(structured observation)은 관찰될 행동이 미리 규정될 수 있을 정도로 문제가 정확하게 정의되어 있을 때 이루어지지만, 비구조화관찰(unstructured observation)은 문제가 명확하게 규정되어 있지 않은 연구에 대해서 사용된다. 많은 유연성이 관찰자에게 허용된다. 구조화관찰은 사

그림 5.4 점포 내 관찰

전에 결정된 행동만이 관찰되기 때문에 실제로 중요한 행동이 기록되지 않을 수 있다는 단점이 있지만, 어느 행동이 관찰되어야 하고 어느 특정 범주와 단위들이 관찰을 기록하기 위해 사용될 것인가를 정확하게 결정해야 한다. 그러한 결정을 하기 위해서 조사자는 특정 가설들을 가지고 있어야 한다. 이러한 관찰은 기술조사와 인과조사에 더 적절하다. 반면 비구조화관찰은 탐색의 여러 면에서 통찰을 만들어내는 데 유용하다. [그림 5.4]의 점포 내 관찰(in-store observation)은 비구조화되거나 구조화될 수 있다.

2) 숨기는 관찰과 숨기지 않는 관찰

숨기는 관찰(disguised observation)은 관찰대상자들이 관찰되고 있다는 것을 모르게 진행되고, 숨기지 않는 관찰(undisguised observation)은 관찰대상자들이 관찰되고 있다는 것을 알도록 한다. 숨기는 관찰은 관찰자들이 쇼핑하는 장면에 들어가서 수행할 경우, 기업은 특정 관찰자들에게 돈을 지불하고 관찰자가 고객으로 가장하고 매장으로 들어가 매장의 상태나 고용인들의 판매서비스, 태도, 정중함을 평가하는 경우이다. 한쪽 사이드만 보이는 거울, 몰래카메라, 눈에 띄지 않는 기계들을 사용하기도 한다. 이러한 가장한 관찰은 이 책 제2장에서 설명한 마케팅조사의 윤리적인 쟁점을 야기할 수 있다.

숨기는 관찰은 직접적이거나 간접적일 수 있다. 직접관찰(direct observation)은 구매되고 있는 각각의 비누브랜드의 캔의 수를 계산하고 있는 체크아웃 카운트에 있는 사람일 수 있다. 간접관찰(indirect observation)은 남아 있는 재고를 계산하는 사람일 수 있다. 즉, 직접관찰은 행동이 실제 일어나고 있는 것을 관찰하는 것이고, 간접관찰은 행동의 결과로 나타난 행동의 효과나 물리적 흔적을 관찰하는 것이다. 많은 마케팅조사가 패널자료를 이용한 간접관찰을 이용하고 있으며, 가정용 포장제품과 식료품조사를 위해 많은 간접관찰기법들이 개발되어 있다. 간접관찰법의 성공 여부는 조사자가 조사목적에 맞는 자료를 쉽고 타당하게 얻을 수 있는 물리적인 흔적을 얼마나 잘 찾아내는가에 달려 있다.

3) 자연환경 관찰과 인위적환경 관찰

자연환경 관찰(natural setting observation)은 연구가 진행되는 과정에서 관찰하는 것을 말하고, 인위적환경 관찰(contrived setting observation)은 실험목적으로 상황을 어느 정도 변화시켜 실험상황을 설정하고 이 상황에서 피관찰자의 행동을 관찰하는 것을 말한다. 소비자들의 비누 브랜드의 구매를 관찰하고자 할 때, 슈퍼마켓의 자연적인 상황에서 관찰할 수 있거나, 특정 비누 브랜드의 구매시점 전시를 인위적으로 하고 소비자들의 행동을 관찰할 수 있다. 인위적환경 관찰은 소비자들이 특정 행동을 수행할 때까지 기다리지 않고, 인위적으로 설정한 자리에서 짧은 시간 동안 이루어지기 때문에 자료수집에 시간과 비용을 절약할 수 있다.

4) 인적 관찰과 기계적 관찰

사람이 관찰할 수 있고, 기계로 관찰할 수 있다. 사람을 통한 관찰(human observation)은 조사에 앞서서 쉽게 예측되지 않는 상황이나 행동에 가장 적절하다. 슈퍼마케팅 스캐너나 교통정보기와 같은 기계를 통한 관찰(mechanical observation)은 일상적이고 반복적이거나 프로그램으로 이루어지는 상황이나 행동을 매우 정확하게 기록해준다.

이러한 관찰은 반응자와 커뮤니케이션을 하지 않는다. 슈퍼마켓관리자는 쇼핑하는 사람에게 얼마나 많은 시간을 쇼핑하고 있는가를 묻지 않고 쇼핑하는 사람이 점포에 들어가고 나오는 시간을 관찰하고 기록하면서 얼마나 많은 시간을 쇼핑하고 있는가를 파악해낸다. 이러한 성질은 대상자에 대해서 알지 못하면서 자료를 창출해낸다. 관찰자의 존재가 대상자에게 알려지는 상황은 보이는 관찰(visible observation)이 되고, 관찰이 일어나고 있는 것이 대상자에게 알려지지 않는 상황은 보이지 않는 관찰(hidden observation)이라고 한다.

5) 생리적 반응의 관찰

기술조사가 아니라 실제 자극을 주고 인체의 변화를 관찰하는 실험조사로 넘어가면 인간과 기계 양쪽을 사용하여 관찰조사와 실험설계가 결합되어 이루어지기도 한다.

3 서베이 조사와 관찰조사의 비교

서베이 조사와 비교하여 관찰조사는 단점이 있다고 보아, 조사자들은 1차 자료를 얻기 위해서 관찰에만 의존하지 않는다. 그러나 서베이 조사와 관찰조사를 함께 사용하면서 이점을 누리고 있다.

3.1 관찰조사의 상대적 이점

관찰조사의 최대의 장점은 행동 측정이 실제 행동을 관찰하면서 측정된다는 데 있다. 이는 행동의도를 측정하는 서베이 조사와는 다르다. 이는 면접자가 원인이 되어 나타나는 왜곡이나 면담과정에서 발생하는 왜곡이 존재하지 않는다. 어떤 형태의 자료는 관찰에 의해서만 수집될 수 있다.

응답자가 인식하지 못하거나 의사소통할 수 없는 형태의 유형이다. 어린아이들에 관련된 자료조사는 부모의 동의를 받아 어린아이를 관찰하면서 이루어지는 경우가 많다. 어린아이들이 서베이 자료에 적절하게 표현할 수 없기 때문이다. 관찰되는 현상이 자주 발생하거나 발생하는 기간이 짧다면 관찰방법은 비용이 적게 들고 서베이보다 신속하다. 그러나 문화인류학적 탐색은 참여관찰을 사용하는데, 이 경우에는 어린아이들에 대한 관찰이 오랜 기간 동안 수행될 수 있다.

3.2 관찰조사의 상대적 단점

관찰조사의 가장 심각한 단점은 관찰된 행동에 대한 이유를 알 수 없다는 데 있다. 관찰 자체만으로는 인간에 내재된 동인, 신념, 태도, 선호가 나타나지 않는다. 매장에서 어떤 주부가 특정 브랜드를 구입하는 것을 관찰한다고 해서 그 주부가 그 브랜드에 대한 선호가 있어서 구입하는 것일 수 있고, 가족구성원이 그 브랜드에 대한 선호가 있어 구입을 요청할 수도 있다. 관찰조사의 다른 단점은 조사자가 가지고 있는 선택적 지각이 관찰을 선택적으로 하여 자료를 왜곡시킬 수 있다는 것이다.

첨가하여 관찰은 시간을 많이 소모하게 하고, 개인의 사생활에 관련된 행동은 관찰하기가 어려울 뿐만 아니라, 사람들이 인지하지 않는 행동을 관찰하거나 관찰에 동의하지 않는 경우에 관찰할 경우 비윤리적인 행동이 되는 경우도 많다. 이러한 관찰조사의 단점은 서베이 조사에서 어느 정도 메울 수 있기 때문에 관찰조사와 서베이 조사는 서로 보완적인 관계에 있다고 볼 수 있다.

사례

유니레버의 도브(Dove)

유니레버(Unilever)의 개인 생활용품 카테고리의 대표 브랜드인 Dove는 소비자와 브랜드와의 관계를 조사기반으로 정립하여왔다.

도브는 1957년부터 비누(soap)를 뷰티 바(beauty bar)라고 명하였고, 세안 크림(cleasing cream), 보습 크림(moisturizing cream) 개념을 도입하는 등 이 분야를 이끌어왔다. 2000년부터 도브를 개인용품 대표 브랜드로 포지셔닝하기 위해 유명인들을 통해 그려지는 완벽한 아름다움에 대한 고정관념에 도전하기로 결정하였다. 2004년 10개국 18~64세 사이의 여성 3,200명을 대상으로 설문지 조사를 실시한 결과 2%의 여성만이 본인의 모습을 아름답다고 느낀다는 사실을 알았다.

이 조사에 나타난 사실에 기반을 두어 'Real Beauty'캠페인을 벌이기 시작했다. 옥외광고 시리즈를 제작하면서 전문 모델이 아닌 일반 여성들의 자연스러운 모습을 담았다. 2004년 퍼밍 캠페인(firming campaign)은 모델이 아닌 6명의 여성이 흰색 속옷 차림으로 포즈를 취하는 광고를 통해 사회가 아름다움을 바라보는 방식을 바꿔야 한다는 메시지를 전달했다. 2007년에는 Evolution(진화)이라는 이름의 디지털 영상 광고를 제작했다. 이는 한 평범한 여성이 화장, 헤어 스타일링, 포토샵 효과를 통해 모델로 변신하는 과정을 보여주면서, 뷰티에 대한 기존 관념이 허구라는 것을 보여주어 2007년 칸 국제광고제 그랑프리를 받았다.

그리고 2013년 한 차원 진화하여 'Real Beauty Sketches'라는 이름의 광고로, 이 세상의 모든 여성들에게 '당신은 실제로 당신이 생각하는 것보다 더 아름답습니다'라는 감동의 메시지를 던져 또 한 번의 그랑프리를 받고, 이 시대의 가장 파워풀한 광고임을 증명하였다.

전 FBI 몽타주 작성 전문가를 섭외하여 보지 않은 채 두 개의 그림을 그리게 했다. 하나는 본인이 본인의 생김새에 대해 묘사하여 그려지는 인물화이고, 다른 하나는 제3자가 해당 여성의 생김새에 대해 묘사한 이미지를 통해 그려지는 인물화였다. 그 결과 당사자 본인의 이미지에 대한 묘사를 할 때는 일반적으로 자신감이 없으며, 예쁘게 생기지 않았거나 어둡거나 우울하거나 하는 방식이 빈번히 표현되고, 제3자가 묘사할 때는 긍정적으로 묘사하는 것으로 나타났다. 이 결과 자신이 생각한 것보다도 훨씬 아름다워 보인다는 예전에는 미처 생각지 못했던 것을 깨닫고 자신의 아름다움에 대해 감사하는 마음을 가지게 되는 결과를 가져왔다.

이와 같이 도브는 Real Beauty캠페인에 앞서 설문 조사를 수행하였다. 홈페이지에 외모에 대한 소녀들의 걱정에 대한 통계를 소개하고 있는데, 세계적으로 여성들의 4%만이 스스로를 아름답다고 생각한다(이는 2004년 2%보다 높다). 11%만이 스스로를 아름답다라는 말을 사용하는 데 편안함을 느끼고, 72%가 아름다움에 대한 상당한 압박감을 느끼고 있으며, 80%가 모든 여성들이 스스로 아름다운 것을 가지고 있지만, 그들 자신의 아름다움을 보지 못하고 있다는 것에 동의하고 있다고 소개하고 있다. 이러한 통계에 기반을 두어 아름다움에 대한 캠페인을 도출하고, 집행해나가면서, 브랜드에 대한 호의적인 태도를 형성하고 있다는 것은 조사기반 전략수립으로 해석된다.

[그림 5.5] 도브 Real Beauty 캠페인

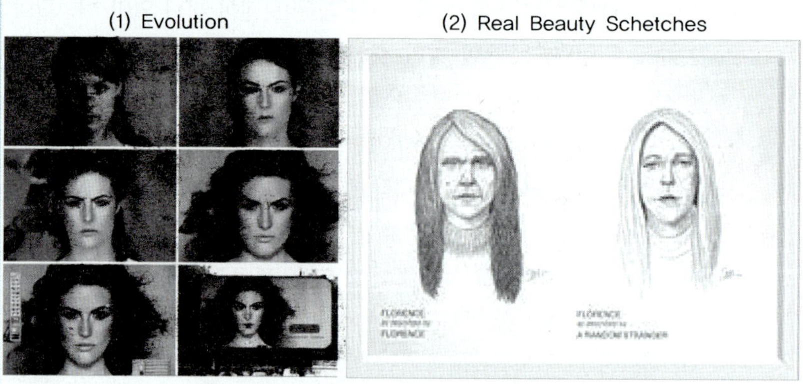

(자료: 한경비즈니스, 2014.7.9.; 유튜브 리얼뷰티 캠페인 동영상;www.dove.us/Social-Mission/Self-Esteem-Statistics.aspx)

요약

1. 서베이 조사(survey research)는 구조화된 설문지를 가지고 응답자들에게 질문을 하면서, 응답자들의 동기, 태도, 의도, 행동, 인구통계적이고 생활양식에 관한 특징들을 파악해낸다. 서베이 설문지는 다음 네 가지 방법으로 배포할 수 있다. 즉, 대인면접, 우편면접, 전화면접, 그리고 전자 서베이를 통해서 배포할 수 있다.
마케팅조사에서 어떠한 서베이 조사를 사용할 것인가를 결정할 때는 설문지의 복잡성, 자료의 양, 자료의 정확성, 표본통제, 시간적 요구 및 비용 등을 고려해야 한다.

2. 마케팅조사에서 관찰법(methods of observation)은 사람의 행동패턴과 발생하는 사건을 체계적으로 기록하는 과정이다. 인간, 대상, 사건발생의 패턴을 기록하는 과정에는 사람과 어떠한 질문이나 의사소통도 이루어지지 않는다. 일반적으로 관찰법만으로 자료를 수집하지 않고 다른 자료수집방법의 보조기능으로 주로 사용하고 있다.
관찰은 공식적인 조사목적을 성취하기 위해서 체계적으로 계획될 때 과학적 탐구의 도구가 된다. 과학적 관찰은 자료를 체계적으로 기록하여, 잘 형성된 가설과 연관지운다. 관찰은 구조화된 관찰과 비구조화된 관찰, 숨기는 관찰과 숨기지 않는 관찰, 자연환경관찰과 인위적 환경관찰, 인적관찰과 기계적 관찰, 생리적 반응의 관찰로 나눌 수 있다.

3. 관찰조사의 최대의 장점은 행동측정이 실제 행동을 관찰하면서 측정된다는 데 있다. 면접자가 원인이 되어 나타나는 왜곡이나 면담과정에서 발생하는 왜곡이 존재하지 않는다. 그러나 가장 심각한 단점은 관찰 자체만으로 인간에 내재된 동인, 신념, 태도, 선호가 나타나지 않는다는 데 있다. 이러한 관찰조사의 단점은 서베이 조사에서 어느 정도 메울 수 있기 때문에 관찰조사와 서베이 조사는 서로 보완적인 관계에 있다고 볼 수 있다.

토의과제

1. 서베이 조사에 대해서 다음을 조사하고 토의하라.
   (1) 서베이 조사 방법의 종류에 대해서 살펴보라.
   (2) 인터넷 서베이를 찾아내어, 설문지 내용을 검토하라. 인터넷 서베이를 CATI 나 쇼핑몰 서베이로 실시할 때 상대적 장단점은 무엇이겠는가?
   (3) Gallup의 웹사이트(www.gallup.com)로 들어가 이 사이트에 나타나 있는 Gallup의 최근의 서베이는 어떤 서베이 방법인가를 조사하고 토의하라.
   (4) 서베이 조사에서 나타나는 오류에는 어떠한 것들이 있는가를 토의하라.

2. 다음 관찰법에 대해서 토의하라.
   (1) 구조화관찰과 비구조화관찰
   (2) 숨기는 관찰과 숨기지 않는 관찰
   (3) 자연환경 관찰과 인위적환경 관찰
   (4) 인적 관찰과 기계적 관찰
   (5) 생리적 반응관찰

3. 서베이 조사와 관찰조사가 어떻게 보완적인 관계를 가지고 조사에 이점을 누릴 수 있는가를 토의하라.

4. Dove가 'Real Beauty 캠페인'을 통해 아름다움의 개념을 변화시키려고 하는 과정에서 탤런트가 아닌 일반인들을 광고모델로 제시하여 왔다. 2004년, 2007년, 2013년 동안 광고 내용이 어떻게 전개되어 왔는가를 유튜브 등에서 조사하고, 그룹으로 토의하여 보라.

참/고/문/헌

Abrams, Bill(2000), *The Observation Research Handbook*, Chicago : NTC Business Books, p. 14.

Churchill, Gilbert A. Jr., and Tom J. Brown(2006), *Basic Marketing Research*, 6th edition, South-Western.

Colombo, Richard(2000), "A Model for Diagnosing and Reducing Non-response Bias," *Journal of Advertising Research*, (January/April), pp. 85~93.

Fowler, Jr. Floyd J.(2008), *Survey Research Methods*, 4th edition, Sage Publication.

Malhotra, Naresh K.(2008), *Basic Marketing Research*, 3rd edition, Prentice-Hall.

http://www.unc.edu/peplab/undo.html

Marketing Research

06

인과조사설계 : 실험

Intro
1. 인과성과 가설검정
2. 외생변수의 유형과 통제
3. 내적 타당성과 외적 타당성
4. 실험설계의 종류
5. 시험마케팅

사례: BehaviorScan 또는 미니시험시장

요약

토의과제

INTRO

심리학에서 대부분의 연구들은 실험설계에 의해서 이루어지고 있고, 마케팅과 소비자행동에 관련된 많은 연구들이 실험설계에 의해서 이루어지고 있다. 실험에서 사용되는 통계분석방법은 이 책 제11장에서 다룰 *t*-검정과 제12장에 다룰 분산분석(Analysis of Variance)이 주로 사용되어, 마케팅조사 원론에서 회귀분석과 함께 가장 중요한 분석이 된다.

실험은 독립변수가 되는 집단을 실험집단과 통제집단으로 나누어 종속변수에 이 두 집단이 어떠한 차이가 나타나는가를 보고자 한다. 바이오기업이 신약을 개발하여 임상실험과정에서 한 동물이나 사람에게 개발한 약품을 투여하고, 다른 동물이나 사람에게는 투여하지 않고, 그 결과 반응차이를 바라보는 것과 같다. 이 경우 분명 투여한 집단과 투여하지 않은 집단 사이에 차이가 나타나야 하고, 좋은 쪽으로 나타나야 신약을 개발한 의미가 있게 된다. 이러한 과정을 거쳐 수많은 신약들이 개발되어왔다.

마케팅믹스과정에서 새로운 제품이나 새로운 광고를 만들고, 이를 이전 제품이나 이전 광고와 소비자태도를 비교하는 것과 같은 형태로 이루어진다. 심리학에서 실험의 한 예를 살펴보자.

라우셔와 커(Rauscher and Ky, 1993)는 음악이 아이들의 지능에 영향을 미칠 수 있다는 아이디어를 가지고 모차르트곡을 실험자극으로 택하였다. 모차르트 곡을 들려준 아이들 집단과 들려주지 않은 아이들 집단을 나누어 실험하여 모차르트 곡을 들려준 아이들의 공간지능 점수가 높아졌다는 연구결과를 네이쳐(Nature)지에 발표한 바 있다. 음악을 들려준 집단을 실험집단, 들려주지 않은 집단을 통제집단으로 설정하여 비교한 결과 통계적으로 유의한 차이가 나타났음을 밝힌 것이다. 이 연구는 상당한 영향을 미쳤다.

그 후 난타이스와 쉐렌베르크(Nantais and Schelenberg, 1999)는 모차르트 음악뿐만 아니라 슈베르트 음악을 10분간 들려준 집단에서도 들려주지 않은 집단의 경우에 비해 공간능력이 향상되었음을 보고한 연구를 발표하여 모차르트 효과가 모차르트 음악만이 아니라는 것을 밝혀주었다. 이러한 연구는 동등한 조건 속에서 모차르트 곡이거나 슈베르트 곡이거나를 들려주는 집단이 있고, 들려주지 않는 집단과 공간행동에 대해 비교 측정하여 제시하는 실험법의 일반적인 과정을 따른 것이다. 이 경우 종속변수를 측정할 수 있도록 계량화해야 하고 외생변수를 통제하여야 한다. 모차르트 곡이 아니라 다른 유전적인 요소가 공간행동에 영향을 미치지 않도록 설계되어야 한다.

이와 같이 우리 주변에 학계에서 논란이 되는 의학과 심리학에 관련된 많은 조사들은 실험의 방법을 택하는 것을 볼 수 있으며, 이는 다른 조사방법에 비해 실험조건들을 엄격하게 설정하는 매우 정교한 기술이 요구된다. 마케팅문제의 해결을 위하여 실험설계를 이용하고자 하면, 실험법의 개념과 종류, 그리고 문제점에 대한 이해가 선행되어야 한다.

본 장에서는 인과성과 가설검정에 대한 이해, 실험의 내적타당성과 외적타당성의 문제, 실험의 타당성을 저해하는 외생변수의 유형과 통제 등에 대해서 살펴보고, 실험설계에는 어떠한 유형이 있는가를 살펴보고자 한다. 마지막으로 신제품을 개발한 후 시장테스트를 수행하는 테스트마케팅에 대해서 이해하고자 한다.

1 인과성과 가설검정

1.1 인과성

과학연구에서 실험은 정교한 관찰을 통해 이루어진다. 관찰자는 의도적으로 관찰하고자 하는 현상이 일어나는 조건, 즉 실험조건을 처치(treatment)하는데, 이는 연구의 초점이 되는 현상에 관련된 요인들만을 선별하여 관찰하고자 하는 의도이다. 앞 도입 사례에서 모차르트 음악을 들려주는 집단과 들려주지 않는 집단으로 나눌 때, 음악을 들려주면서 처치를 행하는데, 모차르트 음악을 들려주는가 슈베르트 음악을 들려주는가는 처치의 방법이 다르다. 음악을 들려주는 집단을 실험집단(experimental group), 들려주지 않는 집단을 통제집단(control group)이라고 한다.

여기서 음악청취라는 독립변수와 공간행동이라는 종속변수가 존재하고 독립변수가 종속변수에 영향을 미치는 인과성이 존재함을 전제한다. 이와 같이 실험설계는 측정을 통하여 현상들 간의 원인과 결과의 관계, 즉 인과성(causality)을 밝혀주고자 하는 연구에 많이 사용된다.

인과성은 원인과 결과 관계를 수반한 것을 말하는데, 마케팅 상황에서는 이러한 인과성이 많이 나타난다. 기업의 마케팅노력이 자극이 되어 소비자들의 행동반응이 나타났다면 이는 인과성이 된다. 어떠한 마케팅노력이 어떠한 행동반응을 일으켰는가를 보다 정교하게 분석하고자 실험을 사용한다. 우리가 TV에서 바라보는 광고를 통하여 소비자들에게 호의적인 반응을 창출하여 매출액을 높이고자 한다. 이 경우 "우리가 개발한 광고캠페인은 지난 분기에 10% 이상의 매출액을 신장시켰다."라는 인과적 진술(causal statement)에는 광고 캠페인이라는 독립변수와 매출액이라는 종속변수와의 관계에서 독립변수가 종속변수에게 긍정적인 영향을 미친 관계를 설정하고 있다.

이러한 인과관계가 입증될 수 있으려면 매출액에 영향을 미치는 다른 변수들이 통제되어야 한다. 예를 들어 그 분기에 판매원 훈련프로그램을 보강하여 그 프로그램이 매출액을 높이는 데 작용하였다면, 광고캠페인만이 매출액에 영향을 미쳤다고 볼 수 없기 때문에, 광고캠페인과 판매원 훈련프로그램 양쪽이 고려되어 매출액에 어떠한 영향을 미쳤는가를 살펴보아야 한다.

1.2 인과성의 성립조건과 구조

인과관계는 다음 세 가지 요건이 충족되어야 이루어진다.

첫째, 원인이 되는 현상과 결과가 되는 현상이 항상 함께 존재하여야 한다. 이를 동반발생(concomitant variation) 조건이라고 하는데, 이는 추정되는 원인변수와 결과변수가 동시에 존재하고, 상호관련성을 가지고 변화하는 것을 의미한다. 즉, 원인인 한 사건이 발생하면 결과인 다른 사건이 반드시 발생함을 의미한다. 광고를 수행한 것이 원인이 되어 매출액이 높아지는 경우, 광고와 매출액이 동시에 발생하고 있다고 말할 수 있다. 마케팅조사에서는 원인변수와 결과변수 사이의 상관관계를 측정하여 두 변수가 동시에 발생하고 있다고 판단한다.

둘째, 원인이 결과보다 앞서야 한다. 이 변수의 발생순서(time occurrence of variables) 조건이 충족되려면 하나의 현상이 다른 현상의 원인이 된다면 원인이 되는 현상이 먼저 발생하고, 결과에 해당하는 현상이 나중에 발생하여야 한다. 마케팅현상에서는 이러한 변수의 발생순서가 문제가 되는 경우가 발생한다. 기업이 초기에 광고액을 증가하면 매출액의 증가로 연결되는 경우가 많다. 초기를 지나 매출액을 증가시키기 위해 광고비를 설정하고자 할 때, 광고비 설정방법으로 매출액을 기준으로 정하는 경우가 있다. 이러한 경우에는 광고비와 매출액과의 관계에서 발생순서에 대한 문제가 제기될 수 있다. 즉, 광고비를 증가시킨 것이 원인이 되어 매출액이 증가하는가 아니면 매출액이 증가한 것이 원인이 되어 광고비가 증가하는가를 따지게 된다.

셋째, 밝히고자 하는 인과관계가 관련이 없는 다른 외생변수들을 완전히 통제하여야 한다. 원인변수와 결과변수 사이의 인과관계를 밝히기 위해서는 인과관계에 직접 관련이 되고 있는 원인변수 외에 다른 변수들이 결과변수에 영향을 미치면 인과관계를 판단하는 데 방해를 받게 된다. 광고와 매출액과의 관계가 성립되기 위해서는 광고만이 매출액에 영향을 주어야 한다. 다른 요인들이 매출액에 영향을 미치지 않았다는 분명한 증거가 있어야만 광고가 매출액의 원인이 되었다고 말할 수 있다. 이와 같이 다른 영향력을 제거하기 위해서 정교한 조사설계가 필요하다. 조사설계에 따라 분석방법도 달라진다. 즉, 이 장에서 다루는 실험설계와 이 책 제12장에서 다룰 분산분석과 연관되어 있다.

그림 6.1 인과성의 성립조건

쉽게 이해하기 위해서 당구장에서 당구를 할 때의 사례를 살펴보면 당구대 위에 공들이 함께 존재하여야 하고, 먼저 친 하나의 공이 원인이 되어 시간적으로 앞서서 운동이 발생하고, 다른 외생변수가 영향을 미치지 않고 이루어진다(그림 6.1 참조).

1.3 인과관계에서 매개성

우리는 제1장에서 마케팅시스템은 기업이 제품, 가격, 촉진, 유통결정의 결합으로 이루어지는 마케팅믹스결정이 어떻게 수행되는가가 원인이 되어 소비자반응이 나타나고 기업의 성과로 연결되는 것이라는 것을 살펴본 바 있다. 이러한 마케팅시스템에서는 원인과 결과의 관계에 관한 많은 연구들이 나타났다.

인과관계는 단순한 인과관계, 연속적 인과관계, 구조적 인과관계로 나눌 수 있다. 단순한 인과관계(simple causal relations)는 한 변수가 다른 한 변수에 영향을 미치는 것이다. 예를 들어 소비자 태도가 행동의도에 영향을 미칠 수 있다.

연속적 인과관계(sequential causal relations)는 한 변수가 다른 변수에, 그리고 그 변수가 또 다른 변수에 영향을 미치는 관계이다. 예를 들어, 소비자의 호의적인 태도가 행동의도에 영향을 미치고 행동의도는 실제 행동에 영향을 미치는 관계이다. 이때 A를 독립변수, C를 종속변수, B는 매개변수라고 부르다.

구조적 인과관계(structural causal relations)는 한 변수가 제3의 변수의 매개를 통해 다른 변수에 영향을 미칠 뿐 아니라 직접적으로도 그 변수에 영향을 미치는 구조를 가진 관계이다. 예를 들어, 소비자들의 태도가 행동

에 직접적으로 영향을 미치고(A → C), 소비자 태도가 행동의도에 영향을 미쳐 직접적으로 행동에 영향을 미칠 수 있는 구조(A → B → C)를 가진 경우이다.

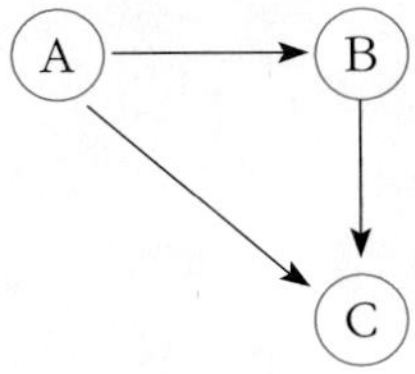

이 구조적 인과관계에서 매개효과라는 개념이 나타난다. (A → B → C)의 경로를 가지는 것과 (A → C)경로를 가지는 것과의 차이는 전자는 B를 거친다는 것이다. 이 경우 A에서 C로 직접 가는 것과 A에서 B를 거쳐 C로 가는 것의 차이가 나타나는데, A에서 C의 경로로 가는 것보다 A에서 B를 거쳐서 C로 가는 것이 효과가 큰 경우에 매개효과(mediating effect)가 나타난다고 설명한다.

이러한 구조적인 관계를 분석하는 것은 구조방정식모형(structural equational modeling)을 통하여 분석할 수 있는데, LISREL과 AMOS와 같은 프로그램이 있다. 이는 고급통계에 속하여 본 교과서에서는 다루지 않는다.

자연현상이나 사회현상에서 나타나는 인과관계(causal relationship)를 찾는 것은 그 현상을 설명하고 예측하고 통제할 수 있는 새로운 지식을 개발한다는 것을 의미한다. 사회현상에서는 한 사건의 영향에 의해서 다른 사건이 발생할 때 나타나지만, 이 인과성은 연쇄적으로 나타나 한 변수는 다른 변수의 결과이지만, 또 다른 변수의 원인이 되어 나타난다. 정치와 경제에 거대한 파장을 몰고 온 원인들을 찾는 물음이 계속 던져지고 여러 분석들이 나타났다. 예를 들어, 2001년 9월 11일 미국과 세계를 경악하게 한 테러리즘은 어떠한 원인에 의한 결과였는가? 1997년 우리나라 IMF경제위기의 원인은 무엇이었는가? 2008년 후반기 미국발 세계경제위기가 나타난 원인은 무엇인가?

그림 6.2 9.11테러사건

1.4 이론과 실험의 연결

사회심리학의 많은 연구들이 실험을 통해 이론이 발전하여왔다. 예를 들어, 1957년 페스팅거(Leon Festinger, 1919~1989)에 의해서 나타난 인지부조화(cognitive dissonance) 이론은 한 이론이 심리학 역사에서 최대의 연구를 자극한 것으로 평가받고 있다. 이 이론은 두 인지(즉, 생각)가 서로 불일치하는 상황을 다룬다(이규현, 2004). 카사르지안과 코헨(Herold Kassarjian and Joel Cohen, 1965)은 "흡연은 건강에 해롭다"는 인지와 "나는 하루에 담배를 많이 피운다"는 두 인지가 소비자에게 부조화를 어떻게 발생시킬까를 연구한 바 있다.

설문지 내용은 흡연이 폐암을 유발시킨다는 의학적 근거가 있다고 생각하는가를 물었다. 세 가지 집단, 즉 담배를 많이 피우는 집단, 조금 피우는 집단, 안 피우는 집단으로 나누었다. 그 결과 근거가 없다고 답한 퍼센트는 많이 피우는 집단은 41%, 조금 피우는 집단은 21%, 안 피우는 집단은 11%로 반응하였다. 이 결과를 담배를 많이 피우는 사람일수록 담배가 건강에 나쁘지 않다고 생각함으로써 인지부조화를 감소시키려 한다고 해석하였다.

여기에서 볼 수 있는 것과 같은 실험의 형태가 마케팅연구에서 자주 등

그림 6.3 이론을 실험에 연결하는 데 귀납과 연역의 역할

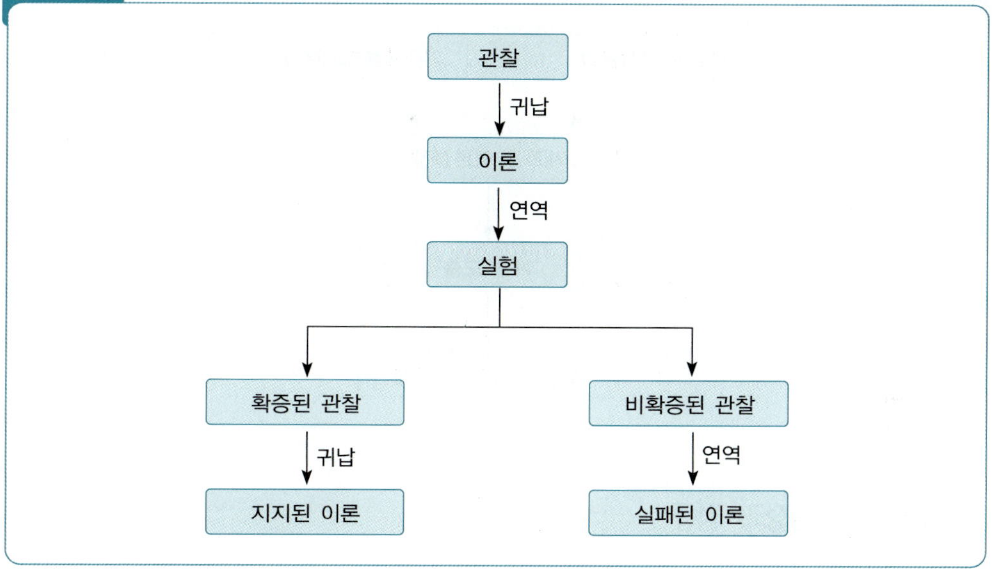

자료: David W. Martin(2007). *Doing Psychology Experiments*, 7th edition, Brooks/Cole Publishing Company. Chapter 3.

장한다. 페스팅거가 관찰을 통하여 귀납적으로 이론을 정립하였고, 그 이론을 카사르지안과 코헨은 다시 예측적인 관찰을 기반으로 실험을 통하여 확증지어 가는 형태를 취하였다.

심리학 실험을 수행하는 형태에서는 이론과 실험을 연결하는 과정이 일반적으로 수행되는데, [그림 6.3]에서 마틴(Martin, 2007)은 이론을 실험에 연결하는 데 있어서 귀납과 연역이 어떻게 역할을 하는가를 잘 보여주고 있다.

이러한 실험연구는 독립변수를 통제하여 통제변수와 실험변수로 나누어 종속변수에 어떠한 차이가 나타나는가를 보려고 하기 때문에, 인과관계의 매매성이 적고, 항상 이론검증의 목적을 가지고 있다는 것이 다른 조사와 다른 특징이 되고 있다. 그러나 경제성이나 효율성이 낮고, 다양한 변수들 간의 관계를 거의 파악하지 못한다는 단점이 있다.

그림 6.4 이론, 가설, 실험의 연결

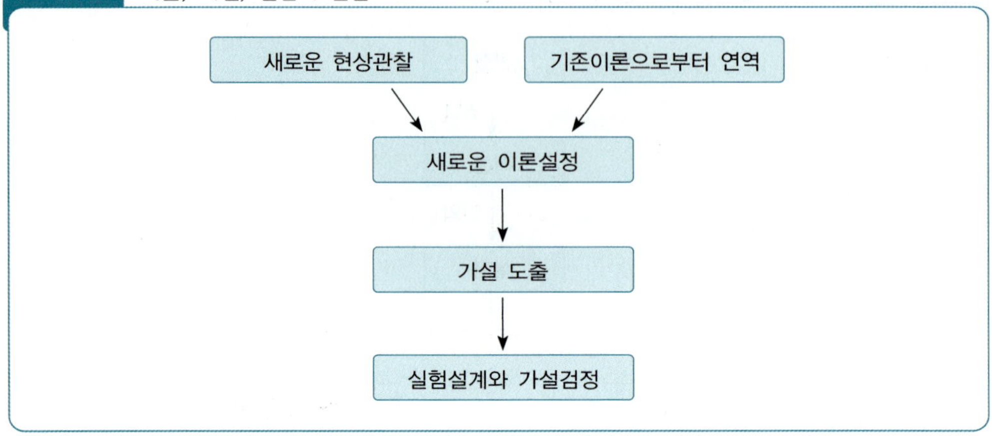

1.5 가설설정과 검증

실험에서 가설설정과 검증은 이 책 제12장 분산분석에서 보다 자세하게 다룰 것이지만, 이 장에서는 [그림 6.4]에서 볼 수 있는 새로운 이론설정, 가설도출, 실험설계와 가설검정과정을 살펴보고자 한다.

1) 이론과 가설

이론은 개념과 개념의 연결관계이다. 통계분석을 할 때 개념은 변수로 변한다. 즉, 변수(variable)는 하나의 개념에 값을 부여한 것으로 그것이 대표하고 있는 특성이 갖는 값이나 정도의 차이를 나타낸다. 이러한 변수는 실험에서 독립변수, 종속변수, 외생변수로 나눈다. 독립변수는 관찰하고자 하는 현상의 원인이 되는 변수로서 실험자가 변수의 강도를 변화시키는 실험처치(experimental treatment)를 수행하는 변수이다. '광고횟수를 늘리면 소비자들의 브랜드에 대한 인지도가 높아진다'는 주장을 실험을 통하여 조사하고자 할 때, 광고횟수는 실험자가 조정할 수 있는 변수이고, 소비자들의 브랜드 인지도를 높이는 데 원인이 되는 변수이므로 독립변수가 된다. 소비자들의 브랜드 인지도는 독립변수의 영향을 받아 변화하는 결과변수이므로 종속변수가 된다.

이러한 독립변수와 종속변수가 연결되면서 가설이 된다. 즉, 가설(hypothesis)은 두 개 이상의 변수들 간의 관계를 나타내는 문장이다. 이는 실험자가 실험을 통하여 밝히고자 하는 현상을 요약한 문장을 말한다. 일반적으로 가설은 선언문의 형식을 취한다. "새로운 신제품 브랜드의 광고횟수를 증가시키면 그 신제품의 브랜드 인지도가 높아진다." "신제품의 브랜드 인지도가 높아지면 판매액이 증가한다."와 같은 형식이다. 좋은 가설은 독립변수와 종속변수와의 관계가 명확하여야 하고, 표현된 문장은 실험을 통하여 검증 가능할 수 있는 문장이어야 한다.

2) 조작적 정의

추상적 개념이 현실세계의 구체적인 현상과 연결시키기 위해서 이론적 정의에서 조작적 정의(operational definition)로 수행하여야 독립변수와 종속변수의 특성을 측정할 수 있다. 광고를 많이 하면 신제품의 브랜드 인지도가 높아진다는 가설을 설정하고 검증하기 위해서 광고횟수라는 독립변수와 브랜드인지도라는 종속변수를 조작적 정의를 할 수 있어야 한다.

광고횟수는 설문지를 통하여 측정할 수 있다고 하더라도, 브랜드 인지도를 어떻게 측정할 것인가? 우선 브랜드 인지도를 '소비자들이 브랜드를 기억해내는 정도'로 정의하고, '해당 브랜드를 기억하는 소비자의 비율'을 조작적으로 정의할 수 있다. 이는 100명의 소비자들에게 해당 브랜드를 알고 있는가를 묻고 그 중의 몇 명이 기억을 하고 있는가에 대하여 측정한 결과를 인지도로 간주하는 것이다. 이러한 결정을 하게 되면, 실험이 용이해진다.

3) 상호작용

마케팅조사에서 실험은 단 하나의 독립변수와 단 하나의 종속변수만을 포함하는 경우가 있지만, 이보다 두 개 이상의 독립변수에 의해서 나타나는 효과를 관찰하는 경우, 보다 정교해진다. 이때 두 개 이상의 독립변수들이 서로 상호작용 관계를 가질 수 있다. 실험에서는 이러한 상호작용관계를 잘 살펴보는 것이 의미있게 된다. 이 책 제12장에서 보다 자세하게 살펴보고자 한다.

4) 실험대상자들의 선정과 조정

실험결과를 일반화하기 위해서는 실험 대상들을 무작위(randomization)로 추출하여야 한다. 실제 현실에서는 실험대상을 무작위시킨다는 것은 어렵다. 그러나 임의 표본을 선정하는 경우 오류가 발생하기 때문에 실험대상자를 선정하는 데 신중하여야 한다. 무작위 표본과 임의표본에 대해서는 이 책 제9장 표본추출에서 보다 자세하게 다룰 것이다.

2 외생변수의 유형과 통제

테니스와 골프를 비교하여보자. 테니스보다 골프는 1등을 하는 선수가 계속 1등을 하는 경우가 상대적으로 적다. 날씨와 지형 등 외생변수들이 선수의 실력과 성적과의 관계에 영향을 미치기 때문이다. 실험변수와 종속변수와의 관계에서, 실험변수가 아닌 외생변수가 종속변수에 영향을 미친다면, 종속변수의 변화가 실험변수의 효과가 아닌 것이 되기 때문에 실험을 손상시킨다.

그러므로 독립변수와 종속변수를 선정하여 독립변수의 조작이 종속변수에 어떻게 영향을 미치는가를 조사하는 실험에서는 외생변수를 어떻게 통제하여 독립변수가 아닌 변수가 종속변수에 영향을 미치지 않도록 하는 것이 실험의 성공여부를 결정한다.

2.1 외생변수의 유형

실험에서 독립변수와 종속변수의 관계를 탐색하는 것을 방해하는 외생변수의 유형은 다음과 같다.

1) 역사적 사건효과

처음과 두 번째 측정 사이에서 실험자가 통제할 수 없이 외부환경에서 발생하는 특별한 사건을 역사적 사건효과(history effect)라고 한다. 이를 우발적사건효과라고 부르기도 한다.

수입된 일본제품에 대한 새로운 포장전략을 테스트하기 위한 사전 사후 실험이 수행되고 있다고 가정하자. 만약 일본이 독도를 자국의 땅이라고 주장하여 한국과 일본 사이의 긴장이 고조되는 사건이 발생한다면, 이 사건은 많은 한국 소비자들이 일본 제품을 불매할 수 있기 때문에 실험의 타당성을 위협할 수 있다. 중국이 동북아공정으로 고구려역사를 왜곡시킨다고 방송에서 논란이 되거나, 극심한 반미운동에 직면하는 등 정치적인 사건들이 실험도중에 발생하면 영향을 받을 수 있는 실험이 있을 수 있다.

소비자인지도 실험기간 동안 해당 제품에 대한 강제 리콜(recall)이 발생하면, 실험자의 의도와는 관계없이 인지도에 영향을 미친다. 삼성전자가 반도체에서 이익이 남았다고 전자제품가격을 내리는 상황에서 LG전자가 자사제품의 가격에 대한 소비자태도에 관한 실험을 수행하고 있으면 갑작스러운 경쟁관계의 변화로부터 영향을 받을 수 있다. 이러한 외부적 사건들이 실험을 수행하는 종속변수에 영향을 미치므로 실험의 내적 타당성을 상실시킨다.

2) 성숙효과

사람들은 시간에 따라 성장 과정을 거친다. 실험과정 동안, 대상자들이 결과변수에 영향을 미칠 정도로 성숙하거나 변화되는 것을 성숙효과(maturation effect)라고 한다.

특정 회사에서 개발한 어린이용 성장촉진제라는 신제품이 어린이의 성장에 어떠한 영향을 미치는가를 알기 위하여 실험을 한다고 가정하자. 일 년 동안 어린이들에게 이 성장촉진제를 복용시킨 후에 어린이들의 성장한 정도를 측정하여 그 성장이 성장촉진제의 효과라고 말할 수 없다. 어린이들은 성장촉진제를 복용하지 않아도 성장할 것을 예상할 수 있기 때문이다. 이 경우 자연성장은 성장촉진제라는 실험변수와 어린이의 성장도라는 종속변수 사이에 관계를 왜곡시킬 수 있는 외생변수가 되는데, 이러한 외생변수의 효과를 통제하지 않고 실험을 하게 되면, 그 실험은 무의미하게 된다.

3) 시험효과

시험효과(testing effect)는 동일한 시험을 다시 실시할 때 나타난다. 동일한 측정을 반복할 때 나타날 수 있다. 이는 주시험효과와 상호작용 시험효과 두 가지가 있다. 지능검사를 실시하고 기억에서 사라지기 전에 동일한 내용에 대해 반복검사를 하면 더 높은 지능지수가 나올 수 있다. 이와 같이 첫 번째 실험에 의한 학습효과가 두 번째 실험의 순수한 효과를 왜곡시키는 것을 주시험효과(main testing effect)라고 한다.

상호작용시험효과(interactive testing effect)는 첫 번째 측정이 그 다음의 실험 자체에 영향을 미치는 것을 말한다. 예를 들어, 일정기간 광고수행이 소비자의 브랜드 인지도에 미치는 영향을 측정하고자 한다. 광고를 노출시키기 전에 해당 브랜드에 대한 인지도를 측정하고, 광고를 한 후의 브랜드 인지도와 비교하고자 한다. 이 경우 피험자에게 광고를 보여주기 이전에 브랜드 인지도를 측정하였기 때문에 사전측정을 하지 않은 경우보다 관심도가 높아져 광고효과가 더 높게 나타날 수 있다.

4) 측정수단의 편향

측정수단의 편향(instrumentation bias)은 실험을 수행하는 과정에서 측정자의 태도와 측정방법 등이 변화될 때 나타나는 오류이다. 면접을 수행하는 경우, 측정자가 초기에는 익숙하지 못하여 질문을 서툴게 하거나 불친절하게 하다가 후기에는 친절하고 명료하게 질문을 한다고 할 때 두 측정결과에서 상당한 차이가 나타날 수 있다. 특히, 측정하고자 하는 내용이 소비자들의 긍정적 감정과 부정적 감정(positive emotion and negative emotion)에 관련된 내용을 조사하고자 하는 경우에 영향은 더욱 크다고 볼 수 있다.

5) 표본선정의 편향

조사대상자를 잘못 선정하면서 나타나는 편향을 표본선정의 편향(selection bias)이라고 한다.

첫째, 모집단을 대표하지 못하는 조사대상자를 선정하는 경우이다. 예를 들어, 기업이 신제품을 출시하여 일정기간 동안 신제품에 대한 광고를 수행하고 난 후 그 광고에 대한 실험집단을 형성하여 소비자 태도를 조사하는 경우, 실험집단이 이미 광고에 노출되어 있어 이미 호의적인 태도가 형성되어 있을 가능성이 있다. 이들을 중심으로 또 다시 광고를 보여주면서 광고효과를 조사하는 경우는 부적절한 표본선정에 의해서 편향이 나타날 수 있다.

둘째, 실험집단과 통제집단에 속한 피험자들이 종속변수와 연결하여 실험이전에 특성이 같아야 한다. 광고효과를 측정하는 데 있어서 실험집단의 대상자가 통제집단의 대상자에 비해 이미 조사하고자 하는 기업, 제품, 브랜드에 대하여 호의적인 태도를 형성하고 있다면 그 광고에 대해서도 호의적으로 반응할 가능성이 높다.

가격인하가 매출액에 어떠한 영향을 미치는가를 실험하고자 할 때, 실험집단을 가격에 아주 민감한 저소득층에 편향하여 구성하면 가격인하의 효과는 크게 나타나고, 고소득층을 중심으로 편향하여 구성하면 가격인하의 효과가 작게 나타날 수 있다.

6) 통계적 회귀

극단적으로 나타난 피험자들의 행동이나 성과가 실험기간 동안 자신의 평균치로 돌아가는 경향을 통계적 회귀(statistical regression)라고 한다. 회귀분석에서 '평균으로의 회귀'라는 내용이 등장한다. 극단적으로 나타난 현상이 시간이 지나 평균으로 돌아가는 현상이다(제13장 참조).

골프장을 이용하는 소비자들의 태도조사를 한다고 가정해보자. 특정 소비자가 해외출장을 가서 한동안 참석을 하지 않다가 출장을 마치고 다시 참석할 수 있다. 실험자가 출장을 간 소비자를 이용하지 않는 소비자로 분류하고 이들을 실험집단에 포함시켜 촉진실험을 가한 후 다시 이용하는 것을 발견하고 실험처치에 대한 효과로 간주하면 편향이 나타난다. 그 소비자는 출장에서 돌아와 다시 이용하고 있을 뿐이지 촉진효과에 의해서 이용하는 것이 아닐 수 있다.

위에서 제시한 실험설계를 잘못한 것일 뿐만 아니라, 소비자들의 태도가 계속 변화하기 때문에도 발생한다. 사전측정에서 몇몇 피험자들이 매우 호의적이거나 매우 비호의적 태도를 보였지만, 사후측정에서 그들의 태도가 평균에 가깝도록 이동할 수 있다. 극단적인 태도를 가진 사람들은 이러한 변화의 여지가 많아 실험결과에 편향을 일으킨다. 그들의 태도가 통계적 회귀에 기인하지만 실험처치에 의한 영향이라고 결론을 내리면 잘못된 결론이 된다.

7) 실험대상의 소멸

실험 도중 피실험자 중 일부가 이탈하여 나타나는 현상을 실험대상의 소멸(experimental mortality)이라고 한다. 예를 들어, 미혼 여성의 행동을 조사하기 위해 미혼 여성을 대상으로 설계를 하였지만, 실험변수를 가한 후 실험결과를 측정한 시점에 보니 상당수가 결혼을 한 상태라면 시제 시험대상이 없어진 상태가 된다.

2.2 외생변수의 통제

위에서 나타나는 외생변수들의 영향을 통제해야 훌륭한 실험이 된다. 외생변수를 통제하는 방법은 다음과 같다.

1) 제 거

외생변수로 작용할 수 있는 요인이 실험상황에 개입하지 않도록 미리 제거(elimination)하고 실험을 하는 방법이다. 과거에 실험에 관련된 내용에 대하여 경험이 있는 경우 실험변수에 대한 반응의 정도가 달라질 수 있다고 판단되는 경우, 사전조사를 통하여 특정한 경험이 있는 사람을 실험대상에서 제외하고 경험이 전혀 없는 사람만을 골라서 실험대상으로 선정할 수 있다.

2) 균형화

외생변수로 작용할 수 있는 요인들을 알고 있다면, 실험처치를 행하는 실험집단과 실험처치를 하지 않는 통제집단을 선정할 때 해당 외생변수의 영향을 동일하게 받을 수 있는 집단으로 선정하는 균형화(matching)방법을 택할 수 있다. 이 경우 두 집단에서 나타난 결과변수의 차이는 독립변수에 의해서 이루어진 것으로 간주할 수 있다.

3) 상 쇄

하나의 실험집단에 두 개 이상의 실험변수가 가해질 때 상쇄(counter-balancing)의 방법을 사용할 수 있다. 두 가지 TV광고에 대한 시청자들의 인지도를 파악하고자 실험을 한다고 하자. 두 가지 광고의 순서를 달리하거나 지역에 따라 광고효과에 차이가 발생할 수 있다면 지역을 바꾸어서 재실험할 수 있다. 외생변수의 작용강도가 다른 상황에서 다른 실험을 실시함으로써 외생변수의 영향을 제거할 수 있다.

4) 무작위화

조사대상 모집단에서 실험집단과 통제집단을 무작위로 추출하여 실험자를 조작하는 독립변수 이외의 모든 변수들에 대한 영향을 동일하게 만드는 무작위(randomization)를 수행하는 것은 외생변수를 통제하는 중요한 방법이 될 수 있다. 이는 실험설계의 종류에서 보다 정교한 방법으로 소개될 것이다.

3 내적 타당성과 외적 타당성

3.1 실험실 실험과 현장실험

실험실에서 수행하는 실험을 실험실 실험(laboratory experiment), 현장에서 수행하는 실험을 현장실험(field experiment)이라고 한다. 학계에서 이론 검증을 위한 연구는 철저한 통제가 가능한 실험실 상황에서 수행되는 경우가 많으나, 실무에서는 현실에 대한 적합도를 높이려고 현장에서 실험을 수행하는 경우가 많다. 그러나 현장에서는 외생변수의 통제가 문제가 된다.

실험실 실험에서는 외생변수들을 보다 철저히 통제하고 독립변수를 조작하여 종속변수의 변화를 측정하기가 좋다. TV광고에 대한 소비자들의 반응을 조사하기 위하여 목표청중과 같은 특성을 가지고 있는 피실험자들을 두 개의 집단으로 나누어 한 집단에게는 광고를 보여주고 소비자들의 태도를 조사하고, 다른 집단에게는 광고를 보여주지 않고 태도를 조사한 후 비교할 수 있다. 그 결과 광고에 대한 태도에서 유의적인 차이가 발생하는가를 조사하여 유의적인 차이가 나타나면 광고효과가 있다고 판단하는 경우이다.

현장실험에서는 피험자들을 실험실에서 조사하는 것이 아니라 실제 광고에 노출되는 현장에서 같은 실험설계를 하여 조사하는 것이다. 현장실험은 현실성을 높인다는 장점이 있으나 소비자들이 광고에 대한 노출 이외의 다른 외생변수들에 영향을 받아 광고에 대한 태도가 결정될 수 있기

그림 6.5 실험실실험과 현장실험

때문에 외생변수들을 찾아서 통제하기가 쉽지가 않다는 단점이 있다. 마케팅상황에서는 경쟁상황에 있으므로 경쟁자의 반응, 기간과 비용을 고려하여 신중하게 결정하여야 한다.

3.2 내적타당성과 외적 타당성

내적 타당성(internal validity)은 측정된 종속변수의 변화가 실험변수의 변화에 의해서만 일어난 것인가를 나타내는 정도이다. 종속변수의 변화가 순수한 실험변수의 영향에 의해서만 일어난 것이라면 그 실험은 내적 타당성이 높은 실험이다. 이러한 내적 타당성을 높이기 위해서 외생변수를 철저히 통제하여 실험설계를 순수한 실험변수의 효과만을 정확히 추출해 내고자 한다.

외적 타당성(external validity)은 결과의 일반화와 관련된 내용이다. 내적 타당성을 높이기 위해서 실험조건을 엄격히 통제하여야 하는데, 이는 실험상황이 현실과 떨어지게 하여 실험결과를 현실상황에 일반화시키는 데 문제가 발생할 수 있으므로 실험을 현실과 일치하는 조건에서 이루어지도록 하여 외적 타당성을 높이려고 한다.

실험에서는 내적 타당성과 외적 타당성은 서로 상충되는 특성을 가지고 있어 내적 타당성을 높여야 실험의 의의가 있으나, 이는 외적 타당성을 낮게 할 가능성이 있으므로 실제 마케팅상황에 맞는 실험을 하기 위해서는 내적 타당성과 외적 타당성이 균형을 유지할 수 있는 실험을 수행할 필요가 있다.

4 실험설계의 종류

4.1 유사실험설계의 세 가지 종류

유사실험설계(quasi-experimental design)는 외적 타당성이나 내적 타당성의 부족으로 생기는 문제점들을 적절하게 통제하지 않기 때문에 순수실험설계(pure experimental design)로 간주되지 않는 실험설계를 말한다. 그러나 순수실험설계의 수행은 요구되는 조건들이 까다로워 실제 마케팅상황에서 성공적으로 수행하기가 매우 어렵기 때문에 유사실험설계를 널리 사용한다. 이 방법에서는 실험자가 측정의 대상과 측정시기를 통제할 수 있어 현장실험에서 자주 사용된다.

현장실험은 앞에서 실험실실험과 비교한 바 있지만 생활을 영위하는 자연적인 상태에서 실험자가 독립변수를 조작하면서 연구하는 실험조사이다. 실제 상황에서 실험이어서 외적 타당성을 높일 수 있으나 실험변수효과와 외생변수효과를 분리해서 파악하기가 곤란하고 실험실 상황보다 변수들의 조작 및 외생변수의 통제가 곤란하여 연구결과의 정확성이 떨어질 수밖에 없다. 다음에서 이 세 가지 종류를 소개하고자 한다.

1) 단일집단 사후측정설계

단일집단 사후측정설계(one shot design)는 실험변수의 조작이나 집단의 무작위화 없이 실험자가 임의로 실험대상을 선정하는 경우이다. 실험변수에 노출된 하나의 집단에 대하여 사후적으로 결과변수를 측정한다. 이는 다음과 같이 표현된다.

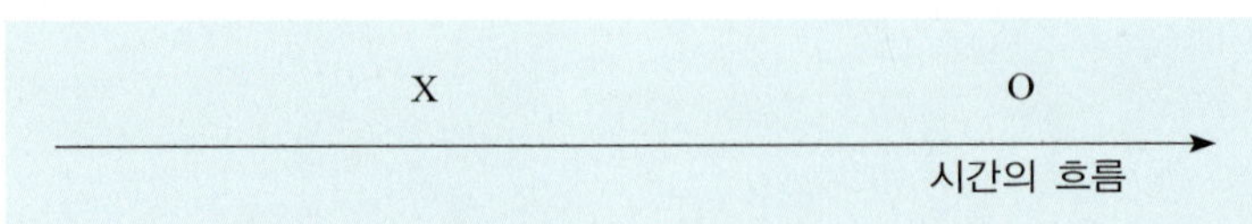

실험대상자에게 새로운 광고프로그램(X)을 보여주고, 실험대상자의 반

응(O)을 측정하는 것이 예가 될 수 있다.

2) 단일집단 사전사후측정설계

단일집단 사전사후측정설계(one-group pretest-post test design)는 다음과 같이 표현된다.

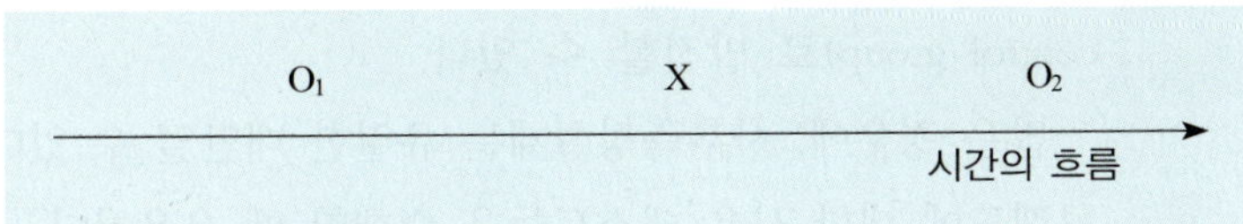

위 그림에서 X는 실험대상에 실험처치를 수행하는 것을 나타내며, O_1, O_2는 결과변수를 측정하는 것을 나타낸다. O_1과 O_2는 시간적인 흐름에서 앞과 뒤를 표시한다. O_1은 실험대상에 실험처치를 수행하기 이전에 측정한 것을 말하며, O_2는 실험대상에 실험처치를 수행한 후에 측정한 것을 말한다. 이는 실험처치 이전과 이후의 결과변수에서 나타난 차이(O_2-O_1)를 보면서 실험처치 이후가 어떻게 달라졌는가를 알 수 있다.

3) 정적집단설계

정적집단설계(static group design)에서 각 대상자는 실험집단이거나 통제집단 중에서 어느 하나에 속하도록 한다. 실험집단은 실험처치에 노출된 후에 측정되고 통제집단은 실험처치에 노출되지 않고 측정된다.

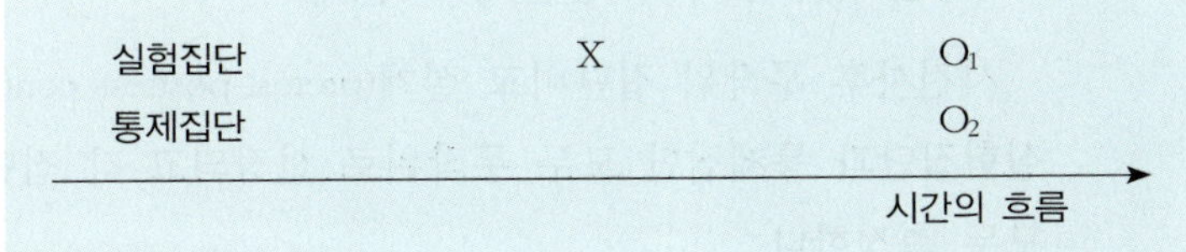

이 설계는 실험집단의 측정에서 통제집단의 측정 차이(O_1-O_2)를 보고 실험처치의 영향이 나타났는가를 알려고 한다. 이 차이는 실험처치에 의한 효과라고 간주한다.

이 설계의 주요한 약점은 실험집단이 처치를 받기 전에 집단들이 관심 있는 변수들에 대해서 동등하다는 확신이 부족하다는 것이다. 집단들이 임의로 선정되거나 어느 집단으로 들어가는 것이 자발적이라면, 집단들 사이의 체계적 차이점들이 처치의 효과에 대한 결론의 타당성을 저해할 수 있다. 이 경우 대상자들을 무작위로 할당하는 것이 집단 차이점에 대한 문제를 줄일 수 있다. 이는 사후측정 통제집단설계(after-only design with control group)로 발전할 수 있다.

많은 경우에, 사후측정설계는 유일한 대안일 수 있다. 이는 신제품이나 브랜드에 대한 사용 테스트들을 수행할 때 유용하다. 이 설계의 단점들을 주의 깊게 해석하고 인식하면서 접근하면 이 설계를 유용하게 사용할 수 있다.

4.2 무작위화를 사용한 보다 세련된 세 가지 실험설계

앞에서 언급된 세 가지 실험설계는 무작위화(randomization)를 사용하지 않았기 때문에 공식적이고 과학적인 의미에서 순수실험설계들(pure experimental designs)이 아니다. 실험의 대상들이 대상자들의 공동 풀(pool)로부터 선정되지 않았고 다른 집단에 임의로 할당되지 않았다. 세 가지 기본 실험설계에 대한 토론에서 R은 순수실험설계의 첫 번째 단계에서 대상을 할당하는 데 있어서 무작위로 할당된다는 것을 의미한다.

1) 사전사후 무작위 집단비교 설계

사전사후 무작위 집단비교 설계(pretest-posttest control group design)는 실험집단과 통제집단 모두 무작위로 선정되고 각 집단에서 사전과 사후 모두 측정한다.

실험집단	R	O_1	X	O_2
통제집단	R	O_3		O_4

→ 시간의 흐름

신제품 광고에 대한 소비자 태도를 조사하고자 할 때 실험을 예로 들어 보자. 실험집단에는 광고를 보여주기 전에 측정을 하고, 또 광고를 보여주고 측정하여 그 차이인 $O_2 - O_1$을 통해 실험변수 처리효과와 외생변수의 효과를 본다. 통제집단에서는 $O_4 - O_3$의 차이를 통해 외생변수만이 나타나는 효과를 본다. 결과적으로 실험처치효과는 $(O_2 - O_1) - (O_4 - O_3)$가 된다. 이를 다시 수식으로 표현하면 다음과 같다.

$$O_2 - O_1 = \text{실험효과}(TE) + \text{외생변수효과}(H + M + T + I + R + TM) \cdots (6.1)$$

$$O_4 - O_3 = \text{외생변수효과}(H + M + T + I + R + TM) \cdots\cdots (6.2)$$

TE = Treatment Effect(실험효과)
H = History(역사적 사건)
M = Maturation(성숙효과)
T = Testing(시험효과)
I = Instrumentation(측정수단의 변화)
R = Regression(통계적 회귀)
TM = Test unit mortality(실험대상의 소멸)

위 방정식 (6.1)에서 (6.2)를 빼면 실험효과만이 나타난다.

$$(O_2 - O_1) - (O_4 - O_3) = TE$$

2) 사후측정 통제집단설계

사후측정 통제집단설계(posttest-only control group design)는 현실적으로 많이 사용되는 가장 간단한 형태의 제대로 된 실험설계이다. 실험집단에 신제품에 대한 광고를 보여주고 소비자 태도를 측정하고 통제집단의 소비자 태도를 측정하여 차이를 통해 광고효과를 보고자 한다.

실험집단	R	X	O_1
통제집단	R		O_2

→ 시간의 흐름

이 실험설계는 결과변수에 대한 사전측정이 없기 때문에 실험변수의 효과를 정확하게 파악하기 어렵다는 단점이 있다. 그러나 실제 현실에서는 사전측정이 어려운 경우가 많기 때문에 집단 간 분리도 쉽고 실험대상의 수가 적어도 실험을 할 수 있다는 장점이 있어 많이 사용하는 방법이다.

3) 솔로몬 4집단설계

솔로몬 4집단설계(Solomon four-group design)는 앞에서 설명한 사전사후 무작위 집단설계와 사후측정 통제집단설계를 결합하여 만든 설계를 말한다. 외생변수의 효과뿐만 아니라 시험효과를 통제하기 위한 수단을 제공하면서 실험설계단계에서 발생할 수 있는 오류를 제거하고, 내적타당성과 외적타당성 모두를 높일 수 있는 설계이다. 이 설계에서 실험집단 1에서 $O_2 - O_1$를 통해 주시험효과를 포함한 외생적 변수효과와 상호작용효과가 나타나고, $O_4 - O_3$에서 주시험효과를 $O_5 - \frac{1}{2}(O_1 + O_3)$는 상호작용효과를 볼 수 있고, $O_6 - \frac{1}{2}(O_1 + O_3)$는 실험효과를 분리해낼 수 있다.

집단			사전측정	처치	사후측정
실험집단 1	:	R	O_1	X	O_2
통제집단 1	:	R	O_3		O_4
실험집단 2	:	R		X	O_5
통제집단 2	:	R			O_6

→ 시간의 흐름

이 실험설계는 여러 가지 효과를 볼 수 있지만, 집단들의 통제가 어렵고 시간과 비용이 많이 들어 드물게 사용되고 있다.

5 시험마케팅

신제품을 개발하거나 새로운 광고를 개발하여 전국 시장에 내보내기 전에 소비자반응을 미리 측정하는 실험적 절차(experimental procedure)를 거치는 것을 시험마케팅(test marketing)이라고 한다. 이는 표준시험시장법과 통제시험시장법이 있다. 전자는 오케스트라 예행연습에 비유되기도 하는데, 바이올린, 트럼펫, 드럼 등을 연주하는 이들이 각각 그들이 다루는 도구를 조정하고 전체적으로 맞추는 것처럼 신제품의 출시를 전국적으로 하기 전에 중소도시를 중심으로 예행연습을 하는 것을 말하는 것이며, 후자는 특정한 점포에만 신제품을 내보내고 광고, 판촉, 진열 등도 해당 점포 내에서만 실시하여 시용을 하도록 하여, 반복구매율과 시용률을 측정하고자 하는 실험법이다.

5.1 표준시험시장법

1) 표준시험시장의 내용

예행연습인 이 표준시험시장법(standard test market)은 신제품을 출시하여 반응을 볼 수 있는 어느 정도 대표성이 있는 도시를 선정하여 기존에 형성된 유통경로를 통하여 자사의 종업원이 활동하는 신제품에 대한 소비자들의 수용과 실제 구매행동을 테스트하고, 매출액을 추정하기 때문에 외적타당성(external validity)을 높일 수 있는 방법이다.

이 방법은 기존의 유통경로를 이용하여 유통점의 반응과 소비자반응을 예측할 수 있지만, 실제 상황에서 마케팅믹스 프로그램을 수행하므로 시간과 비용이 많이 투여된다는 단점과 신제품 개발과 출시에 관한 정보가 경쟁자에게 빠르게 노출된다는 단점이 있다.

코카콜라 신제품 New Coke는 조사과정에서는 호의적으로 나타났으나 실제 시장에서는 비호의적인 반응이 나타나 마케팅실패를 경험한 바 있다. 맛 테스트를 넘어서서 본격적인 표준시험시장을 수행하였다면 시장반응을 예측할 수 있었을 것으로 볼 수 있다.

다국적기업 P&G는 시험마케팅을 중요시 여긴다. 우리 주변에서 자주 볼 수 있는 Pringles는 시험시장에서 7년을 보내고 난 후 전 세계로 판매된 제품이다.

2) 표준 시험시장선정에 고려해야 하는 요인들

표준시험시장을 선정하는 데 다음과 같은 요인들을 고려하여야 한다.

첫째, 모집단 크기는 중소도시를 선정한다. 모집단은 신뢰성 있고, 투사 가능한 결과를 제공할 정도로 충분히 커야 하고, 표본은 비용이 너무 많이 들지 않을 정도가 되어야 한다.

둘째, 소득, 나이 분포, 라이프스타일, 인종배경과 같은 다른 시장특성을 고려하면서 대표가 될 수 있는 표적시장을 찾아야 한다.

셋째, 마케팅은 경쟁상황 하에서 펼쳐지기 때문에 경쟁자들의 시장점유율, 경쟁적인 광고, 유통패턴 등을 조사하여야 한다.

넷째, 텔레비전, 스포츠, 신문과 같은 지역매체는 전국적인 규모의 매체를 대변하는 정도에서 매체 커버리지와 효율성을 고려하면서 접근할 필요가 있다.

다섯째, 외부 공동체들로부터의 광고는 시험시장을 오염시킬 수 있다. 소비자들이 테스트 지역의 바깥에 살고 있기 때문에 매체광고를 하더라도 광고된 제품을 구매할 수 없기 때문에 낭비를 초래한다.

여섯째, 유통업자들은 우선권을 가지고 혹은 독점적으로 시험시장지역에서 판매를 하여야 한다.

일곱째, 지나치게 자주 사용되는 시험시장을 피한다. 소비자들이나 소매업자들이 이 제품이 시험제품이라는 것을 인식한다면 그렇지 않는 것보다 다르게 반응할 수 있다. 따라서 신제품 소개에 자주 사용되지 않는 시험시장을 선정하는 것도 고려사항이 된다.

여덟째, 경쟁자 노출에 대비해야 한다. 특정 기업이 시험마케팅에 의해서 제품을 국가적으로 출시하는 것을 지연한다면, 경쟁자는 실험하는 것을 발견하고 시험시장의 결과를 파악할 수 있다. 기업은 경쟁자들에게 신제품을 노출하는 위험에 처하게 된다. 경쟁자들이 신제품에 대하여 쉽게 모방한다면, 전국 시장에서 기업의 신제품이 공격받을 수 있다.

5.2 통제시험시장법

통제시험시장(controlled test market)은 특정한 점포에만 신제품을 내보내고 광고, 판촉, 진열 등도 해당 점포 내에서만 실시하여 시용을 하도록 한다. 이 방법은 반복구매율과 시용률을 측정하고자 하는 실험법이다. 이를 좀더 확장하면 한 소도시 내에서도 구역별로 또는 점포별로 서로 다른 마케팅믹스 전략을 전개하여 효과를 측정하는 것으로 확장할 수 있다. 이를 "미니시험시장(mini test market)"이라고 한다. 표준시험시장법에서는 중소도시를 선정하나 통제시험시장법에서는 소도시로 확장된다는 점에서 표준시험시장법을 행하는 전 단계로 실시하는 것이 적합하다. 시장과 비용이 적게 들고 경쟁자에게 덜 노출된다는 장점이 있으나 현실반영이 부족하기 때문이다.

통제시험시장의 한 변형으로 전자시험시장법(electronic test market)이 있는데, 이는 패널을 구성하고 그들에게 ID카드를 주어 점포에서 제품구매 정보를 스캐너정보에 의해 조사하는 것을 말한다. 이러한 스캐너 패널자료를 이용한 실험조사를 다음 사례연구에서 살펴보고자 한다.

사례 BehaviorScan 또는 미니시험시장

시험시장이 보통 중간규모의 도시에서 실시하는데 비해 미니시험시장은 지형적으로 주변과 격리된 소규모 도시에서 실시된다. 미니시험시장은 전국시장을 재연하는 방법에 비해 저렴한 비용과 짧은 시간에 결과를 얻을 수 있다. 이를 실시하려면 실험설계, 측정, 통계적 추정, 그리고 의사결정모형 등의 분야에 상당한 능력을 갖추고 있어야 한다. Urban와 Hauser(1993)는 미국 시카고에 위치한 마케팅조사회사인 IRI(Information Resources Inc.)가 1983년 개발한 미니시험시장 서비스를 소개하고 있다. 이 서비스는 스캐너 패널과 유선방송을 결합한 것으로 'BehaviorScan' 또는 미니시험시장이라고 부른다. 이 회사는 도시의 모든 슈퍼마켓에 스캐너와 소형 컴퓨터를 설치하여 주는 대신에 스캐너 패널 자료수집에 대한 협조를 구한다.

그 당시 지형적인 이유 때문에 대부분의 가구들이 유선방송에 의존하고 있는 소규모도시를 선택하여, 유선방송을 시청하는 특정 가구에 특정 광고를 내보낼 수 있도록 해주는 전자장치를 개발하였다. 이 장치를 사용하면 광고실험이 가능하다. 가령 신제품의 광고로 A와 B의 두 가지를 제작하였다고 하면, 패널 멤버들을 상호 비슷한 두 집단을 나눈 다음에 일정한 기간 동안 한 집단에는 A광고만 내보내고, 다른 집단에는 B광고만 내보내면서 신제품의 판매추이를 스캐너 패널자료를 통해 비교분석할 수 있다. 광고 카피가 아니라 광고 노출횟수가 관심의 대상이라면, 역시 비슷한 방법으로 적정 노출횟수를 결정할 수 있다.

이와 같이 IRI는 스캐너자료를 이용하여 주요도시의 소매점과 개인들을 패널로 선정하여 정보를 모은다. 패널로 선정된 개인은 집 TV 수상기 위에 놓인 검은색 상자를 두고 그 안에 고객의 TV시청에 관한 정보가 자동 입력되면 기업의 컴퓨터는 그 정보를 연결한다. 고객들이 지난 하룻 동안 어떤 TV 프로그램을 얼마 동안 시청했는지를 알 수 있다. 고객들이 인근 슈퍼마켓에서 쇼핑을 할 때에는 슈퍼마켓에 있는 컴퓨터가 이들이 구입한 모든 물품과 수량, 가격 등을 기록한다.

이 조사기법은 레이저 스캐너, 컴퓨터, 유선방송 등의 정보통신기술을 결합하여, 표본 집단의 구매행위, TV 시청 패턴, 인구통계적 변수들(소득, 연령, 가족수)을 하나로 묶어서 제공한다. 이 기법의 장점은 신제품을 시장 테스트하는 시간을 단축시켜주었다. 이 시장조사기법은 P&G, Gillette, Campbell Soup 등 대기업들이 신제품을 테스트하고 광고계획을 수립하는 방식에 큰 영향을 미쳤다.

Campbell Soup는 스완슨(Swanson) 냉동식품의 광고계획을 수립하고 두 개의 광고를 제작해놓고 어느 것을 택할 것인지를 결정하기 위해서 IRI에 의뢰한 적이 있었다. 한 광고에서는 한 젊은 남자가 여자 친구에게 음식을 대접하는데, 이 여자는 그 음식이 냉동식품을 덮힌 것인지를 모르고 남자의 요리솜씨에 감탄하는 내용을 담고 있었고, 다른 광고에서는 스완슨 냉동식품을 햄버거나 핫도그 대신에 먹을 수 있는 것으로 묘사하였다. IRI의 서비스를 이용해 약 6개월 동안 그 두 개의 광고를 내보낸 후, 첫 번째 광고를 본 사람들이 두 번째 광고를 본 사람들보다 20% 정도 스완슨 냉동식품을 더 많이 구입하고 있음을 알았다. 이 결과를 토대로, Campbell에서는 첫 번째 광고를 전국적으로 방영하기 시작하였다.

오늘날 스캐너의 보급으로 비내구소비재에 대한 실험과 측정이 훨씬 용이해지고 있다. 스캐너 패널자료(scanner panel data)를 이용하여 어느 도시에 거주하는 가구들 가운데 표본을 추출하여 패널 멤버로 가입하게 한 다음, 패널 멤버들에게 고유의 바코드가 부착된 ID카드를 지급하고 일정기간 동안 이들이 슈퍼마켓에서 구매하는 물품들의 바코드를 스캐너로 읽어들여, 각 가구별 시용, 반복구매, 그리고 구매빈도를 파악해낼 수 있다.

(자료 : Glen L. Urban, John R. Hauser(1993), Design and Marketing of New Products, Prentice-Hall, Chapter 16. 이유재·박찬수 편역(1995), 『신상품마케팅』, 시그마프레스, pp. 533~535.)

요약

1. 마케팅조사에서 실험설계는 매우 정교한 기법으로서 독립변수와 종속변수가 명확하게 설정되고 인과성이 명확하게 나타나는 상황에서 매우 유용한 조사방법이 된다. 연구자는 마케팅현상에서 소비자행동반응이나 매출액과 같은 연구하고자 하는 종속변수를 명확하게 하고 종속변수에 영향을 미치는 독립변수를 설정하여 이들 사이의 영향관계를 실험으로 설계하는 능력이 있어야 한다. 이때 실험을 해치는 외생변수들의 효과를 파악해내고 이를 제거할 수 있는 방법을 이해하는 것이 중요하다.

2. 실험은 엄밀하게 하면 할수록 내적 타당성을 높일 수 있지만, 외적 타당성이 낮아지는 서로 상쇄효과가 발생하므로, 이들의 균형을 추구하는 것이 중요하다. 실험은 실험실실험과 현장실험으로 나눌 수 있으며, 마케팅상황에서는 많은 연구들이 현장실험으로 연결되어 외적 타당성을 높이려고 하지만, 내적 타당성이 문제가 된다.

3. 내적 타당성을 높이기 위해서 외생변수가 어떠한 유형이 있는가를 파악해야 한다. 이는 역사적 사건효과, 성숙효과, 시험효과, 측정수단의 편향, 통계적 회귀, 표본선정의 편중, 실험대상의 소멸 등이 있다. 이러한 외생변수를 통제하는 방법으로 제거, 균형화, 상쇄, 무작위화 등이 있다.

4. 실험설계의 종류는 현장실험에서 유사실험설계를 많이 사용하며, 이는 단일집단 사후측정설계(one shot design), 단일집단 사전사후측정설계(one-group pretest-post test design), 정적집단설계(static group design)가 있다. 대상을 무작위화시키고 수행하는 순수실험설계에는 사전사후무작위집단비교설계(pretest-posttest control group design), 사후측정통제집단설계(posttest-only control group), 솔로몬 4집단설계(Solomon four group design)가 있다.

5. 신제품의 시장출시에서 시험마케팅은 New Coke 사례에서 본 바와 같이 마케팅의 성패를 결정하는 중요한 실험에 해당한다. 오케스트라 리허설과 같이 표준시험시장단계에서 고려해야 할 요인들을 보다 철저하

게 이해하고, 통제시험시장도 결합하면서 시험마케팅단계를 거치고 신제품의 시장성공을 이룰 수 있다.

6. IRI 사례에서 본 것처럼, 오늘날 세계적인 마케팅조사 기업들은 정보기술의 힘을 이용하여 소비자패널을 만들고, 신제품에 대한 광고프로그램을 제작하여 유사실험설계를 하면서 소비자반응을 분석하고 있다. 디지털과 아날로그가 함께 융합되고 있다.

토의과제

1. 인과성이 나타나는 마케팅현상을 주변에서 찾아보라. Kassarjian과 Cohen의 흡연에 대한 인지부조화이론은 Martin이 제시한 도표를 가지고 이론과 실험의 현결을 설명하여 보라.

2. 실험실과 현장에서 실험을 하는 경우, 내적 타당성과 외적 타당성이 어떻게 다르게 나타나는가?

3. 외생변수의 유형에는 어떠한 것이 있으며, 어떻게 통제할 수 있는가?

4. 유사실험설계의 세 가지 종류와 순수실험설계의 세 가지 종류를 설명하라.

5. 제1장 토의사례에 나타난 New Coke 사례에서 본 장에서 논한 표준시험시장법을 적용하였다면 어떻게 시험마케팅을 하였겠는가를 토의하라. 그리고 표준시험시장법과 통제시험시장법의 차이는 어디에 있는가?

6. IRI(Information Resources Inc.)에서 행하고 있는 스캐너패널을 이용한 실험과 측정방법에 대하여 토의하여 보라.

참/고/문/헌

이규현(2011), 『소비자행동론』, 교보문고.

이규현(2007), 『첨단기술제품 마케팅』, 경문사.

Aronson, Elliot, Phoebe C. Ellsworth, J. Merrill Carlsmith, and Marti Hope Gonzales(1990), *Method of Research in Social Psychology*, 2nd edition, McGrow-Hill Publishing Company.

Campbell, D. T. and J. C. Stanley(1966), *Experimental and Quasi-experimental Designs for Research*, Chicago : Rand McNally.

Cook, T. D. and D. T. Campbell(1979), *Quasi-experimentation : Design & analysis issues for field settings*, Chicago : Rand McNally.

Kassarjian, Herold and Joel Cohen(1965), "Cognitive Dissonance and Consumer Behavior," *California Management Review*, Vol.8, pp. 55~64.

Martin, David W.(2007), *Doing Psychology Experiments*, 7th edition, Wadsworth/Thomson Learning.

Nantis, K. and E. G. Schelenberg(1999), "The Mozart Effect : An Artifact of Preference," *Psychological Science*, 10(4), pp. 370~373.

Rauscher, F., G. Shaw, and K. Ky(1993), "Music and Spatial Task Performance," *Nature*, 365, p. 611.

Urban, Glen L. and John R. Hauser(1993), *Design and Marketing of New Products, Prentice-Hall*, 이유재·박찬수 역(1995), 『신상품마케팅』, 제16장.

Marketing Research

07 측정과 척도개발

Intro
1. 구성 개념과 측정변수
2. 척도의 종류
3. 척도의 개발 : 소비자 태도 척도
4. 척도의 평가 : 타당성과 신뢰성
5. 타당성 평가
6. 신뢰성 평가
사례: 프레드릭슨의 긍정 감정연구
요약
토의과제

INTRO

마케팅 현상을 이해하는 가장 좋은 방법 중의 하나는 측정하는 것이다. 마케팅시스템에서 추상적으로 보이는 것들이 측정을 통하여 명확해질 수 있다. 기업은 마케팅활동을 하고 있고, 소비자들은 기업의 마케팅활동에 대해 반응하고 있다. 측정은 [그림 7.1]과 같이 마케팅현상이 나타나고 있는 관찰가능한 현실세계와 추상적·개념적 세계를 연결시킨다. 측정이 없다면, 추상적·개념적 세계는 관찰가능한 현실세계와 연결될 수 없다.

마케팅에서 측정(measurement in marketing)은 기업의 마케팅믹스 활동에 대한 소비자 반응과 성과에 관한 것들이 많다. 즉, 소비자들의 인구통계적 특성이나 행동적 반응특성, 신제품의 시장잠재력의 측정, 신제품이나 브랜드에 대한 소비자들의 지각, 태도, 선호의 측정, 브랜드자산의 측정, 새로운 광고효과의 측정, 종업원 만족의 측정, 고객만족의 측정 등이다.

조사자는 조사하고자 하는 분야에서 자료를 수집하고 이를 측정으로 연결시킨다. 올바른 측정이 이루어지기 위해서는 올바른 측정도구, 즉 척도가 개발되고 평가되는 절차가 필요하다. 이 척도개발은 설문지 설계와 직접 연결되어 있다. 설문지 작성은 다음 장에서 다루고 본 장에서는 마케팅조사에서 얻고자 하는 자료의 종류에서 시작하여 측정과 척도개발에 대해서 자세히 살펴보고자 한다. 이 측정과 척도개발은 이 책 3부에서 다룰 자료분석 준비와 분석방법을 이해할 수 있는 기초가 되기 때문에 매우 중요하다.

[그림 7.1] 측정의 의미

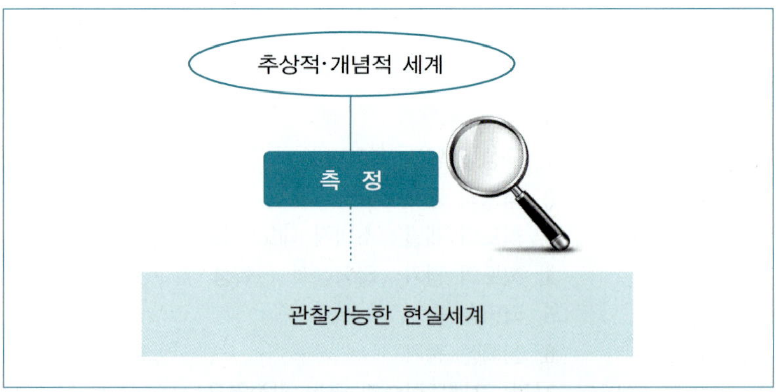

1 구성개념과 측정변수

1.1 구성개념과 측정

측정(measurement)은 측정하려는 대상의 속성에 대해 일정한 법칙에 근거하여 수치를 부여하는 것으로 측정대상물이 지니고 있는 속성을 측정한다. 즉, 신제품이나 소비자 자체를 측정하는 것이 아니라, 신제품의 품질, 소비자의 연령이나 성격 등과 같은 속성을 측정하는 것이다. 따라서 측정은 일정한 수치를 부여하는 과정이므로 측정대상이 지니고 있는 특성과 일정한 숫자체계가 직접적으로 연결되어야 가능하다. 즉, 사회적 지위라는 구성개념(construct)을 측정하기 위해서는 관찰 가능한 직업, 소득수준, 교육수준을 측정하는 방법을 취할 수 있다. 이때 직업, 소득수준, 교육수준은 사회적 지위라는 추상적인 개념을 구체적이고 관찰 가능한 형태로 나타내 주며 그 정도에 따라 일정한 숫자체계를 부여한다. 이 경우 사회적 지위는 구성개념, 즉 construct가 되며, 직업, 소득수준, 교육수준은 측정변수가 된다.

심리학적으로 나타나는 소비자행동에서 많은 구성개념들이 잠재변수(latent variable)가 되고, 이를 측정하기 위하여 측정변수(measurement variable)들을 만들어 관찰가능한 현실세계로 연결시키고 있다.

그림 7.2 구성개념과 측정변수

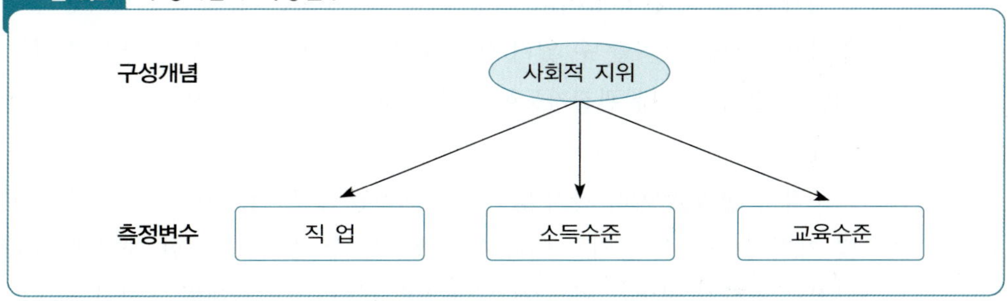

1.2 개념적 정의와 조작적 정의

구성개념을 어떻게 정의할 것인가는 측정과 관계된다. 이는 개념적 정의와 조작적 정의로 나눈다. 물리학에서 다루는 길이, 무게 등의 측정은 비교적 쉽다. 그러나 마케팅과 같은 사회과학에서 다루는 선호, 태도와 같은 인간행동 현상의 측정은 쉽지가 않다. 개념적 정의를 정립하고 난 뒤 조작적 정의를 수행하면서 측정으로 연결한다.

개념적 정의(conceptual definition)는 그 측정대상이 갖는 속성에 대한 개념적이고 추상적인 표현이며, 조작적 정의(operational definition)는 그 속성에 대한 경험적이고 구체적인 표현이다. 측정하려는 개념이 관찰 가능한 물리적인 대상과 직접 연결된 경우는 측정 상의 어려움이 없으나, 그렇지 않은 경우에는 측정상 어려움이 따른다. 예를 들면, 마케팅에서 언급되는 개념 중에서 브랜드 충성도(brand loyalty)는 관찰가능한 물리적인 형태가 없어서 직접적인 측정이 불가능하다. 이러한 경우 측정 상의 문제점을 해결하기 위한 수단이 조작적 정의이다.

브랜드 충성도의 개념적 정의를 하면, '브랜드 충성도는 한 소비자가 선택가능한 여러 개의 브랜드 중에서 특정 브랜드 제품을 일관성 있게 계속적으로 구매하는 현상이다'라고 할 수 있다. 그러나 이러한 개념적 정의만으로는 변수를 측정할 수 없다. 측정을 위해서 이러한 개념적 정의는 '동종의 제품을 5회 구매했을 때, 그 중에서 4회 이상 동일한 브랜드의 제품을 구매한 경우 브랜드 충성도가 있다고 본다'라고 조작적 정의를 할 수 있다.

이와 같이 조작적 정의로 변경하면, 구매횟수는 실제로 관찰가능하며 일정한 숫자를 부여할 수 있기 때문에 측정가능해진다. 즉, 조작적 정의는 개념적 정의를 보다 관찰가능한 형태로 표현해놓아 측정으로 연결시킨 것이다.

조작적 정의는 여러 가지 방식으로 표현될 수 있어, 하나의 개념에 대해 몇 가지의 조작적 정의를 이용하여 측정할 수 있다. 특정한 개념에 대해 규정된 조작적 정의가 있는 것은 아니며, 이와 같이 선택된 조작적 정의는 측정하고자 하는 개념을 어느 정도 잘 대표하는가 하는 객관적인 평가기준이 없다. 따라서 조작적 정의에 의한 측정 상의 오류가 발생될 수 있기 때문에, 여러 연구가들이 사용하는 정의가 있으면 이용하는 경향이 있다.

2 척도의 종류

구성개념을 측정하려면 척도(scale)라는 도구가 있어야 한다. 측정은 측정대상의 속성에 일정한 숫자를 부여하는 과정이다. 숫자들 사이의 관계는 측정된 속성들 간의 관계를 반영하고 있어야 한다. 제품의 품질을 평가하여 1, 2, 3등급으로 나누고 해당 등급에 대해 1, 2, 3의 숫자를 부여한다면 1, 2, 3이라는 숫자는 분명히 제품의 품질들 간의 관계에 대한 정보를 담고 있다.

이처럼 부여된 숫자들이 측정하고자 하는 속성들 간의 관계에 어떠한 의미를 부여해 주느냐에 따라 명목척도, 서열척도, 등간척도 및 비율척도의 네 가지 형태로 구분한다. 이들은 측정할 거리(distance)와 자연적 근원(natural origin)이라는 두 차원을 가지고 분류하면 명목척도는 두 차원이 없는 경우이며, 서열척도는 거리가 없고, 구간척도와 비율척도는 거리가 있는 경우이다.

표 7.1 척도의 네 가지 형태

	자연적 근원 없다	자연적 근원 있다
거리가 없다	**서열척도**	**자연적근원을 가진 서열척도**
거리가 있다	**구간척도**	**비율척도**

2.1 명목척도

명목척도(nominal scale)는 측정대상의 특성을 분류하거나 확인할 목적으로 숫자를 부여하는 경우이다. 설문지 상에서 "당신의 성별은 무엇입니까?"라는 질문이 등장한다고 할 때, 소비자들은 남성이거나 여성으로 답할 수 있다. 이 경우 남성을 1, 여성을 2로 숫자를 부여할 때, 이는 소비자가 두 집단 중에 하나에 속한다는 것을 의미한다.

이와 같이 명목척도는 응답내용을 상호배타적(mutually exclusive)으로 분류하기 위해서 각 응답내용에 임의적으로 숫자를 부여하는 척도이다. 동일한 집단에 속해 있는 대상은 동일한 척도를 나타낸다.

t-검정이나 분산분석과 같은 통계분석에서 집단 간 차이를 보려고 할 때 이러한 명목척도는 독립변수로서 중요성을 지닌다(제11장과 제12장 참조). 분산분석을 사용하는 예를 보면 현대자동차와 같은 기업에서 대리점에서 마케팅믹스를 하였다고 하자. 가격인하, 판매촉진을 한 대리점들이 존재하고, 아무것도 하지 않은 대리점 세 집단으로 분류한다고 하자. 이들 세 집단은 명목척도로 분류될 수 있다. 그리고 이들 집단들 간 매출액에서 차이가 나타나는가를 볼 수 있다. 이와 같은 분석방법을 사용할 때 세 가지 집단은 상호 배타적인 집단으로 구분되어 명목척도로 표시될 수 있다.

표 7.2 명목척도의 예

1. 귀하의 성별은?
   (1) 남성 _____ (2) 여성 _____

2. 귀하가 가장 선호하는 음료 브랜드는 어느 것입니까?
   (1) 코카콜라 _____ (2) 펩시콜라 ____ (3) 포카리스웨트 ____ (4) 게토레이 ____

이와 같은 마케팅에서 명목척도는 브랜드의 구분, 점포의 유형구분, 판매지역의 구분, 브랜드의 인지 여부, 소비자의 성별구분, 직업의 구분 등에 이용할 수 있다. 설문지에서 사용되는 명목척도의 유형은 선다형, 양자택일형 및 개방형 등이 있으며, 개방형의 경우 측정이 끝난 후에 적절한 숫자를 부여한다.

2.2 서열척도

서열척도(ordinal scale)는 측정대상 간의 순서관계를 밝혀주는 척도로서 측정대상을 특정한 속성으로 판단하여 측정대상자 간에 대소나 높고 낮음 등의 순위를 부여해주는 척도이다. 그러나 측정대상 간의 해당 속성의 양적인 비교를 할 수 있는 정보는 제공해주지 못한다. 즉, 3개의 상품에 대해서 가장 선호하는 순서대로 1, 2, 3의 숫자를 부여한다면, 1이 2나 3보다 더 선호되는 것을 의미하지만, 선호의 정도는 알 수 없고 순위만을 나타낸다. 예를 들면, 마케팅에서 서열척도는 정확하게 정량화하기 어려운 소비자의 태도, 선호도, 사회계층 등의 측정에 이용한다. 이러한 척도로 조사한 자료의 분석방법은 중앙값, 서열상관관계, 서열 간의 차이분석 등에 이용할 수 있다.

표 7.3 서열척도의 예

1. 다음 브랜드 중에서 귀하가 좋아하는 순서대로 번호를 표시하여 주십시오.
   코카콜라 ____ 펩시콜라 ____ 포카리스웨트 ____ 게토레이 ____

2. 다음 두 개 브랜드 중에서 귀하가 더 좋아하는 브랜드에 체크하십시오.

코카콜라 ____	펩시콜라 ____
코카콜라 ____	포카리스웨트 ____
코카콜라 ____	게토레이 ____
펩시콜라 ____	포카리스웨트 ____
펩시콜라 ____	게토레이 ____
포카리스웨트 ____	게토레이 ____

2.3 등간척도

구간척도라고도 부르는 등간척도(interval scale)는 범주와 서열의 정보와 함께 거리의 정보를 제공해 준다. 등간척도에 의해서 얻어진 측정치는 측정대상이 갖는 해당 속성의 양적인 정도의 차이를 나타낸다. 등간척도는 비율척도와 달리 해당 속성이 전혀 없는 상태인 절대적인 원점은 존재하지 않으며, 임의적인 원점만이 존재한다. 그러므로 측정치 간의 비율계산은 되지 않는다. 예를 들어, 온도는 등간척도이지만 비율계산은 되지 않는다. 섭씨 100°와 50°의 차이는 섭씨 50°와 0°의 차이와 동일하지만 섭씨 100°가 50°보다 두 배만큼 더 뜨겁다는 의미를 갖지는 못한다. 왜냐하면 섭씨를 화씨로 전환하면 섭씨 100°는 화씨 212°이며 섭씨 50°는 화씨 122°이기 때문이다. 동일한 온도일지라도 새로운 등간척도인 화씨의 경우는 측정값이 두 배가 못되며, 0°는 측정하고자 하는 속성인 온도가 존재하지 않는 상태가 아니기 때문이다.

등간척도는 평균계산이 가능하고, 서열척도에 비해 측정된 값에 포함된 정보의 양이 많아 다양한 통계기법을 적용할 수 있다. 고객만족도나 소비자 태도 조사에서 등간척도가 많이 이용된다.

표 7.4 등간척도의 예

1. 귀하의 가정의 연간 소득은 다음 중 어디에 해당합니까?

_______ 0 ~ 1,999만원
_______ 2,000만원 ~ 3,999만원
_______ 4,000만원 ~ 5,999만원
_______ 6,000만원 ~ 7,999만원
_______ 8,000만원 ~ 9,999만원

2. 귀하는 다음 브랜드에 대한 전반적인 만족도는 어느 정도입니까?

	매우 불만족	다소불만족	보통	다소 만족	매우 만족
코카콜라	①	②	③	④	⑤
펩시콜라	①	②	③	④	⑤
포카리스웨트	①	②	③	④	⑤
게토레이	①	②	③	④	⑤

3. 귀하는 갤럭시 스마트폰 브랜드에 대해 재구매의도는 어떠합니까?
   (1) 절대로 재구매하지 않을 것이다.
   (2) 아마 재구매하지 않을 것이다.
   (3) 재구매할 수도 있고 하지 않을 수도 있을 것이다.
   (4) 아마 재구매할 것이다.
   (5) 반드시 재구매하겠다.

4. 귀하는 갤럭시 스마트폰 브랜드를 다른 사람들에게 추천의도가 있으신지요?
   (1) 절대로 추천하지 않겠다.
   (2) 아마 추천하지 않을 것이다.
   (3) 추천할 수도 있고 하지 않을 수도 있다.
   (4) 아마 추천할 것이다.
   (5) 반드시 추천하겠다.

2.4 비율척도

비율척도(ratio scale)는 등간척도가 갖는 특성에 추가적으로 측정값 사이의 비율계산이 가능한 척도이다(표 7.5 참조). 비율계산이 가능한 이유는 측정하고자 하는 속성이 전혀 존재하지 않는 상태가 0인 절대영점이 존재하기 때문이다. 예를 들면, 무게의 경우는 무게가 전혀 없는 상태에 0을 부여함으로 이는 절대원점에 해당되며, 무게는 비율의 계산이 가능하다. 즉, 10g은 5g보다 두 배 무겁다는 해석이 가능하다. 비율척도로 측정되어지는 마케팅변수는 매출액, 광고비, 시장점유율, 가격, 소비자의 수, 생산원가 등을 들 수 있다. 비율척도로부터 얻어진 자료는 어떠한 형태의 통계적 분석도 적용이 가능하다.

표 7.5 비율척도의 예

1. 귀하는 지난 2주 동안 친구들과 식사를 몇 번 가셨습니까? _____ 번

2. 귀하의 나이는 만으로 몇 세입니까? ______ 세

3. 다음의 네 가지 음료브랜드에 대한 상대적 선호도를 0~100점 사이에서 평가해 주시기 바랍니다.

코카콜라	________
펩시콜라	________
포카리스웨트	________
게토레이	________

2.5 척도에 따른 분석방법

명목척도, 서열척도, 등간척도 및 비율척도 순으로 각 척도로부터 얻어진 자료가 담고 있는 정보 수준이 높아지며, 보다 정밀한 분석방법을 적용할 수 있다. 비율척도로부터 얻어지는 자료는 거의 모든 분석방법에 적용될 수 있어서 비율척도를 적용하는 것이 자료의 분석상 유리하지만, 측정하고자 하는 속성에 따라 적용가능한 척도가 제한되어 있는 경우가 있다.

표 7.6 척도별 자료의 특성과 분석방법

척 도	기본 특성	분석방법	적용 예
명목척도	숫자를 확인하고 대상을 분류	• 빈도분석 • 교차분석 • 비모수 통계 • 이항분포 검정 • 최빈값	• 성별분류 • 제품유형별 분류 • 세분시장 구역분류 • 브랜드 구분 • 점포의 형태구분 • 판매지역 구분
서열척도	대상의 상대적 위치를 지정	• 중앙값 • 서열상관관계 • 서열 간의 차이분석 • 비모수 통계	• 브랜드 선호도 순위 • 상품 품질 등위 • 사회계층
등간척도	비교된 대상물의 차이, 영점은 임의적으로 정함	• 모수 통계	• 브랜드 태도 • 광고인지도 • 구매의도 • 고객만족
비율척도	절대 영점이 존재하고, 척도값 비율을 계산하여 이용	• 모수 통계	• 가격 • 연령 • 광고비 • 시장점유율 • 소비자의 수 • 구매확률 • 매출액

예를 들면, 성별과 같은 속성은 명목척도만이 적용가능하다. 서열척도보다는 등간척도가, 등간척도보다는 비율척도의 경우가 정교한 분석방법을 적용할 수 있으며, 서열척도와 등간척도 사이에는 적용가능한 분석방법에 있어 상당히 큰 차이가 있다. 따라서 〈표 7.6〉에서 보는 바와 같이 서열척도로부터 얻어진 자료로는 제한된 분석방법을 적용할 수밖에 없으므로 되도록 등간척도 이상의 자료를 얻고자 노력해야 한다.

3 척도의 개발 : 소비자 태도 척도

3.1 소비자태도 조사에서 구성개념 개발

태도측정은 소비자행동조사에서 핵심이 되어왔다. 기업이 제품을 개발하여 출시할 때 지리적 변수, 인구통계적 변수, 심리적 변수, 행동적 변수에 따라 시장을 세분화하고, 각 세분시장에서 소비자태도를 조사하여 이를 기반으로 포지셔닝전략을 짤 수 있다. 기업이 마케팅믹스를 수행하고자 할 때도 태도조사가 필요하다. 제품과 디자인에 대한 반응, 가격에 대한 반응, 광고나 통합적 커뮤니케이션전략에 대한 반응, 유통전략에 대한 반응을 조사하여 방향을 확정지을 수 있다.

기업이 마케팅활동을 할 때, 소비자들은 지각(perception)을 통하여 제품속성을 받아들이고 난 후 제품을 선호(preference)하여야 선택단계로 넘어가게 되는 데, 이 선호단계에서 대상과 행위에 대한 평가를 하게 되는데, 이러한 평가를 대상에 대한 태도(attitude)라 한다. 기업은 자사의 제품과 브랜드에 대한 소비자태도를 변화시키기 위한 다양한 마케팅전략을 구사하고 있다.

예를 들어, 삼성이 자사브랜드에 대한 유럽 소비자들의 태도를 변화시키는 데 축구를 중심으로 한 스포츠마케팅을 이용하여 소비자 태도를 변화시켰다. 유럽에서는 축구 시청률이 70%에 육박할 정도로 축구가 생활이자 문화로 자리잡고 있다. 2004년 첼시와 공식 후원사계약을 맺어 연간

200억 원씩 5년 동안 지원하는 1,000억 원의 스폰서계약을 맺어 독일의 축구 스타들이 삼성 로고가 새겨진 유니폼을 입고 축구 경기장을 누비면서 유럽 소비자들의 마음속에, 나아가 전 세계 축구팬들의 마음속으로 파고들게 한 바 있다. 첼시가 유럽축구연맹(UEFA) 챔피언스리그 결정전까지 오르면서 전 세계 축구 팬 10억 명에게 삼성의 브랜드가 노출되었을 것으로 보고 있다(2008년 8월 7일, 한국경제 참조).

태도란 무엇인가? Petty와 Wegener(1998)는 태도를 다음과 같이 간단히 정의하고 있다.

> 한 사람이 내리는 사람, 대상, 쟁점에 대한 전반적 평가(a person's overall evaluation of person, objects, and issues)

즉, 소비자가 조사의 대상이 되는 사람, 대상, 쟁점에 대해서 내리는 전반적인 평가를 측정하려고 하는 것이다. 이러한 평가는 인지적 요소, 도의 구성요소는 인지적 요소, 감정적 요소, 행동적 요소로 나누어 볼 수 있다.

인지적 요소(cognitive component)는 소비자가 대상의 속성에 대해 지니고 있는 일련의 평가적 신념들(evaluative beliefs)이 포함된다. 감정적 요소(affective component)는 좋은-나쁜, 미워하는-사랑하는 등과 같이 정서와 관련되는 측면을 다룬다. 행동적 요소(behavioral component)는 구매에 대한 반응을 보일 잠재력 또는 준비상태를 말한다.

소비자태도는 인지적 요소와 감정적 요소를 함께 바라보는 경향이 많고, 행동적 요소는 행동의도로 구분하는 경향이 있다. 이러한 태도연구가 마케팅조사에서 강력한 도구가 된 것은 태도를 알면 행동을 어느 정도 예측할 수 있기 때문이다.

여기서 우리는 태도조사에서는 태도가 행동의도에 어떠한 영향을 미치는가에 대한 연구들을 이해할 필요가 있다. 대표적인 연구가 Fishbein과 Ajzen의 연구였다. 그들의 연구는 '신념, 태도, 의도와 행동'과 '태도의 이해와 사회행동예측'이라는 책에서 합리적 행동이론(Theory of Reasoned Action)으로 정리되었다(Fishbein and Ajzen, 1975 ; Ajzen and Fishbein, 1980). [그림 7.3]에 나타난 합리적 행동이론은 태도, 주관적 규범, 행동의

그림 7.3 Fishbein과 Ajzen의 합리적 행동이론

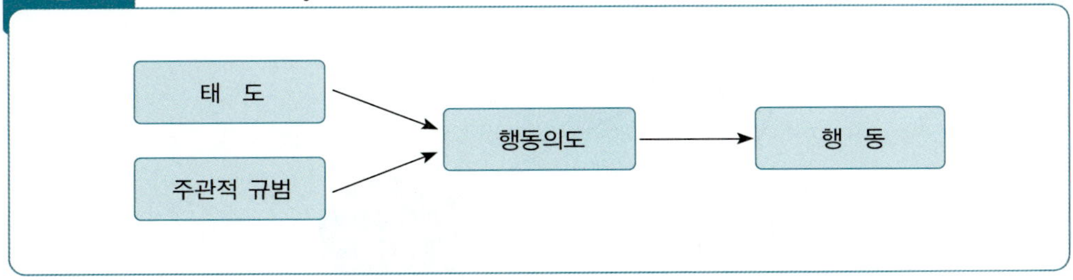

도라는 구성개념들로 구성한다.

태도와 행동 사이의 관계를 측정하기 위해서 어떤 기간 동안 여러 시점에서 동일한 소비자들을 측정할 수 있다. 많은 연구에서 태도와 행동과의 긍정적인 상관관계가 나타나고 있지만, 이러한 상관관계는 완전한 것이 아니라는 조사결과도 나타나고 있다. 이는 소비자선택행동이 태도에 전적으로 의존하지 않는다는 것을 의미하며, 소비자태도만을 가지고 소비자선택행동을 판단하는 데 불확실성을 증가시킨다. 이렇게 상관관계가 높지 않게 나타나고 있는 것은 다른 요소들이 작용하고 있음을 보여주고 있다.

일본 자동차에 대하여 긍정적인 태도를 가지고 있던 한국 소비자들도 독도문제가 심각한 외교문제가 될 때 쉽게 구매로 연결되지는 않는다. 많은 실증적 연구에서 브랜드 태도와 실제 선택행동 간의 상관관계가 기대한 만큼 높지 않는 것은 다른 변수들이 영향을 미치고 있기 때문이다.

예를 들어, 특정 제품에 대한 과거 사용경험이 있는 소비자들은 특정 제품을 구매하기 전에 조사하면 그 제품에 대하여 긍정적인 태도를 가지고 있는 것으로 나타날 수 있다. 또한, 소비자들의 관여도(involvement)가 개입될 수 있다. 소비자들이 특정 제품구매에 높은 관여를 하게 될 때, 태도는 행동을 선행적으로 보다 강하게 결정할 것이지만, 낮은 관여를 하게 될 때, 태도는 행동을 결정하는 데 약한 역할을 할 것이다. 이는 모든 태도들이 행동과 밀접하게 연결되어 있는 것은 아니며, 소비자들은 결코 구매하지 않을 브랜드에 대한 태도를 가질 수 있다.

이규현·리차드 바고찌(2009)는 Fishbein과 Ajzen모형을 확장하여 한국과 미국 소비자를 비교하면서 집단주의가 강한 한국소비자들이 소집단행

그림 7.4 합리적 행동모형의 확장

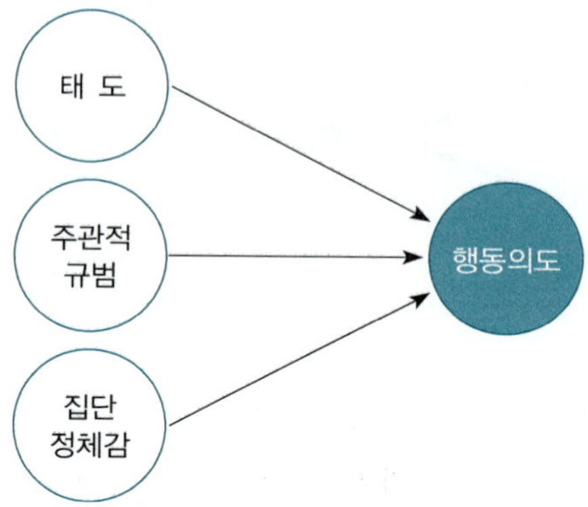

동을 하는 상황에서 집단의도에 집단정체감이 미치는 효과가 미국 소비자에 비해 강하다는 것을 실증적으로 보여준 바 있다.

3.2 태도측정 방법 : 관찰조사와 설문조사

태도측정은 행동을 관찰하면서, 설문지 조사를 통해서 수행할 수 있다. 행동의 관찰(observation of behavior)은 태도측정에서 반응자의 행동은 반응자의 태도에 근거한다는 가정 속에서 수행된다. 즉, 소비자들의 태도를 측정하기 위해서는 소비자들의 행동을 관찰하고, 그 결과로부터 그들의 태도를 유추해 내는 것이다. 이 책 제5장 관찰조사에서 비교적 자세하게 다룬 바 있다. 그러나 행동으로부터 태도를 유추하는 것은 쉬운 일이 아니다. 이 방법은 소비자들이 모르는 사이에 이루어지기 때문에 소비자들의 편견을 예방할 수 있다는 장점을 가지고 있지만, 나 객관적으로 나타난 행동만을 가지고 소비자들 내부에 잠재되어 있는 태도를 파악하기란 한계가 있으며 관찰자의 주관에 의해 영향을 받을 수 있다는 단점이 있다.

행동관찰이 가지는 단점을 보완하고자 간접적 기법들(indirect techniques)을 사용하는 경우가 많은데, 구조화된 자극이나 비구조화된 자극을 사용하는데, 단어연상테스트, 문장완성법, 스토리텔링(storytelling) 등의 방법이 있다. 이 책 제4장 탐색조사설계에서 이러한 정성적 방법을 다룬 바 있다.

객관적 과제들을 제시하고 성과를 보는 객관적 과제의 성과(performance of objective task)를 통해 태도를 측정할 수 있다. 한 대상자가 공해에 대하여 어떠한 태도를 가지고 있는가를 추정하기 위해서 공해 정도, 공해 제거 과제의 크기, 반공해 입법에 대한 사실들을 기억하도록 질문하여 측정하는 것이다.

소비자들에게 자극을 제시하고 생리적 반응(physiological reactions)을 보는 방법을 사용할 수 있다. 대상자들에게 전기적이거나 기계적인 수단을 통하여 제품이나 광고와 같은 자극을 통제된 상태에서 제시하고, 이 자극에 대한 대상자의 반응을 관찰함으로써 태도를 조사하는 경우이다. 예를 들어, 노스캐롤라이나 대학의 바바라 프레드릭슨(Barbara Fredricksen) 교수는 'The Broaden-and Build Theory of Positive Emotions' 연구를 이러한 방식으로 하여 긍정적인 감정은 사고를 넓게 해준다는 것을 밝힌 바 있다(이 장 그림 7.14 참조).

이러한 생리적 반응측정은 반응의 강도만을 측정하고 방향을 측정할 수 없다는 단점이 있어 복수척도(multiple measures)가 필요하다.

3.3 태도척도개발 시 고려사항

서베이 조사에 사용할 태도척도를 개발하기 위해 다음 사항들을 고려할 필요가 있다.

1) 척도점의 수

어느 척도점으로 할 것인가를 고려하는 경우이다. 리커트척도의 경우 척도점을 5점, 7점, 9점, 11점 등으로 할 수 있다. 척도점의 수가 많을수록 분포가 크게 되어 판별능력이 커진다. 즉, 크론바하 알파계수가 커진다. 한편 응답은 어려워진다는 것을 고려해야 한다. 대학생들을 대상으로 하고, 협조적일 경우 척도점의 수를 많게 하는 것이 좋을 수 있지만, 시장에서 일반인들에게 응답을 바라는 상황은 비협조적인 경우가 많아 척도점의 수를 줄이는 것이 좋다.

2) 짝수점 척도와 홀수점 척도

척도점을 4점이나 6점과 같이 짝수점으로 할 것인가, 5점이나 7점과 같이 홀수점으로 할 것인가의 문제이다. 전자는 가운데 점이 주어지지 않으나 후자는 가운데 점이 주어진다. 응답자들이 생각 없이 가운데 점을 답하는 경우에는 자료의 가치가 떨어지기 때문에 이러한 경우를 대비하여 짝수점을 만드는 경우가 있다. 그러나 이 또한 중립적인 의견을 가진 이들에게 의도와 다르게 강제적으로 어느 쪽으로 답해야 한다는 단점이 존재한다.

3.4 태도측정에 자주 사용되는 등급척도들

앞 장에서 척도에는 네 가지 유형이 있음을 살펴보았다. 즉, 명목척도, 서열척도, 등간척도, 비율척도를 제시한 바 있다. 소비자태도측정에서는 등간척도와 비율척도를 많이 이용한다. 등간척도와 비율척도는 분석방법에서 동등하게 보기 때문에, 이들을 등급척도로 함께 보고 척도들을 살펴보고자 한다.

1) 단순태도척도들

제시된 진술에 대해서 동의하는 정도를 동의한다와 동의하지 않는다는 연속선을 표시한다. 한 개인이 사람, 대상(제품, 서비스, 브랜드), 쟁점에 대해 좋아하거나 싫어하거나를 측정하는 경우이다. 이러한 단순태도척도들은 질문지가 길고 반응자들이 조사하려는 분야에 대해서 지식수준이 낮은 경우 등에 사용된다.

초기 태도조사자들은 개인들이 "좋은" 것에서 "나쁜" 것으로, "낮은" 것에서 "높은" 것으로, "좋아함"에서 "싫어함"의 연속선상에 어디에 위치해 있는가를 보고자 했다. 즉, 심리적 거리를 측정하고자 했다. 이러한 단순한 척도는 태도들 사이에서 분명한 차이를 보여주지 못하고 있어서 여러 가지 다른 척도들이 개발되어 왔다.

2) 범주척도들

가장 단순한 등급척도들은 단지 두 개의 반응범주들만을 포함한다. 범주척도(category scale)는 단지 두 가지 반응범주들만을 가지는 척도보다 더 민감한 측정치로, 반응자에게 더 많은 선택을 하게 함으로써, 더 많은 정보를 제공하려고 한다.

친구들이 식사하는 장소를 결정하는 데 대해서 귀하는 얼마나 자주 동의하지 않는 의사를 표시합니까?

전혀 아님	드물게	때때로	자주	매우 자주

3) 리커트 척도

1930년대 미국 미시간대 교수였던 Likert에 의해서 개발된 리커트 척도(Likert Scale)는 소비자들에게 서술형으로 작성된 질문 항목에 대해 동의하거나 동의하지 않는가의 정도를 묻도록 한다.

A백화점에 대하여 다음의 동의 정도를 표시하여 주시오.

	전혀 동의하지 않는다		보통		매우 동의한다
	1	2	3	4	5
시설이 현대화되어 있다					
직원들이 친절하다					
제품이 다양하다					
서비스가 신속하다					
주차시설이 편리하다					

이는 조사자가 준비하기가 용이하고, 소비자들도 응답하기가 쉽다는 이점 때문에 태도조사에 많이 사용되고 있다. 이는 각 태도문항들에 대한 응답이 하나의 독립된 척도로 취급될 수 있고, 그들 문항점수를 총합하거나 가중점수를 산출하여 태도차원으로 취급할 수 있다는 장점이 있다.

리커트 합산등급법(Likert Method of Summated Rating)은 다음과 같다. 응답자들을 대학원생들과 학부학생들 두 집단으로 나누어 각각 50명씩 조사하여 특정 항목에 대해 〈표 7.7〉과 같은 표가 나타났다고 하자.

표 7.7 리커트 합산

	측정값	대학원생	집단합산1	학부생	집단합산2
매우 동의한다	5	28	140	2	10
동의한다	4	14	56	6	24
보통이다	3	6	18	18	54
동의하지 않는다	2	2	4	20	40
전혀 동의하지 않는다	1	0	0	4	4
		50	218	50	132

집단합산 1과 집단합산2를 보면, 대학원생 집단이 218점, 학부학생이 132점으로 대학원생 집단이 동의정도가 높다고 말할 수 있다.

4) 의미차별화 척도

의미차별화 척도(Semantic Differential Scale)는 서로 상반되는 말을 양쪽 끝에 나타내면서 측정한다. 자료수집과 자료분석과정에서 다변량분석에 적용이 가능한 자료를 획득할 수 있는 방법이다. 기업이미지나 광고이미지에 대한 소비자 태도의 방향과 정도를 알려고 할 때 이용한다. 이 척도는 소비자가 특정 대상에 대한 자신의 태도를 도표 상에 알기 쉽게 직접 묘사하여 대상에 대한 태도 비교를 할 수 있다는 장점이 있다. 예를 들어, 특정 은행에 대한 평가를 소비자 태도를 조사하기 위해 〈표 7.8〉과 같이 제시하였다고 하자.

표 7.8 의미차별화 척도의 예시

A은행에 대한 여러분의 평가를 표시하여 주시오.

고전적이다	_	_	_	_	_	_	_	현대적이다
어둡다	_	_	_	_	_	_	_	밝다
느리다	_	_	_	_	_	_	_	빠르다
불안하다	_	_	_	_	_	_	_	안전하다
불친절하다	_	_	_	_	_	_	_	친절하다

이러한 질문을 A은행과 B은행을 한 결과를 선으로 표시하면 서로 다른 태도를 가지고 있음을 알 수 있다.

즉, [그림 7.5]에서 A은행에 대한 태도가 B은행에 대한 태도보다 더 호의적인 쪽으로 나타나고 있다는 것을 알 수 있다.

그림 7.5 의미차별화 측정의 비교

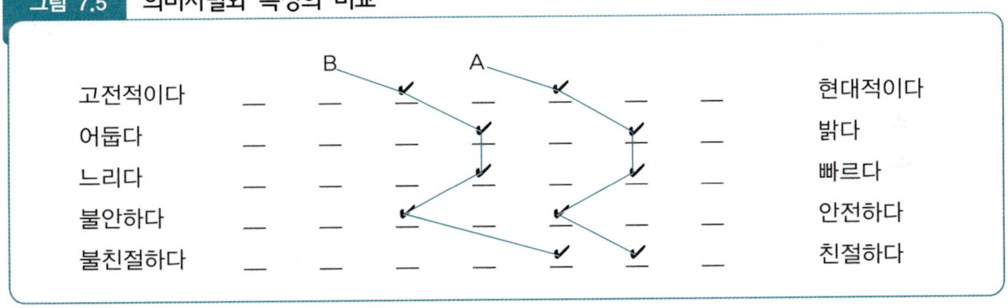

5) 고정총합법

고정총합법(constant sum method)은 응답자에게 일정한 수를 주고 이를 평가대상에 대해 할당하도록 하는 방법이다. 보통 10이나 100을 주고 평가대상의 상대적인 중요도나 선호도에 따라 할당하게 하는 방법이다.

앞에서 설명한 등급척도로서는 속성의 상대적 중요도를 제대로 측정할 수 없으나, 이 방법을 사용하면 속성의 상대적 중요도를 측정할 수 있다. 이 방법은 측정결과가 비율척도인 자료를 얻을 수 있다는 점에서 분석 상

유리한 장점도 있으나, 평가대상이 많아지면 응답자가 점수를 할당하는 데 어려움이 따른다는 단점이 있다. 간단하고 사용이 간편하여 자주 이용되는 방법이다.

표 7.9 고정총합법의 예시

1. 상대적 중요도
다음 다섯 가지의 음료 브랜드에 대하여 상대적 선호 정도를 합계가 10이 되도록 표시하시오.

코카콜라	______
펩시콜라	______
포카리스웨트	______
게토레이	______
칠성사이다	______
	10

2. 상대적 중요도
다음은 고객이 백화점을 평가할 때 고려하는 속성들입니다.
여러분들이 생각하는 각 속성의 상대적 중요도를 전체 합계가 100이 되도록 적어주십시오.

시설의 현대화	______
제품의 다양성	______
서비스의 신속성	______
주차의 편리성	______
직원의 친절성	______
	100

6) 그래픽 등급척도

그래픽 등급척도(graphic rating scales)는 사용하기 쉬운 척도법으로 많이 사용되고 있다. 등급척도로 측정한 항목들을 서열척도로 간주하는 경우와 등간척도로 간주하는 경우가 있는데, 서열척도로 간주하면 비모수 통계기법으로 제한이 되지만, 등간척도로 간주할 경우에는 적용가능한 통계기법들이 많아짐으로 분석의 편의상 등간척도로 간주하는 경우가 많다.

표 7.10 그래픽 등급척도

여러분이 이용하는 항공사에 대한 의견을 수평선 위에 어느 위치에 X표시를 둠으로써 다음 각 속성에 대해 평가하여 보십시오.

비행기 요금	중요하지 않다	____________________	매우 중요하다
기내 식사	중요하지 않다	____________________	매우 중요하다
의자의 편안함	중요하지 않다	____________________	매우 중요하다

어린이들의 태도를 좌하기 위해 행복한 얼굴표정 척도를 사용하는 경우가 있다. 어린이들에게 어느 얼굴이 그들이 과자, 인형 등에 대하여 느끼는 것인지를 묻는 경우이다.

그림 7.6 행복한 얼굴 척도

4 척도의 평가 : 타당성과 신뢰성

4.1 타당성과 신뢰성 개념

양궁의 사례를 중심으로 타당성과 신뢰성에 대해 이해하여보자. 1988년 서울올림픽 이후 채택된 우리나라 양궁은 세계 최강의 자리를 차지하여 왔다. 2008년 베이징 올림픽에서 우리나라 선수들은 세 사람이 한 조를 이루어 24번을 쏘아 중앙으로부터 10점, 9점, 8점 등으로 점수가 배점이 된다. 우리나라 선수들은 231점을 맞추어 세계 신기록을 세운 바 있다.

이 양궁에서 세 선수가 한조를 이루어 세 번씩 8번을 거듭하면서 24번을

그림 7.7 양궁 사례 1

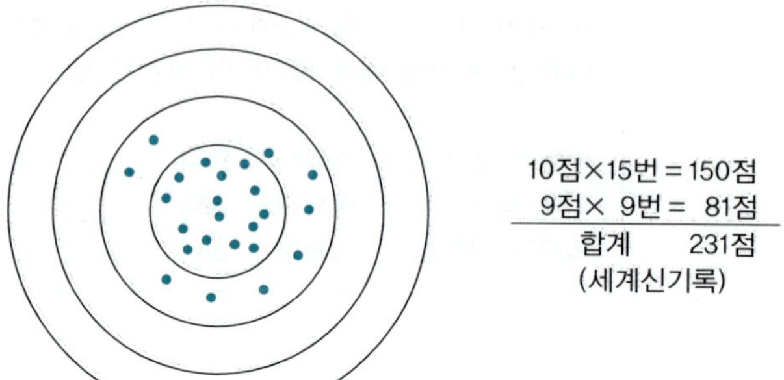

그림 7.8 양궁 사례 2

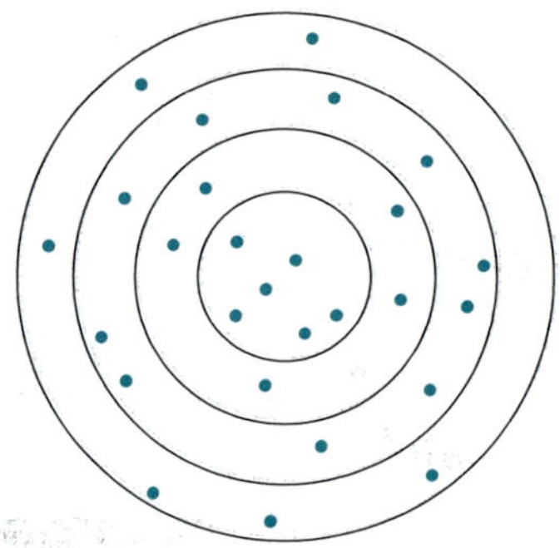

쏘아 231점이 나왔다면 9번만 9점이 되고 나머지 15번은 10점을 맞추었다는 것이고 이는 중앙을 중심으로 분포되어 있음을 볼 수 있다(그림 7.7 참조). 그렇다면 이들 선수들이 아마추어였을 때는 어떠했을까를 추정하면 10점, 9점, 8점, 7점, 6점, 5점, 4점, 3점, 2점, 1점으로 흩어져 있을 것이다(그림 7.8 참조).

그러나 조준이 잘못되어 있을 경우 [그림 7.9]와 같은 사례가 나타날 수 있다. 이 경우에는 조준을 정확하게 하면 다시 잡힐 수 있다.

이를 측정의 신뢰성과 타당성 개념에 적용시켜보고자 한다. 측정의 신뢰성(reliability)은 동일한 개념에 대해 측정을 되풀이했을 때 동일한 측정

그림 7.9 양궁 사례 3

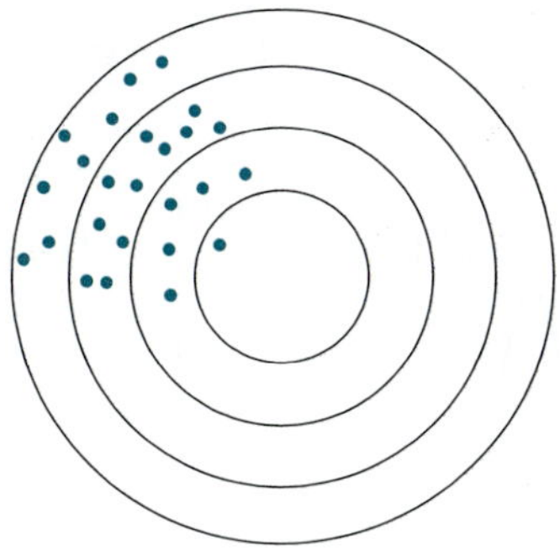

값을 얻을 가능성을 말한다. 이는 결과값의 일관성, 안전성, 예측가능성에 관련된 개념이다. 측정의 타당성(validity)은 측정하고자 하는 개념이나 속성을 정확히 측정하였는가의 정도를 말한다. 특정한 개념이나 속성을 측정하기 위해서 개발한 측정도구가 그 속성을 정확히 반영할 수 있는가를 따져야 한다.

[그림 7.7]에 나타난 양궁의 결과를 보면 양궁선수들이 10점 만점을 목표로 하나 9점, 8점 등으로 흩어지면서 오차가 발생하는 것처럼 측정에서도 오차가 발생한다. 오차는 비체계적인 오차와 체계적인 오차가 있다. 비체계적 오차는 무작위적으로 발생하는 오차이며, 체계적 오차는 항상 일정한 방향으로 작용하는 편향(bias)이다.

오차 = 실제값 + 체계적 오차 + 비체계적 오차

이러한 측정의 오차를 신뢰성과 타당성과 관련지어 보면, 타당성의 개념은 체계적 오차와 관련되고, 신뢰성의 개념은 비체계적 오차와 관련되어 나타난다. 이를 확률분포로 살펴보면 [그림 7.10]과 같이 나타난다. 이 확률분포와 [그림 7.7] 사례 1, [그림 7.8] 사례 2, [그림 7.9] 사례 3을 비교하여 보면, 사례 1은 확률분포의 A에 해당하고, 사례2는 확률분포의 B나 C에 해당한다. 그리고 사례 3은 확률분포의 C에 해당한다.

그림 7.10 확률분포로 살펴본 신뢰성과 타당성

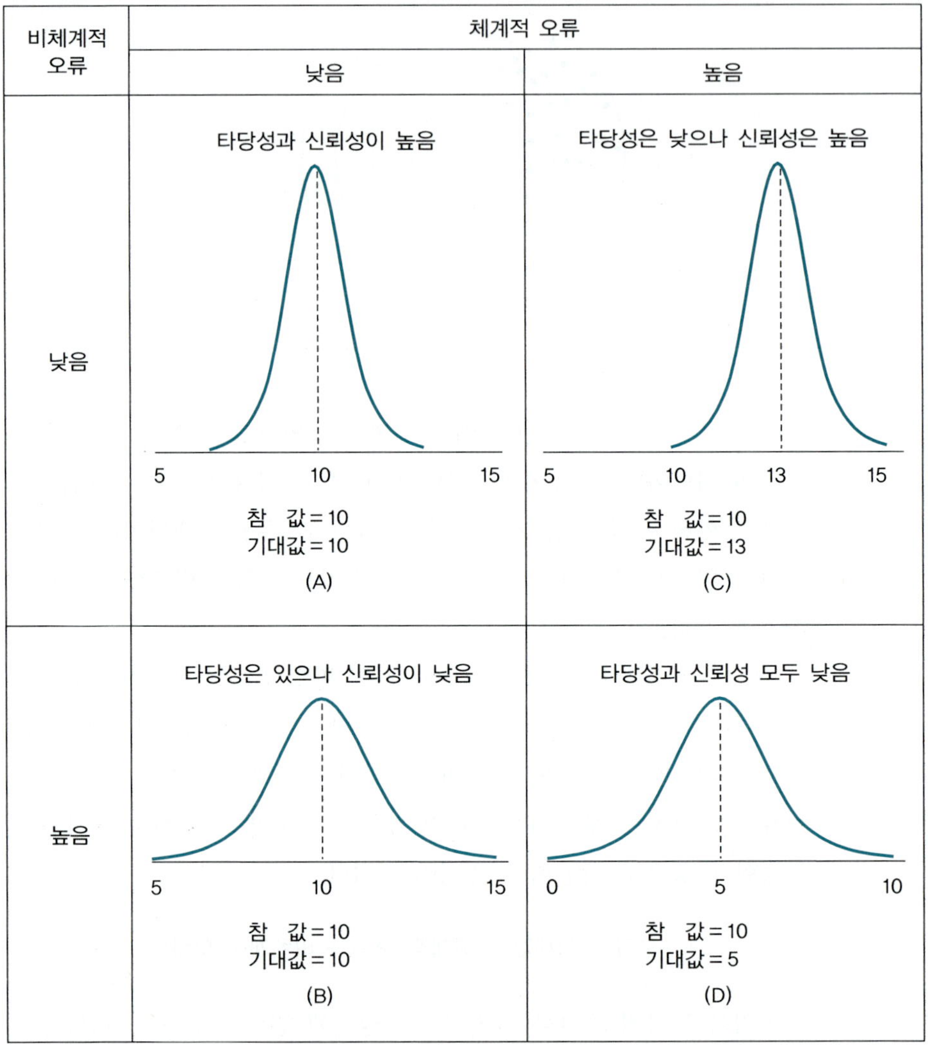

[그림 7.10]에서 A에서 참값 10으로 집중하면 할수록 완벽한 타당성과 신뢰성을 갖추게 된다. 그러나 B에서 분산이 커지면 커질수록 타당성의 의미는 약해진다. 따라서 신뢰성이 없어지면 타당성도 의미가 없어진다. A와 C에서 볼 수 있듯이 분포의 분산이 적어지면 신뢰성은 완벽해진다.

그러나 타당성은 완벽할 수도 있고, 완벽하지 않을 수 있다.

5 타당성 평가

5.1 타당성의 개념

양궁 사례에서 살펴보았듯이 양궁 선수들의 경쟁은 [그림 7.7]에서 보았듯이 목표점인 10점에 얼마나 집중되고 있는가에 달려 있다. 조사에서는 참값(true value)이 10점이 되고, 이 10점을 평균으로 하여 분포를 가지게 되며, 분포의 모양이 참값인 평균에 밀집되어 있는 분포일수록 타당성이 있다고 말한다. 조사자가 측정하고자 하는 개념이나 속성을 정확히 측정하는 정도가 타당성이 된다. 타당성이 있는 경우는 [그림 7.8]에 나타난 것과 같은 비체계적 오차도 높지 않고, [그림 7.9]와 같은 체계적 오차도 높지 않다.

타당성은 한 척도의 정확도(the accuracy of a measure)를 말한다. 즉, 타당성이 있으려면 측정도구 자체가 측정하고자 하는 개념이나 속성을 정확히 반영할 수 있어야 한다. 본 장의 제1절에서 브랜드충성도에 관한 조작적 정의를 살펴본 바 있다. 측정하려고 하는 브랜드충성도라는 개념에 대해 조작적 정의를 어떻게 내리느냐에 따라 타당성은 영향을 받는다. [그림 7.11]은 측정하고자 하는 개념에 대해서 2개의 조작적 정의를 내렸다고 할 때 타당성에 대한 개념도이다.

구성개념(construct)과 조작적 정의와의 관계에서 상관관계가 높을수록 그 조작적 정의는 개념을 잘 표현하고 있는 것이며, 같은 구성개념을 가지고 서로 다르게 조작적 정의를 내렸다 하더라도 조작적 정의 1과 조작적 정의 2 사이에 상관관계가 높으면 높을수록 타당성이 높다고 볼 수 있다(상관계수에 대한 분석은 제13장에서 다룰 것이다).

[그림 7.11]에서는 하나의 측정하고자 하는 구성개념, 조작적 정의 1과 조작적 정의 2가 다른 세 개의 원들로 나타나 있다. 여기에서 조작적 정의

그림 7.11 타당성의 개념

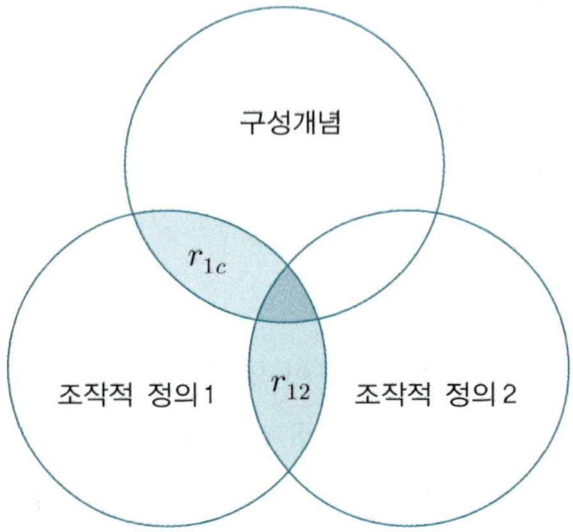

1과 측정하고자 하는 구성개념이 완전히 일치된다면 조작적 정의가 측정하고자 하는 개념을 완전하게 측정하여 조작적 정의와 개념과의 상관계수가 1.0으로 나타난다. 그러나 중복되는 정도가 적어지면 1.0에서 점점 작아진다. 이때 서로 다른 두 개의 조작적 정의 1과 2가 중복되는 정도는 두 개의 조작적 정의가 하나의 조작적 정의와 같아진다는 의미이다. 두 개의 조작적 정의가 중복되는 정도가 많아질수록 앞으로 구성개념 타당성에서 설명할 집중 타당성(convergent validity)이 높아진다는 의미가 된다.

동일한 구성개념의 측정을 위해 아주 다른 조작적 정의를 하여 측정한 값들 간의 상관관계가 매우 높으면 높을수록 타당성은 높아진다. 이러한 원리를 이용하여 타당성을 평가하는 방법이 다속성다측정 방법(multi-trait multi-method matrix)이다.

5.2 타당성의 분류

측정의 타당성을 검토하기 위한 가장 좋은 방법은 실제의 측정치와 진정한 값을 비교해 보는 것이다. 그러나 마케팅조사자는 진정한 측정값을 알 수 없기 때문에 다음과 같은 기준을 사용하여 타당성에 관한 판단을

그림 7.12 타당성의 분류

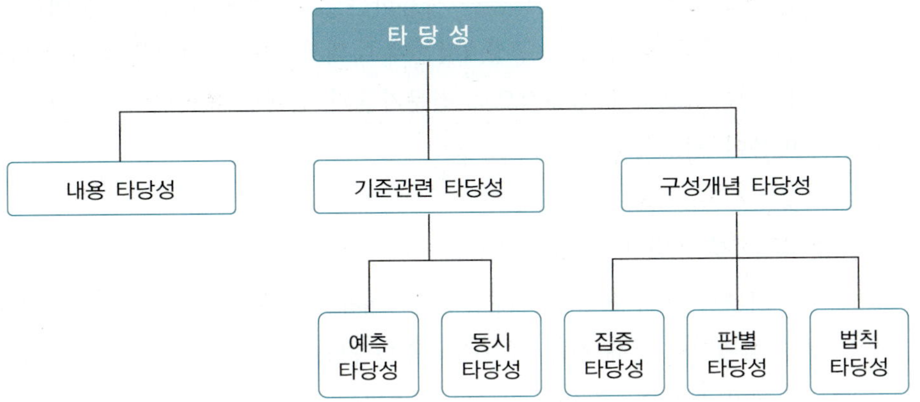

할 수 있다. 타당성은 [그림 7.12]에서 보는 바와 같이 내용 타당성, 기준관련 타당성, 구성개념 타당성으로 분류할 수 있다. 기준관련 타당성에는 예측 타당성과 동시 타당성이 있으며, 구성개념 타당성으로는 집중 타당성, 판별 타당성 및 법칙 타당성이 있다.

1) 내용 타당성

측정도구가 측정되고 있는 구성개념의 가장 중요한 측면들을 포괄하고 있다면 내용 타당성을 가지고 있다고 말할 수 있다. 즉, 내용 타당성(content validity)은 측정하고 있는 것이 조사자가 의도하고 있는 속성의 영역을 충분히 포괄하고 있는가에 관한 문제이다. 브랜드자산을 측정하기 위해서 지각된 품질, 브랜드인지도, 브랜드충성도, 브랜드연상도, 독점적 자산에 관련된 항목들을 가지고 측정하는 것이 아니라, 마케팅믹스에 관련된 항목들을 중심으로 보다 넓게 묻는 항목들을 구성하였다면, 조사자가 측정하고자 하는 개념의 전체 영역을 잘 대변하고 있다고 볼 수 없다. 내용 타당성은 측정도구가 갖추어야 할 최소한의 타당성이라고 볼 수 있으며, 이러한 내용 타당성이 없다고 판단되면 그 측정도구는 수용될 수 없다. 이러한 브랜드자산에 관한 내용 타당성을 확보하기 위해서는 이 분야연구의 전문가들로 평가되는 Aaker(1991)나 Keller(1993)의 선행연구들을 받아들여 그들이 사용한 척도들을 사용하는 것이 내용 타당성을 높이는 것이 될 수 있다. 이와 같이 구성개념들에 대해서 내용 타당성을 높이기 위해서도 학문적으로나 실무적으로 전문가들의 선행연구를 받아들이려는 열린 마음이 필요하다.

2) 기준관련 타당성

기준관련 타당성(criterion-related validity)은 특정 기준변수를 특정 척도로 측정하였을 때 실제 그 기준변수의 값과 측정한 척도의 값 사이의 상관관계가 높으면, 측정한 척도는 기준관련 타당성이 높다고 말할 수 있다. 이 타당성은 예측 타당성과 동시 타당성이 있다.

(1) 예측 타당성

예측 타당성(predictive validity)은 척도가 미래에 발생할 기준변수를 얼마나 잘 예측하는가에 관한 것이다. 어느 기업의 마케팅 부서에서 직원을 채용하는 데 있어서 대학전공과목 학점과 기업에서 정한 경영학에 관련된 시험점수 양쪽을 고려하여 학생들을 채용하고 있다고 하자. 몇 년이 지나 그들의 부서 성적과 과거에 입사할 때 제출하였던 대학학부 전공과목 학점과 입사할 때 기업에서 정한 경영학 시험점수 간에 상관관계를 조사하였다. 그 결과 전공과목 학점과 부서 성적과의 상관관계보다 기업에서 정한 경영학 시험점수와 부서 성적과의 상관관계가 높게 나타났다면, 대학생들의 경영학 전공과목학점보다 기업에서 정한 경영학 시험점수가 기업의 마케팅부서에 입사 후 부서 성적에 대해서 예측 타당성이 높다고 볼 수 있다. 이 경우 미래에 발생할 기준변수는 입사후 부서 성적이 되고, 이 기준변수에 대한 예측치는 대학 전공과목 학점보다 기업에서 정한 경영학에 관련된 시험점수가 되어 이 시험점수가 예측 타당성을 높이고 있는 경우이다.

(2) 동시 타당성

동시 타당성(concurrent validity)은 기준변수와 척도 사이의 관계를 동시에 평가하는 경우에 나타나는 타당성이다. 위 예에서 대학생들의 실력을 나타내는 측정수단으로서 경영학 전공과목학점과 기업에서 정한 경영학 시험성적을 택하였을 때, 경영학 전공과목은 대학교에 따라 다르게 평가되어 대학생들의 실력을 제대로 반영하지 못한다고 판단하여 기업에서 정한 경영학 시험성적이 더 공정하게 평가할 수 있다고 판단할 수 있다. 이 경우 기업에서 측정하고자 하는 기준 변수는 대학생들의 졸업시의 실력이 되고, 이 기준변수에 대해 기업에서 정한 경영학 시험성적이 학부 전공과목 학점보다 동시 타당성이 높은 척도라고 말할 수 있다.

3) 구성개념 타당성

> 특정 척도가 측정하고 있다고 하는 구성개념, 개념 또는 특성을 실제로 측정하고 있다면 그 척도는 구성개념 타당성이 있다고 말한다("A measure is said to have construct validity if it actually measures the construct, concept, or trait it is supposed to be measuring"(Churchuill과 Brown, p. 334).

마케팅조사에서는 소비자들의 심리 내부를 묘사하는 추상적인 개념들이 많이 등장한다. 브랜드자산이라는 개념이 있고, 이 개념을 구성하는 구성요소들에는 지각된 품질, 브랜드인지도, 브랜드연상도, 브랜드충성도와 같은 요소들이 있다. 이들은 추상적인 개념들로서 구성개념(construct)이라고 할 수 있다. [그림 7.4]의 Fishbein과 Ajzen의 합리적행동모형에서도 태도, 주관적규범, 행동의도와 같은 구성개념들이 존재한다는 것을 본 바 있다.

구성개념 타당성(construct validity)은 이러한 추상적인 개념이 실제로 측정도구에 의해서 적절하게 측정되었는가에 관한 문제로서, 이론적 연구를 하는데 있어서 가장 중요한 타당성이다. 측정하고자 하는 개념이 추상적일수록 측정의 구성개념 타당성(construct validity)을 갖기는 더욱 어려워진다. 구성개념 타당성은 논리적인 분석과 이론적인 체계 하에서 구성개념 간의 관계를 밝히는 데 중점을 두고 평가하기 때문에 개념 간의 관계성을 보여주고자 하는 구조방정식모형에서 중요하게 고려된다. 이 개념타당성은 크게 집중 타당성, 판별 타당성, 법칙 타당성으로 구성되어 있다.

구조방정식모형을 마케팅에 최초로 도입한 학자로 평가되는 미시간대학교의 Richard P. Bagozzi 교수는 1984년 논문에서 태도에 미치는 정보원 신뢰성의 효과를 간단히 개념화하고 있다.

그의 연구는 정보원 신뢰성이라는 구성개념과 태도라는 구성개념 사이의 관계를 보여주고 있다. 즉, 이론적(즉, 비관찰적) 명제는 정보원 신뢰성이 크면 클수록 태도는 더 호의적이다 라고 설정하고 있으며, 정보원 신뢰성 구성개념을 두 가지 측정치로 측정하고 있다. 즉, 정보원 신뢰성의 실험적조작과 조작체크이다. 그리고 태도 구성개념을 측정하기 위해 측정치로 태도조작을 보여주고 있다. 세 가지 측정치들은 관찰의 지평(plane of observation)에 연결되어 있는 것은 실제로 측정할 수 있기 때문이다. 즉, 정보원 신뢰성과 태도라는 두 구성개념들은 측정변수들을 통해서 관찰할 수 있다.

[그림 7.13]을 가지고 집중 타당성, 판별 타당성, 법칙 타당성을 설명하여보자.

(1) 집중 타당성

집중 타당성(convergent validity)은 동일한 개념을 측정하기 위하여 최대한으로 상이한 두 가지 측정방식을 개발하고 이에 의하여 얻어진 측정치들 간에 높은 상관관계가 존재해야 한다는 것이다. 정보원 신뢰성(source credibility)을 측정하기 위해서 두 가지 서로 상이한 측정도구를 개발하였는데, 하나는 정보원 신뢰성의 실험적 조작(experimental manipulation of source credibility)이고, 다른 하나는 조작체크(manipulation check)이다. 두 측정치들이 서로 높은 경험적 연관(empirical association), 즉 높은 상관관계가 나타났다면 두 측정도구는 측정하고자 하는 정보원 신뢰성이라는 개념을 잘 측정하고 있다고 판단할 수 있다. [그림 7.13]에서 상관관계 a가 높게

그림 7.13 태도에 미치는 정보원의 신뢰성 효과

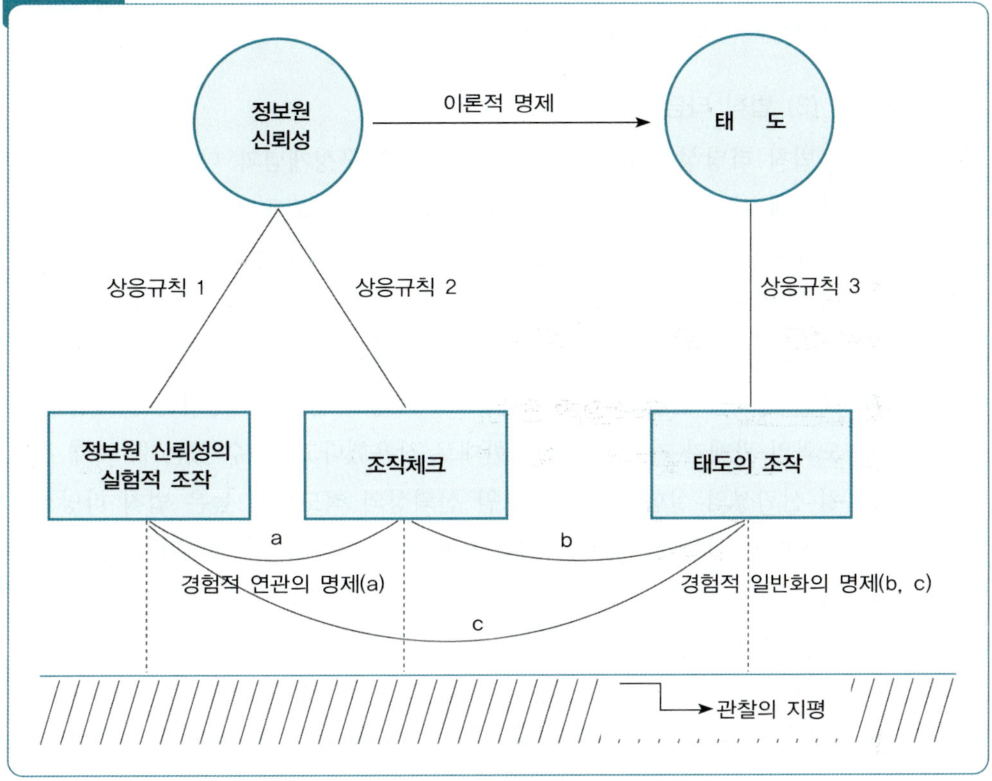

자료: Richard P. Bagozzi(1984), "A Prospectus for Theory Construction in Marketing," *Journal of Marketing*, Vol. 48(Winter), p. 13.

나타나야 한다.

(2) 판별 타당성

판별 타당성(discriminant validity)은 서로 상이한 개념을 측정했을 때 얻어진 측정치들 간에는 상관관계가 낮게 형성되어야 한다는 것이다. 위 도표에서 정보원 신뢰성이라는 구성개념에 대한 측정과 태도라는 구성개념에 대한 측정 사이의 상관관계가 낮게 형성되어야 판별 타당성이 높아진다. 이들 구성개념들의 측정 사이에 상관관계가 지나치게 높다면 두 구성개념들은 동일한 것으로 간주될 수 있으므로 정보원 신뢰성을 가지고 태도를 예측할 수 없게 된다. [그림 7.14]에서 상관관계 b와 c는 낮게 나타나야 판별 타당성이 있게 된다.

(3) 법칙 타당성

법칙 타당성(nomological validity)은 한 구성개념과 다른 구성개념과의 관계에 관한 가설검정결과와 관계된다. 앞의 도표에서 정보원 신뢰성이 증가하면 할수록 태도는 호의적이 된다는 이론적 명제는 측정으로 들어가면 가설이 된다. 이 경우 정보신뢰성과 태도를 측정하는 측정변수에서 정보신뢰성 측정변수가 커지면 태도 측정변수가 커지는 정의 관계가 나타난다면 정보원 신뢰성의 실험조작으로 측정한 정보신뢰성이라는 개념은 태도와의 관계가 가설에서 설정한대로 작용했다고 볼 수 있는데, 이때 정보원 신뢰성의 실험조작은 정보원 신뢰성의 척도로서 높은 법칙 타당성을 가진다고 말한다. 이러한 법칙 타당성은 가설검정을 한 뒤에 판단할 수 있는 것이다. 이는 집중 타당성과 판별 타당성이 가설검정 이전에 평가된다는 점에서 차이가 있다.

이와 같이 법칙 타당성을 높이기 위해서 마케팅 조사자는 이론적 구성도를 작성하여 관련되는 개념들로 구성된 모형에 측정방법을 연결시킬 수 있어야 한다.

5.3 구성개념 타당성의 평가방법

구성개념 타당성(construct validity)을 평가하기 위하여 이용되는 방법으로는 다속성 다측정방법과 요인분석에 의한 방법이 있다.

다속성 다측정방법(multi-trait multi-method matrix : MTMM)은 캠벨과 피스케(Campbell and Fiske, 1959)가 개발한 것으로 이 방법의 기본이 되는 것은 동일한 개념에 대하여 상이한 방식으로 측정한 결과치가 유사해야 한다는 집중 타당성과 상이한 방법에 의해서 상이한 개념을 측정했을 때 얻어진 결과값들은 서로 상이해야 한다는 판별 타당성이다. 이 두 가지 종류의 타당성을 기본으로 하여 개념타당성을 평가하는데, 이 방법을 적용하기 위해서는 상이한 다수의 개념과 측정방법이 필요하다.

요인분석(factor analysis)에 의한 구성개념 타당성 평가는 서로 상이한 구성개념에 대하여 각각 여러 가지의 측정항목들을 이용하여 측정을 실시한 후, 각 항목들에 의한 측정치들의 요인을 분석하였을 때 그 결과로 나온 요인들이 원래 의도한 구성개념을 대표할 수 있는가를 평가하는 것이다.

요인분석의 기본원리는 항목들 간의 상관관계가 높은 것끼리 묶어 내어 하나의 요인을 형성하게 하고 형성된 요인들은 상호 독립적이 되도록 하는 것이다. 따라서 하나의 요인 내에 묶여진 항목들은 동일한 개념을 측정하는 것으로 간주할 수 있고 요인들 간의 상관관계는 없으므로 각 요인은 서로 상이한 개념이라고 판단할 수 있는 것이다. 따라서 요인 내의 항목들은 집중 타당성에 해당되며 요인 간에는 판별 타당성이 적용된다고 볼 수 있게 된다.

6 신뢰성 평가

6.1 신뢰성의 개념

우리는 양궁사례에서 신뢰성이 높은 경우는 일정하게 한 곳을 중심으로 맞추고 있어 신뢰성이 있는 경우라는 것을 본 바 있다. 신뢰성이 있는 경우는 비교적 안정적이고 일관적일 뿐만 아니라 예측가능성 있게 나아가는 경우라는 것을 살펴보았다.

이와 같이 동일한 구성개념에 대해 측정을 되풀이하였을 때 동일한 측정값을 얻을 가능성을 신뢰성이라고 한다. 태도와 같은 구성개념을 측정하는 데 있어서 7점 척도로 측정하였다고 할 때 6점과 같이 하나의 점수에 근접하게 분포되어 있을수록 신뢰성이 높은 자료가 된다.

신뢰성이 타당성과 함께 높은 경우에는 정확성과 관련된다. 신뢰성이 없다는 것은 타당성에 의미를 부여하지 못한다. 안정성, 일관성, 예측가능성이라는 신뢰성에 기반을 두고 정확성을 확보하면 타당성으로 나아간다.

신뢰성이 있다는 것은 체계적 오차에는 노출될 수 있으나 비체계적 오차로부터 영향을 받지 않는다는 것을 의미한다.

6.2 신뢰성의 평가방법

우리는 앞에서 소비자태도측정에 대해서 살펴보았다. 태도척도를 7점 리커트척도를 택하여 소비자들이 응답을 받았을 때 하나의 항목만을 개발하여 응답을 받는 과정에서 항목을 1개로 하는 것보다 비슷한 항목을 2개, 3개, 4개로 개발하여 측정하면 보다 신뢰성을 확보해나갈 수 있다. 비슷한 항목을 2개로 개발하는 것보다 3개나 4개로 개발하면 신뢰성이 낮은 항목을 찾아낼 수 있어 보다 높은 신뢰성을 확보할 수 있다.

신뢰성을 평가하는 방법은 측정의 변화 중에서 비일관적으로 나타나는 부분을 검토하는 것이다. 신뢰성 있는 측정은 여러 가지 상황적 요인이나 일시적인 요인에 관계없이 일관성 있는 결과를 산출한다.

1) 반복측정신뢰성

반복측정신뢰성(test-retest reliability)은 동일한 구성개념에 대해 동일한 측정도구를 사용하여 1차 측정한 후 얼마간의 시간을 경과하여 다시 2차 측정을 하여 두 측정값들 간의 차이를 분석하는 방법이다. 두 측정값들 사이의 상관관계를 측정하여 차이를 평가하는데, 상관관계가 높게 나타나면 신뢰성이 높고, 낮게 나타나면 신뢰성이 낮다고 평가한다.

이 측정방법에는 문제점들이 나타난다. 즉, 현실적으로 동일한 대상에 대해 동일한 조건하에서 두 번의 측정을 하기가 어려운 경우가 많다. 한 번 측정한 대상에 대해 2차 측정을 할 때 기간이 너무 짧으면 첫 번째 응답을 기억하는 주시험효과(main testing effect)가 나타나고, 기간이 너무 길면 소비자태도 자체가 변화하는 성숙효과(maturation)라는 외생변수의 효과가 나타난다(제6장 실험설계에서 외생변수효과 참조).

이러한 주시험효과와 성숙효과로 인한 문제 때문에 보통 2주 정도의 간격으로 측정하고자 하나, 시간간격을 어떻게 설정한다고 하더라도 이러한 효과를 완벽하게 통제할 수는 없다.

2) 대안항목신뢰성

대안항목신뢰성(alternative-form reliability)은 앞의 반복측정신뢰성에서 나타나는 주시험효과를 줄이기 위해 2차 측정시에 기존의 항목에 대안항목을 만들어 신뢰성을 측정하는 방법이다. 이는 동일한 측정대상을 동시에 측정하는 방식으로 각 측정치의 상관관계를 분석하여 신뢰성을 측정하는 방법이다.

이 방법은 대등한 2가지의 도구를 개발하여 동시에 측정을 한다는 점에서 비용과 측정의 양이 많아지고, 대등한 측정도구를 개발하기가 쉽지 않을 뿐만 아니라, 대등성의 여부를 평가할 객관적인 방법이 없다.

3) 항목분할신뢰성

항목분할신뢰성(split-half reliability)은 다수의 측정항목을 서로 대등한 2개의 그룹으로 나누고, 두 그룹의 항목별 측정치 사이의 서로 다른 상관관계를 조사하여 신뢰성을 측정하는 방법이다.

이 방법은 항목들을 두 그룹으로 나누는 방법에 따라 결과에 차이가 있을 수 있기 때문에 보통 무작위적으로 나누거나 홀수와 짝수 그룹으로 나누는 경우가 많다.

4) 내적일관성 : 크론바하 알파

내적일관성신뢰성(internal consistency reliability)은 동일한 구성개념(construct)을 측정하기 위해 여러 개의 항목을 만들어 항목들의 일관성이나 동질성을 가지는지를 평가하는 것이다. 항목들 간에 내적일관성을 상관관계를 가지고 평가한다. 크론바하 알파(Cronbach's coefficient α)계수를 이용한다.

이 경우 같은 개념을 측정하는 데 있어, 설문항목들의 수가 여러 개 있기 때문에, 그 설문항목들 중에서 분산이 커서 전체 신뢰성을 떨어뜨리는 항목은 제외시킴으로써 신뢰성이 높은 측정항목만을 선별하게 된다. 내적 일관성평가에서 가장 많이 사용되는 계수는 크론바하 알파계수이다. 거의 모든 조사에서 제시되고 있어 중요한 계수이다. 크론바하 알파는 모든 가능한 상관관계 값들을 평균한 값으로 측정된다.

$$\text{크론바하 } \alpha = \left(\frac{k}{k-1}\right)\left(1-\frac{\sum_{i=1}^{k}\sigma_i^2}{\sigma_t^2}\right)$$

k = 척도에 있는 항목들의 수
σ_i^2 = 응답자에 대해 항목 I점수들의 분산
σ_t^2 = 항목 전체 점수들의 분산: 각 반응자에 대한 전체 점수는 개별 항목 점수들의 합계를 말함.

크론바하 알파계수는 0에서 1까지 값으로 나타나는데, 다음과 같이 평가한다.

- 0.80에서 0.9 이상 : 바람직하다.
- 0.60에서 0.79 : 수용할 만하다.
- 0.60미만 : 내적일관성이 부족하다.

크론바하 알파가 0.60미만으로 나와 내적일관성이 부족하다고 판단될 경우 전체 항목과 특정 항목과의 상관관계가 낮은 항목을 찾아 제거하는 방법이 있다. 이 때문에 특정 구성개념을 조사하는 데 있어서 측정항목수를 2개 정도로 하여 낮게 나오면 항목을 없애기 어려워 항목수를 늘리려고 한다. 그러나 구조방정식모형과 같은 분석에서 항목수가 많아지면 모형의 적합도가 어려워지는 경향도 있기 때문에 항목수와 신뢰성, 그리고 타당성과의 관계에 대한 세심한 주의가 필요하다.

6.3 신뢰성 향상방안

신뢰성은 비체계적 오차와 관련된 것이어서, 비체계적 오차가 발생할 수 있는 가능성을 줄이면 신뢰성은 향상된다. 비체계적 오차는 여러 가지에서 올 수 있는데, 설문지 내에서 나타난 측정도구의 문제가 가장 크게 다루어진다. 측정에 임하는 면접자와 응답자가 사람이기 때문에, 측정상황이 다양하게 전개되기 때문에 측정과정에서 오차가 발생한다. 신뢰성이 높은 자료를 얻기 위해서 다음을 고려할 필요가 있다.

① 측정도구를 선정하는 데 신중한다. 이전의 논문이나 출판으로 게재되었거나 전문가들의 의견을 통해 조사자들 사이에서 이미 신뢰성이 있다고 인정된 측정도구를 이용하면 신뢰성을 높일 수 있다.

② 설문지 구성항목을 늘린다. 동일한 구성개념을 하는 데 있어서 항목수를 늘리면 신뢰성이 높아진다. 또한 척도점의 수를 늘리면 신뢰성이 증가한다. 즉, 항목수와 척도점의 수를 늘려서 크론바하 알파값을 계산하면 커지는 경향이 있다. 동일한 개념 내 측정항목이 많으면 그 측정값들을 평균하면 측정하고자 하는 속성의 실제값에 가까워지게 된다. 그리고 척도점의 수를 증가한다는 것은 리커트척도의 5점 척도에서 7점 척도나 9점 척도로 만드는 것을 말한다. 이와 같이 일반적으로 가능한 항목수와 척도점의 수를 늘리는 것이 좋다고 할 수 있지만 항목수가 많아지면 응답시간이 오래 걸리는 어려움이 발생하기 때문에 이러한 점을 고려하면서 접근해야 한다.

③ 설문지에서 특정 개념을 측정하기 위해 항목수를 여러 개로 조사했을 경우, 신뢰성이 낮은 항목을 제거하면서 전체적인 신뢰성을 높일 수 있다. SPSS프로그램을 이용하면 주어진 전체 자료의 크론바하 알파계수를 알 수 있고, 각 항목을 제거하는 경우에 알파계수 어떻게 되는가도 알 수 있다. 크론바하 알파계수가 낮게 나온다면, 자료를 검토하여 일부 항목을 제거하면서 크론바하 알파를 높일 수 있다.

④ 측정도구의 모호성을 제거하면서 신뢰성을 높일 수 있다. 소비자행

동조사에서 많은 내용들이 소비자들의 심리내부의 상태를 조사하는 것이어서 설문지가 모호하면 응답자들 사이에서 다른 해석을 할 수 있게 된다. 모든 응답자에게 동일한 의미로 해석될 수 있도록 내용을 명확히 할수록 신뢰성은 높아진다.

⑤ 완전히 동일한 질문이나 거의 유사한 질문을 2번 이상 하는 방법이 있을 수 있다. 두 가지의 동일한 질문에 대한 응답을 조사하였는데 앞과 뒤가 차이가 난다면 신뢰성에 문제가 있다고 판단한다. 이러한 방법은 응답의 신뢰성을 알아보는 데 사용할 수 있지만 응답자로 하여금 보다 일관성 있는 응답을 하도록 유도하는 데 사용할 수 있다.

⑥ 측정자들의 면접방식과 태도는 신뢰성에 영향을 미친다. 면접방식과 태도가 조사과정에서 일관성이 없으면 동일한 질문에 대한 응답자들 사이에 다른 반응을 할 수 있기 때문에 신뢰성이 낮아질 수밖에 없으므로 일관성있는 자세로 조사에 임할 수 있도록 하는 것이 신뢰성을 높일 수 있다.

⑦ 서베이 조사에서 조사대상자가 잘 알고 관심이 있는 주제를 다룰수록 신뢰성이 높아진다. 조사대상자가 잘 모르거나 전혀 관심이 없는 내용은 측정하지 않는 것이 좋다. 모르거나 관심이 없는 경우에는 무성의한 대답을 하게 되므로 실제와는 전혀 다른 결과를 나타낼 가능성이 높다.

사례 프레드릭슨의 긍정 감정연구

소비자행동연구에서 행동을 예측하기 위해 태도연구가 오랜 기간 동안 축적되어 왔다. 태도는 감정과 관련되기 때문에 감정의 역할에 대해서 연구가 점차적으로 중요해지고 있다. 인간의 생리적 반응(physiological response)측정을 통해 긍정 감정에 대한 측정을 하여 정교한 결과를 나타낸 조사에 대해서 살펴보자.

노스캐롤라이나 대학교 심리학과의 프레드릭슨(Barbara L. Fredrickson) 교수는 2001년 연구에서 긍정 감정(positive emotion)에는 'broaden and build effect'가 나타난다는 것을 밝힌 바 있다. 그리고 2003년에 긍정 감정연구에서 'The Undoing Hypothesis'를 제시한 바 있다.

이는 사람들이 스트레스를 경험하게 되면 심장박동수가 증가하고, 혈당이 높아지는 등 생리적인 변화가 나타나는 데, 긍정 감정을 가지게 되면 스트레스 이전의 심리적 상태로 돌아가는 심리적 회복(undoing)을 빠르게 한다는 것을 다음과 같이 밝혔다(그림 7.14 참조).

[그림 7.14] 인간과 기계 양쪽을 사용한 관찰실험

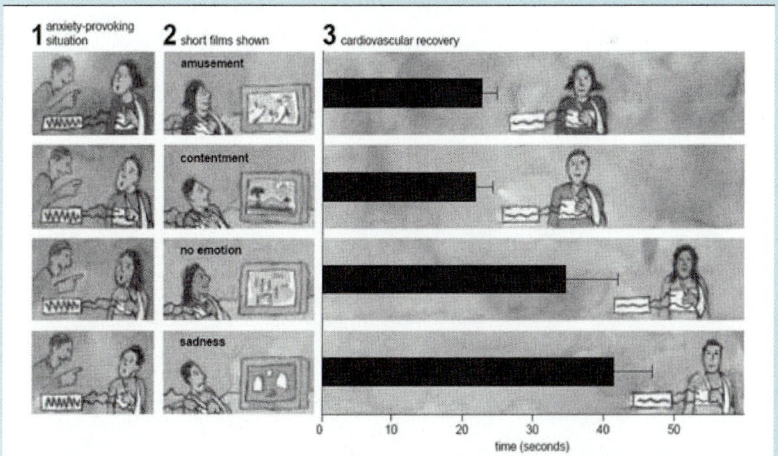

자료 : http://www.unc.edu/peplab/undo.html

첫째, 피실험자들에게 대중 앞에서 즉각적인 연설을 해야 한다는 걱정이 일어나는 상황을 설정하여 심장박동수를 조사하였다(그림 7.14 왼쪽란 '1. anxiety-provoking situation' 참조).

둘째, 즐거움과 만족감이라는 긍정 감정 두 가지와 무감정과 슬픔이라는 부정 감정(negative emotion) 두 가지를 정하였다. 즉, 즐거움, 만족감, 무감정, 슬픔(amusement, contentment, no emotion, sadness)을 일으키는 네 가지 내용의 짧은 비디오를 이용하여 감정 상황을 측정하였다(그림 7.14 '2. short films shown' 참조).

셋째, 그리고 심장박동과 호흡의 변화를 측정하여 이전의 심장박동수로 돌아가는 시간이 몇 초가 되는가를 측정한 결과 즐거움과 만족감을 주는 비디오를 본 피실험자들이 무감정과 슬픔을 주는 비디오를 본 피실험자들보다 2배 가까이 빠르게 심장박동수가 회복되는 것을 보여주었다. 즉, 긍정 감정이 부정 감정의 심장박동효과를 회복한다(positive emotions undo the cardiovascular effects of negative emotions)는 것을 보여주었다(그림 7.15 '3. cardiovascular recovery' 참조).

인간의 감정과 같이 변화하는 심리내부를 정교한 측정을 가지고 밝힌 훌륭한 사례이다.

요약

1. 사물과 현상을 이해하는 가장 좋은 방법 중의 하나는 측정하는 것이다. 측정은 측정하려는 대상의 속성에 대해 일정한 법칙에 근거하여 수치를 부여하는 것으로 측정대상물이 지니고 있는 속성을 측정한다. 마케팅현상의 많은 부분들은 심리학적으로 나타나고 있어 잠재변수로 측정되어야 할 필요가 있으며, 이러한 잠재변수를 측정하기 위하여 측정변수들을 설정하는 경우가 많다.

2. 측정이 측정하려는 대상의 속성에 대해 수치를 부여하는 과정에서 부여된 숫자들이 측정하고자 하는 속성들 간의 관계에서 어떠한 의미를 부여해 주느냐에 따라 명목척도, 서열척도, 등간척도 및 비율척도의 네 가지 형태가 있다. 이러한 척도에 따라 분석방법이 달라진다는 점에서 중요하다. 명목척도와 명목척도와의 관계를 제11장 교차분석표를 이용한 독립성과 적합도 검정을, 명목척도와 등간 및 비율척도와의 관계를 제13장 t-검정과 제12장 분산분석에서 F-검정을, 등간 및 비율척도와 등간 및 비율척도와의 관계를 제13장 회귀분석에서 다룰 것이다.

3. 척도를 이해하는 데 있어서 소비자태도조사 척도개발을 중심으로 이해할 필요가 있다. 자주 사용되는 태도 등급척도들은 단순태도척도들, 범주척도들, 리커트 척도, 그리고 의미차별화 척도 등이 있다.

4. 조사에서 신뢰성과 타당성 평가는 매우 중요하다. 측정의 신뢰성은 동일한 개념에 대해 측정을 되풀이했을 때 동일한 측정값을 얻을 가능성을 말한다. 측정의 타당성은 측정하고자 하는 개념이나 속성을 정확히 측정하였는가의 정도를 말한다.

5. 조사자가 측정하고자 하는 개념이나 속성을 정확히 측정하였다면 타당성이 확보되었다고 말한다. 타당성은 내용 타당성, 기준관련 타당성, 구성개념 타당성으로 분류할 수 있다. 기준관련 타당성에는 예측 타당성과 동시 타당성이 있으며, 구성개념 타당성으로는 집중 타당성, 판별 타당성 및 법칙 타당성이 있다. 구성개념 타당성의 평가방법으로는 MTMM

(multi-trait multi-method matrix)과 요인분석에 의한 방법이 있다.

6. 동일한 개념에 대해 측정을 되풀이했을 때 동일한 측정값을 얻을 가능성인 신뢰성은 측정이 무작위 오차로부터 영향을 받지 않는 정도를 말한다. 신뢰성의 평가방법으로는 반복측정법, 대안항목법, 항목분할법, 내적일관성법이 있다. SPSS를 이용할 경우 내적일관성법으로 크론바하 알파계수가 작아 내적일관성이 결여되어 있다고 판단되면, 전체 항목과 특정 항목과의 상관관계가 낮은 항목들을 찾아내어 제거하면서 신뢰성을 향상시킬 수 있다. 신뢰성은 비체계적 오차와 관련된 것이므로 이를 줄이는 방법으로 측정도구, 측정대상, 측정상황의 세 가지 측면에서 모두 발생할 수 있으므로 이들 분야를 모두 고려해야 한다.

토의과제

1. 잠재변수와 측정변수 사이의 관계, 개념적 정의와 조작적 정의의 구별에 대해서 토의하라.

2. "명목척도와 명목척도와의 관계는 교차분석표를 이용한 독립성과 적합도 검정을, 명목척도와 등간 및 비율척도와의 관계는 t-검정과 분산분석을, 등간 및 비율척도와 등간 및 비율척도와의 관계는 회귀분석을 수행한다." 이 문장에 대해서 토의하라.

3. 단순태도척도들, 범주척도들, 리커트 척도, 그리고 의미차별화 척도 등을 구별하라. 그리고 제8장에서 제시된 소비자태도조사 설문지에서 태도 등급척도 중에서 어떠한 척도들이 사용되었는가를 분석하라.

4. 이 장에서 제시된 [그림 7.7], [그림 7.8], [그림 7.9] 그리고 [그림 7.10]을 가지고 신뢰성과 타당성의 개념에 대해서 토의하라.
   [그림 7.13]에 있는 '태도에 미치는 정보원 신뢰성의 효과'를 가지고 구성개념 타당성의 내용을 설명하라.

5. 개념타당성의 평가방법으로는 MTMM(multi-trait multi-method matrix)과 요인분석에 의한 방법이 있다. 이 중에서 MTMM에 대해서 자세히 토의하라.

6. 신뢰성의 평가방법으로는 재측정법, 대안형식법, 항목분할법, 내적일관성법이 있다. 이들 차이점들을 설명하라. 이 중에서 내적일관성법으로 크론바하 알파(Cronbach α)에 대해서 토의하고, 신뢰성을 향상시키는 방안에 대해서 토의하라.

7. Barbara Fredrickson 교수는 인간의 긍정심리를 생리적인 실험을 통해 제대로 보여주었고, 긍정심리학을 발전시켰다. The University of North Carolina, Chapel-Hill의 아음 웹사이트로 들어가 Barbara Fredrickson 교수가 가설을 만들어 내고, 실험을 구성하는 과정에 대해 보다 자세하게 조사하고 토의하라.
   http://www.unc.edu/peplab/undo.html

참/고/문/헌

한국경제, 2008년 8월 7일, "유럽은 축구세상, 첼시 뜨니 삼성 날더군요."

Aaker, David A.(1991), *Managing Brand Equity*, The Free Press.

Ajzen, I. and M. Fishbein(1980), *Understanding Attitudes and Predicting Social Behavior*, Prentice-Hall.

Bagozzi, Richard P.(1984), "A Prospectus for Theory Construction in Marketing," *Journal of Marketing*, Vol.48(Winter), pp. 11~29.

Bagozzi, Richard P.(1997), "A Prospectus for Theory Construction in Marketing: Revisited and Revised," In L. Hildebranddt and C. Homburg(Eds.), Die Kausalanalyse Instrument der Empirischen betriebswirtschaftlichen Forschung, Stuttgart, Germany : Poeschel Verlag.

Bagozzi, Richard P. Zeynep Gurhan-Canli, and Joseph R. Priester(2002), *The Social Psychology of Consumer Behavior*, Open University Press.

Campbell, D.T. and D. Fiske(1959), "Convergent and Discriminant Validation by the Multitrait-Multimethod Matrix," *Psychological Bulletin*, 56, pp. 81~105.

Fishbein M. and I. Ajzen(1975), *Belief, Attitude, Intention and Behavior : An Introduction to Theory and Research*, Addison-Wesley.

Fredrickson, Barbara(2001), "The Role of Positive Emotions in Positive Psychology : The Broaden-and Build Theory of Positive Emotions," *American Psychogist*, 56, pp. 218~226.

Fredrickson, Barbara(2003), "The Value of Positive Emotions," *American Scientist*, 91, pp. 330~335.

Fredrickson, Barbara(2009), *Positivity*, NY : Crown.

Keller, Kevin Lane(1993), "Conceptualizing, Measuring, and Managing Customer-Based Brand Equity," *Journal of Marketing*, 57, January, pp. 1~29.

Petty, R. E. and D. T. Wegener(1998), "Attitude Change : Multiple Roles for Persuasion Variables," in D. Gilbert, S. Fiske and G. Lindzey(eds), *The Handbook of Social Psychology*, 4th edition, Vol.1, NY : McGraw-Hill.

Torgerson, Warren S. (1985), Theory and Methods of Scaling, John Wiley & Sons, Inc.

Marketing Research

08

설문지 설계

M

Intro
1. 필요한 정보의 결정
2. 면담방법의 유형 결정
3. 개별 질문내용의 결정
4. 응답형태의 결정
5. 질문의 표현기법 결정
6. 질문의 순서결정
7. 설문지의 전체 구조와 외형 결정
8. 설문지의 사전조사와 수정
사례: 설문지 작성사례
요약
토의과제

INTRO

측정도구로서 설문지가 필요하다. 조사목적과 부합되는 핵심사항을 담고, 어떠한 조사방법을 택할 것인가를 고려하면서 작성한다. 앞 장에서 학습한 신뢰성과 타당성을 확보할 수 있는 설문지를 작성하여야 한다.

실증적 분석은 작성된 설문지에 의존한다. 그러므로 설문지 작성이 잘못되면 잘못된 분석을 하게 된다. 이러한 오류를 줄이기 위해서 설문지 작성단계에서 필요한 정보의 종류와 측정방법, 분석방법과 분석내용 등을 고려하여야 한다. 설문지 완성단계에서는 조사설계와 분석방법이 결정되어 있어야 한다. 조사분석방법을 분산분석을 할 것인가, 회귀분석을 할 것인가는 설문지 문항이 범주형 자료인가 연속형 자료인가에 따라 달라진다.

설문지 설계(questionnaire design)는 서베이 조사과정에서 가장 중요한 단계 중의 하나이다. 설문지 설계과정은 오랜 경험의 축적과 시행착오를 통해서 습득되는데, 전체적인 과정을 이해하고 그 과정에서 나타날 수 있는 오류를 인식하고 오류를 줄여가야 한다. 이 과정은 필요한 정보의 결정을 시작으로 보통 [그림 8.1]과 같은 과정을 거친다.

[그림 8.1] 설문지 설계과정

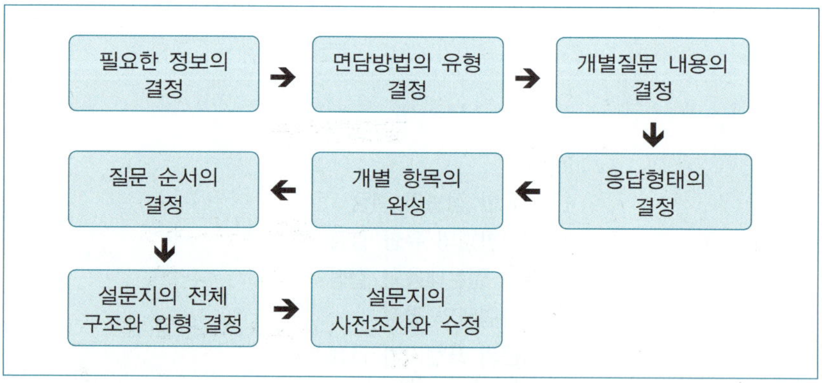

1 필요한 정보의 결정

설문지를 설계하는 데 있어 첫 번째 단계는 필요한 정보를 명확히 정하는 것이다.

일반적으로 조사의 서론부분에서 문제정의와 연구목적을 분명히 설정한다. 문제정의와 연구목적이 분명할수록 필요한 정보가 명확해진다. 전화, 인터뷰 등 그 정보를 수집하기 위한 방법을 어떠한 것으로 잡는가도 영향을 미친다. 표적 모집단(target population)에 대한 특성을 이해하면 설문지를 설계하는 데 영향을 미친다. 모집단이 대학생이 될 것인지 혹은 일반인이 될 것인가는 그들의 사회경제적 특성이 다르기 때문에 필요한 정보가 달라진다. 응답자들이 설문지에 대한 이해가 부족하면 양질의 정보를 얻기 어렵다.

설문지를 작성하여 수집하고 난 뒤, 설문지를 분석하고 해석하는 과정이 뒤따르기 때문에, 어떠한 방법으로 설문지를 분석할 것인가를 고려하면서 설문지를 작성할 필요가 있다. 분산분석을 사용할 것인가, 회귀분석을 사용할 것인가는 어느 설문문항은 범주형으로 하고, 다른 설문문항은 연속형으로 하는 등 달라진다.

2 면담방법의 유형 결정

설문지 작성의 두 번째 단계는 면담방법의 유형을 결정하는 것이다.

설문조사에 의해서 자료를 수집할 때 이용가능한 면접방법으로는 전화면접, 대인면접, 우편면접, 그리고 온라인조사가 있다. 이들 방법 중에서 어느 것을 택하는가는 시간과 비용을 고려하면서 결정하지만, 설문지 설계에 영향을 미친다. 개인면접에서는 응답자는 설문지를 보고, 조사자의 얼굴을 마주 보며 상호작용을 하기 때문에, 길고, 복잡하고 다양한 질문이 가능하다. 그러나 전화면접에서, 응답자들은 설문지를 볼 수가 없기 때문에 질문이 짧고, 간단할 수밖에 없게 된다.

1) 전화면접

전화면접(telephone interview)는 응답자에게 전화를 걸어서 대화를 통하여 설문지를 체크하기 때문에 빠른 시간에 핵심정보를 파악할 수 있어야 하고, 설문지에 핵심사항만을 짧게 담을 수 있어야 한다. 일반적으로 10분 정도를 초과하면 응답률이 떨어지는 단점이 있고, 질문내용을 간결하고 쉽게 작성할 수 있는 요령을 필요로 한다.

2) 대인면접

시간과 비용이 여유가 있어 충실한 내용의 정보를 입수하기 위해서는 대인면접(personal interview)을 택하는 것이 좋다. 이때 설문지는 다양한 질문들을 구성하여 접근할 수 있다.

3) 우편서베이

우편서베이(mail survey)는 설문지를 우편으로 발송하여 응답자가 설문지에 기재되어 있는 작성요령을 보며 혼자 설문에 응답을 해야 하기 때문에 지시사항을 상세하게 첨부해야 한다. 우리나라에서는 응답률이 너무 낮아 일반적으로 사용되고 있지 않고 있다. 이 방법을 사용할 때 설문의 내용이 30분 이내에 응답할 수 있도록 작성되어야 하며 응답의 순서 등을 자세히 지시해 주어야 한다.

4) 온라인조사

인터넷의 사용이 증가하면서 온라인조사(on-line research)의 영역도 넓어져 가고 있다. 온라인에서 경품 등을 통하여 반응률을 높이면서 빠른 시일 내에 전국적으로 많은 응답자들을 모을 수 있는 장점이 있다.

3 개별 질문내용의 결정

필요한 정보가 정해지고 면담방식의 유형이 결정되면, 개별 질문에 포함될 내용이 무엇인가를 결정한다.

1) 질문은 꼭 필요한 질문인가

조사자는 많은 사항들을 조사하기를 원하지만 설문항목이 많으면 협조를 얻기가 어렵다. 조사목적을 신중하게 고려하여 꼭 필요하지 않는 질문을 제거할 수 있어야 한다.

2) 적절한 응답자를 선별하는 질문인가

설문지의 주요 항목들이 적절한 응답자들을 선별하여야 하는 경우가 있다. 특정 첨단기술제품에 대한 소비자태도조사를 하고자 하는 경우, 예를 들어 영상통화에 대한 조사를 하고자 하는 경우에는 영상통화를 해본 경험이 있는 사람을 선별하여 그들의 경험과 태도를 알고자 하는 조사인 경우에는 이 분야에 경험이 있는 사람과 경험이 없는 사람을 구별하고 접근하는 것이 좋을 수 있다.

이 장의 사례에서 제시되고 있듯이 점심시간에 식당에 친구들과 함께 식사를 하러가는 소비자 태도를 조사하고자 하는 경우, 소비자들의 마음속에 집단이 자리하고 있는 정도가 어느 정도 강한가, 즉 집단정체감(group identity)을 연구하기 위해서 함께 식당에 가는 친구집단이 있는가 여부를 가릴 필요가 있어서, 그러한 질문을 담고 있다.

3) 하나의 질문으로 충분한가

우리는 앞 장에서 신뢰성을 높이기 위해서 여러 설문문항을 만드는 것이 좋다는 것을 설명한 바 있다. 조사의 목적으로 볼 때, 그 변수의 측정이 중요하고, 신뢰성을 확보하기 위하여 하나의 질문보다 여러 개의 항목으로 나누어 묻는 경우가 많다.

이 장의 사례에서 소비자들의 집단정체감을 측정하기 위하여 여러 항목으로 나누었다. 집단정체감의 구성요소인 결속감, 소속감, 존중감 등을 묻고 있다.

4) 응답자가 응답할 수 있는 질문인가

너무 구체적인 질문을 물으면 대답하기가 어렵다. "귀하는 작년 친구들과 함께 점심식사를 몇 번이나 하였습니까?" 이는 기억하기가 어렵다. "귀하는 지난주 친구들과 함께 점심식사를 몇 번이나 하였습니까?"라는 질문은 기억하기 쉽다. 시간적으로 먼 사건을 기억할 수 있는 것은 매우 중요한 의미를 갖는 것이어야만 한다. 일반적으로 최근에 일어난 사건들을 중심으로 설문지를 구성한다.

5) 응답자가 응답할 것인가

"귀하의 나이는 몇 살입니까?" "귀하는 작년 신용카드를 얼마나 사용하였습니까?" 혹은 "귀하는 작년 신용카드를 얼마나 연체하였습니까?" 등과 같은 개인적인 프라이버시에 관련된 사항이 포함되어, 자신의 정보가 노출되는 것을 바라지 않을 수 있는 문항들이 제시될 때는 대답을 회피하는 경향이 있다.

특히 대인면담일 때 뚜렷하게 나타난다. 이 경우에는 특정 행동이 나타나는 현상이 드물지 않은 현상임을 제시하여 마음을 편하게 하거나, 질문을 타인에 관한 질문인 것처럼 자신의 의견을 묻는 것으로 접근할 수 있다. 특정 브랜드에 대한 선호도를 조사하는 데, 나이, 소득, 직업 등을 물을 때도, 특정 브랜드 선호도가 나이, 소득, 직업에 따라 어떻게 다른가를 파악하려고 한다는 등 설명을 통해 응답자가 수긍할 수 있도록 이끌 수 있어야 한다. 소득을 물을 때도 구체적인 숫자로 묻기보다 응답 범주를 제공할 필요가 있다.

4 응답형태의 결정

필요한 질문의 내용이 확정되고 나면 각 항목별로 응답의 형태를 결정하여야 한다. 응답의 형태로는 개방형 질문, 고정형 질문, 양자택일형이 있다.

1) 개방형 질문

개방형을 택할 것인가, 고정형을 택할 것인가는 응답을 하는 데 있어서 반응자가 가지는 자유의 양에 의존한다. 개방형 질문(open-ended question)은 응답의 형태에 제약을 가하지 않고 응답자가 자신의 의견을 자유롭게 표현할 수 있는 질문형태이다. 어떤 문제나 주제를 두고 응답자들이 그들 자신의 말로 자유롭게 표현할 수 있다. 대인면접을 통하여 질문을 하면 인터뷰를 하는 사람이 더 많은 정보를 탐색할 수 있다.

> 이 광고를 보았을 때 귀하의 마음속에 무엇이 떠오르는가?
> 이 제품은 어떠한 방법으로 변화되거나 개선될 수 있다고 생각하는가?

이러한 질문들은 고정형 질문 또는 폐쇄형 질문(closed question)과 비교하여 보면, 이 질문은 특정 제한된 대안 반응을 반응자들에게 주고 그들에게 그들 자신의 관점에서 가장 가까운 것을 선택하도록 한다. 예를 들어보자.

> 작년에 비해서 이 할인점의 서비스에 대한 여러분의 만족도는 높아졌는가? 거의 같은 정도인가?, 혹은 높아지지 않았는가?
> _____ 더 높아졌다.
> _____ 거의 같은 정도이다.
> _____ 높아지지 않았다.

개방형 질문은 조사자가 탐색적 조사를 수행할 때 가장 이점이 있다. 이러한 형태의 질문은 질문하는 과정에서 반응자의 마음을 따뜻하게 할 수 있기 때문에 대인인터뷰의 시작점에서 가치롭게 작용할 수 있다. 그러나 개방형 질문은 편집하고 자료를 분석하는 과정에서 어려움이 따라 많은 에너지와 비용이 드는 단점이 있다.

2) 고정형 질문

고정형 질문(fixed alternative questions)은 양자택일형(simple-dichotomy or dichotomous-alternative question)이 기본이 된다. 이는 "예"와 "아니오"로 양분된다.

귀하는 화상통화 휴대폰을 구입할 의도가 있습니까?
_____ 예
_____ 아니오

결정적 선택질문(determinant-choice question)은 여러 가지 가능한 대안 중에서 응답자가 단 하나만을 선택하도록 한다.

귀하가 최근에 KTX를 이용하였을 때 다음 어느 자리를 이용하였습니까?
_____ 보통석
_____ 특별석

빈도결정질문(frequency-determination question)은 일반적으로 발생하는 빈도에 대하여 묻는 결정적 선택질문이다.

골프채널을 얼마나 자주 시청하십니까?
_____ 매일
_____ 일주일에 5~6번
_____ 일주일에 2~4번
_____ 일주일에 한 번
_____ 일주일에 한 번 이하
_____ 결코 아니다

5 질문의 표현기법 결정

질문의 표현을 잘하기 위해 다음 6가지 지침이 일반화되어 있다.

1) 복잡성을 피하라. 단순하고 대화가능한 언어를 사용하라

설문지에 사용된 언어들은 모든 반응자들이 쉽게 이해할 수 있는 것이어야 한다. 응답자들이 낮은 교육수준에서 보다 높은 교육수준을 가지고 있다면 언어를 선택하는 능력이 다를 수 있다. 모든 사람들이 대학생수준의 언어능력을 가지고 있다고 가정하면 안 된다. 이는 설문지 작성을 응답자들의 입장에서 이해하기 쉽도록 작성되어야 함을 의미한다.

조사자들의 입장에서 작성하면 조사자들과 비슷한 수준의 지식을 가지고 있는 사람들을 대상으로 조사를 하여야 하는데, 일반적으로 그러한 경우는 드물며, 비슷한 지식수준에 해당한다고 하더라도 전공이 달라 조사내용에 대해서 전문용어가 들어가면 이해하기가 쉽지 않을 수 있으므로 전문용어는 피하는 것이 좋다.

2) 유도하는 질문과 부담을 주는 질문은 피하라

유도하는 질문과 부담을 주는 질문들은 편향의 주요 근원이 된다. 유도하는 질문(leading question)이란 어떤 답을 제시하고 있거나 의미하고 있는 질문을 말한다. 드라이클리닝 산업의 연구에서 다음의 질문이 나타났다고 하자.

> 많은 사람들이 수입된 wash-and-wear 옷 때문에 드라이클리닝을 덜 사용하고 있습니다. 귀하는 과거 4년 동안 wash-and-wear 의류가 귀하의 드라이클리닝 시설을 사용하는 데 어떠한 영향을 미쳤다고 느끼고 있습니까?
>
> _____ 덜 사용하게 한다.
> _____ 변화하지 않고 있다.
> _____ 더 많이 사용하게 한다.

이 질문에서 내재되어 있는 잠재적인 밴드웨건 효과(bandwagon effect)는 연구의 타당성을 위협하고 있다. 대안들을 부분적으로 진술하는 것은 이러한 현상과 연결되어 있다.

> 폭스바겐과 같은 소형 수입차들은 미국의 소형차들보다 더 나은 가스 마일리지를 가지고 있습니까?

부담을 주는 질문(loaded question)들은 사회적으로 바람직한 답을 제안하고 있거나 감정적인 부담을 준다.

> 오늘날의 세계경제위기 시대에서, 서민들에게 이자가 거의 없는 대부를 제공하는 것은 공중의 최대의 관심이 되고 있는 것에 대해 귀하는 어느 정도 동의하고 있습니까?

위의 질문에서 경제위기라고 표현한 내용은 부담을 주는 단어구사라고 볼 수 있다.

얼마나 제품을 사용하거나 점포를 방문하는가를 묻는 것은 그들의 행동이 어떤 편차를 보이고 있기 때문에 그들의 습관을 일반화하도록 유도한다. 반응자의 보통 행동보다 이상적인 행동을 묘사하면서 어떤 행동이 이상행동이 아니라고 제안함으로써 답을 하는 것을 주저하는 것을 감소시키는 질문을 할 수 있다.

> 어떤 사람들은 하루에 세 번 양치질을 하는 시간을 내고 있습니다. 다른 사람들은 그렇지 못합니다. 귀하는 어제 몇 번 양치질을 하였습니까?

3) 애매성을 피하라

설문지의 항목들이 너무 일반적이기 때문에 애매할 수 있다. 종종, 때때로, 정규적으로, 자주, 많이, 좋은, 공정한, 형편없는 등의 정의되지 않는 단어들에서 나타난다. 이러한 단어들은 많은 다른 의미를 가지고 있다.

특정 잡지를 자주 읽는 사람은 얼마를 자주 읽는 것이라고 명확하게 정의하기가 어렵다.

다음 질문은 신제품에 대한 새로운 광고프로그램을 소비자가 얼마나 시청하고 있는지를 묻는 질문이다.

X제품의 광고를 귀하의 가족이 어느 정도 보고 있는지를 가장 잘 기술하는 진술을 선택하십시오.
____ 우리는 X제품의 광고를 보지 않았다.
____ 우리는 X제품의 광고를 거의 보지 않았다.
____ 우리는 X제품의 광고를 때때로 본다.
____ 우리는 X제품의 광고를 자주 본다.

이를 다음과 같이 표현하여 애매성을 제거할 수 있다.

____ 우리는 X제품의 광고를 본 적이 없다.
____ 우리는 X제품의 광고를 한 달 사이에 1~2번 보았다.
____ 우리는 X제품의 광고를 한 달 사이에 3~4번 보았다.
____ 우리는 X제품의 광고를 한 달 사이에 5번 이상 보았다.

4) 한 항목에서 두 개 이상의 항목의 결합을 피하라

한 번에 여러 가지 쟁점들을 묶어서 다루는 질문(double-barreled question)을 피하여야 한다. 다음과 같이 구색과 가격을 하나의 항목에 함께 넣으면, 구색에는 만족하지만 가격에는 만족하지 않거나 구색에는 만족하지 않지만 가격에는 만족하는 응답자를 구별할 수 없기 때문에 각각 다르게 질문하는 것이 좋다.

당신은 이 할인점의 구색과 가격에 만족하십니까?
당신은 이 할인점의 구색에 만족하십니까?
당신은 이 할인점의 가격에 만족하십니까?

당신은 이 음료가 맛있고 상쾌한 청량음료라고 생각하십니까?
당신은 이 음료가 맛있는 청량음료라고 생각하십니까?

당신은 이 음료가 상쾌한 청량음료라고 생각하십니까?

5) 가정을 하는 것을 피하라

암묵적 가정을 피해야 한다. 다음 질문에는 VIP 프로그램이 탁월하다는 가정을 포함하고 있다. 이 질문에 예라고 대답하면 프로그램이 탁월하고, 계속되는 것이 훌륭하다는 것을 의미한다.

G백화점에서 탁월한 VIP를 위한 프로그램을 계속해야 한다고 봅니까?

_____ 예
_____ 아니오

Malhotra(2006)는 암묵적 가정이 질문에 명시되지 않지만, 가정이 존재하는 예를 제시하고 있다.

질문 1 : 균형된 예산을 좋아합니까?
질문 2 : 만약 균형된 예산이 개인소득세의 증가를 가져온다 할지라도 균형된 예산을 좋아합니까?

질문 1은 균형된 예산의 결과로 야기된 것을 암시하고 있다. 국방예산 삭감, 개인소득세의 증가, 사회적 프로그램의 예산삭감 등이 있었을 것이다. 질문 2는 이러한 질문을 용어화하는 데 더 좋은 방법이다고 제시하고 있다.

6) 반응자의 기억을 억지로 떠올리게 하는 부담성 있는 질문을 피하라

과거 행동이나 사건에 대해서 조사하려고 할 때, 어떤 질문들은 반응자들의 기억에 심각하게 의존하여야 한다. 많은 상황에서 반응자들은 질문에 답을 회상할 수 없을 때가 많다. 축구리그에서 우승을 다투는 최종경기에서 수행된 광고를 기억하기란 쉽지 않다. 축구리그를 마치고 24시간 지나 전화 서베이를 수행하였다고 하자.

"귀하는 축구리그에서 다른 광고를 회상할 수 있습니까?"
어렵게 답한 반응자에게 다시 묻는다.
"어떠한 브랜드가 광고되었습니까?"

이러한 질문은 기억 속에서만 떠올려야 하기 때문에 쉽게 답하기 어렵게 된다. 다음과 같이 도움을 주는 질문을 할 수 있다.

"귀하는 축구리그에서 광고된 화장품 브랜드가 있었는지 아닌지를 기억합니까?"
"내가 화장품 브랜드를 읽겠습니다. 귀하는 축구리그에서 광고된 화장품 브랜드를 뽑아보시기 바랍니다."

6 질문의 순서결정

질문은 응답자들의 협조를 구할 수 있도록 배열되어야 한다. 특히, 개시 질문은 흥미롭고, 간단하고, 어떠한 위협도 없음을 보여주어야 한다. 질문의 순서를 결정하는 데 다음의 지침이 도움을 줄 수 있다.

1. 응답자의 부담을 덜어줄 수 있도록 쉽고 간단하며 흥미를 유발하는 항목부터 질문을 한다

질문을 하는 데 있어서 처음 시작 질문이 재미있고 이해하고 답하기 쉽다면 반응자들의 협력과 몰입이 질문 전체를 통하여 유지될 가능성이 크다. 첫 번째 질문은 설문지의 내용이 어떤 것인지를 짐작하게 해주는 내용일수록 좋다.

2. 응답자의 인적사항은 맨 뒷부분에 질문하는 것이 좋다

응답자들의 인구통계적 변수(학력, 소득, 직업, 성별, 연령 등)에 관련된 질문에 대해 응답을 회피하는 경향이 있다. 이러한 내용은 가능한 설문지의 마지막 부분에 배치하는 것이 좋다.

3. 가능한 쉽게 대답할 수 있는 질문은 전반부에, 응답하기 어려운 질문은 후반부에 배치하는 것이 좋다

최근 어떠한 브랜드를 구매하였는가와 같이 쉽게 답할 수 있거나 쉽게 기억될 수 있는 질문은 앞부분에, 응답에 생각이 요구되거나 장기기억 속에서 한참 떠올려야 하는 내용은 뒷부분으로 배열하는 것이 좋다.

4. 질문항목 사이에 영향을 미칠 수 있는 여부를 고려한다

앞에서 행한 질문이 다음 질문에 어떠한 연상작용을 일으켜 다음 질문의 내용에 영향을 미칠 수 있지 않도록 해야 한다. 이러한 경우에는 질문들 사이의 간격을 가능한 멀리 한다.

5. 갑작스러운 논리의 전환이 일어나지 않도록 하는 것이 좋다

질문은 논리적인 순서로 질문되어야 한다. 질문의 주제가 바뀌는 경우는 설문지의 장을 달리하여야 하고, 응답자에게 사고의 연속을 바꾸도록 도와주는 전환문구(bref transitional phrases)를 사용할 필요가 있다. 즉, 이제부터는 어떠한 질문을 할 것이라는 설명을 한 후 질문을 시작하는 것이 좋다.

6. 응답자의 응답내용에 따라 다음 질문의 일부를 답하지 않고 뛰어넘어야 하는 경우, 어떤 질문으로 가야 하는지를 명확하게 지시해주어야 한다

(1) 귀하는 지금 스마트폰을 가지고 있으신지요?

_____ 1) 예 → (3)번으로

_____ 2) 아니오 → (2)번으로

(2) 스마트폰을 구매하지 않는 이유는 무엇입니까? 2가지만 들어 주시기 바랍니다.

____

(3) 스마트폰을 가지고 있다면 어느 브랜드를 가장 선호하십니까?

____

7 설문지의 전체 구조와 외형 결정

7.1 설문지의 전체 구조결정

1) 응답자에 대한 협조 요청

설문지의 앞 부분에 협조 요청을 구하는 문장으로 시작한다. 본 조사목적을 설명하고, 본 조사목적을 설명하고, 응답자의 응답내용에 비밀보장을 확신시켜주고, 조사자나 조사기관을 명시하면서 응답자가 마음 편하게 답할 수 있도록 협조를 요청하는 내용을 담는다.

마케팅조사자가 직접 면접을 실시하는 경우에는 이 내용을 직접 구두로 전달하기도 하고, 우편조사를 실시할 경우에는 문장으로 조사목적과 협조를 부탁하는 내용을 담는다.

2) 식별자료

식별자료(identification data)는 설문지가 다량으로 수집되기 때문에 식별번호를 적고 추후 확인조사를 하기 위한 것으로 설문지의 서두에 할당한다. 응답자의 전화번호, 실명으로 요청할 수 있는 경우에는 이름이나 주소란을 만들고, 또는 조사를 실시한 면접자의 이름과 면접일시를 기록한다.

3) 지시사항

마케팅조사자가 직접 조사를 실시할 경우에는 직접 설명을 해줄 수 있으나, 우편으로 할 경우에는 응답자 혼자서 전체 설문지를 완성시킬 수 있도록 작성법을 자세하게 제시해 주어야 한다. 각 항목마다 응답방법이나 응답순서 등 응답자가 설문지의 모든 항목을 어려움 없이 응답하고, 이를 조사기관이 회수하기까지의 모든 과정에 대한 상세한 지시사항을 수록하도록 한다.

4) 필요한 정보

설문지 작성의 가장 중요한 부분으로 조사목적에 필요한 대부분의 내용이 담기는 부분이다. 보다 자세한 내용은 이어지는 절에서 설명하고자 한다.

5) 응답자의 분류를 위한 자료

이는 응답자의 특성을 파악하기 위한 자료이다. 주로 응답자의 인구통계적 변수들을 조사하게 되는데 응답자의 인격상 침해가 되지 않도록 주의하여 꼭 필요한 항목만을 골라 질문해야 한다. 대개 설문지의 가장 뒷부분에서 조사되어지나, 할당표본법과 같이 사전에 응답자의 특성을 파악해야 할 경우에는 조사의 첫 부분에 질문하기도 한다.

7.2 설문지의 외형결정

사람들이 직장을 선택하기 위하여 인터뷰에 응할 때 외형을 바르게 하고자 하는 것처럼, 설문지의 구조와 내용이 잡히면 설문지 종이의 질과 인쇄, 크기 등 외형적인 요인에 대해서 결정한다.

설문지의 종이 질이 좋지 않으면 협조를 구하기가 쉽지 않을 수 있으므로 종이 질을 좋게 하고, 나이가 든 사람들에게 협조를 구할 경우 인쇄 글자크기도 어느 정도 크게 하고, 설문지의 크기도 응답자의 특성에 맞게끔 결정하여야 한다. 개방형 질문의 경우 충분한 지면을 할당하여 자세한 응답을 할 수 있도록 하는 등 외형적인 사항이 응답에 상당히 영향을 미칠 수 있다.

8 설문지의 사전조사와 수정

신제품을 개발하여 출시하는 단계에서 사전테스트를 하는 것이 중요한 것처럼, 새로 만든 설문지도 일종의 신제품으로 보아야 한다. 동일한 특성을 갖춘 사람들을 중심으로 탐색적 조사를 시행한다. 사전조사(pretest)가 필요하다. 조사대상자들은 설문지에 답하고, 실제 조사를 했을 때 나타날 수 있는 전반적인 문제점들을 수집하여 설문지를 수정하는 절차를 거칠수록 제대로 된 측정을 할 수 있는 설문지를 구성할 수 있다. 설문지를 수정하여 제2차 사전조사를 거치면 더욱 좋아진다.

사례

설문지 작성사례

다음 설문지는 소비자태도 분야의 연구를 확장하기 위해 필자와 미국 미시간대학교의 공동연구자와 함께 작성한 설문지의 일부분을 소개하여 설문지 작성에 대한 이해를 높이고자 한다.

설문지 코드 번호 ____________________

우리는 점심시간에 학생들이 식사를 하려는 행동에 대하여 연구하고 있습니다.

다음 질문지는 여러분이 식사하는 행동과 이유에 대한 정보를 얻고자 합니다. 이 정보는 우리가 한국과 미국의 비교문화를 연구하기 위하여 사용하려 합니다. 이 설문지 결과는 미국 미시간대학생들의 설문결과와 비교될 것입니다.

이 설문지의 수집과 분석은 오직 학술적인 목적으로 구성되어 있습니다. 여러분의 솔직하고 진지한 답변은 학문적으로 주요한 공헌을 할 수 있을 것이라 믿으며, 본 연구의 결과를 알려드림으로써 연구결과를 서로 공유할 것입니다. 여러분의 진지한 협조에 감사드립니다.

작성자 : (한국) 한남대학교 이규현 교수
(미국) 미시간대학교 Richard P. Bagozzi 교수

I. 당신이 점심 때가 되어 자주 식사하는 친구들과 함께 어느 식당으로 갈 것인지를 결정하려고 합니다. 각 친구의 이름과 이미지를 마음속에 간단히 그려보면서 다음에 답해주시기를 바랍니다.

1. 친구들의 이름을 적어보십시오.

나의 이름 : ________________________________
친구 1의 이름 : ____________________________

친구 2의 이름 : ______________________

친구 3의 이름 : ______________________

친구 4의 이름 : ______________________

친구 5의 이름 : ______________________

2. 다음 2주가량 동안 때때로 함께 점심 식사를 하기 위하여 다음 각 사람들 사이에서 명시적이거나 암묵적인 동의가 얼마나 강하게 있다고 당신이 말할 수 있습니까? 전체 집단의 동의는 얼마나 강합니까?

점심 때 집단으로서 함께 식사할 동의의 강도(○표로 표시하시오)

	매우 약하다	약하다	중간 정도	강하다	매우 강하다
나	1	2	3	4	5
친구 1	1	2	3	4	5
친구 2	1	2	3	4	5
친구 3	1	2	3	4	5
친구 4	1	2	3	4	5
친구 5	1	2	3	4	5
전체 집단	1	2	3	4	5

3. 다음 2주가량 때때로 친구들과 함께 식사를 하려는 당신의 의도와 다른 친구들의 의도가 얼마나 강하다고 말할 수 있습니까? 그리고 전체 집단의 의도는 얼마나 강합니까?

점심 때 집단으로서 함께 식사할 의도의 강도(○표로 표시하시오)

	매우 약하다	약하다	중간 정도	강하다	매우 강하다
나	1	2	3	4	5
친구 1	1	2	3	4	5
친구 2	1	2	3	4	5
친구 3	1	2	3	4	5
친구 4	1	2	3	4	5
친구 5	1	2	3	4	5
전체 집단	1	2	3	4	5

4. 지난 2주 내에 친구들의 그룹과 음식점에서 몇 번 식사를 하였습니까?

친구들과 __________ 번

5. 과거 6달 기간을 보면 위에 인식한 친구 집단과 보통 2주 내에 식당에서 얼마나 많이 식사를 하십니까?

친구들과 ____________ 번

6. "만약 다음 2주 동안 내가 위에서 인식한 친구들 집단과 식당에서 식사할 수 있다면, 나는 다음 감정을 느낄 것이다."

	전혀 아니다			보통			매우 많이
안도감(relief)	1	2	3	4	5	6	7
그런대로 만족(contentment)	1	2	3	4	5	6	7
흥분된(excited)	1	2	3	4	5	6	7
매우 기쁜(delighted)	1	2	3	4	5	6	7
행복한(happy)	1	2	3	4	5	6	7
기쁜(glad)	1	2	3	4	5	6	7
아주 만족(satisfied)	1	2	3	4	5	6	7
흡족한(proud)	1	2	3	4	5	6	7
자신있는(self-assured)	1	2	3	4	5	6	7

"만약 내가 다음 2주 동안 위에서 인식한 친구들 집단과 식당에서 식사를 할 수 없다면, 나는 다음 감정을 느낄 것이다."

	전혀 아니다			보통			매우 많이
화가 나는(angry)	1	2	3	4	5	6	7
좌절되어 있는(frustrated)	1	2	3	4	5	6	7
죄스러운(guilty)	1	2	3	4	5	6	7
수치스러운(ashamed)	1	2	3	4	5	6	7
슬픈(sad)	1	2	3	4	5	6	7
실망스러운 (disappointed)	1	2	3	4	5	6	7
풀이 죽은(depressed)	1	2	3	4	5	6	7
걱정스러운 (worried)	1	2	3	4	5	6	7
마음 편치 못한(uncomfortable)	1	2	3	4	5	6	7
불안한(anxious)	1	2	3	4	5	6	7
흥분된(agitated)	1	2	3	4	5	6	7
신경쓰이는(nervous)	1	2	3	4	5	6	7

7. 다음 척도에 따라, 다음 2주 동안 위에서 언급한 친구들의 집단과 식당에서 식사하는 데 대한 당신의 태도를 표현하여 주십시오.

	극히	아주	약간	중간	약간	아주	극히	
어리석다	____	____	____	____	____	____	____	현명하다
해롭다	____	____	____	____	____	____	____	유익하다
나쁘다	____	____	____	____	____	____	____	좋다
벌을 준다	____	____	____	____	____	____	____	보상을 준다

8. 당신에게 중요한 사람들이 당신이 보통 식사하고 있는 친구집단과 함께 식사를 해야 하는지 혹은 해서는 안 되는지를 얼마나 강하게 느낍니까?

"나의 삶에서 중요한 대부분의 사람들이 내가 다음 2주 동안 때때로 친구들과 식당에서 식사를 해야 한다고 생각한다."

그렇다			보통			그렇지 않다
1	2	3	4	5	6	7

"나의 삶에서 중요한 대부분의 사람들이 다음 2주 동안 내가 때때로 친구들과 식당에서 식사하는 것을 동의할 것이다."

그렇다			보통			그렇지 않다
1	2	3	4	5	6	7

9. 질문 1에서 당신이 적었던 친구집단에 대하여 생각하여 보시고, 다음 질문에 대하여 답하여 주십시오. 다음 2주 동안 식당에서 함께 식사를 하는 것이 행하기에 좋은 일이라는 것을 그들이 얼마나 많이 동의할 것인가?

전혀 동의하지 않는다			보통			전체적으로 동의한다
1	2	3	4	5	6	7

질문 1에서 당신이 적었던 친구집단이 다음 2주 동안 식당에서 함께 식사하는 것이 행하기에 얼마나 좋은 일이라고 당신은 어느 정도 강하게 생각하는지요?

결코 좋다고 믿지 않는다			보통			매주 좋다고 믿는다
1	2	3	4	5	6	7

10. 다음 2주 동안 위에서 진술한 친구집단과 식사를 하고자 하는 의도의 정도를 표현하십시오.

	극히	아주	약간	결코	약간	아주	극히	
식사하려는 의도가 없을 것 같다	____	____	____	____	____	____	____	식사하려는 의도가 있을 것이다

11. "나는 우리 집단(질문 1에서 당신이 식별한 친구집단)이 다음 2주 동안 때때로 함께 점심시간에 식당에서 식사하는 것을 의도한다."

강하게 동의하지 않는다		보통		강하게 동의한다
1	2	3	4	5

12. 우리(질문 1에서 당신이 식별한 친구집단)는 다음 2주 동안 때때로 함께 점심시간에 식당에서 식사하려고 의도한다.

강하게 동의하지 않는다		보통		강하게 동의한다
1	2	3	4	5

13. 당신이 친구들의 집단에 속해서 어느 식당에서 식사를 할 것인가, 함께 식사할 것인가와 같은 집단활동에 개입하게 될 때 개인의 정체성(personal identity)과 당신이 앞에서 진술한 집단의 정체성(group identity) 사이에 중복되는 정도를 어떻게 표현하겠습니까?(a, b, c, d, e, f, g, h 중에서 하나를 선택하라)

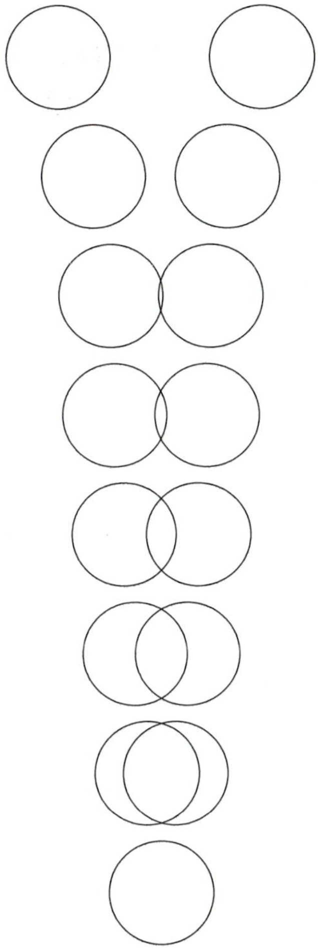

a 매우 떨어져 있다. (Far apart)

b 밀접하게 결합되지만 분리되어 있다.(Close together but separate)

c 아주 작게 중첩된다. (Very small overlap)

d 작게 중첩된다. (Small overlap)

e 약간 중첩된다. (Moderate overlap).

f 크게 중첩된다. (Large overlap)

g 매우 크게 중첩된다. (Very large overlap)

h 완전히 중첩된다. (Complete overlap)

14. 당신이 앞에서 진술한 집단에 당신은 어떻게 결속되어 있습니까?

전혀 결속력이 없다(나는 집단에 대해 어떤 긍정적인 감정도 가지고 있지 않다.)	1	2	3	4	5	6	7	결속력이 매우 깊다(나는 집단에 대해 매우 강한 긍정적인 감정을 가지고 있다.)

15. 위에서 진술한 집단 쪽으로 당신의 소속감이 얼마나 강하다고 말할 수 있습니까?

전혀 강하지 않다			중간 정도			매우 강하다
1	2	3	4	5	6	7

16. "나는 위에서 진술한 집단에서 가치로운 구성원이다."

결코 나를 말하고 있는 것이 아니다			중간 정도			매우 나를 잘 기술하고 있다
1	2	3	4	5	6	7

17. "나는 위에서 말한 집단에서 중요한 구성원이다."

결코 나를 말하고 있는 것이 아니다			중간 정도			매우 나를 잘 기술하고 있다
1	2	3	4	5	6	7

18. "위에서 진술된 집단은 얼마나 강하게 나를 <u>존중합니까?</u>"

전혀 강하지 않다			중간 정도			매우 강하다
1	2	3	4	5	6	7

19. 당신이 식당에 가는 것을 원하지 않거나 다른 것을 행하기를 원할 때조차도, 당신은 질문 1에서 식별한 집단과 식사를 할 것 같은 정도를 표현하시오.

	극히	아주	약간	결코	약간	아주	극히	
식사할 것 같지 않다	____	____	____	____	____	____	____	식사할 것 같다

20. 질문 1에서 식별한 집단에 대하여 아래 척도에 따라서 당신의 정체감을 표현하십시오. 나는 다음의 정체감을 가지고 있다.

개인정체감이 매우 강하다.			동등하다			집단정체감이 매우 강하다
1	2	3	4	5	6	7

21. 다음 2주 동안 함께 점심식사를 하는 것에 대하여 질문 1에서 식별한 집단의 바람에 순응하려는 나의 동기는 다음과 같이 가장 잘 기술될 수 있다.

순응하려는 동기가 거의 없다			중간 정도			순응하려는 동기가 매우 강하다
1	2	3	4	5	6	7

22. 질문 1에서 당신이 식별한 집단에 대하여, 다음 2주 동안 함께 점심식사를 하는 것에 대하여 공동의사결정 동안 일어나는 상호공유의 정도를 표현하여 보시오.

전혀 공유하지 않는다			중간 정도			매우 강하게 공유한다
1	2	3	4	5	6	7

23. 당신의 성별은? 남자 ______ 여자 ________

24. 설문지에 답하는 학생들의 연락번호
    연락번호 ________________

요약

1. 마케팅조사과정에서 이론과 실증을 연결시키는 허리부분에 있는 것이 설문지설계이다. 설문지라는 그릇 속에 설문지 내용물들이 담긴다. 앞장 측정에서 다룬 신뢰성과 타당성이 있도록 설문지가 잘 작성되어야 훌륭한 조사결과를 도출할 수 있다. 설문지를 보면, 조사가 얼마나 진지하게 수행되고 있는가를 알 수 있다.

2. 면접방법은 전화면접, 대인면접, 우편서베이, 온라인조사 등이 있으며, 이에 따라 설문지작성이 달라진다. 인터넷이 발달하면서 인터넷을 이용한 탐색조사와 설문지를 통한 정량적 조사가 발달하고 있다.

3. 개별 질문내용을 결정하는 데 있어서, 꼭 필요한 질문인가? 적절한 응답자를 선별하는 질문인가? 하나의 질문으로 충분한가? 응답자가 응답할 수 있는 질문인가? 등을 고려하여야 한다.

4. 필요한 질문의 내용이 확정되고 나면 각 항목의 응답형태를 결정하여야 한다. 응답형태는 개방형 질문인가 고정형 질문인가를 결정하여야 한다.

5. 질문의 표현기법을 결정하는 데 있어서의 기준은 복잡성, 유도하는 질문, 애매성, 한 항목에서 두 개 이상의 질문, 가정을 피하여야 한다. 한 항목에서 두 개 이상의 질문을 피하고 반응자에게 부담성 있는 질문을 피하여야 한다.

6. 질문의 순서를 결정하는 단계에서는 가능한 쉽고 간단하고 흥미를 유발하는 항목을 전반부에, 응답하기 어려운 질문은 후반부에 배치하는 것이 좋다. 응답자의 인적사항은 맨 뒷부분에 질문하는 것이 좋으며, 갑작스러운 논리의 전환이 일어나지 않도록 하여야 한다.

7. 설문지의 전체구조와 외형을 결정하여야 한다. 전체 구조는 응답자에 대한 협조요청, 식별자료, 지시사항, 필요한 정보, 응답자의 분류를 위한 자료순서를 가진다. 설문지의 구조와 내용이 잡히면 설문지종이의 질과 인쇄, 크기 등 외형적인 요인에 대해 결정해야 한다.

8. 설문지를 작성하면 사전조사를 시행하여 수정하는 단계를 거치고 완성되면 전체적으로 배포하여야 한다.

9. 본 장의 마지막에는 실제 설문지 작성 사례를 제시하였다.

토의과제

1. 제7장에서 논한 측정과 태도척도를 본 장과 연결하여 볼 때, 설문지 작성과정에서 어떠한 점들이 신뢰성과 타당성과 관련되어 나타날 수 있는가를 토의하라.
2. 설문지 설계과정 전체를 설명하여 보라.
3. 면담방법 중에서, 전화면담, 대인면담, 우편 서베이, 온라인조사 방법을 택한다고 할 때, 설문지 작성이 어떻게 달라질 수 있겠는가?
4. 개방형 질문과 고정형 질문 중에서 개방형 질문을 택하는 장점과 단점이 무엇인가?
5. 질문의 표현기법을 결정하는 데 고려해야 하는 사항을 토의하라.
6. 질문의 순서를 결정하는 데 고려해야 하는 사항들을 제시하고, 인구통계적 질문이 가능한 설문지의 뒷부분에 배치해야 하는 이유는 무엇인가?
7. 설문지의 전체 구조를 어떻게 가지고 가는 것이 좋은가를 토의하라.
8. 본 장에서 마지막 절에서 제시된 설문지를 가지고 본 장에서 논한 설문지작성에 관한 전체 사항들을 토의하여 보라.

참/고/문/헌

이규현·리차드 바고찌(2009), "태도의 사회적 영향력 : 집단의도에 미치는 집단정체감의 효과", 소비문화연구.

Bagozzi, Richard P.(ed.)(1994), "Measurement in Marketing Research: Basic Principles in Questionnaire Desin," *Advanced Methods of Market Research*, Blackwell.

Bagozzi, Richard P. and Kyu Hyun Lee(2002), "Multiple Route for Social Influence," *Social Psychology Quarterly*, Vol.65, Number 3, September, pp. 226~247.

Feinberg, Fred, M., Thomas C. Kinnear and James R. Taylor(2007), *Modern Marketing Research : Concepts, Methods, and Cases*, Cengage Learning.

Malhotra, Naresh K.(2006), Marketing Research: An Applied Orientation, 5th ed. Pearson Education, Inc.

Monster, Rob. and Raymond Pettit(2003), *Marketing Research in the Internet Age: Leveraging the Internet for Market Measurement and Consumer Insight*, John Wiley & Sons.

Zikmund, William G. and Barry J. Babin(2007), *Essentials of Marketing Research*, South-Western.

Marketing Research

09 표본설계

M

Intro
1. 표본추출의 의의
2. 표본설계관련 용어
3. 표본추출과정
4. 표본추출방법
5. 표본크기의 결정

사례: 적은 표본의 오류

요약

토의과제

INTRO

표본추출을 잘못하면 조사결과를 잘못되게 할 수 있다. 더렐 허프(Huff, 1954)는 표본추출이 잘못되어 여론조사의 예측을 잘못한 사례를 다음과 같이 제시하고 있다.

1936년 미국 〈Literary Digest〉지는 여론조사로 큰 실수를 저질렀다. 그 한번 앞인 1932년에 대통령선거 때 결과를 정확히 예측한 사람들 중에서 전화를 소유하였거나 〈다이제스트〉지를 구독하는 사람 1,000만 명을 표본을 삼고 대통령선거결과를 예측하였다. 그 결과 이 잡지의 편집진들은 Alfred E. Landon 후보가 370, Franklin D. Roosevelt 후보가 161이 될 것이라고 확신을 가지고 예측하였다. 그러나 실제 결과는 공화당의 란든 후보는 36.5%의 표를 획득한 데 비해 루즈벨트는 60.8%의 표를 얻어 대통령이 되었다. 선거인단의 표는 8 대 523으로 루즈벨트의 압승이었다.

그런데 1932년도에는 바르게 예측했던 사람들의 명부에서 뽑아낸 이 표본에 어째서 왜곡이 들어갈 수 있었을까? 더렐 허프는 그 이유를 1936년 당시 전화를 소유하였거나 잡지를 구독할 수 있는 이들은 경제적으로 부유층에 속한 이들로서 공화당 지지층에 가까워 란든을 선택하였으나, 전체 국민의 다수는 루즈벨트를 대통령으로 선택하였던 것으로 해석하였다(더렐 허프 저, 김정흠 역, 1986, p. 31 참조).

이와 같은 결과는 국민 전체를 대상으로 하는 것처럼 조사대상의 규모가 큰 경우, 그 전체를 대상을 표본으로 잡기가 불가능하거나 대단위 비용을 수반하여 어려운 경우가 많다. 이 경우 표본을 추출하여 모집단을 해석하게 되는데, 이때에 표본을 어떻게 설계하느냐에 따라 모집단을 대표하는 데 있어서 정확성에 영향을 받는다. 본 장에서는 앞으로 통계분석 내용의 전제가 되는 표본설계에 대하여 보다 자세하게 살펴보고자 한다.

1 표본추출의 의의

1.1 전수조사와 표본조사

마케팅조사의 목적은 연구대상이 되는 집단으로 정의되는 모집단(population)의 특성에 관한 정보를 얻기 위한 것이다. 이러한 정보를 얻기 위하여 모집단을 모두 조사하는 방법을 전수조사라고 한다.

그러나 전구나 타이어의 성능조사를 한다고 할 때 성능을 조사하는 과정에서 제품이 파괴되는 경우는 전수조사를 하는 것은 실용적이지 못하다. 신제품에 대한 소비자반응을 조사하기 위해 전수조사를 하는 경우 모집단이 되는 소비자집단이 너무 크기 때문에 조사에 너무나 많은 비용이 수반될 수 있다. 이러한 문제 때문에 대부분의 경우 모집단의 일부인 표본(sample)을 뽑아서 특성을 조사한 뒤 이를 근거로 모집단의 특성을 추정하게 되는데 이러한 방법을 표본추출(sampling)이라고 한다.

여기서 우리는 모집단과 표본에 대해서 이해하는 것이 일차적으로 중요

그림 9.1 연역과 추론

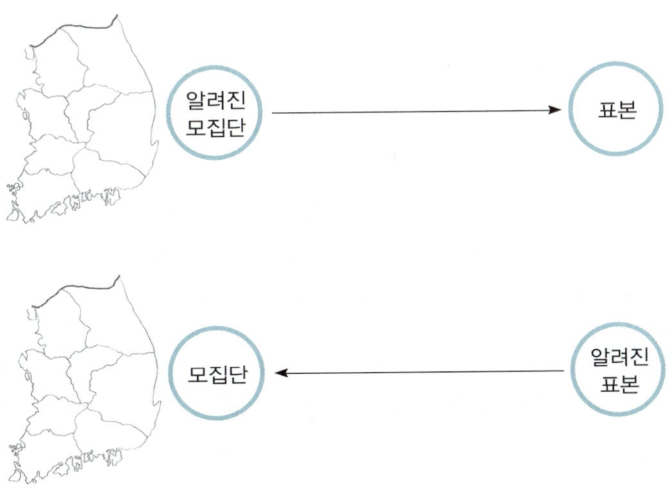

표 9.1 전수조사와 표본조사의 특성

	전수조사	표본조사
모집단의 크기	적음	큼
자료의 사용기간	많음	짧음
특성에 대한 분산	큼	적음
측정의 본질	비파괴적임	파괴적임
표본추출 오차의 비용	높음	낮은
비표본추출 오차의 비용	낮음	높음
예산	많음	적음
개인적 상황의 고려	고려하지 않음	고려함

자료 : Naresh K. Malhotra(2006), *Marketing Research : An Applied Orientation*, 5th edition, Pearson Education, Inc.

하다. 모집단(population)은 마케팅조사에서 특성을 파악하고자 하는 조사대상을 말하며, 모집단에서 추출된 일부를 표본(sample)이라고 한다. 모집단과 표본과의 관계를 이해하는 과정에는 통계지식이 필요하다.

[그림 9.1]과 같이 알려진 모집단에서 표본을 뽑는 과정은 연역적인 과정으로 확률이론이 적용되고, 알려진 표본에서 모집단을 이해하려는 과정은 귀납적인 과정으로 추론과정을 필요로 한다. 표본을 잘 추출하여 그 표본을 가지고 전체 모집단을 해석하는 능력은 마케팅조사에서 가장 중요한 기술에 해당한다. 이 책의 제3부는 이 과정에 할당한다.

시장의 특성을 이해하는 과정에서 인구통계조사처럼, 모집단 전체를 조사하는 전수조사(census), 모집단의 일부를 조사하는 표본조사(sample survey)가 있다. 말호트라(Malhotra, 2006)는 전수조사와 표본조사의 특성을 〈표 9.1〉과 같이 잘 보여주고 있다.

전수조사는 모집단의 규모가 작고, 조사예산이 충분할 때 실시할 수 있다. 그러나 일반적인 마케팅조사는 모집단의 크기가 크기 때문에 시간과 비용의 문제로 인하여 전수조사가 어려운 경우가 많다. 따라서 전수조사에 따르는 시간과 비용문제로 인하여 표본조사를 실시하는 것이 일반적이다. 표본조사를 통하여 얻어지는 표본의 통계량(statistic)을 이용하여 모집단을 추정하는 것은 경제적이며, 통계적 의미가 크다.

마케팅조사에서 표본조사를 실시하는 이유는 다음과 같다.

첫째, 신속성과 경제성이다.

둘째, 세밀한 조사가 가능하다.

셋째, 전수조사가 불가능한 경우가 있다. 즉, 모집단이 무한히 많은 경우나 모집단 파악이 어려운 경우, 파괴적인 조사를 해야 하는 경우에는 전수조사를 실시하기가 어렵기 때문이다.

넷째, 정확도의 증가이다. 즉, 조사를 실시하는 과정에서 나타나는 비표본 오차(non-sampling error)의 감소와 조사대상의 오염방지가 가능해졌기 때문이다.

표본의 대표성과 관련된 표본오차는 표본규모가 커질수록 작아지지만, 표본이 커질수록 비표본오차와 시간, 비용이 증가하기 때문에 일정 수준의 오차범위와 신뢰도를 고려하여 적정수준에서 결정해야 한다.

이 장의 도입부에서 통계의 오류를 지적하고 있는 허프(Huff, 1954)의 고전적 저술을 소개하면서, 표본추출이 잘못되면 통계의 오류가 발생할 수 있다는 것을 보여준 바 있다. 통계에서 가장 중요한 것은 표본이 전체를 대표할 수 있는 대표성이 확보되어야 한다는 것이다. 즉, 왜곡의 원인이 되는 모든 것을 제거한 표본이어야 한다. 다음 예에서 표본추출의 연역적인 논리가 제시되고 있다.

> 이러한 표본추출방법은 여러 가지가 있지만, 기본은 아주 간단하다. 예를 들면, 빨간콩과 흰콩이 섞여 있는 한 말의 콩이 있다고 가정해 보자. 콩의 수를 아는 데는 단 한 가지 방법밖에 없다. 즉, 모든 콩을 한 알 두 알 모두 세는 것이다. 그러나 그 대략적인 콩의 수를 아는 데는 훨씬 쉬운 방법이 있다. 즉, 빨간콩과 흰콩의 혼합비율이 균일하다면 한줌의 콩을 세어보는 것만으로 충분하다.
>
> 이는 다음의 조건을 충족한다면 진실에 가까울 것이다. 즉, 추출한 표본이 충분히 크고, 꺼내는 방법이 적절하다면 이 방법은 한 말의 콩을 대표할 것이며, 또 대부분의 목적에 대해서는 그것으로 충분할 것이다. 만약 표본이 이러한 조건에 적합하지 못한 경우에는 현명한 눈짐작 쪽이 더 정확할지도 모른다. 이러한 표본추출은 겉으로는 과학

적 정확성을 지닌 것처럼 착각하기 쉬우나, 권유할 것이라고는 할 수 없다. 실제는 표본에 왜곡이 심하거나, 표본이 너무 작거나, 양쪽에 겹쳐있는 표본으로부터 얻어진 결론은 우리가 잘 알고 있다고 생각되는 여러 사실들을 숨길 수 있다(더렐 허프 저, 김정흠 역, 『통계의 마술』, p. 22).

2 표본설계 관련 용어

통계학은 기술통계학(descriptive statistics)과 추리통계학(inferential statistics)으로 나눈다. 전자는 주어진 자료의 특성을 그대로 기술하는 것이고, 후자는 표본의 특성으로부터 모집단의 특성을 추정하는 것을 말한다.

이 책에서는 제3부에서 추리통계에서 강조하고 있는 평균차이 검정, 카아자승 적합도검정과 독립성검정(제11장), 분산분석(제12장), 상관관계와 회귀분석(제13장)을 다루고자 한다(기술통계에 해당하는 요인분석, 군집분석, 다차원척도법, 컨조인트분석 등은 이 마케팅조사 원론 책에서는 설명을 생략한다). 이러한 분석을 위해서 표본추출에 관한 다음 용어들을 이해할 필요가 있다.

2.1 모집단

모집단(population)은 조사자가 조사목적을 달성하기 위해 다루고자 하는 구성원들의 전체 집합을 의미한다. 소비자들은 아파트, 전자제품, 자동차, 의류, 신발 등 수많은 제품들을 소비하고 있다. 이들 제품을 소비하는 국민 전체를 모집단으로 다룰 수 있고, 시장을 세분화하여 모집단을 보다 구체적으로 설정할 수 있다. 시간적으로 최근 몇 년 동안 소비하고 있는 소비자들이 될 수 있고, 시장세분화변수 중에서 인구통계변수, 지리통계변수, 심리분석적 변수, 행동분석적 변수 등을 이용하여 접근하고자 할 때는 모집단의 범위가 보다 구체적으로 정의될 수 있다.

2.2 모집단 구성요소

모집단 구성요소(population element)는 자료수집의 대상이 되는 것으로서 모집단을 구성하는 기업, 소비자, 제품 등을 말한다. B2B마케팅조사에서는 기업들이 모집단 구성요소들이 될 수 있다. 기업의 마케팅믹스 활동에 대한 소비자들의 반응이 어떻게 나타나는가를 조사할 경우에는 소비자들이 모집단 구성요소가 될 수 있다. 기업에서 창출한 제품에 대하여 조사하는 경우에는 제품들이 모집단 구성요소가 될 수 있다.

2.3 표본추출단위

표본추출단위(sampling unit)는 기본적으로 표본추출과정에서 선택의 대상이 될 수 있는 모집단의 구성원을 말한다. 예를 들어 기업이 만든 신제품에 대해 특정 대학교의 대학생들에 대해서 의견조사를 수행한다고 할 때, 특정 지역의 인구가 20만 명이고, 이들 중에서 200명을 추출하여 표본조사를 하고자 할 때 20만 명이 모집단 구성원이 되고 표본추출단위가 된다.

그러나 조사대상지역이 넓을 경우, 비용과 시간절약의 이유로 시골의 경우는 제외하고 대도시를 중심으로 하여 표본추출하는 경우가 많은데, 이 경우에는 모집단 구성원들 중 일부는 표본추출단위에서 제외되는 경우이다.

2.4 표본추출프레임

표본추출을 하기 위해서는 표본추출단위들로 구성된 표본추출프레임(sampling frame)이 준비되어야 한다. 표본추출프레임은 모든 표본추출단위들의 리스트를 말한다. 일반적으로 이 책 제1장에서 다룬 바 있듯이,

정보시스템을 확보한 기업의 경우, 소비자카드를 발급해주고 고객들의 리스트를 확보하고 있기 때문에 표본추출프레임이 쉽게 결정된다. 그렇지 못한 기업들의 경우에는 자사제품을 이용하고 있는 고객들의 리스트를 확보할 수 없기 때문에 전화번호부를 이용하여 표본추출프레임을 만든다. 모집단의 크기는 표본추출프레임의 크기와 비교할 때 크거나 같다고 할 수 있다.

모집단의 크기 ≥ 표본추출프레임의 크기

3 표본추출과정

표본추출과정(sampling process)은 [그림 9.2]에서 보는 바와 같이 모집단을 확정하고, 표본프레임을 결정하고 난 뒤에는 표본추출방법을 결정하고 표본크기를 결정하고 나면 할 수 있게 된다. 이러한 단계들을 보다 자세하게 알아보도록 하자.

제1단계 : 표적모집단의 정의

모집단은 조사대상의 범위를 말하며, 조사결과를 적용하게 될 대상을 말한다. 표본을 추출하기 위해서는 연구대상, 표본단위, 범위 및 시간 등을 명확하게 규정하여 확정해야 한다. 마케팅조사에서 모집단은 자사제품을 구입할 수 있는 현재 또는 잠재적 소비자집단이 된다. 마케팅조사자는 모집단을 정확히 규정하기 위해 소비자집단, 기업의 담당자, 소매점에서 제품을 판매하는 판매원들과 면접을 통하여 잠재적인 고객을 파악하고 이를 근거로 모집단을 정의하는 것이 바람직하다. 표본추출단위는 표본을 소비자 개인을 단위로 추출할 것인지 집단을 단위로 추출할 것인지를 결정하는 것이다.

그림 9.2 표본추출과정

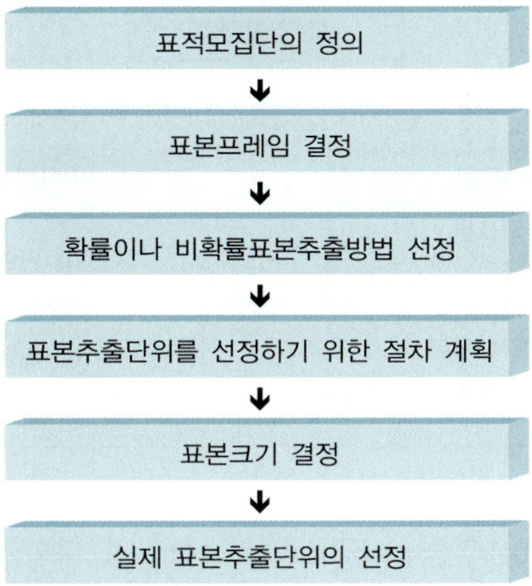

제2단계 : 표본프레임의 결정

모집단이 확정되면 마케팅 조사자는 표본추출의 대상이 되는 표본프레임(sampling frame)을 결정해야 한다. 이는 모집단 내에 포함된 조사대상자들의 명단이 수록된 목록을 말한다. 확률표본추출을 하기 위해서는 모집단과 정확히 일치하는 표본프레임을 결정해야 하는데 이는 실질적으로 어렵다.

예를 들면, 마케팅조사에서 많이 사용되고 있는 표본프레임은 상장기업의 목록, 전화번호부, 행정구역 편람 등을 들 수 있다. 이는 모집단과 일치해야 하고, 모집단에 포함되어야 하며, 일부분만 일치하는 등 문제점을 안고 있어 많은 마케팅조사에서는 이러한 프레임 작성의 어려움으로 인해 표본프레임이 필요로 하지 않는 비확률표본추출방법(non-probability sampling method)이 주로 이용되고 있다.

제3단계 : 확률이나 비확률표본추출방법의 결정

마케팅조사를 수행하는데 있어서 표본추출방법에는 [그림 9.3]과 같이

그림 9.3 표본추출방법

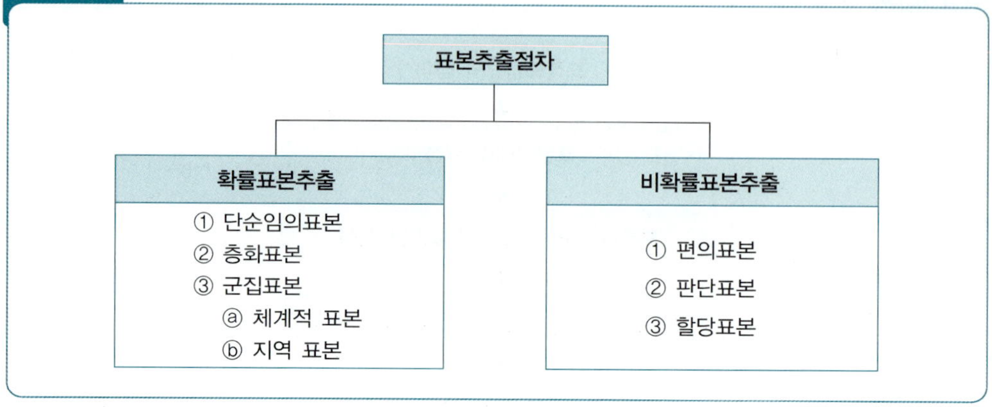

크게 확률표본추출(probability sampling)과 비확률표본추출(non-probability sampling)로 분류하여 볼 수 있다. 이는 다음 절에서 보다 자세하게 다루고자 한다.

제4단계 : 표본추출단위를 선정하기 위한 절차 계획

실제 표본추출이 이루어지는 동안에는 모집단의 요소들은 어떤 절차에 따라 선정되어야 한다. 표본추출단위(sampling unit)는 표본에서 선정될 단 하나의 요소이거나 요소들의 집단을 말한다.

한 항공회사가 승객들을 표본추출하기를 바란다면, 승객들의 전체 리스트상에서 매번 30번째 이름을 선정할 수 있다. 아니면 항공회사는 표본추출단위로서 특정 비행기들을 선정하고, 각 비행기 내에서 특정 승객들을 선정할 수 있다. 이 경우 선정된 비행기들은 1차 표본추출단위(primary sampling unit)라고 하고, 비행기 내에 특정 승객들처럼 표본추출의 연속적인 단계에서 선정된 단위는 2차 표본추출단위(secondary sampling unit)라고 한다.

제5단계 : 표본크기의 결정

표본크기(sample size)는 표본에 포함되는 요소들의 수를 말한다. 의사결

표 9.2 마케팅 조사유형과 표본크기

조사유형	최소크기	전형적 범위
문제파악조사(예, 시장잠재력)	500	1,000~2,500
문제해결조사(예, 가격설정)	200	300~500
제품테스트	200	300~500
시험시장조사	200	300~500
TV, 라디오, 인쇄광고	150	200~300
테스트 시장조사	10개 점포	10~20개 점포
표적집단조사	2개 집단	4~12개 집단

자료 : Naresh K. Malhotra(2006), *Marketing Research : An Applied Orientation*, 5th edition Pearson Education, Inc.

정이 중요할수록 보다 큰 표본의 크기를 필요로 한다. 조사의 성격이 탐색조사(exploratory research)일 경우 크기는 작지만, 기술조사나 인과조사(descriptive research and causal research)의 경우에는 표본의 크기가 커진다. 〈표 9.2〉는 상이한 마케팅조사들에서 적용되는 일반적인 표본크기를 보여주고 있다.

제6단계 : 실제 표본추출단위의 선정

표본추출절차를 확정하여 실제 표본을 선정하는 과정이다.

4 표본추출방법

표본추출방법의 유형은 [그림 9.3]과 같이 확률표본추출과 비확률표본추출이 있다. 확률표본추출은 표본수집틀, 표집틀이라고 불리는 표본추출프레임에서 연구자의 인위적인 개입을 가능한 배제하려고 하면서 표본추출하려고 하지만, 비확률표본추출은 연구자의 인위적인 개입이 나타난다는 점이 다르다.

4.1 확률표본추출방법

확률표본추출방법(probability sampling)은 모집단을 구성하는 대상들의 명단이 기재된 표본프레임을 이용하여 표본을 추출함으로써 모집단 내의 각 대상들이 선택될 확률을 미리 알 수 있는 표본추출방법이다.

이 방법의 장점은 표본통계량을 이용한 모수추정에 대한 오차를 추정할 수 있으나, 단점은 표본추출과 조사에 따르는 시간과 비용이 많이 든다는 점이다. 확률표본추출방법은 조사대상의 명단이 수록된 표본프레임이 전제가 되지만, 표적시장의 규모가 방대한 일반소비자들을 대상으로 하는 마케팅조사에서는 어려움이 많다. 확률표본추출방법에는 단순무작위추출법, 층화표본추출법, 군집표본추출법 등이 있다.

1) 단순무작위추출법

단순무작위추출법(simple random sampling)은 표본프레임 내의 각 표본들에 대해 번호를 부여하고, 이를 이용해 일정수의 표본을 무작위(random)로 추출하는 방법이다. 예를 들면, 기업의 품질에 대한 의견을 조사하기 위하여 전국의 대리점 명단을 적어 함에 넣고 제비뽑기를 하거나 대리점에 일련번호를 붙여놓고 이들 중에서 무작위로 20개 대리점을 선정하는 경우이다.

2) 층화표본추출법

층화표본추출법(stratified sampling)은 모집단을 특정 기준에 따라 상이한 소집단들로 나누고 이들 각 소집단들로부터 표본을 무작위로 추출하는 방법이다. 층화표본추출은 다음 절차를 따라 수행한다.

① 제1단계 : 대상이 되는 모집단을 상호 배타적이고, 포괄적인 부분집단들로 구분한다.

② 제2단계 : 각 부분집단들로부터 얻을 표본의 비율을 정하여 표본 수를 결정한다. 이때 추출되는 표본의 크기를 층에 속한 모집단의 구성

그림 9.4 층화표본추출과 군집표본추출의 차이

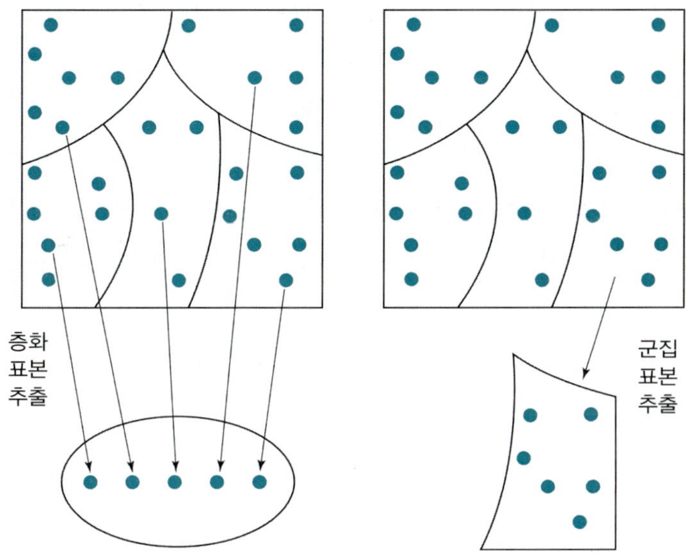

비와 같게 배분하여 추출하는 비례층화표본추출과 비례하지 않게 추출하는 불비례층화추출로 나눌 수 있다. 이들 방법의 차이점은 전자는 단순무작위추출방법에서와 같이 모든 구성요소가 표본으로 선택될 확률이 동일한 반면에, 후자는 층에 따라 표본으로 선택될 확률이 다르다는 점이다.

③ 제3단계 : 각 부분 집단별로 표본의 수에 맞게 단순무작위 추출법을 활용하여 표본을 추출한다.

3) 군집표본추출법

군집표본추출법(cluster sampling)은 모집단을 소집단으로 나누고, 일정 수의 소집단을 무작위적으로 추출한 다음 추출된 소집단 내의 구성원들을 모두 조사하는 방법이다. 이는 일정 집단 내에 속해 있는 모집단 구성원들이 서로 이질적일 때 효과적인 표본추출방법이다.

여기서 층화표본추출과 군집표본추출이 어떻게 다른가는 [그림 9.4]에 나타나 있다. 층화표본은 모집단에서 분류된 하위집단 각각에서 개별적인 표본을 선정하여 새로운 표본집단을 구성하는 것이지만, 군집표본은 모집단에서 분류된 하위집단 중에서 무작위로 한 집단을 추출한다. 층화표본추출은 10대, 20대, 30대, 40대, 50대, 60대 이상처럼 모집단 내부의 하위집단들이 상호 배타적이고, 단층(strata)형태의 구조를 가지고 있을 경우, 이들 하위집단에서 비례적이거나 불비례적으로 표본수에 맞게 단순무작위추출을 한다. 군집표본추출은 동일한 특성을 갖는 부분 모집단의 성격을 가지고 있는 경우 사용한다.

군집 표본추출방법에는 체계적 표본추출법(systematic sampling)과 지역표본추출법(area sampling)이 있다. 전자는 전체 표본에 대해 일정한 간격을 두고 표본단위를 선정하는 방법이고, 후자는 집단분류의 기준으로 지리적 구역이나 행정구역을 이용하여 모집단을 분류하고 이들로부터 무작위적으로 선출된 일정수의 지역들을 대상으로 각 지역 내 모든 구성원들을 조사하는 방법이다. 지역표본추출법에서 다단계 지역표본추출법을 보다 자세하게 설명하기로 한다.

4) 다단계지역 표본추출

다단계지역 표본추출(multistage area sampling)은 이제까지 기술한 확률표본추출 기법들 중에 몇 가지를 결합하는 두 개 이상의 단계들을 포함한다. 전형적으로 지리적 지역들이 연속적으로 보다 작은 모집단 단위들에서 임의로 선정된다. [그림 9.5]는 우리나라의 중부권에서 선거에 대한 여론조사를 수행한다고 할 때 다단계지역 표본추출이 어떻게 이루어질 수 있는가를 개념적으로 보여주고 있다.

그림 9.5 다단계지역 표본추출의 예시

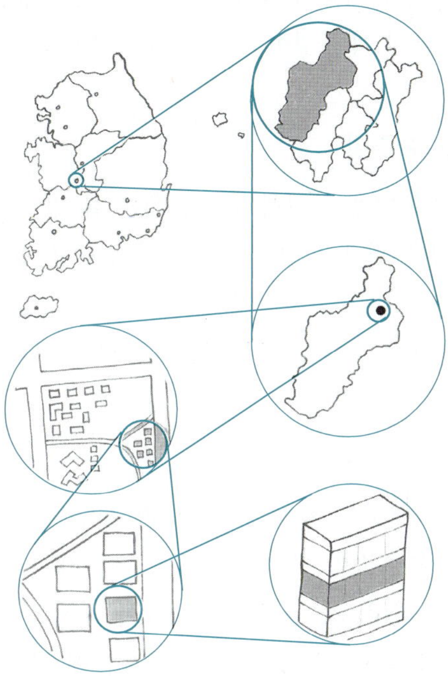

4.2 비확률표본추출방법

비확률표본추출방법은 조사자의 편의나 주관적 판단에 의해 표출하는 방법으로써 모집단 구성요소들이 표본으로 선택될 확률을 알 수 없는 표본추출방법이다. 이 방법의 장점은 시간과 비용이 적게 든다는 점이고, 단점은 표본통계량의 모집단에 대한 대표성을 보장할 수 없고 표본오차를 추정할 수 없다는 점이다. 이 방법은 편의표본추출법(convenience sampling), 판단표본추출법(judgement sampling), 할당표본추출법(quota sampling) 등이 있다.

1) 편의표본추출법

편의표본추출법은 임의로 선정한 지역과 시간대에 마케팅조사자가 원하는 사람들을 표본으로 선택하는 방법이다. 이 방법의 장점은 표본추출에 따르는 시간과 비용이 적게 드는데 있고, 단점은 표본이 특정한 층으로 편중되어 표본의 대표성이 떨어진다는 점이다.

2) 판단표본추출법

판단표본추출법은 조사하려는 문제를 잘 알고 있거나 모집단의 의견을 반영할 수 있을 것으로 판단되는 특정 집단을 표본으로 선정하는 방법이다. 이 방법도 마케팅조사자가 정보를 가지고 있는 모집단 구성원만이 표본으로 추출되게 된다는 문제점을 지니고 있다.

3) 할당표본추출법

전화면접은 대부분 최종 조사대상자 선정을 할당하여 접근하는 경향이 있다. 할당표본추출법은 미리 정해진 분류기준에 의해 전체 표본을 여러 집단으로 구분하고, 각 집단별로 필요한 대상을 추출하는 방법이다. 이는 모집단의 성별 구성비를 알고 있다면 표본에서도 이를 적용하여 추출하는

표 9.3 할당표본추출방법의 예

	구 분	모집단구성비	표본의 구성비	
			비율	표본 수
성별	남성	50	50	250
	여성	50	50	250
	전체	100	100	500
연령	20대 이하	25	25	125
	30대	15	25	125
	40대	15	20	100
	50대	10	20	100
	60대 이상	10	10	50
	전체	100	100	500
교육수준	고졸 이하	30	30	150
	대학학부 졸업	50	50	250
	대학원 졸업	20	20	100
	전체	100	100	500

방법으로 모집단에 대한 정보를 미리 확보하고 있어야 하며, 할당한다고 해서 표본의 편중문제가 해결되는 것은 아니며, 할당기준으로 적용된 특성에 대해서만 표본편중이 해결되는 것이다.

이러한 할당표본추출방법의 예를 들면 다음과 같다. 벤처기업들에서 마케팅 담당자들을 조사하는 연구에서 500명의 표본을 구성하는데, 통제변수를 성별, 연령, 교육수준을 할당한다고 할 때 〈표 9.3〉과 같은 것이 가능하다.

4.3 표본추출법의 장단점

이제까지 논의한 표본추출방법을 비교해보면 장단점이 나타난다. 단순무작위추출은 이해가 용이하고 결과활용이 용이하나 표본프레임 구축에 어려움이 있고, 정밀도가 낮으며, 대표성을 보장할 수 없다는 단점이 있다. 층화표본추출은 가능한 부분집단이 포함되고, 정밀도가 증가되지만, 층화가 관련된 변수선택이 어렵고, 변수가 많을 경우 층화가 어려우며, 비용이

표 9.4 표본추출방법의 장단점

구분	표본추출방법	장 점	단 점
확률 표본 추출	단순무작위추출	• 이해가 용이하고 결과 결과활용이 용이	• 표본프레임 구축이 어렵고, 대표성을 보장할 수 없음
	층화표본추출	• 가능한 부분집단이 포함되어, 정밀도가 증가됨	• 층화와 관련된 변수선택이 어렵고, 변수가 많을 경우 층화가 어려우며, 비용 많이 듬
	군집표본추출 (체계적 표본추출)	• 적용이 용이하고, 비용지출이 효율적이고, 대표성이 증대됨	• 정밀하지 못하며, 계산과 결과해석이 어려움.
비확률 표본 추출	편의표본추출	• 최소의 비용, 노력, 시간소비	• 추출에 편차가 발생하고, 대표성이 없는 경우가 많아, 인과조사에는 부적합함
	판단표본추출	• 낮은 비용, 편의성, 시간소비가 없음	• 일반화 어렵고, 결과에 대한 신뢰성 한계
	할당표본추출	• 표본은 특정한 특성에 의해 통제	• 추출에 편차가 발생

많이 든다는 단점이 있다. 군집표본추출은 적용이 용이하고 비용지출이 효율적이며 대표성이 증대되지만, 정밀하지 못하고 계산과 결과해석의 어려움이 있으며 대표성이 떨어질 수 있다는 단점이 있다.

한편 편의표본추출은 최소의 비용과 최소의 노력이 들고, 최소의 시간을 소비하지만, 표본추출에 편차가 발생하고 대표성이 없는 경우가 많으며, 기술조사나 인과조사에는 부적합하다는 단점이 있다. 판단표본추출은 낮은 비용과 편의성이 뛰어나고 시간소비가 없으나, 일반화에 어려움이 있고 연구결과에 대한 신뢰성에 한계가 있다는 단점이 있다. 할당표본추출은 표본은 특정한 특성에 의해 통제되지만, 표본추출에 편차가 발생할 수 있고 대표성을 보장할 수 없다는 단점이 있다.

5 표본크기의 결정

5.1 표본추출방법과 표본크기결정 시 고려사항

표본의 크기는 모집단의 대표성을 결정하는 매우 중요한 문제이다. 표본이 너무 작으면 모집단에 대해 잘못된 추정을 하기 쉽고, 반대로 표본의 크기가 필요 이상으로 크면 시간과 비용을 쓸데없이 낭비하게 된다. 이러한 표본크기의 기준은 얼마나 다양한가와 조사가 어느 정도의 정확도를 요구하는가에 달려 있다.

마케팅조사자가 표본추출방법과 표본크기를 결정하는 데는 다음과 같은 내용을 고려하면서 접근한다. 즉, 연구목적 및 조사의 유형, 조사예산, 시간의 제약 등이다.

1) 조사목적

조사목적이 모집단의 특성을 정확히 추정해야 한다면 표본이 모집단의 대표성을 고려하여 확률표본추출법을 이용하는 것이 좋다. 이 방법에서 표본의 크기는 모집단의 조사변수 값의 분산, 신뢰수준 및 허용오차에 따라 결정된다. 즉, 조사하고자 하는 변수의 분산 값이 클수록 표본은 커야 하고, 추정값에 대한 신뢰수준이 높을수록 표본은 커야 하며, 허용오차가 작을수록 표본은 커야 한다. 또한 비확률표본을 추출할 경우는 예산과 시간에 따라 결정하는 것이 바람직하다.

2) 예 산

표본의 크기를 결정하는데 있어서 조사예산은 중요한 제약사항이다. 따라서 표본의 크기는 조사예산을 고려하여 결정해야 한다. 조사 예산이 매우 제한적인 경우에는 정확한 정보획득을 포기하고 비확률표본추출을 하는 경우가 많다.

3) 시 간

표본의 수를 결정하는데 있어서 시간의 제약은 중요하게 고려되어야 한다. 시간의 제약이 큰 경우에는 확률표본추출보다는 비확률표본추출을 행하는 경우가 많다. 신제품을 출시하기 위해서 제품테스트를 행하는 경우 시간이 오래 걸리면 정보가 노출되고 경쟁자들이 빠르게 대응할 수 있기 때문에 경쟁상의 이유로 오랜 시간동안 조사를 할 수가 없다. 이렇게 짧은 시간에 조사를 해야 하는 경우 표본의 수를 많이 할 수가 없기 때문에 표본이 적을 수밖에 없다.

5.2 표본크기의 결정

비확률표본 추출의 경우에는 표본크기는 예산과 시간에 따라 조사자가 판단하여 결정한다. 그러나 확률표본추출의 경우 표본의 크기는 통계적인 요인들이 표본크기를 규정하는 데 필요하다.

한 조사자가 초등학교 1학년 학생이 유치원생보다 키가 큰지 아닌지를 발견하기를 원한다고 가정하자. 직관적으로 우리는 매우 작은 표본크기를 가지고도 정확한 정보가 얻어질 것이라는 것은 안다. 이는 표본크기의 결정은 조사하고자 하는 질문과 표본 내의 변동성에 의존한다는 사실에 기반을 두고 있다. 다음 세 자기 요인이 표본크기를 결정한다.

1) 조사하고자 하는 값의 모집단의 분산, 즉 모집단의 이질성

모집단 분산, 즉 이질성이 표본크기에 관계된다. 통계적인 용어로 이는 모집단의 표준편차라고 한다. 모집단이 동질적이라면 작은 표본만이 필요된다. 대학생들의 평균 나이를 예측하는 것은 주말에 특정 할인점을 방문하는 사람들의 평균 나이를 예측하는 것보다 더 적은 표본으로도 가능하다. 이질성이 증가할 때 표본의 크기도 증가한다.

통계적으로 조사하고자 하는 변수의 분산이나 표준편차가 크면 클 수록 표본의 크기는 증가한다.

2) 허용할 수 있는 오류의 크기

오류의 크기, 즉 신뢰구간이 두 번째 필요한 정보이다. 오류의 크기는 추정이 얼마나 정확한가를 지시해준다. 그것은 어떤 정확성 수준을 지시해준다. 관리적인 관점에서는 확률의 관점에서 결정의 중요성은 조사자가 오류의 범위를 규정하는 데 영향을 미칠 것이다. 허용오차가 작을수록 표

그림 9.6 표본크기와 오류 사이의 관계

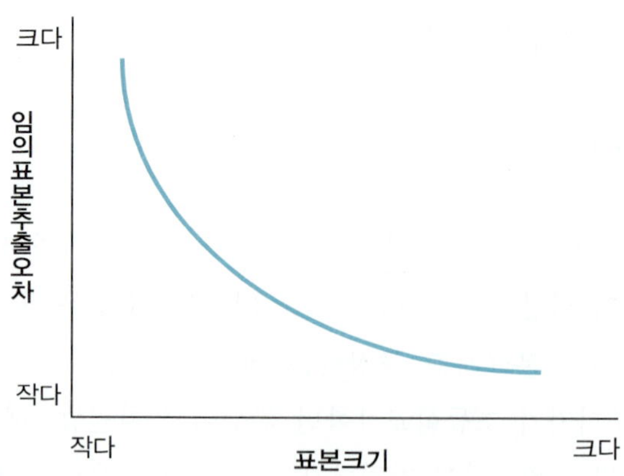

본의 크기는 커야 한다. 임의표본추출오차와 표본크기의 관계는 [그림 9.6]과 같이 반비례관계가 된다.

3) 신뢰구간

세 번째 요소는 신뢰구간이다. 보통 편리하게 95%의 신뢰구간을 사용한다. 추정치에 대해 높은 신뢰수준(confidence level)을 원할수록 표본크기는 커야 한다.

확률표본의 경우 통계적으로 표본추출을 하는 절차는 다음과 같다.

첫째, 모집단의 표준편차를 추정하라.

둘째, 오류의 허용가능한 크기에 대한 판단을 하라.

셋째, 신뢰구간을 결정하라.

여기서 문제는 모집단의 표준편차(standard deviation)를 추정하는 것이다. 이상적으로는 과거에 수행된 유사한 연구들이 표준편차를 판단하는데 기반을 줄 것이다. 실무에서는 이전의 정보가 부족한 조사자들은 다른 적절한 표본크기의 대표본이 추출될 수 있도록 모집단 모수들을 추정할 파일롯 연구를 수행한다. 이러한 절차는 더 정확한 정보를 제공해줄 대표본에 대해서 결정하기 전에 파일롯 연구결과를 우선 바라보기 때문에 순차적 표본추출(sequential sampling)이라고 부른다.

표준편차 값을 추정하기 위한 주먹구구식 방법은 범위의 1/6이 되도록 기대하는 것이다. 만약 100달러에서 700달러까지 범위로 가격이 지불되도록 기대된 텔레비전 구매 연구를 수행한다면, 표준편차의 주먹구구식 추정은 100달러일 것이다.

신뢰구간에 상응하는 표준화된 값 Z, 표준편차나 모집단 표준편차의 추정값 S, 오류의 허용크기 Z(범위는 전체 신뢰구간의 반이다)

$$\text{신뢰구간} = X \pm \frac{ZS}{\sqrt{n}}$$

$$\text{여기서 오류는 } \frac{ZS}{\sqrt{n}} \qquad n = \left(\frac{ZS}{E}\right)^2$$

만약, 특정 화장품의 연간 지출을 조사한다고 가정하고, 95%의 신뢰구간을 가진다고 하자. Z는 1.96이며 표준편차의 추정치가 29달러이고, 오류의 범위를 2달러보다 적게 한다고 할 때, 표본의 크기는 다음과 같이 계산된다.

$$n = \left(\frac{ZS}{E}\right)^2 = \left(\frac{1.96 \cdot 29}{2}\right)^2 = 808$$

신뢰구간을 99%로 할 경우에 Z는 2.57로 계산하면 표본의 크기는 증가된다.

$$n = \left(\frac{2.57 \cdot 29}{2}\right)^2$$

허용오류의 범위를 2달러에서 4달러로 증가시키면 표본의 크기는 202로 감소된다.

$$n = \left(\frac{1.96 \cdot 29}{4}\right)^2 = 202$$

5.3 표본크기결정의 일반적인 방법

이와 같이 표본의 크기는 자료의 대표성뿐만 아니라, 예산과 시간과 관계되는 중요한 일이다. 마케팅조사에서 적용하고 있는 표본의 크기결정은 일반적으로 다음과 같은 방법을 따른다.

- 대부분의 조사에서 표본의 수를 30 이상 500 이하로 결정하면 적합하다.
- 하나의 표본을 하위표본으로 분할하는 경우는 각 범주별 최소 표본크기가 30 이상은 되어야 한다.

- 엄격한 통제가 이루어지는 실험방법을 사용하는 경우에는 10에서 20 정도의 표본크기로도 성공적인 조사가 가능하다.
- 다변량분석에서 요구되는 표본크기는 분석에 포함되는 변수의 수의 10배 이상은 되어야 한다.

사례 적은 표본의 오류

〈Doakes사의 치약을 쓰면 23%나 충치가 줄어든다.〉

대문짝만한 광고문을 보면서 소비자들은 그렇다면 괜찮겠다고 하면서 광고문을 읽어내려 간다. 이 통계의 결론은 충분히 믿을 만하고, 어떤 회사와 관련이 없는 독립된 연구소에서 얻어낸 결론으로서 그 보고서의 공정성은 공인회계사가 보증하고 있다고 한다.

그러나 소비자들은 경험상으로 보더라도 어느 회사의 치약이 다른 회사의 치약보다 월등히 좋다는 일은 믿기 어렵다는 것을 느낄 것이다. 그렇다면 이 회사는 어떠한 근거에서 이러한 결과를 발표했다는 말인가? 그러나 이 회사의 입장에서 이는 쉽고 효과적인 탈출구가 있기 때문에 가능하다. 이것은 통계적으로 불충분한 표본을 채택하였기 때문이다. 그리고 이것이 바로 이 회사의 목적에 일치했던 것이다.

광고에서 조그마한 글씨를 다 읽고 나면 이해가 될 것이다. 이 광고의 경우 치약의 실험 대상자는 12명에 불과한 것이다. 광고주 중에는 이러한 종류의 정보를 아예 생략해 버리는 사람도 있어 이러한 경우에는 통계 전문가마저도 어떤 종류의 속임수를 썼는지를 추측할 방법이 없도록 만든다. 그러나 이 회사의 12명의 표본은 이러한 실험보고서로서는 그다지 악의적인 것이 아니다.

그렇다면 이들은 어떻게 거짓은 아닐지라도 큰 제목의 광고에 공증인의 설명까지 붙여서 사용할 수 있었는가? 이들은 적은 수의 집단에 충치의 수가 몇 개인가를 조사하게 한 후, 6개월간 이 회사의 치약을 쓰게 한 것이다. 따라서 실험결과는 다음 세 가지 중의 하나가 될 것이다. 즉, 명백히 충치가 느는 경우, 명백히 줄어드는 경우, 늘지도 줄지도 않는 경우 중의 하나일 것이다. 이 셋 중 첫째 경우나 마지막 경우가 나타나면, 이 회사는 이들 숫자를 보이지 않는 곳에 감추어 놓고, 다시 실험을 반복한다. 그러면 언젠가는 우연한 기회로 실험집단의 충치가 줄어드는 경우가 생겨 큰 제목을 내건 광고전쟁을 할 만하게 되는 것이다.

이러한 실험결과는 표본집단이 Doakes사의 치약을 쓰건, 재래식 치약을 쓰건 관계없이 나타나게 된다. 적은 수의 집단을 채택한 중요한 이유는 바로 이러한 효과를 노린 것이다. 많은 표본을 이용한 집단에서라면 우연에 의해 생겨난 차이가 작아지기 때문에 큰 제목에는 쓸 수가 없기 때문이다. 즉, 2% 정도 충치가 줄어든다는 광고로는 치약의 매출액을 높일 수가 없기 때문이다.

(자료: 더렐 허프 저, 김정흠 역, 『통계의 마술』, pp. 55~57)

요약

1. 조사는 전수조사와 표본조사로 나뉜다. 본 장에서는 표본조사를 다루었다. 표본을 잘 추출하여 그 표본을 가지고 전체 모집단을 해석하는 능력은 마케팅에서 가장 중요한 기술에 해당한다. 이는 통계지식을 필요로 하며 앞으로 다룰 제10장, 제11장, 제12장, 제13장은 이 표본조사를 통한 분석방법을 다루고자 한다.

2. 표본설계관련 용어에서 가장 중요한 것은 모집단과 표본이라는 용어이다. 조사자가 조사목적을 달성하기 위해 조사하고자 하는 구성원들의 전체 집합을 모집단이라고 한다. 모집단에서 자료수집의 대상이 되는 것을 모집단 구성요소라고 한다. 모집단을 구성하는 기업, 소비자, 제품 등을 말한다. 표본추출단위는 표본추출과정에서 선택의 대상이 될 수 있는 모집단 구성원을 말한다. 표본추출프레임은 표본추출단위들의 리스트를 말한다.

3. 표본추출과정은 표적 모집단의 정의 → 표본프레임의 결정 → 확률이나 비확률표본추출방법의 결정 → 표본추출단위를 선정하기 위한 절차 계획 → 표본크기의 결정 → 실제 표본추출단위의 선정과정을 거친다.

4. 표본추출방법은 비확률표본추출방법으로서 편의표본추출법, 판단표본추출법, 할당표본추출법이 있다. 확률표본추출방법으로서 단순무작위추출법, 층화표본추출법, 군집표본추출법, 다단계지역표본추출법이 있다.

5. 표본크기는 모집단의 대표성을 결정하는 매우 중요한 문제이다. 표본이 너무 작으면 모집단에 대해 잘못된 추정을 하기 쉽고, 반대로 표본의 크기가 필요 이상으로 크면 시간과 비용을 쓸데없이 낭비하게 된다. 표본크기를 결정하기 위해서는 연구목적 및 조사의 유형, 조사예산, 시간의 제약 등을 고려하여야 한다. 통계적으로 표본크기 결정은 조사하고자 하는 값의 모집단 분산, 허용할 수 있는 오류의 크기, 신뢰구간 등에 영향을 받는다.

토의과제

1. 이 장에서 다루는 표본조사가 제10장, 제11장, 제12장, 제13장의 분석방법과 어떻게 연관되어 있는가를 살펴보라.
2. 모집단과 표본과의 관계 속에서 모집단구성요소, 표본추출단위, 표본추출프레임은 무엇을 말하고 있는가?
3. 다음과 같은 표본추출단계를 구체적으로 설명하라.
   표적 모집단의 정의 → 표본프레임의 결정 → 확률이나 비확률표본추출방법의 결정 → 표본추출단위를 선정하기 위한 절차 계획 → 표본크기의 결정 → 실제 표본추출단위의 선정
4. 확률표본추출과 비확률표본추출과의 차이는 무엇이며, 어떠한 종류들이 있는가? 층화표본추출방법과 군집표본추출방법의 근본적인 차이는 무엇인가?
5. "통계적으로 표본크기 결정은 조사하고자 하는 값의 모집단 분산, 허용할 수 있는 오류의 크기, 신뢰구간 등에 영향을 받는다." 이를 토의하라. 그리고 제11장, 제12장, 제13장을 공부할 때 이를 다시 고려하여 보라.
6. 이 장의 마지막 사례에서 나타난 '적은 표본의 오류'가 우리 주변에서 나타나고 있는 사례를 조사하여 토의하라.

참/고/문/헌

더렐 허프 저, 김정흠 역(1986), 『통계의 마술』, 청아출판사.

Huff, Darrell(1954), *How to Lie with Statistics*, W.W. Norton & Company Inc., New-York.

Malhotra, N. K.(2006), *Marketing Research: An Applied Orientation*, 5th edition, Pearson Education, Inc.

Zikmund, William G. and Barry J. Babin(2007), *Essentials of Marketing Research*, 3rd edition, Thompson.

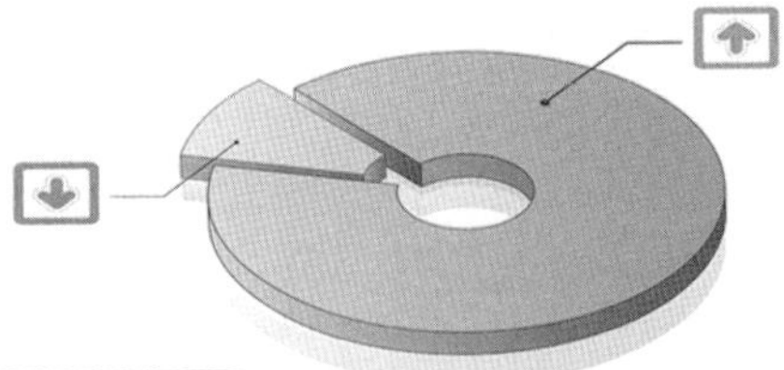

PART 03

자료준비와 분석

CHAPTER

10
자료준비와 기초통계

11
교차분석, 카이자승 검정 및 t-검정

12
집단차이분석: 분산분석

13
변수 사이의 관계 분석: 상관관계와 회귀분석

14
조사결과의 커뮤니케이션

학습개요 Learning Objectives

제3부에서는 자료준비와 분석을 다룬다.

제10장에서는 자료준비와 기초통계를 다루면서 제3부를 시작한다.

제11장에서는 교차분석, 교차분석과 관련된 통계로서 카이자승 검정, 두 집단 차이의 주요 검증인 t-검정을 다룬다. 제12장에서는 실험설계를 위한 주요 통계 분석방법인 분산분석을 다룬다. 이는 심리학에서 가장 많이 사용하는 분석방법이다.

제13장에서는 변수와 변수 사이의 상관관계분석과 인과관계에 대한 예측에서 가장 중요한 회귀분석에 대하여 다루고자 한다.

제14장 마지막 장에서는 조사결과를 기초로 보고서 작성과 조사결과의 확산을 다룬다.

Marketing Research

10

자료준비와 기초통계

Intro
1. 자료준비과정
2. 통계기법의 선택
3. 표본의 기술분석
4. 추리통계의 기초
5. 가설검정
사례: 태도설문에 대한 코딩지침
요약
토의과제

INTRO

본 장에서는 설문지를 회수하고 난 뒤 자료분석을 하기 이전에 수행되어야 하는 절차에 대해서 다룬다. 즉, 자료준비과정은 회수된 설문지의 점검에서 시작하여 자료분석 이전까지 진행된다.

설문지 점검을 하여 설문지 자료를 사용할 수 있다고 판단하면 자료편집과 자료코딩, 컴퓨터 입력, 분석을 위해 소프트웨어가 읽을 수 있는 형태로 자료파일의 변환, 자료청소, 자료의 통계적 수정, 자료분석 전략의 선택과정으로 진행한다.

그리고 통계분석을 하기 위한 기초통계에 대한 이해를 포함시킨다. 여러 통계기법 중에서 어느 통계기법을 선택할 것인가에서 시작하여 도수분포와 관련 통계, 추리통계의 기초를 표본분포와 중심극한정리를 중심으로 이해한다.

이러한 추리통계에 대한 이해는 이 책 제11장, 제12장, 제13장 자료분석을 이해하기 위한 준비과정에 해당된다. 앞으로 전개될 세 개의 장에서 교차분석, 카이자승 검정, t-검정, 분산분석, 회귀분석을 다루는데, 이 장은 이들 분석을 할 수 있는 기초가 되는 중요한 장이다.

1 자료준비과정

[그림 10.1]은 자료준비과정의 흐름도를 보여준다. 이 흐름도에 따라 보다 자세하게 이해하여 보자.

그림 10.1 자료분석 준비과정의 흐름도

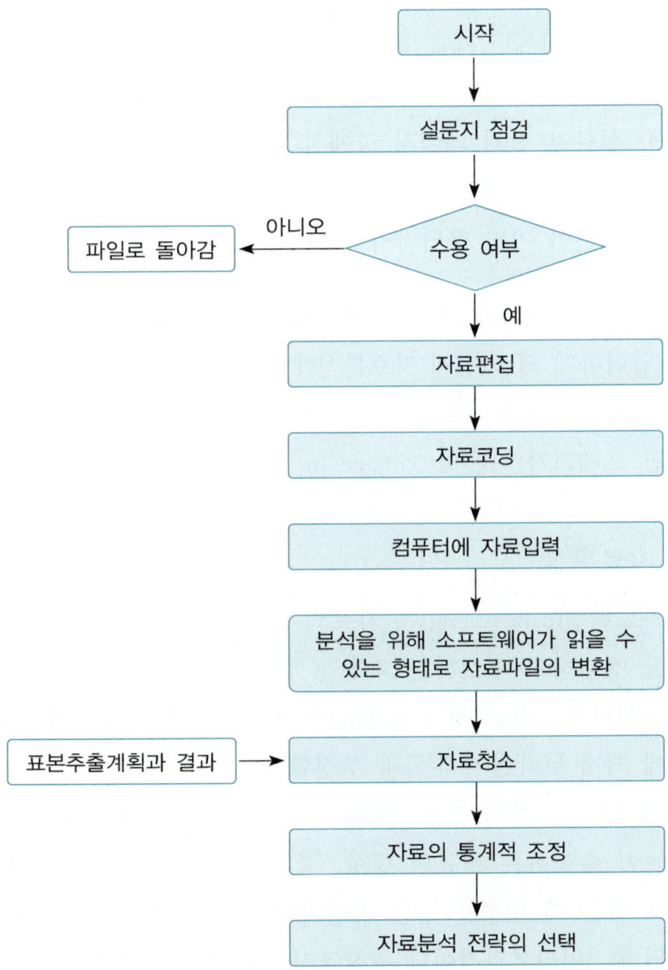

1) 설문지 점검

설문지가 회수되면 회수된 설문지를 점검하는 과정이 필요하다. 설문지의 품질을 평가하고, 부족하거나 불합리한 설문지를 찾아내어 이를 보완하는 과정이다. 전체 설문지 분석의 품질을 높이기 위해, 회수된 설문지 중에서 불완전하여 폐기해야 하는 경우가 있는데 이는 다음과 같다.

① 설문지의 일부분이 응답되지 않았다.
② 설문지의 응답패턴을 살펴볼 때, 응답자가 설문지 내용을 이해하지 못하였거나, 지시에 따르지 않은 것으로 나타나고 있다.
③ 한 숫자에만 계속 표기하여 응답결과의 분산이 거의 없다. 예를 들어, 7점 리커트척도의 가운데인 '보통'에만 계속 체크되어 있다.
④ 설문지 전체 페이지 중에서 일부 페이지가 빠져 있다.
⑤ 설문지가 설문기간을 지나 도착하였다.
⑥ 표본이 아닌 응답자가 응답한 것으로 판명되었다.

이들을 폐기해야 하는 이유는 이들이 잘못된 자료이며, 잘못된 자료들을 입력하게 되면 전체 자료분석에서 오류가 증가되기 때문이다. 잘못된 자료를 넣으면 잘못된 결과가 나타난다. 통계분석에서는 '쓰레기가 들어가면 쓰레기가 나온다(Garbage In, Garbage Out : GIGO)'라고 표현한다.

2) 자료편집

자료편집(data editing)은 자료의 정확성을 높이기 위하여 응답자의 실수를 점검하고 수정하는 과정을 말한다. 현장편집(field editing)과 중앙사무실편집(central office editing)이 있다. 현장편집은 자료에서 유별나게 눈에 띄게 누락된 부분들과 부정확한 부분들을 검사하기 위하여 현장에서 수행하는 사전 편집과정이다. 현장에서 조사원의 행동을 통제하고 그들이 수행하는 행동의 방향, 절차, 특정 질문에 대해 잘못된 이해를 바로 잡는 데 도움을 주는 과정이다. 설문지나 다른 자료수집형태가 관리된 후, 인터뷰과정이나 관찰조사원이 해산하기 전에 문제점들을 빠르게 인지하고 수정하는 과정이다.

중앙사무실편집은 회수한 설문지에서 불명확하고 불완전하거나 애매모호한 응답들을 식별하기 위해 설문지 응답들을 정확하게 탐색하고 실수들을 수정하는 과정이다. 문제점들이 보이고 응답자에게 전화를 걸어 보완할 수 있으면 그렇게 행한다. 이 경우 응답자가 설문응답과 관련된 내용을 쉽게 회상할 수 있도록 가급적 자료수집 직후에 수행하는 것이 좋다. 다음을 체크할 필요가 있다.

(1) 일관성에 대한 예비검사 수행

설문지 항목들의 신뢰성을 높이기 위해서 관련 항목을 여러 개로 제시한 경우, 일관성이 없다고 판단되는 응답이 나타날 수 있다. 예를 들어 일 년에 연봉이 2천만 원이 되지 않는다고 답변한 응답자가 백화점의 명품관에서 자주 쇼핑을 한다고 답변하는 경우이다. 일관성이 없다고 판단되는 답변이 있을 경우 응답자와 연결될 수 있으면 다시 진실한 답변을 얻거나 연결이 될 수 없는 경우는 분석에 포함시키지 않는다.

(2) 항목에 대한 무반응 처리

응답자가 모든 항목에 답변을 하지 않는 경우가 많다. 이와 같이, 항목에 대한 무반응(item non-response)은 대부분의 서베이에서 중요한 문제이며, 무반응이 지나치면 전체 조사가 문제가 된다. 지나치지 않는 정도라면 자료를 분석하기 전에 누락된 항목에 대해서 무엇을 수행할 것인가를 결정하여야 한다.

- 응답자의 실수로 인하여 질문에 대한 응답이 없는 경우에는 현장으로 다시 되돌려 보내어 응답자와 다시 접촉하여 보완하게 한다.
- 응답을 할 수 없다면 코딩시 누락값(missing value)으로 처리한다. 이는 자료코딩에서 다시 다루기로 한다.
- 누락값이 많은 설문지는 제외한다. 이 경우는 누락값이 많은 설문지의 숫자가 적거나, 주요 변수에 대한 응답이 누락되었을 때 유용하다. 표본의 크기가 클 경우에도 이러한 설문지를 제외할 수 있다.

(3) 개방형 항목의 처리

개방형 질문은 응답자에 따라 매우 다르게 나타나기 때문에 자료를 수집하여 분석하는 과정에서 유용하지 않는 질문들이 나타날 수 있다. 이 경우 편집과정에서 보완 편집이 필요하다.

개방형 질문을 하여 읽고 필체를 이해하지 못하여 필체가 있어 분석이 어려운 경우, 분석자가 면접원이나 응답자에게 문의할 수 있도록 조치할 필요가 있다.

3) 자료코딩

설문지를 통해서 수집된 자료를 컴퓨터가 읽을 수 있는 형태(computer readable form)로 변환시켜야 한다. 이는 컴퓨터가 해석하여 SPSS와 같은 통계분석 프로그램을 실행할 수 있기 때문이다.

자료코딩(data coding)은 각 설문항목에 응답한 결과를 숫자나 문자로 변환하여 일정한 값을 부여하는 과정을 말한다. 이러한 코딩과정에서는 각각의 응답이 위치하는 칼럼을 고정하여 코딩하였으나, SPSS 프로그램을 구동하여 직접 입력하는 경우가 많다.

① ID 부여 : 코딩의 첫 부분에는 개인별로 ID(identification number)를 부여하는데, 표본의 크기가 180이면 001에서 180까지의 180명의 응답자 ID가 나타난다.

② 폐쇄형 항목(closed-ended item)에 대한 코딩은 각 항목에 고유의 응답수치를 부여하면 된다. 예를 들면, 성별에 대한 질문의 변수를 '성별'이라 입력하고, 응답결과에 따라 남성은 '1'로 하고, 여성은 '2'로 숫자를 부여하는 것이다.

③ 개방형 항목(open-ended item)에 대한 코딩은 코딩방법에 대한 사전 지침을 구체적으로 마련할 필요가 있다. 응답자들의 응답을 전체적으로 살펴보고 몇 가지 유형으로 나누어 범주화시켜서 번호를 부여한다.

4) 컴퓨터에 자료입력

수집된 설문지에 나타난 응답문항들에 수치를 부여하거나 부호를 부여하는 자료코딩이 이루어지면, 이를 컴퓨터에 입력시키는 과정을 진행한다. 이때 입력과정에서 잘못 입력할 수 있는 경우가 있기 때문에 각 설문지 앞에 설문지 코드번호를 적어두어, 잘못 입력한 경우 설문지와 대조하여 잘못 입력한 내용을 바로 입력할 수 있도록 하여야 한다.

특히, 키펀칭이 이용되는 경우에 오류가 자주 발생한다. 자료점검(data verification)을 위해서 경험이 많은 요원이 필요하다.

입력은 '아래한글', '워드', '엑셀', 'SPSS' 프로그램을 이용하여 입력할 수 있는데, 아래한글의 경우는 'TXT화일'로 저장하여 SPSS 프로그램에서 불러올릴 수 있도록 해야 한다.

5) 분석을 위해 소프트웨어가 읽을 수 있는 형태로 자료파일의 변환

설문지에 의해 수집된 데이터는 컴퓨터가 읽을 수 있는 형태로 전환되어야 한다. 컴퓨터에 입력할 때 n×m 자료 매트릭스로 표현한다. 이 경우 n은 사례수, 즉 응답자수, m은 설문지 항목에 나타난 변수수를 표시한다. 여기서 사례(case)는 조사를 위한 분석의 특정 단위를 말한다. 즉, 각 반응자의 모든 응답은 하나의 사례로 입력되기 때문에 전체 사례 수는 표본규모와 같다. 자료 매트릭스는 사례수, 즉 응답자의 수와 변수의 수만큼 커질 수 있다. 자료 매트릭스에서 사례와 변수의 수는 컴퓨터 통계분석 소프트웨어의 능력에 따라 제약을 받을 수 있으나, 최근의 컴퓨터 성능의 발달로 거의 제약을 받지 않는다. 입력파일은 역사적으로 보면, 아스키(ASCII)파일로 많이 입력저장되어 사용되어 왔다. [그림 10.2]는 아스키파일로 표현된 것이다.

6) 자료청소

자료청소(data cleaning)는 자료에 대한 일관성 점검과 누락된 자료(missing data)를 손질하는 것을 말한다.

그림 10.2 코딩의 아스키 포맷

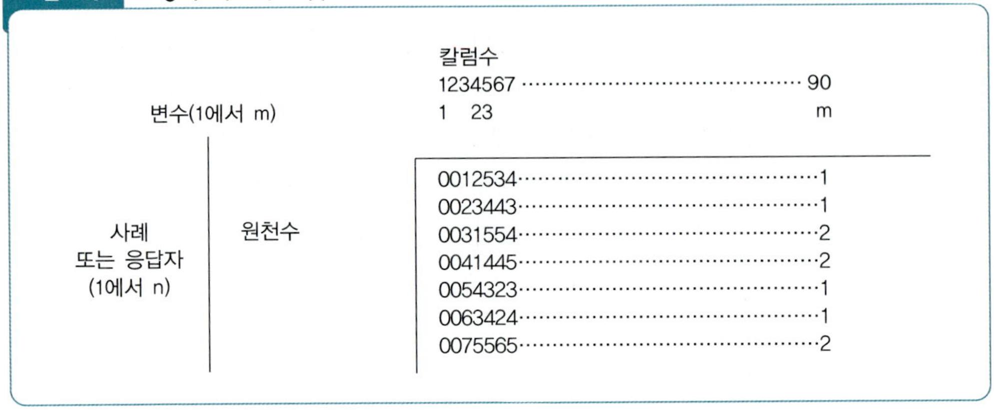

변수 1 = ID (표본사례수만큼, 180개의 사례라면 001~180)
변수 2 = 집단구성원수 (1~6 사이)
⋮
변수 m = 성별 (1=남자, 2=여자)

(1) 일관성 점검

논리적인 타당성이나 일관성이 없는 자료를 점검하는 것이다. 자료준비 단계의 편집과정에서는 예비적인 일관성 점검이 이루어지는 반면, 자료청소단계에서는 컴퓨터에 의해서 이루어지기 때문에 보다 철저하다. 다음과 같은 예가 나타날 수 있다.

- 쇼핑한 경험이 전혀 없는데도 불구하고 쇼핑한 것처럼 응답할 수도 있다.
- 제품을 자주 사용하지 않지만 자주 사용한다고 응답할 수 있다. 이러한 응답들은 설문지 내에 검증할 수 있는 여과질문들을 통해서 찾아낼 수 있다.

(2) 극단적 사례 점검

극단적인 사례 점검은 정상에서 벗어나 있는 변수에 대한 응답자료를 점검하는 것이다. 컴퓨터 입력오류나 코딩오류에서 극단적 사례들을 확인하여 정확성을 기하는 방법이다.

- 7점 리커트 척도로 응답한 항목들에서 8, 9, 0 등의 숫자가 있다면 이는 자료의 범위를 벗어난 값이기 때문에 이를 그대로 적용하여 입력해서는 안 된다. 따라서 SPSS프로그램에서는 이렇게 벗어난 자료를 편리하게 처리할 수 있도록 되어 있다.
- 7점 리커트 척도로 응답한 항목들에서 무차별하게 1에 체크를 하여 극히 낮은 평가를 하였다면 자료에 문제가 있을 수 있다.

(3) 누락된 자료처리

응답자들의 무응답(nonresponse)은 설문지 항목에서 누락된 응답 또는 누락된 자료(missing data)로 나타난다. 이는 변수의 값을 알 수 없는 상태여서 이를 처리하기 위해서 다음 방식들이 적용된다.

- **사례일괄 삭제**: 누락된 응답을 가진 사례, 즉 응답자 자료들을 분석에서 제외하는 방식이다. 많은 사례에서 이와 같은 경우가 나타나기 때문에, 이러한 방식을 택하면 표본의 수가 급격히 줄어들어 자료분석이 어려울 경우, 자료수집 비용이 발생하기 때문에 이 방식은 바람직하지 않을 수 있다.
- **누락된 항목들을 다른 값들로 대체**: 누락된 항목이 있는 설문지의 다른 관련 항목들에 대한 반응을 기반으로 하여 누락된 항목들에 대한 값을 추정하여 다른 값들고 대체하려고 시도한다. 이 경우 회귀분석으로 알려진 통계기법을 사용한다. 대안으로 조사자는 변수에 대하여 평균, 중앙값, 최빈값을 결정하기 위하여 다른 반응자들의 설문지에서 나타난 값을 사용하기도 한다.
- **복수항목 척도로부터 변수를 제거**: 이 장 뒤에 있는 〈표 10.3〉에서 볼 수 있듯이 소비자의 부정적 감정을 측정하기 위하여 7점 척도로 12개의 항목으로 구성된 척도의 코딩 예를 제시한 바 있는데, 한 응답자가 그의 설문지에 9개의 항목만을 표시하였다고 가정하자. 항목들은 부정적 감정이라는 같은 구성개념의 다른 면들을 측정하고 있기 때문에 9개 항목에 대한 점수만을 측정하여 계산한다면 그 설문지

를 버리지 않아도 된다. 이 경우는 9개의 평균이 되어야 하고, 12개의 평균이어서는 안 된다(제8장 설문지 사례와 〈표 10.3〉 참조).

7) 자료의 통계적 조정

통계분석을 잘 수행하기 위해서 통계적으로 자료를 조정하는 절차가 필요하다. 이는 가중치부여, 변수의 재명시, 척도의 변환으로 나타난다.

(1) 가중치부여

가중치부여(weighting)는 서로 간의 상호관계를 고려하여 변수들이나 변수값의 상대적 중요도를 가중치로 고려하는 방법이다. 이는 중요한 변수나 변수값의 상대적 영향 정도를 파악하기 위해서이다. 표본자료에서 나타난 특성 속성이 모집단을 더 잘 대표할 수 있도록 하기 위해 사용된다. 예를 들어, 기존 제품의 개선에 대한 연구를 하기 위해 그 제품의 다량사용자, 중간 사용자, 소량 사용자에 대한 의견을 조사하였다면 사용자에 따라 가중치를 다르게 부여할 수 있다. 가중치 부여가 이루어지면 가중치 부여 절차들이 기록되고, 그 기록을 보고서에 포함시켜야 한다.

(2) 변수재명시

조사자는 자료세트에 새로운 변수를 만들거나 기존의 변수값들을 조정하는 변수재명시(variable respecification)를 할 수 있다. 이는 원천자료를 다른 기준에 의해 새롭게 정의하거나 연구목적에 맞게 자료를 전환할 목적으로 이루어진다. 예를 들면, 연령을 자유롭게 응답하게 한 다음, 연령 계층별로 범주를 구분해주거나 몇 가지 항목의 평균 항목을 창출하는 경우가 변수재명시에 해당된다. 원래 변수가 10개의 응답범주를 가진 제품사용이었다면 다량사용자, 중간사용자, 소량사용자, 비사용자의 4가지 범주로 만들 수 있다. 제8장 설문지 사례와 〈표 10.3〉 코딩 예에서 긍정감정의 항목이나 부정감정의 항목들을 평균항목을 창출하여 긍정감정과 부정감정을 대표하는 변수들을 새로이 창출할 수 있다.

(3) 척도변환

설문지에 나타난 척도들을 다른 척도와 비교할 수 있도록, 혹은 분석에 적절한 자료를 만들기 위하여 척도값을 조작할 수 있는데 이를 척도변환(scale transformation)이라고 한다. 태도조사에서 태도척도를 7점 의미차별화 척도(semantic difference scale)로 측정되고 행동의도를 5점 리커트 척도로 측정하였다면 척도변환을 하여 사용할 수 있다.

8) 자료분석 전략의 선택

자료점검이 끝난 자료를 원천자료(raw data)라고 한다. 자료분석은 어떠한 원천자료를 가지고 어떠한 자료분석 전략을 선택하는가에 따라 분석결과가 달라진다.

자료분석 전략을 선택하는 데 영향을 미치는 요소들은 다음과 같다.

(1) 마케팅조사과정의 초기단계가 영향을 미친다. 초기단계에서 강조되는 문제의 정의와 조사설계를 어떻게 설정하고 있는가는 자료분석전략을 선택하는 데 영향을 미친다. 조사설계의 세 가지 종류인 탐색조사, 기술조사, 인과조사에서 기술조사에 강조를 두면 서베이와 관찰을, 인과조사에 강조를 두면, 분산분석과 회귀분석을 택하게 된다.

(2) 자료의 알려진 특성, 즉 어떠한 측정척도를 사용하고 있는가는 통계기법을 선택하는 데 결정적인 영향을 미친다. 사회심리학 실험실에서는 나오는 실험실자료는 대부분 분산분석을 사용한다.

(3) 통계기법의 특성, 목적과 기본 가정을 어떻게 고려하느냐가 자료분석전략에 영향을 미친다. 집단 간 차이를 알려고 하는 데는 t-분석과 분산분석이, 변수들 간의 관련성을 알려고 하는 데는 상관관계와 회귀분석이, 예측을 하려고 하는 데는 단순회귀분석이나 다변량회귀분석 등이 적합하다.

(4) 조사자의 지식배경과 철학이 자료분석 전략을 선택하는 데 영향을 미친다. 경험이 많고 통계적 지식이 많은 조사자일수록 다변량 통

계분석을 이용하려고 한다. 그러나 통계지식이 많은 조사자는 전략적인 마인드를 가진 경영자들과 커뮤니케이션에 신경을 쓰면서 통계기법들을 전략적 상황에 맞출 수 있는 능력 또한 중요하다.

2 통계기법의 선택

자료준비를 마치고 자료분석 전략을 수립하는 단계까지 이르면, 어떠한 통계기법을 선택하는가와 연결된다는 것을 보았다. 통계기법들은 단일변량기법들(univariate techniques)과 다변량기법들(multivariate techniques)로 나누어진다. 전자는 단 하나의 변수의 분석이지만, 후자는 두 개 이상의 변수들 사이의 관계의 분석에 초점을 둔다.

2.1 단일변량 통계기법

단일변량기법에는 자료가 등간척도나 비율척도로 측정되는 계량적 자료인지 또는 명목척도나 서열척도로 측정되는 비계량적 자료인지에 따라 다르게 분류된다.

1) 계량적 자료

계량적 자료인 경우, 표본집단의 수에 따라 분석기법이 달라진다. 단, 하나의 표본집단만을 고려할 경우에는 z-검정과 t-검정을 이용한다. 두 개의 표본집단의 경우에도 z-검정과 t-검정을 이용할 수 있으나, 세 개 이상의 표본집단에 대해서는 일원분산분석(one-way ANOVA)을 이용한다.

2) 비계량적 자료

단일표본과 관련된 비계량적 자료분석에는 도수분포, 카이자승 검정,

콜모고로프-스미르노프검정, 런(runs)검정, 이항검정을 이용할 수 있다. 두 독립표본의 비계량적 자료분석에는 카이자승 검정, 콜모고로프-스미르노프 검정 등을 이용할 수 있다.

2.2 다변량 통계기법

다변량 통계기법은 종속관계기법(dependence technique) 또는 상호의존관계기법(interdependence technique)으로 분류될 수 있다.

1) 종속관계기법

이는 하나 또는 그 이상의 변수들이 종속변수로 나머지는 독립변수로 식별될 수 있을 때 적절하다. 교차분석(cross-tabulation), 분산분석과 공분산분석, 회귀분석이 사용된다. (두 집단 판별분석과 컨조인트 분석도 있으나 이 책에서는 생략한다). 이 책 제11장에서 교차분석, 제12장에서 분산분석과 공분산분석 그리고 다변량분산분석에 대해서 제시할 것이다. 그리고 제13장에서 단순회귀분석과 다변량회귀분석을 제시할 것이다.

두 개 이상의 종속변수가 있을 경우, 다변량분산분석, 다변량공분산분석이 사용된다(정준상관분석, 다중판별분석도 있으나 이 책에서는 생략한다).

2) 상호의존관계기법

이는 변수들이 종속변수나 독립변수로 분류되지 않고, 상호의존적 관계의 전체 집합이 조사된다. 이 기법들은 변수 간의 상호의존성 또는 대상 간의 유사성에 강조를 둔다. 변수 간의 상호의존성을 조사하는 주요 기법이 요인분석(factor analysis)이며, 대상 간의 유사성은 군집분석(cluster analysis)과 다차원척도법(multi-dimensional scaling)에 의해서 분석된다. 이 책에서는 마케팅조사 원론을 다루고 있어, 이 상호의존관계기법은 이 책에서 다루지 않고 있다. 고급통계를 다루는 책을 참고 바란다.

3 표본의 기술분석

자료준비가 끝나면 조사자는 표본의 기술적 분석을 수행한다. 표본통계량에 대한 도수분포, 중심화경향, 분산도, 분포의 모양에 대한 분석을 한다. 자료의 기술적 분석 결과는 표와 그래프로 제시된다. 자료의 기술적 분석은 표본 자체의 기술적 분석이라는 점에서 모집단과 표본과의 관계를 보려고 하는 추리 통계와 다르다. 일반적으로 추리 통계를 이용한 가설검증을 하는 경우, 가설검증 이전에 표본자료의 성격을 이해하기 위해 표본의 기술적 분석을 제시한다.

3.1 도수분포

하나의 설문지에는 여러 항목들이 있고, 이는 여러 변수들을 포함하고 있다. 단일변수들에 응답자들의 수를 조사하기 위해 도수분포(frequency distribution)를 계산한다. 도수분포표는 주어진 자료를 하나의 도표로 요약하여 변수의 분포를 파악할 수 있는 대표적인 방법이다.

한 변수의 도수분포는 한 변수와 관련한 모든 값에 대한 도수, 퍼센트, 누적 퍼센트를 표로 제시한다.

〈표 10.1〉은 표본 100 가족수에서 소득이라는 단일변수에 따라 가족수와 가족의 누적 수를 보여주고 있다. 이 표를 막대그림표(bar chart)와 선그림표(line chart)로 표시하면 [그림 10.3]이 된다. 그리고 〈표 10.1〉의 소득과 가족의 누적 수를 누적분포로 표시하면 [그림 10.4]로 나타나고 있다.

3.2 도수분포와 관련된 통계량

이러한 도수분포는 소득과 같은 한 변수에 대해 표본전체가 어떻게 중심으로 집중하고 있으며, 또한 흩어져 있는가에 대한 중요한 정보를 제공해준다. 조사자는 이를 기술적 통계량으로 요약하여 사용하는 능력이 있

표 10.1 소득에 따른 가족수의 분포

소　득	가족수	가족의 누적 수
1,500만원 이하	8 (8)	8 (8)
1,500에서 2,490만원	25 (25)	33 (33)
2,500에서 3,490만원	15 (15)	48 (48)
3,500에서 4,490만원	18 (18)	66 (66)
4,500에서 5,490만원	8 (8)	74 (74)
5,500에서 6,490만원	8 (8)	82 (82)
6,500에서 7,490만원	7 (7)	89 (89)
7,500에서 8,490만원	3 (3)	92 (92)
8,500에서 9,490만원	1 (1)	93 (93)
9,500에서 10,490만원	3 (3)	96 (96)
10,500만원 이상	4 (4)	100 (100)
전체 가족수	100 (100)	

그림 10.3 막대그래프와 선그림표 (단위 : 천원)

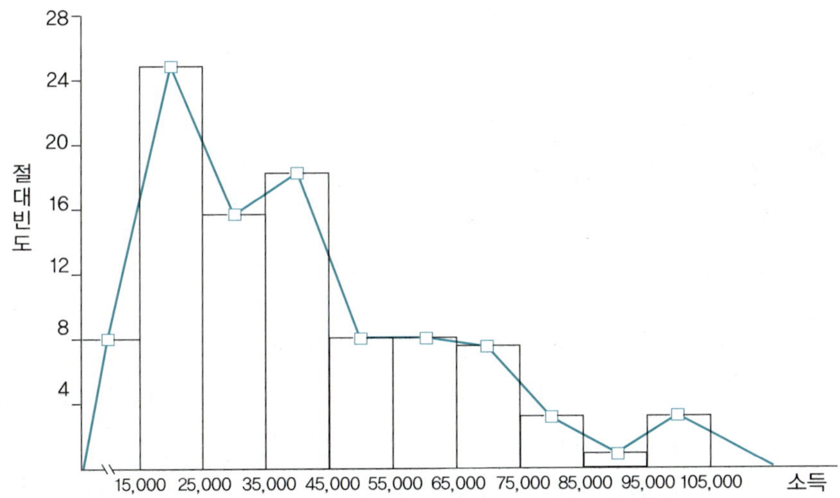

어야 한다. 가장 많이 사용되는 통계량은 위치에 대한 측정치(평균, 중간값, 최빈값), 분산도에 대한 측정치(범위, 분산과 표준편차), 그리고 모양에 관한 측정치(왜도와 첨도) 등이 있다.

그림 10.4 누적분포 (단위 : 천원)

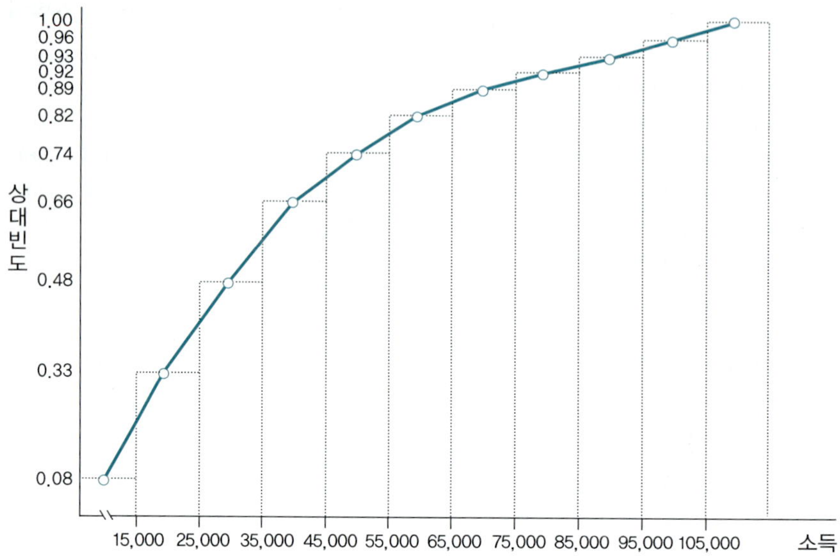

1) 위치에 대한 측정치

표본이 되는 집단의 특성을 가장 효과적으로 나타낼 수 있는 값을 대표값이라 하며, 대표값으로 가장 많이 사용되는 것은 중심화경향(central tendency)을 나타내는 값들이다. 중심화경향을 나타내는 값으로는 평균, 중앙값, 최빈값이 있다.

(1) 평균(mean)은 자료가 등간 또는 비율 척도로 수집되었을 때 중심화경향을 추정하기 위해 많이 이용된다. 평균은 변수값들을 모두 더한 합계를 더한 값들의 수로 나눈 값이어서, 극단적인 값이 있을 경우 그 값의 영향을 크게 받는다는 단점이 있다. 그러나 쉽게 계산할 수 있고 특히 표본평균의 경우 그 분포를 추론할 수 있다는 장점이 있어 추리통계분석에서 대표값으로 가장 많이 사용하고 있다.

(2) 중앙값(median)은 전체 변수값들을 오름이나 내림차순으로 정렬하였을 때 중앙에 위치한 값을 말한다. 중앙값을 중심으로 좌우에는

같은 수의 변수값들이 있어야 한다. 변수값들이 홀수 개일 경우에는 정 가운데 있는 하나의 값이 중앙값이 되지만, 변수값들이 짝수일 경우에는 중앙에 위치한 두 개 값들의 산술평균값을 중앙값으로 한다.

(3) 최빈값(mode)은 변수값들의 빈도를 구하였을 경우, 도수가 가장 높게 나타나는 값이다. 주로 명목척도나 서열척도를 이용하여 측정된 변수의 대표값을 구하는 경우에 사용된다.

2) 분산도에 대한 측정치

변수값들이 등간 또는 비율척도로 계산되어 있는 경우, 평균을 중심으로 어느 정도 흩어져 있는가를 나타내는 측정치로는 범위, 분산과 표준편차를 많이 사용한다.

(1) 범위(range)는 변수값으로 측정된 관측값들 중에서 가장 큰 값과 가장 작은 값의 절대적인 차이를 말한다. 관측값 중에서 가장 큰 값과 가장 작은 값 두 개를 제외한 나머지 모든 값들을 무시하고 있기 때문에 이들 두 값 중에서 하나가 나머지 대부분의 값들과 차이가 많이 나타나는 경우에는 범위는 너무 커져서 자료의 분산도 측정을 왜곡시킬 수 있다는 단점이 있다.

(2) 분산(variance)은 각 관측값이 평균으로부터 떨어져 있는 거리의 제곱값들을 평균한 것이다. 평균과 개별 관측치 사이의 거리를 제곱하여 모두 더한 다음 이를 관측값의 수로 나누면 분산이 도출된다. 분산의 제곱근값을 표준편차(standard deviation)라고 한다. 이러한 분산이나 표준편차는 모집단을 대상으로 하는가, 아니면 표본을 대상으로 하는가에 따라 계산하는 데 사용되는 자유도가 다르다. 모집단의 분산을 구하는 경우에는 모집단 전체의 수가 자유도가 되지만, 표본의 분산이나 표준편차와 같이 표본의 통계량을 구하는 경우에는 모집단의 평균 대신 표본평균을 사용하기 때문에 표본관측값 중의 하나는 자유도가 박탈되어 n개 표본의 자유도는 $n-1$이 된다. 표

본의 분산과 같은 표본통계량을 구하는 식에서 다른 통계량을 사용해야 하는 경우에는 식에서 사용하는 통계량의 수만큼 자유도가 감소하여, n개의 표본에서 통계량의 수가 2개가 되면 자유도는 n-2가 된다.

3) 모양에 대한 측정치

(1) 왜 도

분포는 평균과 같이 중심화경향을 나타내는 값을 중심으로 하여 좌우대칭이거나 비대칭 모양의 분포를 한다. 정규분포는 좌우대칭이지만, 카이제곱분포나 F분포 등은 비대칭분포 모양을 가지고 있다. 비대칭분포에서 분포가 대칭의 형태에서 벗어나 좌측이나 우측 어느 한쪽으로 기울어진 정도를 나타내는 척도로 왜도(skewness)를 사용한다. 이는 분포모양이 좌우대칭으로 되어 있는지, 아니면 어느 한쪽으로 얼마나 기울어져 있는지 정도를 나타내준다. 이는 평균값에서 중앙값의 차이를 비교하거나, 평균값에서 최빈값의 차이를 비교한 후, 이 차이를 표본의 표준편차로 나누는 방식을 택하여 계산한다.

(2) 첨 도

첨도(kurtosis)는 관측값들이 중심근처에서 어느 정도 집중적으로 몰려있어 변수의 분포모양이 얼마나 뾰족하게 나타나는지를 나타내는 값이다. 이는 통계학에서 가장 일반적으로 사용되는 분포인 정규분포를 기준으로 판단하는데, 첨도계산이 0에 가까우면 흩어진 정도가 정규분포에 가깝고, 0보다 작으면 정규분포보다 더 완만하고, 0보다 크면 정규분포보다 중심이 더 뾰족한 모양을 가지게 된다.

4 추리통계의 기초

자료준비를 마치고, 가설을 검정하는 자료분석을 수행하는 단계로 넘어가게 되는데, SPSS프로그램을 돌리면서 분산분석과 회귀분석 등 추리통계 분석에 대한 기초개념들을 이해하여야 자료를 정확하게 해석할 수 있게 된다. 이는 다음 장에서 통계적 가설검정을 이해하기 위해서 추리통계에 대한 개념을 가지고 있어야 한다.

4.1 추리통계학의 의미

통계학은 크게 기술통계학과 추측통계학으로 구분된다. 이 두 종류의 통계 관계를 그림으로 표시하면 [그림 10.5]와 같다. 기술통계학(descriptive statistics)은 통계적 자료를 정리하고 요약하는 등, 자료특성을 계산하는 방법과 관련된 통계학이며, 추리통계학(inferential statistics)은 모집단에서 뽑은 표본에서 얻은 통계량을 기초로 해서 모집단의 특성을 규명하려고 하는 방법이다.

오늘날에는 표본의 자료로부터 그 표본이 추출된 모집단의 특성을 추론하고자 하는 추리통계학이 통계학의 주류를 이루고 있다. 마케팅조사에서 조사하고자 하는 모집단의 범위가 넓어서 전체적으로 조사하기 어렵기 때문에, 표본의 특성을 가지고 모집단을 추론하는 방법을 택한다. 모집단 특성을 나타내는 값을 모수(parameter)라고 하며, 표본의 특성을 나타내는 값을 통계량(statistic)이라고 한다. 추리통계학은 표본설계에서 올바른 표본추출을 통하여 나타난 표본의 통계량을 계산하여 표본통계량으로부터 모집단의 모수를 추정하는 과정을 다룬다. 표본통계량을 가지고 모집단 모수를 추론하는 절차에서 가설을 설정하고 가설을 검정하는 과정을 거친다. 가설검정 과정을 이해하기 위해서 표본분포에 대한 이해가 선행되어야 한다.

그림 10.5 기술통계학과 추리통계학

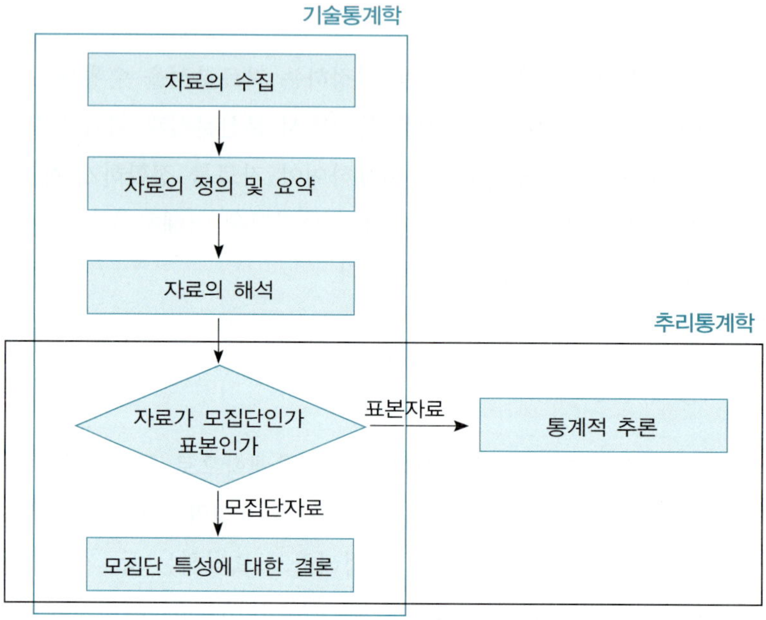

4.2 표본분포

추리통계학이 표본의 특성값인 통계량으로부터 모집단의 특성값인 모수를 추정하는 것이라면 조사자가 추출하는 표본은 논리적으로 모집단에서 추출될 수 있는 수많은 가능성 있는 표본들 중의 하나라는 것을 이해할 수 있다. 여기서 모집단이 가지고 있는 분포를 모집단분포(population distribution)라고 한다. 모집단에서 추출할 수 있는 모든 가능성 있는 표본 특성값, 즉 표본통계량은 분포를 가지는데 이를 표본분포(sampling distribution)라고 한다. 표본분포의 대표적인 것은 평균의 표본분포(sampling distribution of means)이다. 모집단에서 특정 크기의 표본을 추출할 수 있는 가능한 모든 표본들을 추출하였을 때, 그 표본들의 평균의 분포를 말한다. 100개의 모집단에서 5개의 표본을 추출한다고 하면 추출할 수 있는 가지 수는 100개에서 5개를 뽑는 방법의 수만큼 많아진다.

4.3 중심극한정리

이들 표본들의 평균 전체를 다시 평균하면 모집단 평균(μ)이 된다. 이러한 평균의 표본분포는 중심극한정리(central limit theorem)가 도출된다. 이는 다음과 같다.

> 평균 μ와 표준편차 σ를 갖는 모집단에서 크기 n의 표본을 반복적으로 추출하면 표본평균값의 분포는 정규분포와 근사하게 되며, 이 정규분포로 나타나는 표본분포는 평균 μ와 표준편차 $\sigma/\sqrt{n}$가 된다. 이때 표본분포의 표준편차를 표준오차(standard error)라고 부른다. 그리고 표본분포는 표본의 크기가 클수록 정규분포에 가깝게 된다.

이 중심극한정리는 통계학에서 가장 중요한 정리이다. 그 이유는 모집단의 분포모양과는 상관없이 표본의 크기가 커지면 표본분포가 정규분포를 이루게 된다는 것을 밝혀주었기 때문이다. [그림 10.6]은 중심극한정리를 보여주고 있다. 모집단의 분포가 어떠한 모양이더라도, 표본의 크기 n을 크게 하면 표본분포는 정규분포가 된다는 것을 보여주고 있다. 대개 표본의 크기가 30 이상이면 모집단의 분포모양에 관계없이 표본분포는 정규분포를 이룬다.

이와 같이, 중심극한정리는 모집단이 정규분포가 아닌 분포를 가진다 하더라도 표본분포는 정규분포에 수렴한다는 것을 밝혀주어 정규분포이론을 가지고 표본에 대한 가설검정으로 넘어갈 수 있는 기반을 제공하고 있다는 점에서 중요성이 있다. 즉, 조사자가 선정한 표본의 평균값, 즉 통계량은 표본분포에서 어느 위치를 가지게 되며, 그 위치 여부에 따라 귀무가설의 기각 여부가 결정된다. 이와 같이 가설검정은 모집단분포, 표본분포와의 관계에서 설정된다.

그림 10.6 중심극한정리의 예

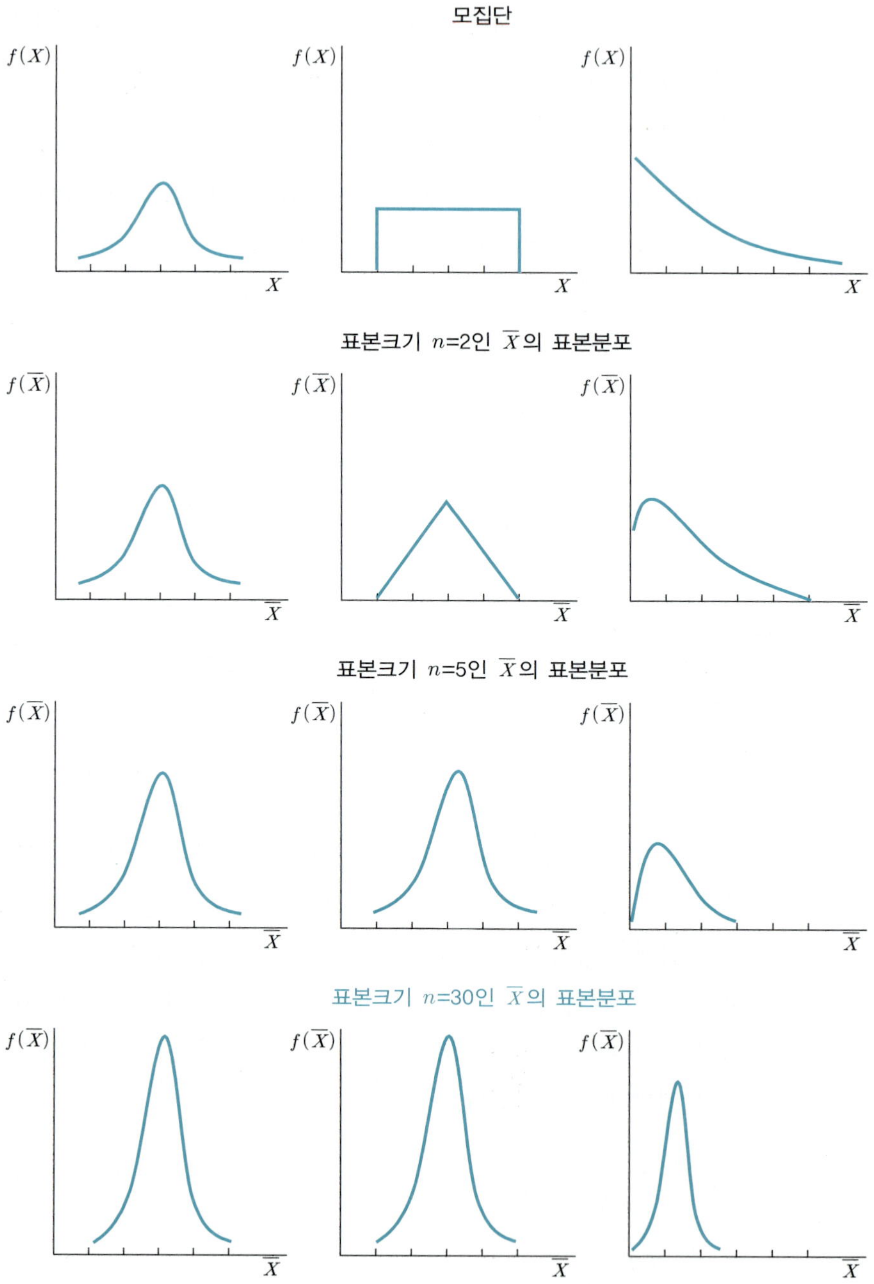

5 가설검정

5.1 연구가설

가설(hypothesis)은 마케팅 현상과 기존의 이론의 관계에서 연구자가 "그러할 것이다"라고 추측하면서 제시되는 부분이다. 이 가설검정은 제1장에서 제시한 반증주의(falsification)적인 사고를 담고 있다. 귀무가설을 제시하고 반증되면 대립가설을 받아들이겠다는 것이고, 새로운 가설인 대립가설을 설정하여 그 가설이 지지되면 일시적으로 받아들이면서 과학적 이론으로 발전시키려는 연구자의 의도가 담겨져 있다(제1장 참조).

가설검정(hypothesis testing)에서 설정되는 가설에는 귀무가설과 대립가설 두 가지가 있다. 통계적 검정의 대상이 되는 가설은 귀무가설(null hypothesis)이라고 하며, 대립가설에 반대되는 진술을 말한다. 연구자가 지지하기를 바라는 가설, 즉 연구가설(research hypothesis)은 대립가설(alternative hypothesis)로 설정된다. 기존 이론이 귀무가설이 되고 새로운 가설이 대립가설이 된다. 기존 이론을 참이라고 통계적으로 가정하고 이것이 사실이 아님을 밝혀 새로운 이론의 타당성을 주장하는데, 이를 반증가능성(falsifiablity)이라고 한다.

통계적 가설검정은 귀무가설이 기각되거나 기각되지 않는 것으로 나타난다. 귀무가설이 기각되면 연구가설인 대립가설이 지지되지만, 기각되지 않으면 연구가설인 대립가설은 지지되지 못한다. 통계적 가설검정에서는 귀무가설을 기각하거나 지지하는 결과가 나오지만, 결과의 해석은 연구가설을 중심으로 하여 지지되었거나 지지되지 않았다는 표현을 사용한다. 이 책의 다음 장에서 전개하겠지만, 분산분석에서는 집단 간 차이가 없다는 것이 귀무가설로 되고, 연구가설은 집단 간 차이가 있다는 것이 된다. 집단 간 차이가 있다는 것은 마케팅 전략에서 여러 가지 시사점을 찾을 수 있다.

예를 들어, 신제품을 출시하여 시장테스트를 하고 있다고 가정하자. 시장테스트를 하는 신제품이 경쟁제품과 비교되어 소비자들의 선호도가 같다고 가정하면서 귀무가설을 설정할 수 있다. 가설검정은 이에 대한 반증, 즉 차이가 있다는 것을 보여주면서 신제품이 소비자들의 선호도가 더 높다는 것을 보여주고자 한다.

5.2 오류, 유의수준, 알파, 검정력

1) 오 류

가설검정은 표본의 특성인 통계량으로 모집단의 특성인 모수를 추정하는 절차를 거친다. 이는 추정의 결과이므로 오류가 발생할 가능성이 있다. 1종 오류(type 1 error)는 귀무가설이 진실인데 기각하는 오류 이며, 2종 오류(type 2 error)는 귀무가설이 허위인데 기각하지 않는 오류이다.

보수적인 관점에서 심각한 오류는 1종 오류가 된다. 통계학에서 진실을 거짓이라고 하는 오류가, 거짓을 진실이라고 하는 오류보다 심각하다고 보아 1종 오류를 중심으로 전개된다. 1종 오류의 허용확률을 알파(α)로 표시한다.

귀무가설을 "신제품에 대한 소비자 선호가 경쟁제품에 대한 소비자 선호와 같다"고 설정한다고 가정하자. 1종 오류(알파 오류)는 신제품에 대한 소비자선호가 경쟁제품에 대한 소비자선호와 차이가 없다고 선정한 귀무가설이 진실인데 기각하여 소비자선호가 높다고 판단하는 경우로서, 이 판단에 근거하여 신제품을 출시하면 두 제품 간에 소비자선호에서 차이가

그림 10.7 1종 오류와 2종 오류

	귀무가설	
	진 실	거 짓
귀무가설 기각	1종 오류(알파오류) 확률 = α	바른 결정 확률 = $1-\beta$
귀무가설 기각 못함	바른 결정 확률 = $1-\alpha$	2종 오류(베타오류) 확률 = β

없어 시장실패가 나타난다는 의미이다. 이 경우 1종 오류, 즉 알파오류는 실패할 가능성으로 나타난다.

귀무가설이 거짓인데 기각하지 못하는 오류가 2종 오류이다. 즉, 신제품이 경쟁제품보다 우수한데 경쟁제품과 소비자선호에서 차이가 없다고 판단할 오류이다. 이에 기반을 두어 의사결정을 하면 가능성 있는 신제품을 출시하지 않게 되어 큰 기회비용이 나타날 수 있다.

2) 유의수준, p-값

귀무가설이 진실인데, 틀렸다고 결론을 내렸을 확률을 유의수준(significance level)이라고 한다. 가설검정 결과 나타나는 유의수준이 낮을수록 귀무가설이 진실인데 틀렸다고 결론을 내렸을 확률이 작다는 의미이기 때문에, 자신이 제시한 연구가설에 보다 자신을 가지게 된다.

표본자료를 가지고 수행한 유의수준은 p-값(p-value)으로 나타내며, 이는 0과 1 사이의 값을 지닌다. p-값이 .08이면 귀무가설이 진실인데 잘못 기각할 확률이 .08이 되고, p-값이 .02가 되면 귀무가설이 진실인데 잘못 기각할 확률이 .02가 된다는 것이므로, 후자가 보다 자신 있게 기각할 수 있다. 이와 같이 p-값이 낮을수록 귀무가설을 기각하는 데 자신을 가지게 되고, 대립가설, 즉 연구가설을 받아들이기에 좋다.

여기서 p-값이 어느 수준이 되어야 귀무가설을 기각할 것인가가 문제가 된다. 이는 의사결정자가 기각 허용유의수준을 제시하는 기준에 따라 달라지는데, 이 허용유의수준을 알파(α)로 나타낸다. 위의 경우 p-값이 .02로 나타났을 경우, 의사결정자가 제시하는 허용수준이 $\alpha=.05$이면 α 보다 p-값이 작기 때문에 자신 있게 귀무가설을 기각할 수 있지만, 허용수준이 $\alpha=.01$이면 p-값이 α보다 크기 때문에 기각할 수 없게 된다. 그러나 p-값이 .008로 나타나 $\alpha=.01$보다 작게 나타나면 기각할 수 있게 된다. 알파값이 작아지면 작아질수록 충분한 증거가 없으면 귀무가설을 기각하지 않으려하는 것이다. SPSS프로그램으로 자료분석을 하면 p-값이 제시된다. 이 p-값만 보면 알파 .05에서 혹은 .01에서 기각 여부가 결정된다.

그림 10.8 표본평균들의 분포(μ=0을 가정했을 때)

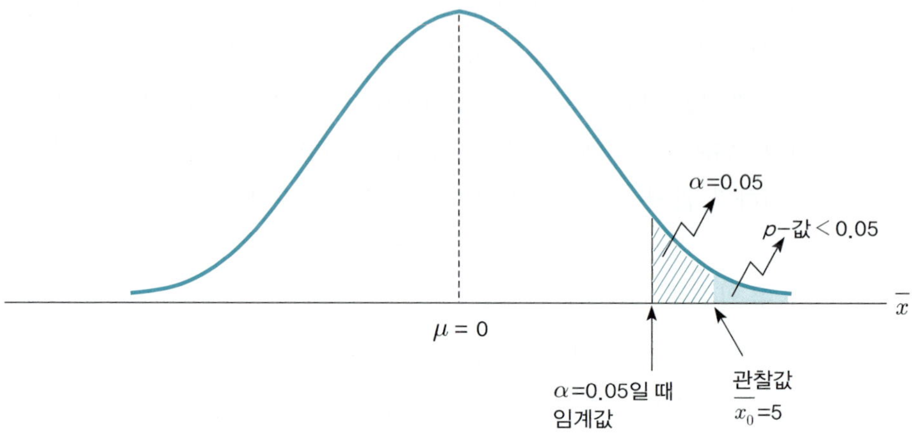

p-값 $\leq \alpha$이면, H_0 기각

3) 허용확률, 알파(α)의 크기

1종 오류를 줄이기 위해서는 1종 오류의 허용확률인 알파의 크기를 작게 하면 된다. 알파의 크기가 작으면 귀무가설을 쉽게 기각하기가 어렵게 된다. 그러나 귀무가설을 기각할 확률을 낮추면 귀무가설이 틀렸는데 이를 기각하지 않을 확률인 2종 오류의 확률이 커지게 된다. 이때 2종 오류

표 10.2 세 가지 분포와 통계적 검정절차

분 포	통계적 검정절차와 표기
모집단분포	모수를 사용하여 가설설정 H_0 : $\mu = 0$, H_1 : $\mu > 0$
표본분포	표본에서 얻은 관찰값의 평균 계산 $\overline{x}_0 = 5$
귀무가설이 진실이라고 가정했을 때 분포	모집단 평균이 0인 표본분포 이용하여 p-값 계산 $P(\overline{x} > \overline{x}_0 = 5/\mu = 0)$

의 확률을 베타(β)로 나타낸다. 알파가 너무 커지면 1종 오류를 크게 허용하기 때문에 적정수준에서 결정하여야 하는데 보통 .05 수준에서 가설검정을 한다.

〈표 10.2〉는 모집단 분포, 표본분포, 귀무가설이 진실이라고 가정했을 때의 분포 세 가지 종류의 분포에 따라 통계적 검정절차와 표기를 나타내고 있다.

[그림 10.8]의 경우 표본에서 얻은 관찰값의 평균은 $\overline{x_0}=5$로 나타났고, 귀무가설이 진실이라고 가정했을 때 분포를 모집단 평균이 $\mu=0$가 표본평균 $\bar{x}=0$와 같아지는 표본분포를 나타내주고 있다. 그림으로 볼 때 관찰값 $\overline{x_0}=5$일 때 p-값은 허용확률 $\alpha=0.05$보다 작게 나타나고 있다.

4) 검정력과 베타(β)

귀무가설이 진실일 때 이를 기각하는 것은 바람직하지 않으며, 귀무가설이 허위일 때 이를 기각하는 것이 바람직하다. 귀무가설이 허위일 때 이를 기각할 확률을 검정력(power)이라고 한다. 검정력이 크면 귀무가설이 허위일 때 이를 기각하지 않을 오류, 즉 2종 오류는 작아진다. 검정력과 2종 오류는 서로 반대로 작용한다. 2종 오류를 베타(β)로 나타내므로 검정력은 $1-\beta$가 된다. 검정력을 크게 하는 것이 바람직한데, 이를 크게 하기 위한 한 가지 방법은 표본의 크기를 크게 하는 것이다. α와 β를 [그림 10.9]로 나타낼 수 있다. H_0가 사실이라면 $\alpha=$사실가설 H_0를 기각함으로써 오류를 만들 확률이며, H_1이 사실이면 $\beta=$거짓가설 H_0를 기각하지 못함으로써 오류를 만들 확률이 된다.

그림 10.9 α와 β

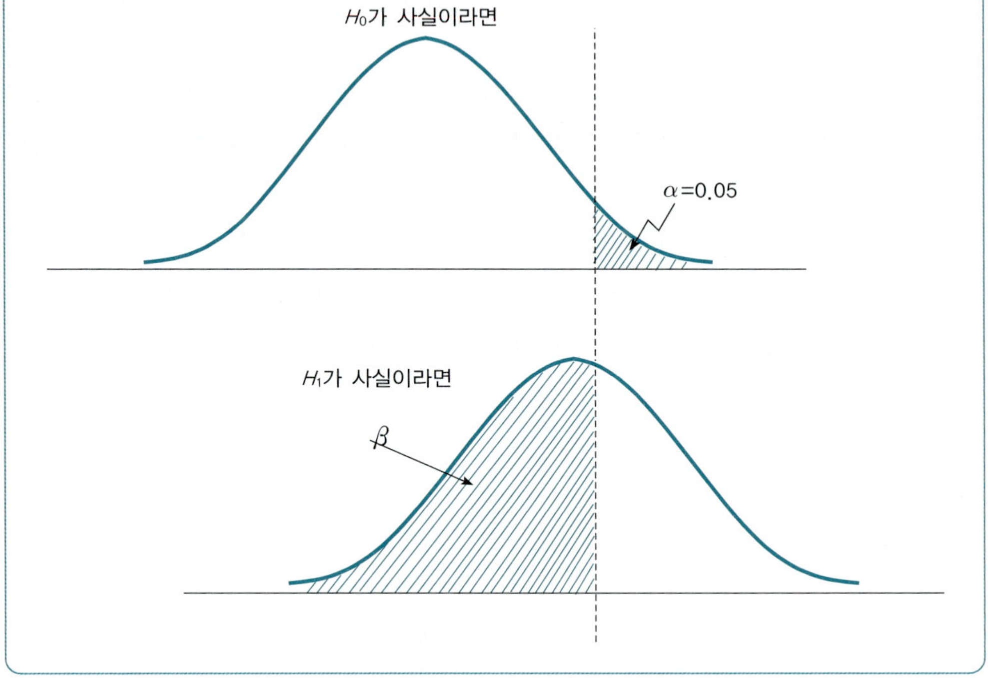

5.3 가설검정절차

1) 가설검정방법

가설검정방법은 두 가지가 있다.

첫째, 통계표를 이용해서 검정하는 방법이다. 관찰표본에서 통계량을 계산하고 이 통계량이 허용유의수준 알파에 따라 설정되는 기각역에 위치하는지 아닌지를 보는 방법이다. 이는 이 책의 부록에 나타난 통계표를 보고 알파에 따라 설정되는 임계치를 찾아서 임계치보다 오른쪽에 있으면 기각역, 왼쪽에 있으면 채택역으로 구분하는 것으로 t-값, 카이자승값, F-값 등 통계량으로 판단하는 전통적 방법이다.

둘째, SPSS프로그램을 이용해서 검정하는 방법이다. 프로그램을 돌려 p-값을 계산하여 알파와 비교하는 방식이다. 이는 관찰표본자료를 SPSS

그림 10.10 가설검정을 위한 절차

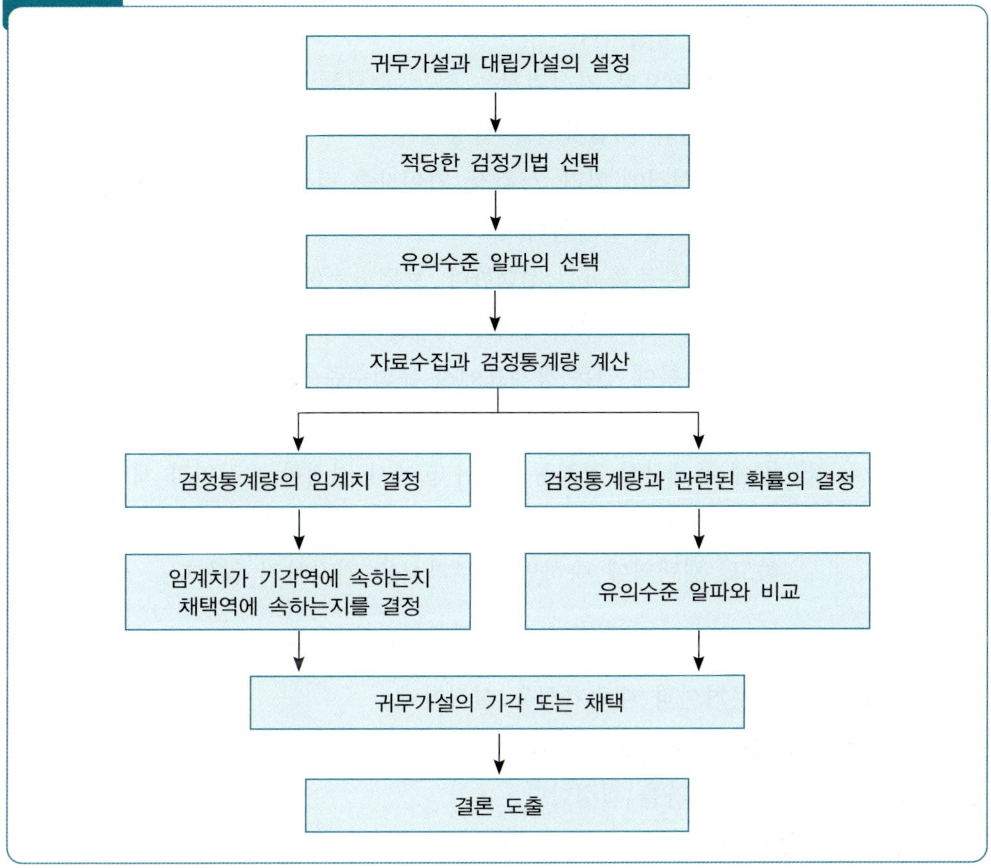

프로그램상에 입력하면 프로그램이 표본의 통계량으로부터 p-값을 계산하기 때문에 결과로 나타난 p-값과 α와 비교하는 방식이다. 이때 p-값이 의사결정기준이 되는 α보다 작으면 자동적으로 기각역에 속하게 된다고 판단하여 기각하고, p-값이 α보다 크면 기각하지 않는다. [그림 10.8]에서는 p-값이 $\alpha=0.05$보다 작게 나타나므로 기각역에 속해 귀무가설을 기각한다.

2) 가설검정순서

[그림 10.10]에서는 가설검정방법에서 두 가지 방식으로 가설검정하는

것을 결합하여 보여주고 있다. 왼쪽 흐름이 첫 번째 방법이고, 오른쪽 흐름이 두 번째 방법이다.

첫 번째 방법으로 가설검정을 하는 순서는 다음과 같다.

① 귀무가설과 대립가설을 설정한다.

② 가설의 성격에 따라, t-검정, 카이자승 검정, F-검정 중 어떤 검정을 할 것인가를 결정한다.

③ 허용유의수준을 α를 선택한다. 보통 $\alpha=0.05$나 $\alpha=0.01$로 설정한다.

④ 관찰표본자료로부터 검정통계량을 계산한다.

⑤ 이 책 부록에 있는 통계표에서 유의수준에 해당하는 임계치를 발견하고 기각역과 채택역을 결정한다.

⑥ ④에서 계산한 검정통계량이 ⑤에서 결정한 기각역과 채택역 중 어디에 위치하는가를 살펴본다. 기각역에 위치하면 귀무가설을 기각하고, 채택역에 속하면 귀무가설을 기각하지 않는다.

두 번째 방법인 통계프로그램으로 가설검정하는 순서는 다음과 같다.

① 귀무가설과 대립가설을 설정한다.

② 가설의 성격에 따라, t-검정, 카이자승 검정, F-검정 중 어떤 검정을 할 것인가를 결정한다.

③ 허용유의수준 α를 선택한다. 보통 $\alpha=0.05$나 $\alpha=0.01$로 설정한다.

④ 표본자료를 수집하여 표본의 코딩자료를 가지고 SPSS통계를 돌리면 검정통계량에 관련된 확률값인 p-값이 도출된다.

⑤ p-값과 알파를 비교한다.

⑥ p-값이 알파보다 작으면 기각역에 속하므로 귀무가설을 기각하고 대립가설을 받아들이고, 크면 채택역에 속하므로 귀무가설을 기각하지 않는다.

사례 태도설문에 대한 코딩지침

다음에 제시되는 표는 이 책 제8장 설문지 설계에서 사례로 제시된 필자와 공동 연구자가 한국과 미국 비교연구를 하기 위해 만든 설문지에 대한 코딩지침을 표시한 것이다.

표 10.3 태도설문에 대한 코딩지침

칼럼	질문번호	변 수	코딩방법
1~3	–	ID번호	001에서 시작
4	1	집단구성원수	1~6
5~11	2	나의동의	1=매우 약하다
		친구1동의	2=약하다
		친구2동의	3=중간정도
		친구3동의	4=강하다
		친구4동의	5=매우 강하다
		친구5동의	
		집단동의	
12~18	3	나의의도	1=매우 약하다
		친구1의도	2=약하다
		친구2의도	3=중간정도
		친구3의도	4=강하다
		친구4의도	5=매우 강하다
		친구5의도	
		집단의도	
19~20	4	2주내식사수	숫자, 01에서 시작
21~22	5	6달내식사수	숫자, 01에서 시작
23~43	6	긍정감정(안도감)	1=전혀 아니다
		긍정감정(그런대로 만족)	2
		긍정감정(흥분된)	3
		긍정감정(매우 기쁜)	4=보통
		긍정감정(아주 만족)	5
		긍정감정(흡족한)	6
		긍정감정(자신있는)	7=매우 그렇다
		부정감정(화가 나는)	
		부정감정(좌절되어 있는)	

칼럼	질문번호	변 수	코딩방법
		부정감정(죄스러운) 부정감정(수치스러운) 부정감정(슬픈) 부정감정(실망스러운) 부정감정(풀이 죽은) 부정감정(걱정스러운) 부정감정(마음 편치 못한) 부정감정(불안한) 부정감정(흥분된) 부정감정(신경 쓰이는)	
44~47	7	태도1(어리석다) 태도2(해롭다) 태도3(나쁘다) 태도4(벌을 준다)	1=극히 어리석다 2=아주 어리석다 3=약간 어리석다 4=중간 5=약간 현명하다 6=아주 현명하다 7=극히 현명하다
48~49	8	주관적 규범1 주관적 규범2	1=매우 그렇다 2=조금 더 그렇다 3=약간 그렇다 4=보통 5=약간 그렇지 않다 6=조금 더 그렇지 않다 7=전혀 그렇지 않다
. . .			
65	23	성별	1=남자 2=여자

요약

1. 회수된 설문지 점검에서 시작하여 자료분석 이전까지 과정을 자료준비 과정이라고 한다. 설문지 점검을 통해 설문지 자료가 사용할 수 있다고 판단되면 자료편집과 자료코딩 등을 통해 수집된 자료를 컴퓨터가 읽을 수 있게 변환시키는 과정을 거친다. 이 과정은 컴퓨터입력, 자료청소, 자료의 통계적 조정을 거치고, 마지막으로 자료분석전략을 선택한다.

2. 자료분석전략은 어떠한 통계기법을 선택하느냐와 관련된다. 통계기법은 단일변량기법들과 다변량기법들로 나누어진다. 단일변량기법은 자료가 등간척도나 비율척도로 측정되는 계량적 자료이면, z-검정, t-검정, 일원분산분석 등이 사용된다. 그리고 명목척도나 서열척도로 측정되는 비계량적 자료이면, 도수분포, 카이자승검정, 콜모고로프-스미르노프 검정 등이 사용된다. 다변량기법은 종속관계기법과 상호의존관계기법으로 나누는데, 전자는 교차분석, 분산분석, 회귀분석이 사용되며, 후자는 요인분석, 군집분석, 다차원척도법이 사용된다. 이 책 이후의 장에서 전자를 중심으로 다룬다.

3. 단일변량기법에서 자료가 명목척도나 서열척도로 측정되는 비계량적 자료이면 도수분포를 사용한다. 도수분포와 관련된 통계량에는 위치에 관한 측정치로서 평균, 중앙값, 최빈값이 있고, 분산도에 대한 측정치로서 범위, 분산과 표준편차가 있고, 모양에 대한 측정치로서 왜도와 첨도가 있다.

4. 가설검정을 이해하기 위해서는 추리통계의 기초를 이해하여야 한다. 표본을 선정하여 표본사례에서 수집된 설문지자료는 모집단 특성을 해석하기 위해 사용된다.

5. 가설검정을 하기 위해서는 1종 오류와 2종 오류, 유의수준, p-값, 알파(α), 검정력과 베타(β) 등에 대한 이해를 제시했고, 가설검정 절차를 통계표를 통해서 검정하는 방법과 통계프로그램을 통해 검정하는 방법을 제시했다.

토의과제

1. [그림 10.1] 자료준비 흐름도에 따라 다음을 설명하라.
   (1) 회수된 설문지 중에서 폐기해야 하는 경우는 어떤 경우인가?
   (2) 자료편집에서 현장편집과 사무실 편집이 어떻게 다른가?
   (3) 제8장에 제시된 설문지 작성사례를 보고, 〈표 10.1〉에서 코딩이 어떻게 이루어지고 있는지를 이해하고, 〈표 10.1〉에서 완성하지 않은 부분의 코딩을 완성하여 보라.
   (4) 자료청소에서 일관성점검과 누락된 자료처리는 어떻게 하는가?
   (5) 자료의 통계적 조정에서 가중치부여, 변수재명시, 척도변환을 설명하라.
   (6) 자료분석전략에 영향을 미치는 요인들은 어떠한 것들이 있는가?

2. 7장에서 학습한 척도의 종류에 따라 단일변량통계와 다변량통계기법 들을 어떻게 사용할 수 있는가를 전반적으로 토의하여 보라.

3. 일반적으로 학계에서는 다변량자료분석을 많이 사용하지만, 실무계에서 제출되는 많은 보고서는 고도의 다변량자료분석을 실시하지 않고 기본적인 자료분석에 시간을 바치고 있다. 왜 그런가?

4. 표본분포의 의미를 설명하서. 중심극한정리에 대해서 자세히 설명하라.

5. [그림 10.8]의 가설검정 절차를 설명하라. 다음을 설명하라.
   (1) 1종 오류와 2종 오류
   (2) 허용확률 α의 의미
   (3) 유의수준 p-값의 의미를 설명하라.

참/고/문/헌

SPSS Korea 컨설팅팀 저(2006), 『SPSS기술통계와 상관분석』, (주)데이터솔루션.

SPSS Korea 컨설팅팀 저(2008), 『SPSS데이터 핸들링』, (주)데이터솔루션.

Norusis, Marija(2008), *SPSS 16.0 Guide to Data Analysis*, 2nd edition, Prentice-Hall.

Green, Paul E., Frank J. Carmone, Jr., and Scott M. Smith(1989), *Multidimensional Scaling : Concepts and Applications*, Ally and Bacon.

Hair, Joseph F., William C. Black, Barry J. Babin, and Rolph E. Anderson(2009), *Multivariate Data Analysis*, 7th edition, Prentice-Hall.

Kamakura, Wagner A. and Michel Wedel(1997), "Statistical Data Fusion for Cross-Tabulation," *Journal of Marketing Research*, 34(4) (November), pp. 485~498.

Malhotra, Naresh K.(2006), *Marketing Research-An Applied Orientation*, 5th edition, Pearson Education, Inc.

Marketing Research

11

교차분석, 카이자승검정 및 t-검정

Intro
1. 교차분석표를 이용한 검정
2. 카이자승을 이용한 독립성검정과 적합성검정
3. 차이에 관한 검정 : t-검정
사례: 하겐다즈(Haagen-Dazs)
요약
토의과제

INTRO

이 장에서는 세 가지 분석을 다룬다. 교차분석표(cross-tabulation)를 이용한 분석, 교차분석과 관련된 통계량으로서 카이자승을 이용한 검정, 그리고 차이에 관한 주요 검정으로 t-검정을 다루고자 한다.

이들 검정은 다음 두 개의 장에서 다룰 분산분석과 회귀분석에 앞서 중요한 분석들이다. 앞 장에서 가설검정에 관해서 이해하였고, 이를 기초로 세 가지 분석에 대한 이해를 넓히고자 한다.

교차분석은 범주형 자료들 사이의 관계를 바라본다는 점에서 중요하다. 교차분석표를 이용하여 변수 사이의 관련성에 대해 통계적으로 검정하려고 시도할 때 카이자승을 이용한 독립성에 관한 검정을 시도한다.

본 장에서는 마지막 사례연구에서 제시된 하겐다즈(Haagen-Dazs) 아이스크림을 예로 들어 소비자조사를 하는 경우에 교차분석과 카이자승 검정이 어떻게 이루어질 수 있는가를 살펴보고자 한다. 카이자승 검정 중에 적합도 검정에 대한 사례는 스웨덴에서 출생률이 계절에 관계없이 동등하게 발생하고 있는가에 대한 사례를 가지고 가설검정을 하고자 한다.

그리고 이 장에서 소규모 표본에서 중요하게 다루는 t-검정에 대하여 학습한다. 독립표본 t-검정과 대응표본 t-검정으로 나누어 살펴본다. 이들 검정은 신약개발과정에서 임상실험처럼 다량의 실험자를 얻기가 어려운 경우에 효율적으로 수행되는 중요한 분석기법이다.

1 교차분석표를 이용한 검정

1.1 교차분석표를 이용한 검정

우리는 이 책 제8장 설문지 사례에서 의도, 태도, 주관적 규범, 과거행동, 지각된 행동통제, 정체감, 성별 등에 관련된 여러 문항들이 나타나 있음을 보았다. 그리고 앞 장에서 다루었던 단일항목에 대한 도수분포분석에서는 이러한 설문 항목 하나하나에 대해서 도수분포표를 작성하여 정보를 파악할 수 있음을 보았다. 도수분포표는 각 항목이나 각 변수에 대한 빈도를 기술해주기 때문이다. 그러나 두 변수 또는 그 두 변수 이상의 변수들을 동시에 기술하여 관련성을 조사하면 유용한 정보가 나타날 수 있다.

이때 사용하는 것이 교차분석표(cross-tabulation)이다. 즉, 교차분석표는 두 변수 또는 그 이상의 변수들의 도수분포를 하나의 표에 포함하여 나타내 준다. 교차분석표의 주변합계는 변수들의 각각에 대한 도수분포표와 동일한 정보를 담고 있다. 이 교차분석표는 분할표(contingency tables)라고도 하는데, 분석하고자 하는 변수들을 단지 명목척도만을 가정하기 때문에, 범주자료를 분할로 보여주어 변수 사이의 관련성에 대한 중요한 정보를 제공해 준다.

이 장에서 사례로서 하겐다즈 아이스크림을 다루고자 한다. 하겐다즈는 이전에 아이스크림의 표적시장이 어린이 중심이었다는 문제인식에서 소득수준이 높은 프리미엄 계층의 성인시장을 표적시장으로 옮기고, 품질수준을 고도화시키고, 광고전략을 감각적이고, 자유분방하며 즐거운 삶을 소구하는 쪽으로 옮겨 성공하였다(www.haagendazs.co.kr, 그림 11.5 참조).

광고전략을 수립하기 전에 성인층과 미혼층 중에 어느 층을 공략하는 것이 좋은가를 결정하기 위해 조사를 수행할 수 있다.

성인들 중에서 결혼 소비자층과 미혼 소비자층으로 나누고, 결혼여부가 아이스크림의 다량사용 사이에 어떠한 관련성이 있는가를 알려고 한다고 가정하여보자. 만약 관련성이 있다면 소량사용과 다량사용에 결혼이라는 변수가 관련되기 때문에 다르게 시장을 공략할 수 있게 된다.

당신의 결혼여부를 체크해주세요?
미혼 ______ 결혼 ______

당신은 일주일에 아이스크림을 몇 번 구매하십니까?
______________번

이 경우 설문지에서 한 항목에서는 결혼 여부를 묻고, 다른 항목에서는 제품을 다량으로 구매하고 있는가, 소량으로 구매하고 있는가를 물을 수 있다. 결혼 여부라는 변수와 구매라는 두 변수의 관련성을 교차분석표에 표시하여 조사할 수 있다. 구매 여부는 아이스크림을 특정 기간 내에 몇 개 이하를 구매하는 소량구매자, 몇 개 이상을 사용하는 다량구매자로 조작화할 수 있다.

〈표 11.1〉은 200명의 표본을 대상으로 결혼 여부라는 변수와 구매라는 두 변수를 교차분석표로 제시한 것을 보여주고 있다. 여기서 다량구매로 답한 소비자 72명, 소량구매로 답한 소비자 128명으로 나타나 있다. 결혼 여부는 60명이 미혼이고, 140명이 결혼한 사람으로 나타나 있다.

이 표는 두 변수가 교차로 분류되어 있기 때문에, 백분율로 계산할 수 있는데, 결혼 여부가 독립변수가 되고 구매 여부가 종속변수가 되는 경우에 백분율을 계산하는 방식을 택하면 〈표 11.2〉와 같이 된다.

이러한 두 변수들이 초기에 관련되어 있다고 하더라도, 세 번째 변수의 도입을 통해 새로운 가능성이 나타날 수 있음을 보여줄 수 있다. 자료의

표 11.1 결혼 여부와 구매량 사이의 교차분석표

구 매	결혼 여부		합 계
	미 혼	결 혼	
다량구매	36	42	78
소량구매	24	98	122
합 계	60	140	200

표 11.2 결혼 여부와 구매와의 관계

구 매	결혼 여부	
	미 혼	결 혼
다량구매	60%	30%
소량구매	40%	70%
합 계	100%	100%
응답자수	60	140

내용에 따라, 초기 관련성이 명확해지거나 사라져버리는 것을 보여주는 예를 살펴보자(Malhotra, 2006, 15장 참조).

1) 초기 관련성을 재확인해 주는 경우

이제 조사자가 아이스크림 대리점의 도움을 받아 표본 200명을 대상으로 다음 세 가지 문항을 물었다고 하자. 즉, "당신은 결혼하였는가, 아닌가?", "당신은 이 아이스크림을 일주일에 몇 번 구매하는 편인가?", "당신은 남성인가, 여성인가?" 결혼 여부와 아이스크림 구매 여부, 그리고 성별 변수를 개입하여 〈표 11.3〉과 같은 교차분석표를 만들었다.

여성의 경우, 결혼하지 않은 응답자의 60%가 다량구매 범주로 나타나고, 결혼한 응답자의 20%가 다량구매 범주로 나타나고 있다. 남성의 경우에는 결혼하지 않은 응답자의 40%가 다량구매하고, 결혼한 응답자의 30%가 다량구매하는 것으로 나타나고 있다. 따라서 성별의 도입은 결혼 여부

표 11.3 성별과 결혼 여부에 따른 구매

구 매	성 별			
	여성 결혼 여부		남성 결혼 여부	
	미 혼	결 혼	미 혼	결 혼
다량구매	60%	20%	40%	30%
소량구매	40%	80%	60%	70%
합 계	100%	100%	100%	100%
응답자수	36	60	24	80

와 제품구매 간의 초기 관련성을 더 정확하게 하고 있다. 즉, 결혼하지 않은 응답자들이 결혼한 응답자들보다 다량구매 범주에 속할 가능성이 더 높다는 〈표 11.2〉의 결론을 재확인시켜주고 있다. 그리고 이러한 결론은 남성보다 여성에게서 더 뚜렷하게 나타나고 있다는 추가적인 정보를 제공해 주고 있다.

2) 초기 관련성을 사라지게 하는 경우

그러나 자료의 성격에 따라 세 번째 변수의 도입이 초기 관련성을 사라져버리게 하는 결론을 도출시킬 수 있다.

조사자는 프리미엄 아이스크림의 반복구매에 소득수준이 영향을 미칠 수 있다는 것을 받아들여, 소득수준이라는 세 번째 변수를 개입하여 다시 조사하기로 결정하였다. 소득수준을 조작화하여 낮은 소득수준과 높은 소득수준으로 나누어 미혼과 결혼 여부로 나누고 구매와의 관련성을 조사한 결과 〈표 11.4〉와 같은 교차분석표를 만들었다.

이 결과 다량구매를 하는 사람으로서 미혼인 사람들과 결혼한 사람들의 백분율은 각 소득수준 내부에서는 동일하게 나타났다. 이는 다량구매와 결혼 여부는 초기에 관련성이 있는 것으로 나타났지만 세 번째 변수인 소득수준을 개입하니 소득수준이 구매 여부에 관련성은 있으나 결혼 여부의 관련성을 사라지게 만들었다. 세 번째 변수를 고려하는 것이 의미있음을 나타낸다.

이와 같이 교차분석표는 마케팅조사에서 매우 유용하다. 유용하게 사용

표 11.4 소득수준에 따른 다량구매 여부

구 매	소득수준			
	낮은 소득수준		높은 소득수준	
	미 혼	결 혼	미 혼	결 혼
다량구매	30%	30%	60%	60%
소량구매	70%	70%	40%	40%
합 계	100%	100%	100%	100%
응답자수	20	40	40	100

하는 이유는 실행이 단순하여 경험이 많지 않은 조사자에게도 매력이 있을 뿐만 아니라, 통계에 대한 지식이 많지 않은 경영자들에게 쉽게 이해되고 해석되도록 제시될 수 있다. 또한 조사결과에 대한 해석이 명확하여 조사결과를 마케팅활동에 쉽게 연결할 수 있을 뿐만 아니라, 단일변량분석보다 복잡한 변수들의 관련성에 대해 더 많은 지식을 줄 수 있다.

2 카이자승을 이용한 독립성검정과 적합성검정

2.1 카이자승을 이용한 독립성에 관한 검정

교차분석표를 이용하여 변수 사이의 관련성에 대하여 통계적으로 검정하려고 시도할 때는 카이자승을 이용한 독립성에 관한 검정(chi-square independence test)에 대해 이해할 필요가 있다. 척도는 명목척도로만 사용된다. 서로의 관계가 독립적이 아니라면 서로 관련성이 있다는 것이 된다. 교차분석에서 유용하게 사용되는 분포는 Karl Pearson이 개발한 카이자승 분포(χ^2 distribution)이다. 카이자승 분포는 자유도에 따라 변하는데, 자유도가 커져가면서 정규분포에 가까이 가는 모양이다.

하겐다즈와 같은 어느 아이스크림회사가 다시 아이스크림 매장을 지나가는 200명의 사람들을 대상으로 소비자조사에서 연령대별로 구매분포를 조사하여 다량구매자, 소량구매자, 비구매자들이 어떻게 관계되는가를 알고자 하였다고 가정하자. 질문문항들은 다음과 같은 내용이 될 수 있다.

> 당신의 연령대는 어디에 속합니까?
> 20대 ______ 30대 ______ 40대 ______
>
> 지난 2주 동안 아이스크림을 구매한 적이 있습니까?
> (1) 전혀 구매한 적이 없다 (2) 구매한 적이 있다.
>
> 구매한 적이 있다면 지난 2주 동안 몇 번 구매하였습니까?
> ______________번

표 11.5 독립성검정을 위한 교차분석표

	다량구매자	소량구매자	비구매자	응답자수
20대	15	20	30	65
30대	35	10	20	65
40대	25	15	30	70
응답자수	75	45	80	200

2주 동안 5번 이상을 구매한 소비자를 다량구매자, 5번 미만을 구매한 소비자를 소량구매자, 전혀 구매한 적이 없다고 답한 소비자를 비구매자로 명목척도로 재분류하였다. 그리고 수집한 설문지에 근거하여 교차분석표를 〈표 11.5〉와 같이 작성하였고, 소비자들의 연령대와 구매 여부 사이가 독립한 것인지 아닌지를 알고 싶다고 하자.

이 자료를 근거로 하여 다음과 같이 카이자승 분포표를 근거하여 가설검정을 하였다.

1) 귀무가설과 대립가설

H_0 : 연령대와 구매 여부는 독립적이다.

H_1 : 연령대와 구매 여부는 독립적이지 않다.

2) 유의수준

$\alpha = 0.05$

3) 검정통계량 계산

독립성이 강한가 아닌가는 기대빈도를 구하여 관찰빈도와 기대빈도의 차이가 없다면 독립적인 것으로 간주하고 카이자승을 다음과 같이 정의하였다. 즉, 관찰치와 기대치의 차이인 편차를 계산하고 이 편차의 제곱을 기대빈도로 나눈 값들을 전체적으로 합친 값으로 정의하고 있다.

$$\text{카이자승}(\chi^2) = \sum (f_0 - f_e)^2 / f_e$$

표 11.6 카이자승의 계산과정

	관찰빈도 (f_0)	기대빈도 (f_e)	편 차 (f_0-f_e)	편차제곱 $(f_0-f_e)^2$	카이자승 $(f_0-f_e)^2/f_e$
다량구매자	15	9.2	5.8	33.6	3.6
	35	50.2	−15.2	231.0	4.6
	25	23.8	1.2	1.4	0.0
소량구매자	20	27.3	−7.3	53.2	1.9
	10	6.8	3.2	10.2	1.5
	15	14.2	0.8	0.6	0.0
비구매자	30	34.6	−4.6	21.1	0.6
	20	15.3	4.7	22.0	1.4
	30	32.1	−2.1	4.4	0.1
합 계					카이자승=13.7

여기서 기대빈도를 구하는 근거는 다음과 같다. 두 개의 사건 A와 B가 독립적이라면 A와 B가 동시에 발생할 확률은 P(A∩B)=P(A) · P(B), 즉 A가 일어날 확률에 B가 일어날 확률을 곱한 것이다. 〈표 13.5〉에서 보면 20대와 다량구매자가 독립사건이면,

$$f_e = \text{P}(20\text{대} \cap \text{다량구매자}) = \text{P}(20\text{대}) \times \text{P}(\text{다량구매자})$$
$$= (15/65) \times (15/75) = 9.2$$

이와 같이 〈표 11.5〉의 교차분석표에 나타난 자료의 기대빈도를 계산하면 〈표 11.6〉의 기대빈도난에서와 같은 값으로 도출된다. 관찰빈도에 기대빈도를 계산하여 알게 되면 각 cell의 카이자승값을 〈표 13.6〉과 같이 구할 수 있다. 카이자승값 전체를 합치면 분석하고자 하는 카이자승 관찰값이 도출된다. 이제 카이자승 관찰값이 13.7로 도출되었다.

4) 카이자승 분포표에서 임계치 계산

카이자승 통계량의 자유도는 (행의 수 − 1) × (열의 수 − 1)이 되는데

표 11.7 카이자승 분포표

자유도	유의수준(α)			
	.10	.05	.01	.001
1	2.70	3.84	6.63	10.82
2	4.60	5.99	9.21	13.81
3	6.25	7.81	11.34	16.26
4	7.77	**9.48**	13.27	18.46
5	9.23	11.07	15.08	20.51
6	10.64	12.59	16.81	22.45
7	12.01	14.06	18.47	24.32
8	13.36	15.50	20.09	26.12
9	14.68	16.91	21.66	27.87
10	15.98	18.30	23.20	29.58

〈표 11.5〉의 행의 수는 3, 열의 수도 3이다. 따라서 자유도는 (3－1)×(3－1)＝4가 된다. 〈표 11.7〉 카이자승 분포표를 보면 자유도 4와 유의수준 0.05에서 카이자승값은 9.48이 된다.

5) 채택역과 기각역

9.48이 임계값이 되어 카이자승 함수에서 카이자승 임계값 9.48의 오른쪽 면적이 0.05가 된다는 의미이다. 실제 관찰값이 13.7로 나타나기 때문에 이는 9.48보다 큰 수치로서 기각역에 속한다. 이를 그림으로 표시하면 [그림 11.1]과 같다.

6) 의사결정

카이자승 관찰값 13.7은 기각역에 속하여 '연령대와 구매 여부와는 독립적이다'라는 귀무가설을 기각하고, '연령대와 구매 여부와는 독립적이지 않다'라는 대립가설을 선택한다.

연령과 구매 여부와는 관련성이 있다는 결론이 도출되면, 관련성의 강도는 어느 정도인가라는 관련성의 강도를 측정하는 단계로 넘어간다. 이러한 관련성의 강도분석은 파이(phi) 상관계수, 분할계수(contingency co-

그림 11.1 카이자승 임계값

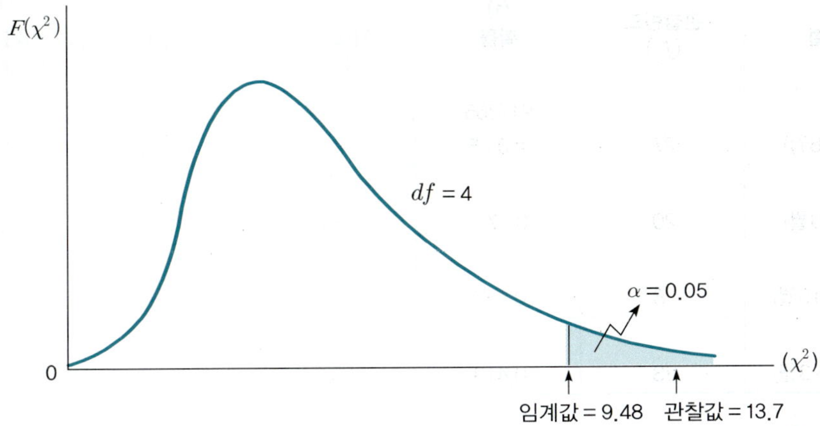

efficient), 크래머의 V(Cramer's V), 람다계수 등에 의해서 측정될 수 있다. 이에 대해서는 자세히 다루지 않을 것이지만, 임계값과 관찰값 사이의 거리가 크게 벌어지지 않아 관련성은 크지 않는 것으로 추정할 수 있다.

2.2 카이자승을 이용한 적합도에 관한 검정

카이자승을 이용한 검정은 독립성검정뿐만 아니라 적합도에 관한 검정(goodness of fit test)이 있다. Wonnacott와 Wannacott(1990)의 책에 나타난 사례를 이용하여 이해하도록 하여보자. 그들은 스웨덴에서 출생률이 계절에 관계없이 동등하게 발생하고 있는가에 대한 귀무가설 검정을 소개하고 있다. 일 년 동안 88명의 출생률을 담은 임의표본자료를 얻었는데, 이는 다른 길이의 계절로 집단화되었다. 관찰된 빈도는 다음 〈표 11.8〉에 주어져 있다(Wonnacott and Wonnacott, 1990: chapter 17 참조).

이 자료가 가설에 얼마나 적합한가? 적합도(goodness of fit)의 개념은 다음과 같은 절차에 의해서 개발될 수 있다.

표 11.8 계절에 따른 출생률

계절	관찰빈도 (f_0)	(1) 확률	(2) 기대빈도 (f_e)	(3) 편차 (f_0-f_e)	(4) 카이자승 $(f_0-f_e)^2/f_e$
1. 봄 (4월~6월)	27	91/365 =0.25	0.25(88) =22.0	27−22 = +5	25/22 =1.14
2. 여름 (6월~8월)	20	0.17	15.0	+5	1.67
3. 가을 (9월~10월)	8	0.167	14.7	−6.7	3.05
4. 겨울 (11월~3월)	33	0.413	36.3	−3.3	0.30

카이자승=6.16
p-값=0.11

1) 귀무가설 설정

H_0 : 출생률은 계절의 길이에 비례하는 확률을 가지고 주어진 계절에서 발생할 것 같다.

2) 카이자승 관찰값의 계산과정

① 봄은 3달, 즉 91일을 가진다고 보고, 봄에 나타나는 출생확률은 91/365=0.25가 된다. 이와 같이 칼럼 (1)에서 다른 확률들도 계산된다.

② 이제 계절에 따른 기대빈도들(expected frequencies)을 측정한다. 귀무가설이 사실이라면, 봄에는 0.25의 출생확률을 가지기 때문에 전체 88명의 표본의 25%는 22명이 기대빈도가 된다. 이와 같이 다른 기대빈도들이 계산되어 칼럼 (2)에 제시되었다.

③ 이제 "얼마나 많은 관찰빈도가 기대빈도로부터 편차가 나타나는가?"라는 질문이 나타난다. 봄에는 편차는 27−22=+5가 된다. 이와 같이 다른 편차들이 칼럼 (3)에 제시되었다.

④ 편차들은 산술적으로 합치면 0이 될 것이고, 이들은 유용한 기준이 되지 못한다. 이러한 문제는 편차의 제곱을 취하면서 피해갈 수 있다.

그림 11.2 카이자승 분포

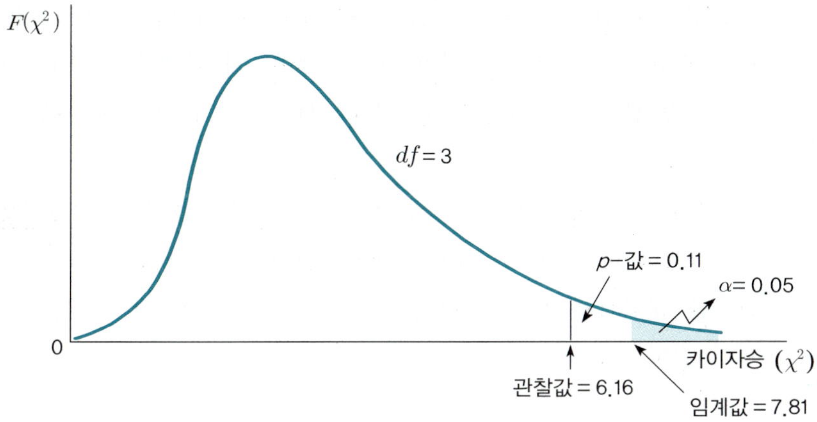

상대적인 중요성을 보여주기 위해서 각 제곱편차는 칼럼 (4)에서 볼 수 있듯이 기대빈도와 비교되어야 한다. 카이자승$=(f_0 - f_e)^2/f_e$ 공식으로 봄, 여름, 가을, 겨울의 카이자승값이 각각 계산된다. 최종적으로, 관찰값들이 귀무가설로부터 어떻게 편차가 나타나는지에 대한 전반적인 측정치를 얻기 위해서 합쳐야 한다. 그 결과 6.16이 도출되었다.

카이자승 무선변수(random variable)는 표본과 표본에 따라 다른 모양을 가지면서 변한다. 이 자료에서 볼 수 있듯이 $O_1 + O_2 + O_3 + O_4 = n$이라면, 그들 중의 어느 하나는 다른 것의 관점에서 표현될 수 있다. 예를 들어, $O_4 = n - (O_1 + O_2 + O_3)$가 되고, 이 마지막은 이전의 세 가지에 의해서 결정된다. 그러므로 이 사례에서는 4개의 구간이 있으므로 카이자승은 3개의 자유도를 가진다. 일반적으로 k의 구간이 있다면 자유도는 k-1이 된다. 만약 귀무가설이 사실이라면, 자유도 3을 가진 카이자승 분포는 [그림 11.2]와 같다.

3) 임계값이나 *p*-값의 계산을 통한 결정

카이자승 관찰값=6.16일 때 〈표 11.7〉에 나타난 카이자승분포표를 보면 자유도 3일 때, 유의수준(α)=0.05일 때 임계값이 7.81로 나온다. 카이자승 관찰값 6.16이 임계값 7.81보다 크기가 작기 때문에 채택역에 속한다.

표본자료를 가지고 SPSS프로그램으로 돌려서 *p*-값을 계산하면 *p*-값=0.11로 나타나 α=0.05보다 크게 나타나기 때문에 α=0.05일 때 관찰값은 채택역에 속한다. 따라서 귀무가설은 채택된다. 즉, 출생률은 계절의 길이에 비례한다.

3 차이에 관한 검정: *t*-검정

조사대상값을 명목척도로 측정하였을 때 카이자승 검정(Chi-square test)을 하지만, 조사대상값의 척도가 구간척도와 비율척도로 하여 표본수가 적은 경우 두 개 모집단의 평균차이를 검증하고자 하는 경우에는 *t*-검정을 사용한다. 일반적으로 표본의 크기가 30이 되지 않는 경우, 예를 들어, 30명 이하의 표본을 가지고 남성과 여성의 의견 차이를 알아보고자 하는 경우 이 분석을 사용한다. 두 집단 평균을 비교하는 데 있어 다시 독립표본 *t*-검정과 대응표본 *t*-검정으로 나눌 수 있다. 독립표본 *t*-검정은 독립적인 두 집단의 평균에 차이가 있는지를 검정하는 분석이고, 대응표본 *t*-검정은 동일한 표본에서 사전, 사후의 평균에 차이가 있는지를 검정하는 분석이다.

3.1 독립표본 *t*-검정

t-검정(*t*-test)은 조사대상 표본이 작아 분포가 정규분포를 이루고 있지 않을 경우에 *t*-분포를 기준으로 모수값을 추정하고 가설을 검정하고자

그림 11.3 t-분포

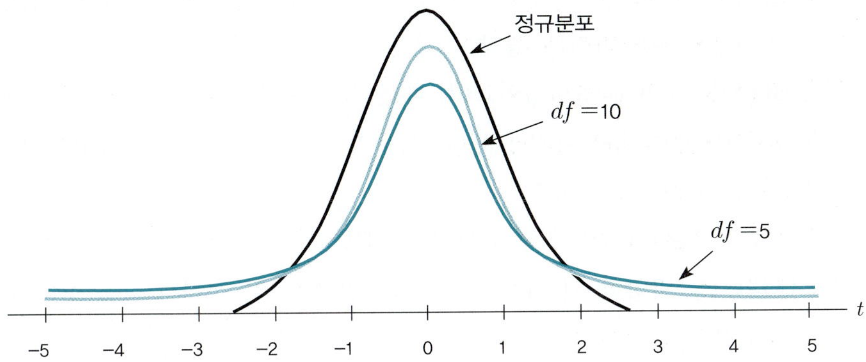

할 때 사용한다. 독립된 두 집단의 평균을 비교하여야 하는 경우 독립표본 t-검정(independent-samples t-test)을 많이 사용한다. 여기서 독립표본(independent sample)이라는 것은 다른 모집단으로부터 무작위하게 추출된 각기 다른 표본들을 말한다. 독립표본들을 가지고 두 집단을 비교해야 하는 경우는 다음과 같다.

① 특정 브랜드의 사용자와 비사용자 사이에 브랜드에 대한 지각이 다른가?

② 고소득층의 소비자들과 저소득층의 소비자들 사이에서 엔터테인먼트 소비에 차이가 있는가?

③ 어떤 판매촉진 프로그램을 적용한 대리점과 다른 판매촉진 프로그램을 적용한 대리점 사이의 매출액의 평균값에 차이가 있는가?

이 경우 종속변수의 자료는 양적 자료이어야 하며, 각 집단은 정규분포를 가정한다. 또한 집단 간 분산이 같은지, 같지 않은지에 의해서 검정하는 통계량이 달라질 수 있다.

여기서 t-분포에 대해서 이해하자. t-분포의 모양은 정규분포의 모양과 유사하다. 이 분포의 모양을 결정짓는 것은 자유도(degree of freedom)이다. 자유도의 크기에 따른 t-분포의 모양은 [그림 11.3]과 같다. 정규분포

(normal distribution)와 같이 중심을 기준으로 하여 좌우대칭형이며 정규분포에 비해 중심부가 낮고 가장자리가 높은 모양을 가지고 있다. 이 분포는 정규분포보다 퍼지는 경향이 있는데, 이는 표본의 표준편차가 모집단의 표준편차보다 불확실성이 크기 때문이다. 표본의 수가 커질수록 정규분포와 비슷한 형태를 가지게 된다. 표본의 크기가 30개 이상이 되면 정규분포와 같아진다.

t-검정은 하나의 변수에 대해 두 집단 간 평균의 차이가 통계적으로 유의한지를 파악할 때 이용하는 통계기법이며, 이 점에서 다음 장에서 다룰 분산분석과 차이분석이라는 점에서는 동일하다. 두 집단을 분석하면 t-검정과 분산분석의 결과는 동일하게 나온다. t-검정이 분산분석과 다른 점은 t-검정은 두 집단의 차이만 분석할 수 있지만, 분산분석은 두 집단의 분석뿐만 아니라 세 집단 이상의 분석도 가능하다. 그리고 t-검정은 표본의 수가 작은 경우에 사용되지만 분산분석은 표본의 수가 큰 경우에 사용된다.

사례를 통해 t-분포를 이용하여 어떻게 t-검정을 하는가를 살펴보기로 하자. 분석을 단순화시키기 위해서 독립적인 두 집단을 여성집단과 남성집단으로 나누어 최근에 새로 나온 휴대폰 신제품에 대한 구매의도를 조사하는 것으로 가정하자.

여성 소비자 15명, 남성 소비자 15명의 표본을 추출하여, 여성인가 남성인가를 묻고, 새로 나온 하겐다즈 아이스크림 신제품을 보고 구매하려는 의도가 어느 정도인가를 1점 척도에서 5점 척도로 물었다.

당신의 성별은 어디에 속합니까?
여성 ____________ 남성 ____________

당신은 최근에 새로 나온 아이스크림을 구매할 의도가 어느 정도입니까?"

전혀 없다		보통		매우 강하다
1	2	3	4	5

표본에 따른 통계량은 〈표 11.9〉와 같이 나타났다.

표 11.9 t-검정 통계량

통계량	여 성	남 성
평　균	4.224	1.784
표준편차	0.389	0.369
표 본 수	15	15

1) t-분포표를 이용한 가설검정

t-검정의 논리구조는 각 표본의 분산과 두 표본의 분산을 합한 전체 집단의 분산을 이용하여 두 집단 간의 평균의 차이를 통계적으로 유의한지를 검증하는 데 있다. t-분포표를 이용하여 가설검정을 하여보자.

① 귀무가설과 대립가설을 설정한다.

귀무가설(null hypothesis)은 "남자와 여자 사이에 새로 나온 아이스크림 구매의도에서 차이가 없다"가 되고, 대립가설(alternative hypothesis)은 "남자와 여자 사이에 새로 나온 아이스크림의 구매의도에서 차이가 있다"가 된다.

② 귀무가설을 검정하기 위한 유의수준을 결정한다.

$\alpha = 0.05$

③ t-관찰값을 구한다. 두 집단의 평균과 표준편차를 구하면 t-값은 다음과 같이 정의된다.

$$t = \frac{\text{제1평균} - \text{제2평균}}{\text{전체의 표준오차}} \quad \cdots\cdots (1)$$

$$\text{전체 표준오차} = \sqrt{\Sigma(\text{각 집단의 표준오차})^2}$$

$$\text{각 집단의 표준오차} = \text{각 집단의 표준편차}/\sqrt{\text{표본수}}$$

$$\text{남성의 표준오차} = 0.389/\sqrt{25} = 0.078$$

$$\text{여성의 표준오차} = 0.369/\sqrt{25} = 0.074$$

$$전체의\ 표준오차 = \sqrt{(0.078)^2 + (0.074)^2} = 0.107235 \cdots\cdots\cdots\cdots\ (2)$$

이제 〈표 11.9〉에서 제1평균인 여성평균 4.224와 제2평균인 남성평균 1.74를 위 식 (1)에 대입하고 (2)를 위 식 (1)에 대입하여 t-값을 계산하면 다음과 같다.

$$t = \frac{4.224 - 1.784}{0.107235} = 22.75383 \cdots\cdots\cdots\cdots\ (3)$$

④ 자유도를 계산하고, t-분포표에 나타난 통계량을 가지고 확률을 판단한다. 자유도(degree of freedom)는 두 집단 각각의 표본수 n_1과 n_2의 합에서 집단수 2를 빼면 된다. $n_1 + n_2 - 2$가 된다. 이 예에서는 집단이 2개이므로 자유도는 여성표본수 15와 남성표본수 15를 합쳐서 2를 빼면 28이 된다. 자유도 28과 $\alpha = 0.05$에서 임계치를 이 책의 부록에 있는 t-분포표에서 찾으면 1.701로 나타난다.

⑤ **의사결정**

(3)에서 계산된 t-관찰값은 22.75이고, 자유도 28에서 유의수준 $\alpha = 0.05$에서 기준이 되는 t-임계값은 1.701로 나타나고 있다. 이는 t-분포에

그림 11.4 t-분포에서 관찰값과 임계값

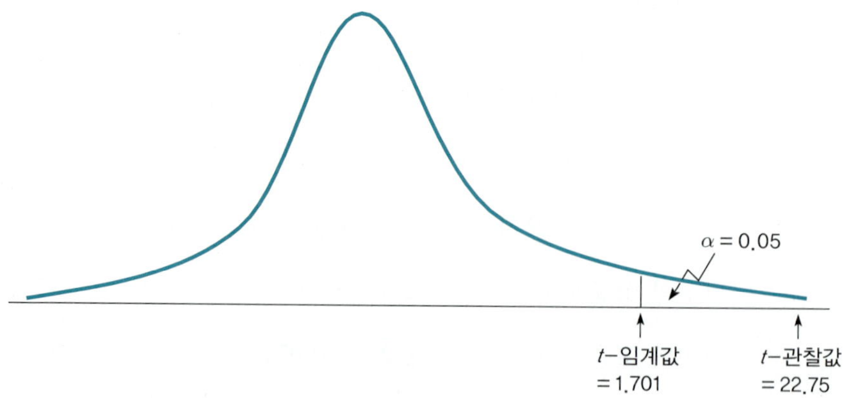

서 [그림 11.4]와 같은 영역에 있게 된다.

유의수준 $\alpha=0.05$의 확률을 가진 t의 임계값은 1.701이지만 t의 관찰값은 22.75이어서 훨씬 큰 값으로 나타나고 있다. 즉, 기각역에 속한다.

이는 귀무가설, 즉 '남자와 여자 사이에 새로 나온 아이스크림의 구매의도에서 차이가 없다'는 귀무가설을 기각하는 결정을 하여야 한다. 따라서 차이가 있다는 대립가설을 채택하게 된다.

2) 컴퓨터 출력에 의한 가설검정

부록에 나타난 통계표를 이용하지 않고, 직접 SPSS프로그램을 이용하여 계산한 결과 다음과 같은 결과가 나온다면 유의확률이 .000으로서 관찰 t-값 22.75 이후의 t-분포상의 면적이 .000으로 완전한 기각역에 있음을 알 수 있다.

표 11.10 두 독립표본의 t–검정

요약통계량					
	사례의 수		평 균	표준편차	
여 성	15		4.224	0.389	
남 성	15		1.784	0.369	
등분산성을 검정하기 위한 F검정					
F–값			양측검정유의확률		
15.507			0.000		
t–검정					
등분산성 가정이 채택될 때			등분산성 가정이 채택되지 않을 때		
t–값	자유도	양측검정유의확률	t–값	자유도	양측검정유의확률
22.750	28	.000	22.750	27.98	.000

분산의 동질성을 검정하기 위해서는 F-검정을 이용하는데 유의확률이 유의수준 α보다 작으면 두 집단의 분산이 동일하지 않다는 것을 의미하고 크다면 동일하다는 것을 의미한다. 출력결과를 보면 여성의 평균이 4.224, 남성의 평균이 1.784로 나타났고, p-값은 .000으로 $\alpha=0.01$ 수준

에서도 기각역에 속해 유의한 차이를 보이고 있다. '여성과 남성 사이에서 새로 나온 아이스크림의 구매의도에서 차이가 없다'는 귀무가설을 기각하고 '여성과 남성 사이에서 새로 나온 아이스크림의 구매의도에서 차이가 있다'라는 대립가설을 채택한다. 그리고 여성이 남성보다 구매의도가 높고 통계적으로 유의미함을 보이고 있다.

3.2 대응표본 *t*–검정

대응표본 *t*–검정(paired-samples *t*-test)은 독립표본 *t*–검정과 유사해 보이지만 큰 차이가 있다. 독립표본 *t*–검정이 독립인 두 집단의 평균에 차이가 있는지를 검정하는 분석법이라면, 대응표본 *t*–검정은 동일한 표본에 대하여 사전, 사후의 평균에 차이가 있는지를 검정하는 분석법이다.

몇 가지 예를 들어보자. 신약을 개발한다는 것은 막대한 연구개발을 투자하여 수년이 걸려 성공적인 신약이 개발된다. 개발단계에서 임상실험을 거치게 된다. 어느 회사가 고혈압 신약을 개발하여 임상실험을 하고 있다고 가정하자. 실험 응답자를 선정하여 혈압을 측정하고, 신약을 처방한 후 일정시일이 지난 후 동일한 응답자에게 혈압을 측정하여 사전혈압과 사후혈압의 평균을 비교 검정할 때, 대응표본 *t*–검정을 수행할 수 있다.

이 장에서 사례로 제시된 하겐다즈 아이스크림에 대해서 살펴보자. 이 장의 뒤에 있는 사례 광고에서 볼 수 있듯이 2010년 신제품을 개발하고, 이 신제품이 기존의 제품과 소비자태도에서 차이가 있는가를 보고자 한다고 하자. 동일한 응답자 표본을 선정하여, 그들에게 기존의 아이스크림을 시식하고, 그 제품에 대한 소비자 태도를 측정하고, 다시 동일한 응답자에게 새로운 아이스크림을 시식하고 난 후 그 신제품에 대한 태도를 측정한 후, 기존 제품에 대한 태도평균과 신제품에 대한 태도의 평균 차이를 비교 검정할 수 있다.

이 경우 응답자들의 표본은 동등하지만, 조사하고자 하는 제품이나 브랜드는 다른 경우이다. 한 제품이나 브랜드를 상이한 두 시점에서 평가할 때 사전평가와 사후평가가 나타날 수 있고, 이 차이를 볼 수 있다. 이러한

표 11.11 대응표본 *t*–검정

변 수	사례수	평 균	표준편차	표준오차
A 태도	30	5.167	1.234	.225
B 태도	30	4.100	1.398	.225

차이 = A태도 – B태도							
차이의 평균	표준편차	표준오차	상 관	양측확률	*t*–값	자유도	양측확률
1.067	.828	.1511	.809	.000	7.059	29	.000

경우 그 차이는 대응표본 *t*–검정에서 조사된다. 사전, 사후 자료 모두 양적 자료이어야 하며, 사전평균과 사후평균 차이는 정규분포를 가정한다.

30개의 표본을 추출하여 설문지 문항을 A브랜드에 대한 태도와 B브랜드에 대한 태도를 7점 리커트 척도로 물었다고 하고, 이들 태도 사이의 차이를 보려고 한다고 할 때, 동일한 응답자들에 대한 두 항목의 비교이기 때문에 대응표본 *t*–검정이 유효하다(표 11.11 참조).

사례 하겐다즈(Haagen-Dazs)

하겐다즈(Haagen-Dazs)는 1960년대 냉장시설이 잘 구비되어 있는 대형슈퍼마켓이라는 새로운 형태의 유통체계가 등장한 1961년에 루빈 매터스에 의해서 뉴욕에서 창업되었다. 루빈 매터스는 기존에 있던 브랜드들과 완전한 차별화하기 위해서 프리미엄 아이스크림을 생각하게 되었다. 일반 아이스크림의 표적시장이 대부분 어린이였지만, 표적시장을 프리미엄계층의 성인 소비자로 정한 것이다. 그리고 이에 따라 마케팅믹스 요소(제품, 가격, 유통, 촉진)들을 구성하였다. 고가격에 맞는 품질 수준을 고도화시키고, 광고전략을 감각적이고, 자유분방하며 즐거운 삶을 소구하는 방향으로 정하였다.

1980년대 던진 설문 중에서는 "어떤 경우에 하겐다즈를 나누어 먹겠는가?"라는 질문에 "사랑하는 사람과 함께 좋아하는 영화를 감상하면서 먹겠다"라는 답이 나왔고, 광고 해답을 '남녀가 함께 나누는 감각적 쾌락', '최고의 즐거움', '침실에 갖춰 놓아야 할 새로운 필수품'과 같은 광고 컨셉트를 개발하였다. 감각적 요소를 잘 전달하기 위해 TV보다는 주말판 신문과 여성 소비자를 이용한 잡지 매체를 택했다.

[그림 11.5] 하겐다즈 광고

요약

1. 교차분석표는 두 변수 또는 그 이상의 변수들의 도수분포를 하나의 표에 포함하여 나타내준다는 점에서 앞 장에서 다룬 도수분포표의 확장이다. 교차분석표의 주변합계는 변수들의 각각에 대한 도수분포표와 동일한 정보를 담고 있다. 분석하고자 하는 변수들은 단지 명목척도만을 가정하기 때문에, 자료는 범주자료가 된다. 두 개의 범주자료를 분석하여 두 변수들이 초기에 관련성이 있다고 하더라도 도입되는 세 번째 변수의 내용에 따라 초기 관련성을 재확인해주거나 사라짐을 판단할 수 있다. 이는 실행이 단순하여 경험이 많지 않은 조사자나 통계에 대한 지식이 많지 않은 경영자에게 유용하다.

2. 수집된 자료가 명목척도로 측정된 경우, 두 변수의 관계가 독립적인가 아닌가를 조사하는 통계기법으로 카이자승 독립성검정(chi-square independence test)을 사용한다. 또한 카이자승검정을 가지고 적합성을 검정할 수 있는데, 이 장에서는 계절에 따라 출생률이 비례하는지 아닌지를 살펴보았다.

3. 사회과학 연구에서 가장 많이 이루어지는 분석 중의 하나는 집단 간 차이를 분석하는 것이다. 조사대상 값의 척도가 등간척도와 비율척도로 하여 두 개 모집단의 평균차이를 검증하고자 하는 경우에는 t-검정을 사용한다. 이 검정은 비교적 표본수가 적은 경우에 유용하게 사용하는 데, 독립표본 t-검정과 대응표본 t-검정이 있다. 독립표본 t-검정이 독립적인두 집단의 평균에서 차이가 있는지를 검정하는 분석법이라면, 대응표본 t-검정은 동일한 표본에 대하여 사전, 사후의 평균에 차이가 있는지를 검정하는 분석법이다.

토의과제

1. 교차분석표는 도수분포표와 가장 큰 차이가 무엇이며, 이를 자주 사용하는 이유를 조사자와 경영자의 입장에서 설명하여 보라. 〈표 11.1〉의 자료를 기반으로 이 아이스크림 회사의 경영자들이 〈표 11.2〉, 〈표 11.3〉, 〈표 11.4〉를 추가적으로 얻었을 때 어떠한 결론을 도출할 수 있겠는가를 토의하라.

2. 다음 상황에 사용할 통계분석을 제시하라.
어느 인터넷 옷가게에서 1,000명의 주부들을 대상으로 설문조사를 실시하였다. 인터넷 옷가게 사용을 다량 사용자, 중간 사용자, 소량 사용자, 비사용자의 범주로 구분하였다. 그리고 나이가 얼마인가를 묻고, 나이와 이 인터넷 옷가게의 사용과의 관계에 관련성이 있는가를 알고자 한다.

3. 다음 내용에 관한 실험설계를 어떠한 분석으로 하는 것이 좋겠는가?
새로 출시된 MP3에 대한 소비자 태도를 7점 리커트 척도로 측정하였다. 응답자들에게 MP3 광고를 보여준 후 다시 한 번 새로 나온 MP3에 대한 소비자 태도를 측정하였다. 이 광고는 소비자태도를 변화시키는 데 성공적이었는가?

4. 학계에서 교수들이나 대학원생들이 논문을 작성하는 데는 다변량 통계분석을 선호하지만, 실무계에서는 이전의 장과 이 장에서 제시된 도수분포표, 교차분석표, 카이자승 검정, t-검정과 같은 기본적인 자료분석을 선호한다. 그럼에도 불구하고 이 장에서 제시된 내용은 매우 중요하다. 학계의 입장에서나 실무계의 입장에서 이 장의 내용이 왜 중요한지에 대해서 토의하여 보라.

참/고/문/헌

이규현·리차드 바고찌(2009), "태도의 사회적 영향력 : 집단의도에 미치는 집단정체감의 효과," 소비문화연구.

SPSS Korea 컨설팅팀 저(2008), SPSS평균비교와 데이터축소, (주)데이터솔루션.

Wonnacott, Thomas H. and Ronald J. Wonnacott(1990), *Introductory Statistics for Business and Economics*, 4th ed., John Wiley & Sons.

Malhotra, Naresh K.(2006), *Marketing Research–An Applied Orientation*, Prentice–Hall.

www.haagendazs.co.kr

Marketing Research

12

집단차이분석 : 분산분석

M

Intro
1. 분산분석의 분류와 타 분석과의 차이
2. 일원분산분석
3. 이원분산분석
4. 공분산분석
5. 다변량분산분석
사례: Petty, Cacioppo, Schumann의 실험설계
요약
토의과제

INTRO

이 책 제6장에서 실험설계를 학습하였다. 이 실험설계에서 집단간 차이를 바라보고자 하는 분석방법이 이 장에서 다루고자 하는 분산분석(analysis of variance: ANOVA)이다. 이 방법은 표본들을 두 개 이상의 집단으로 나누어 모집단 평균에서 차이를 검증하고자 할 때 사용되는 것으로, 인간 행동에 관한 연구논문들을 게재하는 *Journal of Consumer Research, Journal of Marketing Research, Journal of Personality and Social Psychology Quarterly* 등의 연구지들과 심리학과 마케팅 관련 국내 연구지들에서 이러한 분산분석방법을 사용한 연구들을 자주 볼 수 있다.

기업의 마케팅믹스(제품, 가격, 촉진, 유통)를 다르게 하면 소비자반응에서 차이가 나타난다. 새로운 제품에 대한 소비자반응이나, 새로운 광고에 대한 소비자반응 차이를 보고자 할 때 이 분석을 사용할 수 있다. 새로운 광고를 소비자들에게 제시하여 그 광고에 나타난 제품과 브랜드에 대한 소비자태도가 호의적으로 변한다면 그 새로운 광고는 효과를 보게 된다. 이를 실험설계를 하면 새로운 광고프로그램을 보여주는 소비자집단과 보여주지 않는 집단으로 나누어 소비자태도에서 차이를 볼 수 있다. 이때 새로운 광고프로그램과 같이 소비자들에게 자극으로 제시되는 것을 실험처치(experimental treatment)라고 하고, 이 독립변수의 내용에 따라 소비자태도라는 종속변수가 다르게 나타난다.

분산분석은 심리실험설계에서 많이 나타나며 하나 이상의 실험집단과 하나의 통제집단으로 나누어 집단 간 차이가 나타나는가 아닌가를 조사하는 경우에 사용된다. 본 장에서는 분산분석을 일원분산분석, 이원분산분석, 공분산분석, 다변량분산분석으로 나누어 살펴보고자 한다.

1 분산분석의 분류와 타 분석과의 차이

1.1 분산분석의 분류

사용되는 분산분석은 크게 다음과 같이 네 가지 종류가 있다.

1) 일원분산분석

분산분석의 가장 간단한 형태인 일원분산분석(one-way analysis of variance : one-way ANOVA)에서는 명목척도로 된 다른 집단에 따라 등간이나 비율척도로 된 종속변수에서 차이가 나타나는가를 조사한다. 즉, 촉진프로그램을 다르게 만들어 소비자태도에서 집단 간 차이가 나타나는가를 조사하는 경우이다. 이때 종속변수인 소비자태도는 리커트 7점 척도나 의미차별화척도와 같이 등간척도로 측정할 수 있다. 이 경우 다른 촉진프로그램처럼 범주형 비계량적 독립변수를 요인(factor)이라 부르며, 다르게 형성된 프로그램을 처치(treatment)라고 한다. 처치를 다르게 하고 있지만, 촉진프로그램이라는 하나의 요인을 다루는 경우이다.

2) *n*원 분산분석

일원분산분석은 하나의 요인을 다루지만, 두 개 또는 그 이상의 요인들을 다루는 분석을 할 때, 이 분석을 *n*원 분산분석이라고 한다. 일반적으로 2개의 요인이 관련된 이원분산분석(two-way analysis of variance : two-way

표 12.1 분산분석의 분류

분산분석	독립변수(요인)	종속변수	공변량	상호작용 여부
일원분산분석(ANOVA)	1	1		
이원분산분석(ANOVA)	2	1		독립변수 간 상호작용
공분산분석(ANCOVA)	1 이상	1	1 이상	
다변량분석(MANOVA)	1	2 이상		종속변수 간 상호작용

ANOVA)을 많이 사용하기 때문에 이 책에서는 이원분산분석을 중심으로 설명하려고 한다. 일원분산분석에서 다른 촉진프로그램이라는 요인을 사용하였다면, 이원분산분석에서는 성별이라는 요인을 첨가하여 남녀차이를 고려하여 소비자태도에서 어떠한 차이가 나타나는가를 볼 수 있다. 소비자태도연구에서 Petty와 Cacioppo, Schumann(1983)이 정교화가능성모형(elaboration likelihood model)을 실험적으로 증명하는 데 있어서 이원분산분석을 사용하고 있다. 이는 이 장에서 보다 자세히 다루고자 한다.

새로운 매체광고를 소비자들에게 제시하고, 남녀차이를 고려하면서 소비자태도를 조사하고자 할 때, 이원분산분석이 된다. 이 내용도 이 장에서 다루고자 한다.

3) 공분산분석

범주형 변수들에 계량형 독립변수가 함께 구성되어 있는 경우에는 공분산분석(analysis of covariance : ANCOVA)을 할 수 있다. 이원분산분석에서는 촉진프로그램의 차이, 성별차이라는 두 범주형 독립변수들을 제시하였지만, 등간척도로 계산될 수 있는 독립변수들을 첨가할 수 있으며, 이러한 독립변수를 공변량(covariate)이라 부른다. 즉, 범주형 독립변수와 계량형 독립변수가 함께 있으면서 소비자태도와 같은 종속변수에 대한 차이를 보려고 할 때 공분산분석을 사용한다.

ANOVA와 ANCOVA는 종속변수가 구간이나 비율척도로 되어야 한다는 것은 동일하다. 그리고 하나 이상의 독립변수를 가질 수 있지만, 적어도 독립변수 중의 하나는 명목척도여야 한다.

4) 다변량분산분석

상관된 두 개 또는 그 이상의 종속변수들을 가지고 있을 때 다변량분산분석(multivariate analysis of variance : MANOVA)을 수행한다. 이는 고급통계에 해당하기 때문에 이 책에서는 다른 분석은 분석방법을 제시하지만 MANOVA는 개념만 제시하기로 한다.

이들 분산분석을 독립변수, 종속변수, 공변량, 상호작용 여부를 중심으로 분류하면 〈표 12.1〉과 같다. 이 표는 이 장 전체를 학습하고 다시 검토하면 이해가 쉬울 것이다.

1.2 분산분석, *t*-검정, 회귀분석 사이의 차이

분산분석은 앞 장에서 설명한 *t*-검정과 다음 장에서 설명할 회귀분석과 다르다. 분산분석은 두 집단 이상, 일반적으로 세 집단 이상의 차이를 알려고 한다는 점에서 두 집단 간의 차이를 알려고 하는 *t*-검정과 다르고, 독립변수가 등간척도여야 하는 회귀분석과 다르다. 이들 사이의 차이를 도표로 나타내면 [그림 12.1]과 같다.

그림 12.1 분산분석, *t*-검정, 회귀분석 사이의 차이

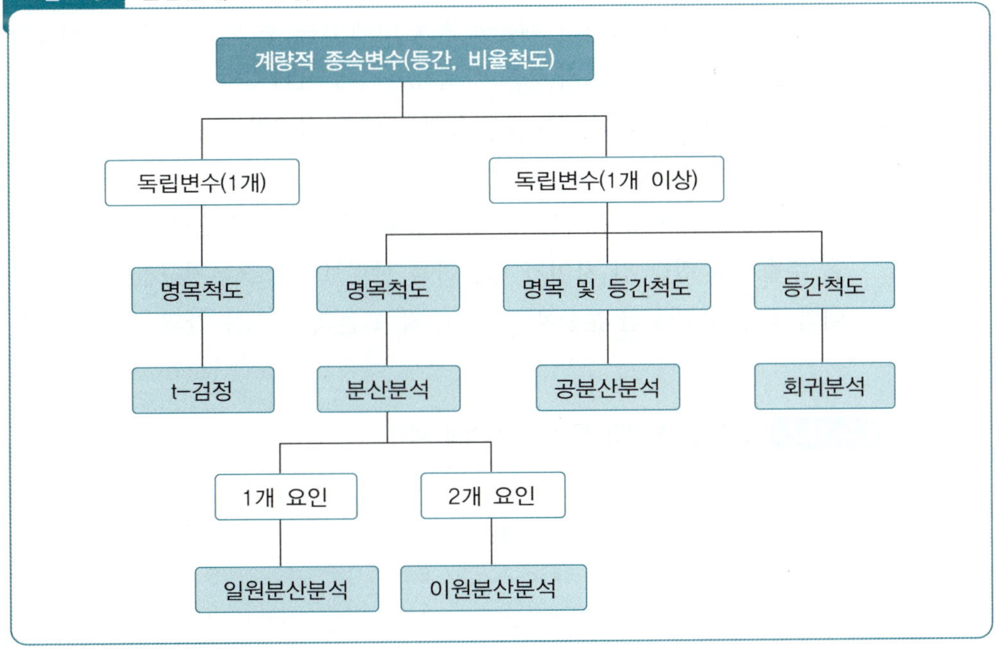

2 일원분산분석

2.1 분산과 F-분포

분산분석(analysis of variance : ANOVA)의 원리는 각 모집단이 정규분포를 이루고 있고 분산이 같다는 가정 하에서 두 개 이상의 집단들의 집단 간 평균 차이를 보고자 하는 방법이다. t-검정이 두 개의 집단만을 비교하는 반면, 분산분석은 두 개 이상의 집단, 일반적으로 세 개 이상의 집단을 비교하고자 한다. 우선 분산분석의 원리를 이해하기 위해 5개씩 2개의 표본을 선택한 A, B, C의 경우를 보자.

각 표본의 평균을 계산한 결과 다음과 같이 나타났다고 가정하자.

A의 경우 두 개의 표본을 보고 두 모집단의 평균 간에 차이가 있다고 말할 수 있는가? A와 B와 비교하면, B가 두 평균값들의 분산인 집단 간 분산이 더 크게 나타나기 때문에 A에 비해 B는 두 모집단의 평균차이가 있을 가능성이 높다. A와 C를 비교하면 A에 비해 C의 경우 두 모집단의 평균 간에 차이가 있을 가능성이 높다. A에 비해 C의 경우가 집단 내 분산이 작게 나타난다.

이 간단한 예에서 살펴볼 수 있듯이, 두 개 이상의 모집단으로부터 표본을 추출하여 집단 간 차이가 있는가를 살펴보려면 표본평균값 사이의 차이가 클수록(집단 간 분산이 클수록), 각 표본의 요소들 간의 차이가 작을

표 12.2 집단 간 차이와 집단 내 차이의 예시

	A		B		C	
	3	8	3	8	4	6
	7	5	7	6	5	6
	5	6	5	7	5	6
	4	7	5	7	5	6
	6	4	5	7	6	6
평균	5	6	5	7	5	6

그림 12.2 *F*-분포

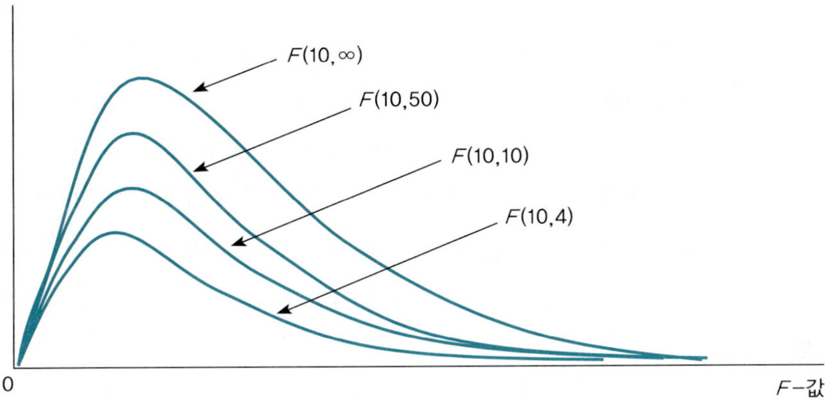

수록(집단 내 분산이 작을수록) 모집단의 평균값 사이에는 차이가 있을 가능성이 높다는 것을 추론할 수 있다. 이 원리를 확장하여 분산분석의 절차에 대해서 살펴보도록 하자.

분산분석에서 사용되는 분포는 *F*-분포(*F*-distribution)이며, 이 분포에 대해서 이해하는 것이 중요하다. *F*-분포는 1920년대 통계학자 R. A. Fisher에 의해 규정된 분포인데, 이후 그를 기념하기 위해 *F*-분포라고 하였다. 이 분포는 두 개 이상의 평균차이를 검정하거나, 두 분산 차이를 검정하는 등 통계에서 광범위하게 사용되고 있다. 기본논리는 앞에 설명한 집단 간 분산과 집단 내 분산의 비로서 계산된다. 집단 간 분산과 집단 내 분산이 비슷하면 1에 가까워진다. *F*-분포는 각각의 자유도로 나누어진 두 개의 카이자승(χ^2) 분포의 비로 이루어진다.

$$F(n_1-1,\ n_2-1) = \frac{\text{카이자승}/(n_1-1)}{\text{카이자승}/(n_2-1)}$$

F-분포는 [그림 12.2]와 같이 두 개의 자유도에서 하나의 자유도는 10으로 일정하게 놓고 다른 자유도가 증가함에 따라 변하는 모양을 보여주고 있다. 이와 같이 *F*-분포는 *t*-분포처럼 자유도의 크기에 따라 모양

이 변하는데, 두 개의 자유도가 함께 증가하면 할수록 정규분포에 가까워진다.

〈표 12.2〉와 같이 3개의 집단이 있고, 각 집단 내에 10개씩의 표본이 있다면 자유도는 $n_1=3-1=2$의 자유도와 $n_2=(10-1)+(10-1)+(10-1)=27$의 자유도, 즉 (2,27)의 자유도를 가진 F-분포가 된다.

분산분석에서는 항상 귀무가설이 집단 간 차이가 없다고 보고 가설검정을 한다. 그러므로 집단 간 분산이 크면 클수록 F값이 커져 F-분포의 오른쪽에 위치하게 되어 기각역에 속할 가능성이 많아진다. 그러나 집단 내 분산은 각 집단이 평균값을 중심으로 집단요소들의 측정값이 얼마나 퍼져있는가를 측정하게 된다. F-값을 계산하는 데 분모로 되어 있어 크면 클수록 분자인 집단 간 분산의 효과를 희석시킨다. 집단 내 분산이 작으면 작을수록 집단 간 분산이 결정력을 가지게 된다.

2.2 일원분산분석 가설검정

특정 백화점에서 세 가지 종류의 촉진 프로그램을 수행하였고, 10개씩의 점포에서 매출액을 비교하여 다음 〈표 12.3〉이 나타났다고 하자.

이들 세 가지 다른 종류의 촉진 프로그램을 수행하여 나타난 매출액에

표 12.3 세 촉진프로그램에 따른 매출액 차이

	촉진프로그램 1	촉진프로그램 2	촉진프로그램 3	
	40	24	34	
	36	20	28	
	30	14	26	
	22	16	20	
	34	36	22	
	30	25	22	
	28	32	18	
	26	30	16	
	24	28	12	
	30	25	22	
평균	30	25	22	전체평균 25.67

서의 차이가 통계적으로 유의미한 차이가 있는가를 분석할 필요가 있다. 차이가 나타났다면 촉진 프로그램 중에서 어느 프로그램이 더 의미가 있다는 것이다.

집단 1의 평균은 30, 집단 2의 평균은 25, 집단 3의 평균은 22이고, 이 세 집단 전체의 평균은 25.67로 나타나 있어 집단 간의 차이가 보인다. 그러나 통계적으로 이 정도의 차이를 유의미한 차이로 볼 수 있는가는 가설검정을 해보아야 한다. 통계표와 컴퓨터에 의한 가설검정에 대해서 살펴보자.

1) 통계표를 이용한 가설검정

(1) 귀무가설과 대립가설 설정

귀무가설은 "다른 촉진프로그램을 수행한 백화점 간 매출액에서 차이가 없다"이며, 대립가설은 "다른 촉진프로그램을 수행한 백화점 간 매출액에서 차이가 있다."는 것이 된다.

(2) 유의수준

$\alpha = 0.05$

(3) F-관찰값의 계산

분산분석을 수행하기 위해서는 〈표 12.4〉와 같은 분산분석표(ANOVA table)를 만들어야 한다.

표 12.4 분산분석표

분 산	자유도	평균분산	F-값
집단 간 분산	2	$A = \frac{\text{집단 간 분산}}{2}$	A/B
집단 내 분산	27	$B = \frac{\text{집단 내 분산}}{27}$	

〈표 12.3〉의 자료에서 각 집단평균과 전체평균과의 차이의 제곱을 계산하고 집단 내 표본수를 곱하면서 집단 간 분산은 다음과 같이 계산된다.

$$(30-25.67)^2 \times 10 + (25-25.67)^2 \times 10 + (22-25.67)^2 \times 10 = 327 \cdots \quad (12.1)$$

집단 내 분산을 계산하기 위해 집단 1의 집단 내 분산, 집단 2의 집단 내 분산, 집단 3의 집단 내 분산을 계산하면 다음과 같다.

$$(40-30)^2 + (36-30)^2 + (30-30)^2 + (22-30)^2 + (34-30)^2 + (30-30)^2$$
$$+ (28-30)^2 + (26-30)^2 + (24-30)^2 + (30-30)^2 = 272$$
$$(24-25)^2 + (20-25)^2 + (14-25)^2 + (16-25)^2 + (36-25)^2 + (25-25)^2$$
$$+ (32-25)^2 + (30-25)^2 + (28-25)^2 + (25-25)^2 = 432$$
$$(34-22)^2 + (28-22)^2 + (26-22)^2 + (20-22)^2 + (22-22)^2 + (22-22)^2$$
$$+ (18-22)^2 + (16-22)^2 + (12-22)^2 + (22-22)^2 = 352$$

그러므로 집단 내 분산은 위의 세 값을 합치면 다음과 같이 된다.

$$272 + 432 + 352 = 1056 \quad \cdots\cdots \quad (12.2)$$

여기서 F-분포는 2개의 자유도에 따라 모양이 바뀌는 분포이다. 집단 간 자유도는 집단이 3개이므로 자유도는 1개를 빼어 2가 되고, 집단 내 자유도는 10개에서 1개를 빼어 9개, 집단 2의 자유도 역시 9개, 집단 3의 자유도 역시 9개가 되어 전체 집단 내 분산의 자유도는 27이 된다.

$$\text{자유도}(2,\ 27) \quad \cdots\cdots \quad (12.3)$$

$$\text{이때 } F\text{-값} = \frac{\dfrac{\text{집단 간 분산}}{\text{자유도}}}{\dfrac{\text{집단 내 분산}}{\text{자유도}}} \quad \cdots\cdots \quad (12.4)$$

위 식 (12.1), (12.2), (12.3)의 계산결과를 (12.4)에 대입하면 다음과 같다.

그림 12.3 〈표 12.3〉 자료의 분산분석 채택역과 기각역

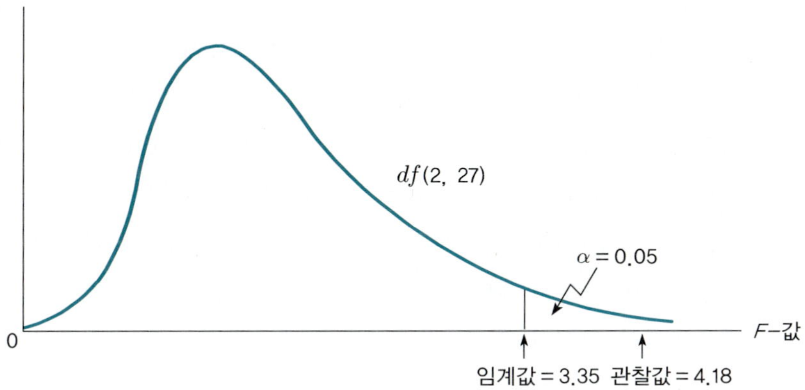

$$F = \frac{\frac{327}{2}}{\frac{1056}{27}} = 4.18$$

즉, F-관찰값은 4.18이라는 계산결과로 나타난다.

(4) 임계값 계산

이 F-값 4.18이 기각역에 속하는지 아니면 채택역에 속하는지는 의사결정자가 유의수준을 어떻게 잡느냐에 따라 달라질 수 있다. 유의수준 α = 0.05, 자유도(2, 27)에서 이 책 부록에 제시된 F-분포에 나타나는 값을 찾으면, F-값이 3.35이 된다. 이 F-값을 임계값(critical value)이라고 한다. 즉, 임계값은 주어진 유의수준에서 귀무가설의 채택과 기각에 관련된 의사결정을 할 때, 그 기준이 되는 점이다.

(5) 의사결정

α =0.05에서는 임계값이 3.35이기 때문에 (3)에서 구한 관찰값 4.18은 기각역에 속한다. 즉, 차이가 있다는 대립가설을 채택한다.

α =0.01에서는 임계값이 5.49가 되어 관찰값 4.18은 채택역에 속하게

된다. 여기서 이 책 제12장에서 살펴본 것처럼 유의수준 α는 α-오류와 동일한 개념이다. α-오류는 귀무가설이 옳은데도 불구하고, 검정결과 귀무가설을 기각하는 오류를 말하며, 제1종 오류(type I error)라고 한다. $\alpha=0.01$는 $\alpha=0.05$에 비해 오류의 범위를 작게 하고 엄밀하게 하여 판단을 내린다는 의미가 포함되어 있다. 즉, 이 자료는 ANOVA 분석결과는 $\alpha=0.05$에서는 귀무가설 기각, $\alpha=0.01$에서는 귀무가설 채택이라는 결론이 나온다. 현재 $\alpha=0.05$로 시작하고 가설검정하였기 때문에 귀무가설을 기각하고 대립가설을 채택한다. 즉, 다른 촉진프로그램을 수행한 백화점 간 매출액에서 차이가 있다.

2) SPSS 프로그램을 이용한 가설검정

〈표 12.3〉의 자료를 컴퓨터에 입력하여 SPSS프로그램을 돌리면 요약 기술통계량이 제시되고 등분산성을 검정하기 위한 F통계량이 제시된다. 분산분석이 성립하기 위해서 집단 간 등분산성이 가정되어야 하기 때문에 등분산성에 대한 검정이 선행된다. 등분산성 검정에서 p-값이 .105로 나타나 $\alpha=0.05$에서 채택역에 속하여 분산이 동일하다는 귀무가설이 기

표 12.5 일원분산분석의 SPSS결과

요약통계량		
촉진프로그램	도수	평균
1	10	30
2	10	25
3	10	22
전체	30	25.67

등분산성을 검정하기 위한 F-검정	
F-값	p-값
15.50	.105

변동의 원천	제곱합	자유도	제곱합평균	F-값	p-값
집단 간 분산	322	2	161.0		
집단 내 분산	1056	27	39.1	4.1	.04
전체	1378	29			

각하지 못하고 있어 분산분석을 수행하는 데 문제가 없음을 확인시켜주고 있다.

유의확률 p-값이 0.04라는 것은 $\alpha=0.05$에서는 기각역에 속하고 $\alpha=0.01$에서는 채택역에 속한다는 것을 보여주고 있다. 일반적으로 $\alpha=0.05$로 할 때 귀무가설을 기각하는 결정을 하게 된다. 즉, 매출액에 차이가 있다는 결론을 내리게 된다. 그러나 거의 근사치에서 기각이 이루어지고 있다.

차이가 있다는 결론이 나타나면 어느 집단에서 차이가 나타나는지를 밝혀낼 필요가 있는데, 이는 SPSS프로그램에서 사후분석을 실행하면 된다. 본 사례처럼 각 집단의 표본수가 동일하고, 집단별 정규분포와 등분산 가정이 성립되는 경우에는 Duncan검정을 실행하면 된다.

3 이원분산분석

이원분산분석(two-way ANOVA)은 2개 요인을 고려하면서 하나의 계량적 종속변수에 대한 평균의 차이를 검정하는 분석방법이다. 이 방법은 2개의 독립변수들 중에서 어느 변수에 분산의 원인이 있는가를 밝혀주고, 일원분산분석으로는 검정할 수 없는 상호작용효과(interaction effects)에 대한 가설도 검정할 수 있다. 세 개의 독립변수가 나타나는 분산분석을 삼원분산분석(three-way ANOVA)이라고 하고, 세 개 이상의 독립변수가 나타나면 다원분산분석이라고 한다. 이 책에서는 이원분산분석을 다루기로 한다.

이원분산분석을 실험설계로 진행하고자 할 때, 독립변수를 요인(factor)이라고 부르고, 한 요인 내에 실험처치(experimental treatment)를 a개, 다른 요인에 b개를 할 수 있기 때문에 a×b factorial design이라 부른다. 이 절에서는 2×2 factorial design과 3×2 factorial design에 대해서 다루고자 한다.

3.1 상호작용효과

이원분산분석에서는 상호작용효과를 먼저 조사한다. 상호작용효과가 통계적으로 유의적으로 나타나 상호작용효과가 있는 것으로 나타나면, 주효과를 추가로 조사한다. 그러나 주효과는 그 의미가 크지 않게 된다. 상호작용효과가 유의적이지 않으면, 주효과의 의미가 커진다.

상호작용효과의 의미를 더 깊게 이해하기 위해서 상호작용효과가 나타나는 두 가지 사례를 살펴보고자 한다. 우리가 고속도로를 운전할 때 옥외대형광고판(billboard)을 자주 본다. 그리고 영화나 TV 드라마 속에 자동차, 콜라, 휴대폰 등 브랜드가 등장하는 PPL(product placement)이라 불려지는 간접적인 광고도 자주 본다. 예를 들어, KBS 미니드라마 '꽃보다 남자' 속에 '빈폴'이 PPL의 효과를 보았다고 평가되고 있는 것이 예가 될 수 있다. 마케팅조사에서 이들 옥외대형광고판인 빌보드와 PPL이 소비자들의 브랜드회상에 어떠한 차이가 있는가를 보려고 한다고 하자. 그리고 제품범주를 자동차, 콜라, 휴대폰으로 정하였다고 하자. 이 경우에는 빌보드와 PPL 두 가지 광고형태라는 변수와 자동차, 콜라, 휴대폰 세 가지 제품범주 변수가 제시되고 소비자들의 브랜드회상이라는 종속변수에 어떠한 영향을 미치는지에 대한 조사설계가 된다. 이는 이원분산분석에서 2×3 factorial design이 된다.

Grigorovici와 Constantin(2004)은 광고형태로 빌보드와 PPL, 그리고 제품범주로서 BMW 자동차, Pepsi 캔, Nokia 휴대폰 세 가지 사이의 상호작용효과를 [그림 12.4]와 같이 보여준 바 있다.

이 경우는 브랜드회상이라는 종속변수에 영향을 미치는 원인이 세 가지로 나타날 수 있다. 즉, 광고형태, 제품범주, 그리고 광고형태와 제품범주 간 상호작용효과이다. 광고형태와 브랜드회상과의 관계, 제품범주와 브랜드회상과의 관계가 주효과가 되고, 광고형태와 제품범주 간 관계가 상호작용효과를 볼 수 있다. 이 연구에서는 BMW 자동차는 빌보드보다는 PPL광고에서 브랜드회상이 상당히 높고, 펩시 캔과 노키아 휴대폰의 경우에는 빌보드광고가 PPL광고보다 브랜드회상에서 약간 높아 상호작용효과가 나

그림 12.4 광고형태와 제품형태가 브랜드회상에 미치는 상호작용효과

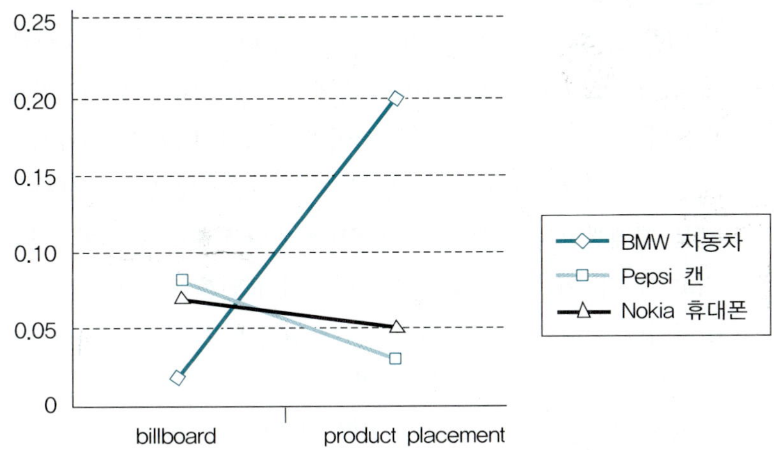

자료 : Grigorovici와 Constantin(2004).

타났다. 이는 광고형태에 따라 제품범주에 대한 브랜드회상이 달라진다는 것을 보여준 연구로서 제품범주에 따라 광고형태에 차이를 둘 필요가 있음을 보여주는 중요한 연구결과라 할 수 있다.

3.2 3×2 factorial design 가설검정

1) 실험설계와 자료

특정 회사가 자사 신제품에 대한 소비자태도를 높이기 위해 TV, 라디오, 신문 세 가지 매체를 통한 광고를 고려하면서, 어느 방법이 더 광고효과가 나는지에 대해 알고자 한다고 가정하자. 또한 이 광고효과는 남녀에 따라 효과가 다르게 나타나는가를 알고자 한다고 가정하자. 이 경우에는 독립변수는 매체광고와 성별이라는 두 변수가 되고 종속변수는 신제품에 대한 소비자태도가 된다. 각 독립변수의 변화가 종속변수인 소비자태도에 미치는 영향을 알아보는 것은 주효과(main effect)분석이라 하고, 한 독립변수(매체광고)가 다른 독립변수(성별)의 변화에 따라 종속변수(소비자태도)에

미치는 영향을 알아보는 것은 상호작용효과(interaction effect)분석이라고 한다.

〈표 12.3〉의 자료를 가지고 분석하였던 일원분산분석에서는 3개의 다른 촉진프로그램이 백화점 매출액에 어떠한 영향을 미치는가를 살펴본 바 있는데, 이 경우는 촉진프로그램이라는 하나의 요인이 3가지로 다르게 제시된 경우이다. 신제품을 개발한 기업이 출시단계에서 신제품에 대한 새로운 매체광고를 개발하여 피험자들에게 제시하고 소비자태도를 측정하려고 할 때, 이는 매체광고라는 하나의 요인을 가지고 분석하므로 일원분산분석이 된다. 어느 매체광고라는 요인이 특정 소비자들에게 호의적인 태도를 가져다주는가를 알기 위해 성별이라는 두 번째 요인을 첨가하여 남성과 여성 중 어느 집단이 어떤 매체광고를 좋아하는지를 알고자 하면 이원분산분석이 된다.

소비자태도라는 종속변수에 영향을 미칠 수 있는 독립변수로 먼저 매체광고를 TV, 라디오, 신문 세 가지로 나누었고, 남성과 여성이라는 성별을 고려하였기 때문에 이 설계는 3×2 factorial design이 된다. 그리고 소비자태도를 9점 리커트척도(1=전혀 좋아하지 않음, 5=보통, 9=매우 좋아함)로 구하였다고 하자. 30명의 소비자들을 무작위로 선정하여 조사한 결과 다음과 같은 <표 12.6>과 같이 정리되었다고 하자. 성별에서 1은 남성, 2는 여성, 매체광고에서 1은 TV, 2는 신문, 3은 라디오로 표시되었다. 2주 동안 몇 번 매체에 노출되는가를 물었다(이 매체노출빈도는 다음 절의 ANCOVA에 사용하고자 한다). 이 실험설계는 세 종류의 매체광고 각각에서 남성 5명, 여성 5명씩을 선택한 설계이다.

2) 상호작용효과

이 〈표 12.6〉은 종속변수인 소비자태도를 매체광고와 성별이라는 독립변수를 중심으로 하여 〈표 12.7〉과 같이 요약되었다.

표 12.6 매체광고에 대한 소비자태도에 관한 원천자료

표 본	매체광고	성 별	소비자태도	매체노출빈도
1	1	1	9	10
2	1	1	9	10
3	1	1	9	9
4	1	1	8	5
5	1	1	9	7
6	1	2	8	8
7	1	2	8	5
8	1	2	7	10
9	1	2	9	7
10	1	2	6	10
11	2	1	8	8
12	2	1	9	9
13	2	1	7	6
14	2	1	7	10
15	2	1	6	4
16	2	2	5	10
17	2	2	7	6
18	2	2	6	8
19	2	2	4	5
20	2	2	5	9
21	3	1	4	6
22	3	1	5	8
23	3	1	5	10
24	3	1	6	5
25	3	1	4	9
26	3	2	3	5
27	3	2	3	6
28	3	2	3	10
29	3	2	2	9
30	3	2	4	8

표 12.7 매체광고와 성별의 평균

성 별	매체광고 1	매체광고 2	매체광고 3	평 균
남	9	8	4	
	9	9	5	
	9	7	5	
	8	7	6	
	9	6	4	
평 균	8.8	7.4	4.8	7.0
여	8	5	3	
	8	7	3	
	7	6	3	
	9	4	2	
	6	5	4	
평 균	7.6	5.4	3.0	5.33
합계평균	8.20	6.4	3.90	6.17

위의 자료를 그래프로 그리면 [그림 12.5]와 같다. 그림에서 볼 수 있듯이 매체광고와 성별 사이에는 상호작용이 보이지 않고 있다. 이제 SPSS프로그램을 중심으로 하여 통계적으로 가설검정하여 보자.

그림 12.5 소비자태도에 미치는 매체광고와 성별의 효과

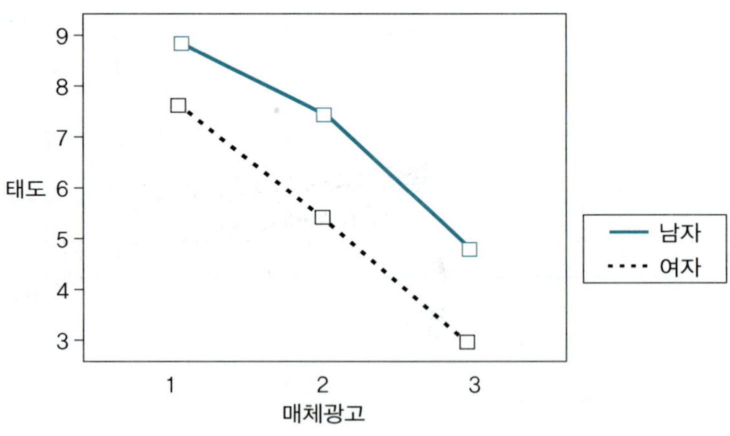

3) 컴퓨터 프로그램에 의한 가설검정

(1) 귀무가설과 대립가설 설정

이원분산분석의 주효과 검정은 매체광고 사이에 소비자태도에서 차이가 있는가, 남성과 여성 사이에 소비자태도에서 차이가 있는가라는 연구문제가 제기되고, 상호작용효과 검정은 성별과 매체광고 사이에 상호작용효과가 있는가라는 연구문제가 제기된다. 따라서 다음과 같은 세 가지 귀무가설과 대립가설을 설정할 수 있다.

〈주효과 가설〉

H_{0a}: 매체광고에 따라 소비자태도에 차이가 없다.

H_{1a}: 매체광고에 따라 소비자태도에 차이가 있다.

H_{0b}: 성별에 따라 소비자태도에 차이가 없다.

H_{1b}: 성별에 따라 소비자태도에 차이가 있다.

〈상호작용효과 가설〉

H_{0c}: 성별과 매체광고 간의 상호작용이 없다.

H_{1c}: 성별과 매체광고 간의 상호작용이 있다.

(2) 컴퓨터 프로그램 결과

이를 컴퓨터상에 3×2 factorial design을 SPSS 16.0으로 실행한 결과 〈표 12.8〉과 같이 나타났다.

(3) 가설검정

매체광고의 주효과에 대해 제곱합, 자유도 및 제곱합의 평균이 나타나 있다. 자유도 2를 가진 매체광고의 제곱합은 93.267, 제곱합의 평균은 46.633이다. 자유도 1을 가진 성별의 제곱합은 20.833이며, 제곱평균도 자유도가 1이어서 20.833이다. 결합된 주효과는 두 가지 주효과로 인한 제곱합을 더하면 93.267+20.833=114.100이 된다. 자유도도 2+1=3이 된다.

매체광고와 성별 상호작용효과에 대해서, 자유도 (3−1)×(2−1)=2를 가진 제곱합 .867이며, 제곱합의 평균은 .867/2=.433이다. 전체 모형효과

표 12.8 이원분산분석 SPSS결과

변동의 원천	제곱합	자유도	제곱합의 평균	F-값	유의확률
수정모형	114.967	5	22.993	26.030	.000
주효과					
매체광고	93.267	2	46.633	52.792	.000
성별	20.833	1	20.833	23.585	.000
결합	114.100	3	38.033	43.073	.000
상호작용	.867	2	.433	.491	.618
오차	21.200	24	.883		
수정전체	136.167	29			

에 대한 제곱합은 자유도 5를 가진 매체광고 주효과, 성별 주효과 그리고 상호작용효과 각각에 대한 제곱합을 합친 것, 즉 93.267+20.833+.867=114.967이며, 자유도는 2+1+2=5이다. 전체 효과에 대한 제곱합의 평균은 114.967/5=22.993이다. 오차통계량은 24의 자유도를 가진 제곱합은 21.200이다. 제곱합의 평균은 21.200/24=.883이 된다.

전체 효과의 유의성에 대한 검정통계량은 다음과 같다.

$$F=22.993/.883=26.030;\ p\text{-값}=.000$$

이는 자유도 5와 24를 가지며 유의수준 0.05에서 유의하다.

상호작용효과의 유의성에 대한 검정통계량은 다음과 같다.

$$F=.433/.883=.491;\ p\text{-값}=.618$$

이는 자유도 2와 24를 가지며 유의수준 0.05에서 유의하지 않다. 즉, 상호작용이 없다.

주효과에 대한 유의성을 평가하면 다음과 같다.

매체광고의 주효과의 유의성에 따르는 검정통계량은 다음과 같다.

$$F=46.633/.883=52.792;\ p\text{-값}=.000$$

자유도 2와 24를 가지며 유의수준 0.05에서 유의하다.

성별의 주효과의 유의성에 대한 검정통계량은 다음과 같다.

F=20.833/.883=23.585; p-값=.000

이는 자유도 1과 24를 가지며 유의수준 0.05에서 유의하다.

(4) 해 석

주효과를 정리하면 매체광고에 따라 소비자태도에 차이가 나타난다. 그리고 매체광고 중에서 TV가 소비자태도를 높인다. 성별에 따라 소비자태도에 차이가 나타나는데, 남성이 소비자태도가 높게 나타나고 있다.

4 공분산분석

4.1 실험설계

분산분석은 실험설계에서 가장 많이 사용되는 분석법이다. 실험설계에서는 실험변수인 독립변수가 종속변수에 미치는 효과를 조사하기 위해서 독립변수 이외에 종속변수에 영향을 미칠 가능성이 있는 외생변수를 통제하여야 한다(제7장 실험설계 참조). 외생변수의 효과를 통제하기 위해 외생변수를 공변량(covariate)으로 고려하여 이들의 영향력을 통제하면서 실험변수의 효과를 효율적으로 보려는 방법을 공분산분석(analysis of covariance : ANCOVA)이라고 한다. 이는 요인(factor)이라 부르는 최소한 하나의 범주형 독립변수를 포함하고 최소한 하나의 등간이나 비율척도로 된 계량적 독립변수, 즉 공변량(covariate)을 포함해야 한다. 공변량에 기인하는 종속변수에서의 변동은 각 처리조건 내의 종속변수의 평균값을 조정함으로써 제거된다. 조정된 점수를 가지고 분산분석을 수행한다. 각 공변량의 효과와 공변량들의 결합효과의 유의성검정은 F-검정을 이용하여 계산한다. 이 분석은 공변량이 종속변수와 선형관계가 있으나 요인들과는 관계가 없을 때 가장 유용하다.

4.2 컴퓨터 프로그램에 의한 가설검정

이원분산분석에서 사용한 〈표 14.7〉을 이용하여 공분산분석을 실행할 수 있다. 여기서 매체광고 수준은 TV, 신문, 라디오 세 가지이고, 성별은 남성과 여성 두 가지이다. 매체노출빈도는 등간척도이며, 이는 공변량으로 다룰 수 있다.

(1) 가설설정

첫 번째 가설설정은 이원분산분석에서 주효과 가설과 같다.

두 번째 가설설정은 첫 번째 주효과 가설과 유사하게 공변량에 관한 가설을 설정한다. 이 사례에서는 "매체노출빈도수가 많고 적음에 따라 소비자태도에 차이가 없다"는 귀무가설을 추가하면 된다.

(2) 컴퓨터 프로그램 결과

이 공분산분석을 SPSS 16.0으로 실행한 결과 〈표 12.9〉와 같이 나왔다. 이 분석에서 볼 수 있듯이 이원분산분석에서의 결과보다 자유도 1인 공변량 자료가 첨가되고 있다. 제곱합, 제곱합의 평균이 나오고, *F*-값은 자유도 1과 23을 가지면서 계산되어 나온다. 앞의 이원분산분석에서 자유도 24였으나 공분산분석에서는 공변량이 첨가되면서 자유도가 하나 줄어들

표 12.9 공분산분석 SPSS결과

변동의 원천	제곱합	자유도	제곱합의 평균	*F*-값	유의확률
수정모형	114.967	6	19.161	20.788	.000
공변량					
매출노출빈도	.000	1	.000	.000	.984
주효과					
매체광고	92.434	2	46.217	50.142	.000
성별	20.833	1	20.833	22.603	.000
결합	113.267	3	67.05	72.745	.000
상호작용	.864	2	.432	.469	.632
오차	21.200	23	.922		
수정전체	136.167	29			

어 23이 되었다.

(3) 가설검정 결과

공변량에 대한 유의확률이 0.05보다 크게 되면 유의하지 않게 되고 매체노출빈도수의 많고 적음은 소비자태도에 차이가 없다는 귀무가설을 채택하게 되는데, 본 자료에서는 유의확률이 .984로서 귀무가설을 확실하게 채택하게 된다. 즉, 매체노출빈도수가 많고 적음에 따라 소비자태도에 차이가 없다.

5 다변량분산분석

다변량분산분석(multivariate analysis of variance : MANOVA)은 두 개 또는 그 이상의 종속변수를 가지고 있다는 점에서 ANOVA와 다르다. 종속변수들은 상관된 두 개 이상의 변수들이어야 하고 상관이 없으면 각 종속변수에 대한 ANOVA가 MANOVA보다 더 적절하다. ANOVA와 MANOVA는 집단 간 차이를 조사한다는 점에서 동일하며, ANOVA는 단일 종속변수를, MANOVA는 다수의 종속변수에 대한 집단차이를 보려한다는 점에서 다르다.

3개의 집단에 상이하게 제작된 햅틱 휴대폰 광고를 보여주고, 1개를 통제집단으로 하여 4개의 집단을 표본 100명씩으로 구성하여 각 개인들은 다음 세 가지 내용에 대한 평가를 하였다고 하자. 즉, 햅틱 휴대폰에 대한 태도, 햅틱 휴대폰을 만든 기업인 삼성에 대한 태도, 개인이 본 광고 자체에 대한 태도 평가가 그것이다. 햅틱 휴대폰에 대한 평가, 삼성에 대한 평가, 광고 자체에 대한 평가 사이에는 상관관계가 존재하고 있기 때문에 MANOVA를 수행하는 것이 좋다.

이 경우 독립변수는 광고를 본 4개의 집단들이 되고, 종속변수는 휴대폰에 대한 태도, 기업에 대한 태도, 광고 자체에 대한 태도 세 가지가 된다.

일원분산분석을 세 번 반복하여 MANOVA와 유사한 효과를 가져올 수 있지만, 이 경우처럼 종속변수들 간에 상관이 높은 경우에는 종속변수들 간의 상관관계를 동시에 고려하여 종속변수 간의 상호작용 효과까지 모형에 반영시켜준다는 장점이 있다. 어느 집단의 광고가 가장 효과적인가, 즉 세 변수들에 있어서 가장 높은 평가를 하게 하는가를 보여줄 수 있다. 이의 자세한 분석은 Stevens(2009)의 저서와 같은 다변수통계 책을 참조하기 바란다.

사례

Petty, Cacioppo, Schumann의 실험설계

소비자태도연구에서 잘 알려진 정교화가능성모형(Elaboration Likelihood Model)을 창안한 Petty와 Cacioppo는 Schumann과 함께, 1983년 소비자들의 관여수준과 소비자태도 사이의 관계를 탐색하기 위해서 실험설계를 하였다.

소비자를 고관여집단과 저관여집단 두 집단으로 나누기 위해 다음과 같이 조작화를 하였다. 고관여집단은 "당신은 실험에 대한 참여 대가로 면도기를 선택할 수 있으며, 이 제품은 당신이 거주하는 지역에서 시판될 것이다"라는 메시지를 주어 제품에 대한 관여수준을 높였다. 저관여집단은 "당신은 실험참여 대가로 치약을 선택할 수 있고, 면도기는 피실험자가 거주하는 지역이 아닌 다른 지역에서 시험판매되고 있다"고 하여 관여수준을 낮추었다.

실험대상자들에게 잡지광고에서 1회용 면도기 광고를 보게 하였다. 광고는 제품속성에 관한 것과 광고인에 대한 두 종류의 정보를 제시하였다. 제품속성에 관한 것은 주장이 강한 광고와 주장이 약한 광고, 광고인에 관한 것은 유명인이 출연하는 광고와 평범인이 출연하는 광고를 제시했다. 그러므로 실험대상자는 4종류(2×2)의 광고 중 하나를 보게 했다.

첫 번째 실험에서는 메시지전달 주체에 차이를 두어 유명인(프로운동선수)과 보통인(보통시민)이 등장하는 광고메시지를 고관여집단과 저관여집단 각각에 전달하도록 하였다.

두 번째 실험에서는 메시지 내용에 차이를 두어 강한 주장이 담긴 메시지(면도가 두 배가 잘된다)와 약한 주장이 담긴 메시지(본 면도기는 세면장을 염두에 두고 설계되었다)를 고관여집단과 저관여집단 각각에 전달하였다. 종속변수는 제품에 대한 소비자 태도였다.

실험결과, [그림 12.6]과 같은 상호작용이 나타나는 결과가 나타나 의미 있는 결과가 도출되었다. 강한 주장과 약한 주장은 고관여상황에 있던 소비자들의 태도에 더 큰 영향을 미쳐 점수 차이가 크게 벌어졌다. 고관여상황에 있는 소비자의 정보처리는 중심경로(central route)를 거치므로 광고에 실린 주장의 강약이 태도 형성에 더 큰 영향을 미치는 것으로 해석되었다.

광고가 유명한 사람이 했는가, 평범한 사람이 했는가는 저관여상황에 있던 사람에게 더 큰 영향을 미쳤다. 저관여상황에 있는 소비자의 정보처리는 주변

단서(peripheral route)를 거치므로 광고의 주장에 대해 깊이 생각하기보다는 설득 단서인 누가 광고했느냐에 따라 제품에 대한 태도를 형성한다고 해석될 수 있었다.

(자료 : Petty, Cacioppo and Schumann(1983); 이규현(2011), 소비자행동론, 교보문고, pp.166~170)

[그림 12.6] Petty, Cacioppo, Schumann(1983)의 연구결과

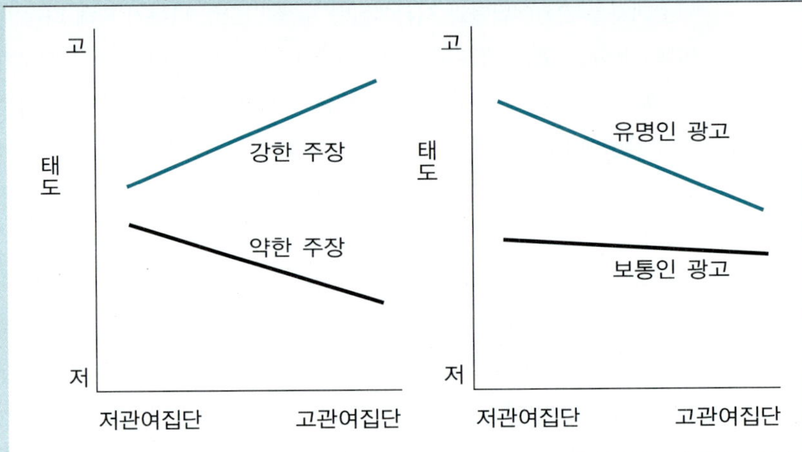

요약

1. 이 책 제6장의 실험설계에서 두 집단 이상, 일반적으로 세 집단 이상의 집단 특성에서 평균 차이를 알아보기 위한 분석방법이 분산분석이다. 즉, 분산분석은 두 집단만의 평균차이를 분석하는 t-검정과 다르며, 독립변수가 명목척도이고, 종속변수가 등간척도로 측정된다는 점에서 독립변수와 종속변수 양쪽이 등간척도로 측정되는 회귀분석과 다르다. 기업에서 새로운 제품이나 광고에 대한 소비자 반응 차이를 조사하고자 할 때 유용하다.

2. 명목척도로 나오는 세 개 이상의 집단들의 매출액에서 차이가 있는가를 조사하는 것과 같이, 등간척도로 나타나는 값의 모집단 평균에서 차이가 있는가를 가설검정하는 형태가 된다. 이는 두 가지 검정을 할 수 있는데, 하나는 F-값을 구하고 F-분포표라는 통계표에서 임계치를 구하여 채택역과 기각역에서 어디에 속하는가에 따라 가설검정을 하는 방식이고, 다른 하나는 SPSS프로그램에 자료를 넣어 결과표를 보고 유의확률 p-값을 보고 $\alpha=0.05$에서 p-값이 0.05보다 크면 채택하고, 작으면 기각하는 방식이다.

3. 실험설계에서 factorial design이라고 하는 이원분산분석에서는 독립변수가 2개가 되기 때문에 각 독립변수가 종속변수에 미치는 영향을 주효과라 하고 독립변수 사이의 효과를 상호작용효과라 하여, 이 상호작용효과를 보는 것이 우선적이다. 상호작용효과가 나타나면 주효과는 의미가 크지 않게 된다.

4. 공분산분석(ANCOVA)은 외생변수를 통제하기 위해 유용하며, 요인이라 부르는 하나 이상의 범주형 독립변수와 공변량이라 부르는 하나 이상의 등간이나 비율척도로 된 계량형 독립변수를 가진다.

5. 다변량분산분석(MANOVA)은 하나의 독립변수와 두 개 또는 그 이상의 종속변수를 가진다. 종속변수들 사이에 상관이 낮은 경우에는 변수 각각을 ANOVA로 수행하면 되지만, 상관이 높은 경우에는 종속변수들 사이의 상호작용효과까지 모형에 반영하여 의미있는 결론을 내리게 한다.

토의과제

1. 분산분석에서 분산분석(ANOVA), 공분산분석(ANCOVA), 다변량분산분석(MANOVA) 사이에 어떻게 다른가를 독립변수의 수, 종속변수의 수, 공변량의 수, 상호작용 여부를 가지고 설명하라. 그리고 분산분석이 *t*-검정과 회귀분석 사이에 차이가 무엇인가를 토의하라.

2. 삼성전자가 갤럭시 노트4 신제품을 개발하여 출시하기 전에 세 가지 광고프로그램을 개발하고, 이 효과를 알기 위해 사전조사를 실시하기로 하였다고 가정하자. 소비자 10명씩 세 종류의 광고를 보고 7점 리커트척도에 평가하도록 하였다. 그 결과는 다음과 같이 나타났다. 이 자료를 가지고 다음 순서대로 분산분석을 실시하라.

A광고	B광고	C광고
4	5	3
3	3	4
5	4	5
4	4	4
6	7	4
4	3	6
7	5	7
5	4	6
7	6	5
7	6	5

1) 귀무가설과 대립가설을 설정하라.
2) 유의수준을 설정하라.
3) *F*-관찰값 계산을 분산분석표를 작성하여 계산하라.
4) 이 책의 부록표를 가지고 임계값을 계산하라.
5) 세 가지 광고효과에서 차이가 있다는 귀무가설을 검정하여 보라.

3. 위의 휴대폰 신제품 광고 중에서 하나를 택하여 우리나라 전국에 방영하였다고 하자. 우리나라의 권역을 서울·경기, 호남, 영남, 충청 네 개의 지역으로 나누고, 이 지역에 살고 있는 소비자들 사이에서 광고효과에서 차이가 있는지를 알기 위해 광고에 대한 태도를 조사하여 다음과 같은 분산분석 결과표가 나타났다고 할 때 다음을 답하라.

원 천	자유도	제곱합	제곱합의 평균	F비율	F의 유의확률
집단 간	3	60.313	23.404	22.36	0.03
집단 내	996	22,412,316	30.896		

(1) 여기서 귀무가설은 무엇이며, 대립가설 또는 연구가설은 무엇인가?

(2) 이 연구에서 총표본의 크기는 얼마인가?

(3) 가설검정 절차를 약술하여 보라.

(4) 앞의 표에 나타난 유의확률을 볼 때, 어떠한 결론에 도달할 수 있는가?

4. 〈표 12.7〉의 자료를 가지고 다음을 실행하라.

(1) 이 자료를 직접 SPSS프로그램을 돌려 이 책에 있는 〈표 12.8〉의 결과가 나타나는지를 살펴보고 가설검정을 하고 해석하여 보라.

(2) 이 자료에서 매체광고를 백화점 방문횟수(1 = 자주 방문하지 않음, 2 = 보통, 3 = 자주 방문)로 보고, 소비자태도점수를 백화점에 대한 태도점수로 보고, 성별과 방문빈도가 백화점에 대한 태도에 차이가 있는가를 2x3 factorial design으로 가설검정하고 해석하여 보라.

5. Petty, Cacioppo와 Schumann(1983)의 논문을 찾아 읽고 그들이 분산분석을 어떻게 사용하여 그들의 이론을 증명하였는가를 토의하라.

참/고/문/헌

이규현(2011), 『소비자행동론』, 교보문고, pp. 166~170.

Bray, James H. and Scott E. Maxwell(1985), *Multivariate Analysis of Variance*, Sage Publications.

Turner J. Rick and Julian Thayer(2001), *Introduction to Analysis of Variance : Design, Analysis, and Interpretation*, Sage Publications.

Girden, Ellen R.(1992), *ANOVA Repeated Measures*, Sage Publication.

Grigorovici, Dan M., Corina D. Constantin(2004), "Experiencing Interactive Advertising beyond Rich Media : Impacts of Ad Type and Presence on Brand Effectiveness in 3D Gaming Immersive Virtual Environments," *Journal of Interactive Advertising*, Vol.5, No.1(Fall).

Malhotra, Naresh K.(2006), *Marketing Research–An Applied Orientation*, 5th edition, Prentice–Hall.

Petty, Richard E., John T. Cacioppo, and David Schumann(1983), "Central and Peripheral Routes to Advertising Effectiveness : The Moderating Role of Involvement," *Journal of Consumer Research*, Vol.10, No.2, pp. 135~146.

Stevens, James(2009), *Applied Multivariate Statistics for the Social Sciences*, Psychology Press.

13

Marketing Research

변수 사이의 관계 분석 : 상관관계와 회귀분석

Intro
1. 상관관계
2. 회귀분석의 기초
3. 단순회귀분석 실행절차
4. 다중회귀분석 실행절차
5. 더미변수를 이용한 회귀분석
사례: 경제학과 마케팅에서 회귀분석
요약
토의과제

INTRO

경제현상에는 한 변수와 다른 변수 간에 어느 정도의 선형적인 관련성을 조사할 필요가 있을 경우가 많다. 한 변수가 커지거나 작아질 때, 다른 변수가 어떻게 변하는지, 그 변동의 방향과 정도를 예측하는 지표가 상관계수이며, 이 계수를 구하는 것이 상관분석(corelation analysis)이다. 상관관계는 인과성(causality)를 의미하지 않으나, 인과성이 성립될 수 있는 필요조건이 된다는 점에서 중요하다. 두 변수 사이에 상관관계가 있다는 것이 밝혀지면, 두 변수 사이의 인과성을 찾기 위해 회귀분석을 수행한다. 그렇게 상관분석과 회귀분석은 관련된다.

이 책 1장에서 마케팅믹스 변수가 변하면서 소비자반응과 성과가 변한다는 것을 보여 준 바 있다. 예를 들어, 종속변수가 매출액과 같은 성과변수가 되면, 광고지출과 같은 독립변수가 얼마나 영향을 미치는가를 보기 위해 회귀분석을 할 수 있다. 기업은 고객을 창출하고 유지하려고 한다. 백화점의 경우, 소비자들을 많이 방문하게 하고, 유지하기 위해서 VIP시스템을 만든다.

본 장 전체는 상관분석과 회귀분석을 통계적으로 설명하기 위해서 탐색조사로서 표본을 12명으로 잡고, 이들의 자료를 특정 백화점에 대한 소비자태도(종속변수), 방문횟수(독립변수), 그 백화점에서 정하는 VIP를 중요시 여기는 정도(독립변수) 세 변수를 제시하여 설명하고자 한다. 백화점에 대한 태도는 11점 리커트척도(1=좋아하지 않음, 6=보통, 11=매우 좋아함)로 측정하였고, 방문횟수는 지난 2개월 동안 방문횟수로 측정하였으며, VIP중요도는 12점 리커트척도로 파악하였다.

표 13.1 백화점에 대한 태도의 사전조사자료

응답자의 수	태도	방문횟수	VIP 중요도
1	6	10	3
2	9	12	11
3	8	12	4
4	8	11	4
5	10	12	11
6	4	6	1
7	5	8	7
8	11	18	8
9	11	17	7
10	9	9	9
11	10	9	9
12	10	17	8
평균	8.417	11.750	6.833
표준편차	2.314	3.817	3.186

1 상관관계

1.1 상관계수

두 개 변수에 대한 모든 사례들의 측정값들의 점을 그래프상의 분포도로 표시하여 놓을 수 있는데, 이러한 분포도를 그림으로 표시한 것을 산포도(scattergram)라고 한다. 이는 변수 사이의 선형관계가 존재하는가를 탐색적으로 살펴볼 수 있게 한다. 이러한 상관관계는 상관계수(correlation coefficient)를 통해 측정되는데, 한 변수 값이 증가하면 다른 변수 값도 증가하면 두 변수 간에 양의 상관(positive correlation)이 있다고 표현하며, 한 변수의 값이 증가하면 다른 변수의 값이 감소하게 되면 음의 상관(negative correlation)이 있다고 표현한다.

[그림 13.1]의 산포도에서 (a)와 (b)는 양의 상관을 보여주고, (c)와 (d)는 음의 상관을 보여주고 있다. 이 상관관계에서 (a)가 (b)보다 양의 상관관계가 높고, (c)가 (d)보다 음의 상관관계가 높다고 한다. (e)와 (f)는 상관관계가 없다는 것을 보여주고 있다. 상관계수를 r로 표현하고, r이 1에 가까워진다는 것은 직선관계에 가까워진다는 것을 의미하며, r이 0에 가까워진다는 것은 상관관계가 전혀 나타나지 않는 상태로 흩어져 있는 것을 보여준다. 이 상관계수 r이 어떠한 종류가 있는가를 살펴보자.

1.2 상관관계의 종류

1) 피어슨 상관계수

(1) 계 산

영국의 통계학자 Karl Pearson(1857~1936)은 처음으로 두 변수가 등간척도나 비율척도로 측정된 자료의 상관관계를 계수를 통해서 파악해 내고자 하였다. 피어슨이 개발한 이 계수를 피어슨 적률상관계수(Pearson product-moment correlation coefficient) 또는 피어슨 상관계수라고 하는데,

그림 13.1 산포도와 상관관계의 유형

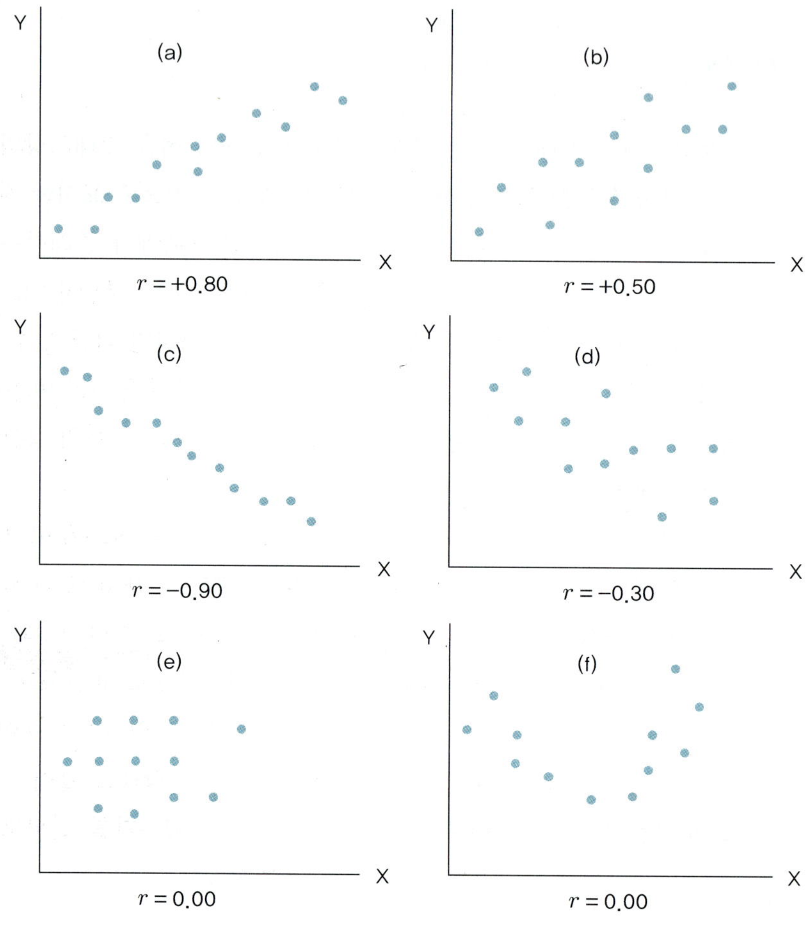

간단히 상관계수(correlation coefficient)라고도 한다.

모집단의 상관계수는 ρ(rho)로 나타내며, 표본의 상관계수는 r로 나타낸다. n개의 표본을 추출하여 표본 내 특성 X_i와 Y_i의 평균을 각각 $\overline{X}$와 $\overline{Y}$를 구하였다고 하면 피어슨 상관계수 r은 다음과 같이 계산된다.

$$r = \frac{\sum_{i=1}^{n}(X_i - \overline{X})(Y_i - \overline{Y})}{\sqrt{\sum_{i=1}^{n}(X_i - \overline{X})^2 \sum_{i=1}^{n}(Y_i - \overline{Y})^2}} \qquad (13.1)$$

분자와 분모를 $(n-1)$로 나누면 다음과 같이 된다.

$$\begin{aligned} r &= \frac{\sum_{i=1}^{n}\frac{(X_i - \overline{X})(Y_i - \overline{Y})}{n-1}}{\sqrt{\sum_{i=1}^{n}\frac{(X_i - \overline{X})^2}{n-1} \sum_{i=1}^{n}\frac{(Y_i - \overline{Y})^2}{n-1}}} \\ &= \frac{COV_{xy}}{S_x S_y} \end{aligned} \qquad (13.2)$$

방정식 (13.1)에서 $\overline{X}$와 $\overline{Y}$는 표본평균을 나타내고, 방정식 (13.2)에서 S_x와 S_y는 표본의 X와 Y 각각의 표준편차(standard deviations)를 나타낸다. X와 Y의 공분산(covariance)인 COV_{xy}는 X와 X의 관련성을 측정한다. 식 (13.2)를 볼 때 상관계수는 공분산을 각각의 표준편차로 나눈 값이 된다. X와 Y의 공분산인 COV_{xy}는 양 또는 음이 될 수 있다. 공분산을 $S_x S_y$로 나누면 표준화되어, r은 -1.0에서 +1.0 사이의 값이 된다.

(2) SPSS분석

이들을 SPSS로 간단히 구할 수 있다. 도입부에서 제시한 〈표 13.1〉의 12명의 표본자료를 가지고 설명하자. 이 자료는 어느 백화점에서 백화점을 방문한 소비자들의 백화점에 대한 태도와 방문횟수, 그리고 그들이 VIP가 되는 중요도를 설문을 통해 파악한 자료이다.

백화점태도와 방문횟수에 대한 피어슨 상관계수와 상관계수의 유의에 대한 검정은 SPSS 20.0 프로그램에서 〈표 13.1〉 자료를 입력하고 Analyze → Correlate → Bivariate...를 순서대로 치면 〈표 13.2〉와 같이 피어슨 상관계수와 유의확률에 대한 결과가 나타난다. 이 표에서 피어슨 상관계수

표 13.2 피어슨 상관계수 SPSS결과

		태 도	방문횟수
태 도	피어슨상관	1	.774
	유의확률(양측)		.003
	N	12	12
방문횟수	피어슨상관	.774	1
	유의확률(양측)	.003	
	N	12	12

가 0.774로 나타나고 있다. r로 측정된 두 변수들 사이의 통계적 유의성(statistical significance) 검정에서 귀무가설은 “두 변수 사이에 상관관계가 없다”이고, 대립가설은 “두 변수 사이에 상관관계가 있다”이다. 관찰값 0.774의 유의확률이 0.003으로 나타나, $\alpha=0.05$보다 작으므로 기각역에 속하여 귀무가설을 기각하고 대립가설을 채택한다. 즉, 상관관계가 있음을 보여주고 있다.

(3) 실제적 유의성 판단기준

표본의 크기가 큰 경우, 표본으로부터 계산한 r을 가지고 유의성을 검정하면 r의 절대값이 상당히 작아도 통계적 유의성이 있는 것으로 나타나는 경우가 있다. 그러나 r의 크기가 지나치게 작으면 통계적으로 유의성이 나타난다고 하더라도 수용하기가 어렵기 때문에 실제적 유의성(substantive significance)에 관한 판단기준을 함께 가지고 있는 것이 좋다. 상관계수가 0.6 이상이 되면 상관이 강하다고 보는 견해가 이 경우이며, 이는 다변수 통계를 설명하는 Hair, Bush와 Ortinau(2005)가 많이 통용되고 있는 상관관계의 실제적 유의성 판단기준을 다음과 같이 제시한 바 있다.

- .81～ 1.00 : 상관이 매우 강하다
- .61～ .80 : 상관이 강하다
- .41～ .60 : 어느 정도 상관이 있다
- .21～ .40 : 약하다
- .00～ .20 : 상관이 없다

이제 이를 적용하여 보자. [그림 13.1]에서 산포도와 상관관계의 유형을 6가지로 제시하고 밑에 상관계수를 표시한 바 있다. 이 그림과 상관계수를 보고 실제적 유의성을 평가하면 다음과 같다. (a)는 r=+0.80이어서 정의 상관이 강하고, (b)는 r=+0.50이어서 정의 상관이 어느 정도 있고, (c)는 r=－0.90이어서 음의 상관이 매우 강하며, (d)는 r=－0.30이어서 음의 상관이 약하게 나타나고 있다. (d)와 (f)는 r=0.00이어서 상관이 없는 것으로 판단할 수 있다.

2) 편상관계수

(1) 계 산

〈표 13.1〉 자료에서 방문횟수가 백화점에 대한 태도에 얼마나 관계되는가를 피어슨 상관계수가 보여주었다면, VIP에 대한 중요도가 통제되었을 때 두 변수 사이의 상관의 정도는 어떠한가는 편상관계수(partial correlation coefficient)로 보여줄 수 있다.

이 경우에는 방문횟수로부터 VIP중요도 효과를 제거해야 한다. 방문횟수와 VIP중요도와의 적률상관을 이용하여 VIP중요도에 관한 지식에 근거하여 백화점태도값을 예측해야 한다. 유사한 방식으로 백화점태도에서 VIP중요도를 제거해간다. VIP중요도가 통제된 후, 방문횟수의 조정된 값과 백화점태도의 조정된 값 사이의 적률상관은 방문횟수와 백화점태도의 편상관계수가 된다. 통계적으로, 편상관계수는 단순상관계수만으로 계산될 수 있다. 즉, X와 Y의 상관계수 r_{xy}, X와 Z의 상관계수 r_{xz}, Y와 Z의 상관계수 r_{yz}에 대해서 알게 되면 Z가 통제될 때 조정된 X와 조정된 Y 사이의 상관 $r_{xy,z}$의 계산식은 다음과 같다.

$$r_{xy,z} = \frac{r_{xy} - (r_{xz})(r_{yz})}{\sqrt{1-r_{xz}^2}\sqrt{1-r_{yz}^2}} \qquad (13.3)$$

〈표 13.1〉의 자료에서 X와 Y의 상관계수 r_{xy}= .792, X와 Z의 상관계수

r_{xz}= .688, Y와 Z의 상관계수 r_{yz}= .340이 나온다. 이를 식 (13.3)에 대입하여 계산하면 .792가 나온다.

(2) SPSS분석

〈표 13.1〉를 기반으로 VIP회원에 대한 중요성을 통제하면서 백화점태도와 방문회수와의 관계를 편상관계수로 구하기 위해서 SPSS 20.0에서 자료를 입력하고 Analyze → Correlate → Partial...을 치면 〈표 13.3〉과 같은 편상관계수와 유의확률에 대한 결과가 나온다.

편상관계수는 .792로 나타나고 있다. 이 계수는 〈표 13.2〉에서 나타난 피어슨 상관계수 .774와 비교할 때 VIP중요도가 통제되면서 .018이 증가한 것으로 나타났다. 이 결과는 VIP회원이 되는 중요성의 효과를 통제하였을 때 백화점에 대한 태도와 방문횟수 사이의 관계에 미치는 효과는 미세한 차이로 증가하고 있다는 것을 알 수 있게 한다.

〈표 13.3〉의 SPSS결과는 편상관계수값뿐만 아니라 유의확률, 즉 통계적 유의성(statistical significance)을 보여주고 있다. 유의확률, 즉 p-값이 .004로 나타나고 있다. 이는 α=0.01보다 작은 값으로서 기각역에 속한다. 즉, α=0.01에서도 유의성이 있는 것으로 나타나고 있으며, 이는 VIP중요도가 통제되면서도 태도와 방문횟수 사이에는 통계적으로 상관이 있음을 말해준다.

편상관계수는 이와 같은 초기관계가 실제가 아닌 관계(spurious relationship)라는 것을 발견하는 데 도움을 준다. X와 Y 두 변수관계를 보면 관계

표 13.3 편상관계수

통제변수			태 도	방문횟수
VIP중요도	태 도	상관	1.000	.792
		유의확률(양측)	.	.004
		df	0	9
	방문횟수	상관	.792	1
		유의확률(양측)	004	.
		df	9	0

가 있다고 하더라도, 제3의 변수인 *Z*를 개입시키면 *X*와 *Y*의 관계가 사라진다면 *Z*가 *Y*의 실제 예측치가 된다. 이 경우에는 *X*와 *Y* 사이의 상관은 *Z*의 효과를 통제할 때 사라져버린다.

3) 부분상관계수

피어슨상관계수, 편상관계수와 다른 중요한 상관계수가 있는데 이는 부분상관계수(part correlation coefficient)이다. 이 계수는 독립변수가 2개 이상이 있을 때 다른 독립변수들의 선형효과가 *X*로부터는 제거되었지만 *Y*로부터는 제거되지 않았을 경우 *Y*와 *X*와의 관련성을 보여준다. 〈표 13.1〉에서 VIP회원에 대한 중요성(Z)에 대한 선형효과가 방문횟수(Y)로부터 제거되었을 때 부분상관계수 $r_{y(x,z)}$와 VIP회원에 대한 중요성(Z)에 대한 선형효과가 백화점에 대한 태도(X)로부터 제거되었을 때의 부분상관계수 $r_{x(y,z)}$ 두 개가 도출될 수 있다. 각각의 계산식은 다음과 같다.

$$r_{y(x,z)} = \frac{r_{xy} - r_{xz}r_{yz}}{\sqrt{1-r_{xz}^2}} \qquad (13.4)$$

$$r_{x(y,z)} = \frac{r_{xy} - r_{yz}r_{xz}}{\sqrt{1-r_{yz}^2}} \qquad (13.5)$$

위 식 (13.4)를 살펴보면 편상관계수식 (13.3)에서 분모에 $\sqrt{1-r_{yz}^2}$ 이 없음을 볼 수 있다. 즉, 독립변수 *X*의 선형효과가 *Y*로부터는 제거되지 않았음을 보여준다.

〈표 13.1〉의 자료를 가지고 SPSS 16.0으로 피어슨상관계수를 계산하면 r_{xy}=.792, r_{xz}=.688, r_{yz}=.340이 나온다. 이를 식 (13.4)에 대입하여 계산하면

$$r_{y(x,z)} = \frac{.792 - .688 \times .340}{\sqrt{1-(.688)^2}} = .769$$

가 된다. 계산한 피어슨 상관계수를 식 (13.5)에 대입하여 계산하면

$$r_{x(y,z)} = \frac{.792 - .340 \times .688}{\sqrt{1-(.340)^2}} = .594$$

VIP회원에 대한 중요도가 방문횟수로부터 제거되었을 때가 백화점에 대한 태도로부터 제거되었을 때보다 높게 나타난다.

일반적으로 편상관계수를 부분상관계수보다 더 중요시 여긴다.

2 회귀분석의 기초

2.1 회귀분석의 이론적 배경

피어슨이 읽고 감명받았다는 책에는 다윈(Charles Darwin, 1809~82)의 사촌이었던 영국의 유전학자 프란시스 칼톤(Francis Galton, 1822~1911)이 쓴 『*Natural Inheritance*』이라는 책이 있다. 이 책에서는 주로 가족 간에는 왜 닮았는지, 얼마나 닮은 것인지를 논의하는데, 이 논의과정에서 "평균으로의 회귀(regression to the mean)"라는 개념이 처음으로 등장한다. 평균보다 키가 큰 부모는 자신보다 작은 아이를 낳는 경향이 있고 평균보다 키가 작은 부모는 자신보다 큰 아이를 낳는 경향이 있는데, 이를 평균으로의 회귀라고 불렀고, 회귀정도를 나타내기 위해 coefficient of correlation 개념을 도입하면서 상관관계라는 말이 처음 등장하였다. 이 개념을 발전시킨 사람은 피어슨이며, 앞 절에서 설명한 상관계수를 제안하였다. 상관계수 r은 regression의 첫 자를 의미한다.

이와 같이 칼톤은 오랜 세대가 지나면서도 나타나는 종의 안정성과 연관되는 개념을 평균으로의 회귀라고 다루었다. 이때 회귀란 평균으로 되돌아간다는 의미이다. 특정 값을 추정하려고 할 때 아무 정보가 없으면 그 집단의 평균을 가지고 추정한다면 이는 평균으로 되돌아가는 것이 된

다(이훈영, 2008, p. 397 참조). 이러한 회귀 효과는 우리 모두에게 적용되어, 회귀에 관련된 여러 사례들을 접한다.

> 탁월한 아버지들은 다소 실망스러운 아들들을 두고, 머리가 좋은 여자들은 그다지 머리가 좋지 않은 남자와 살며, 적응을 잘 못하는 사람들은 적응하는 방향으로 바뀌고, 그리고 운이 좋은 사람들은 나중에는 운이 나빠 파산하게 된다. 이러한 사례들을 대하면서도, 사람들이 적절한 회귀의 개념을 획득하지 못한다. 첫째, 회귀가 일어나게 마련인 여러 상황에서 회귀를 예상하지 못하며, 둘째, 적절한 회귀 개념을 배우기가 어려우며, 셋째, 회귀를 관찰하지만, 그에 대해 일반적으로 불필요한 역동적 설명을 만들어낸다.
>
> (출처 : 카네만, 슬로빅, 트발스키 편저, 이영애 옮김, 2010, p. 89)

회귀분석(regression analysis)은 한 변수의 변화를 관련된 다른 변수들에 의해서 설명하려고 하거나 예측하려고 할 때 사용하는 중요한 분석이다. 석유값이 올라가면 석유소비량이 줄어드는 것처럼 한 변수의 변화가 원인이 되어 다른 변수의 변화에 영향을 미치는 현상은 우리 주변에서 쉽게 볼 수 있다. 이 경우 석유값의 변화에 따른 석유소비량의 변화를 밝히는데 있어 각 석유값은 그 값 주변에 흩어진 값의 평균으로 회귀된 값을 가지고 설명한다. 그리고 각 평균을 통과하는 선을 찾는 것이 회귀분석이다.

이러한 평균으로의 회귀를 그림으로 설명하여보자. [그림 13.2]에서 7개의 점들을 예시하고 있다. 주변값들이 평균으로 회귀된 값들이다. 이 평균점들을 통과하는 선을 회귀식(regression line)이라 하고, 이 선을 찾는 방법을 최소자승법(least square method)이라 한다.

이 회귀분석은 사회과학에서 예측모형과 설명모형으로 많이 사용된다. 예측모형으로서 경기예측, 수요예측 등 경제현상을 예측하는데 가장 많이 사용된다. 이 분석은 변동의 원인을 찾아 분석함으로써 변동의 크기를 쉽고 정확하게 예측가능하기 때문에 인과모형(causal model)로서 가장 많이 사용된다. 설명모형으로서는 인간심리와 사회현상에 관한 변수들 사이의 인과관계를 설명하는데 많이 사용되고 있다. 이 회귀분석은 경로

그림 13.2 평균으로의 회귀

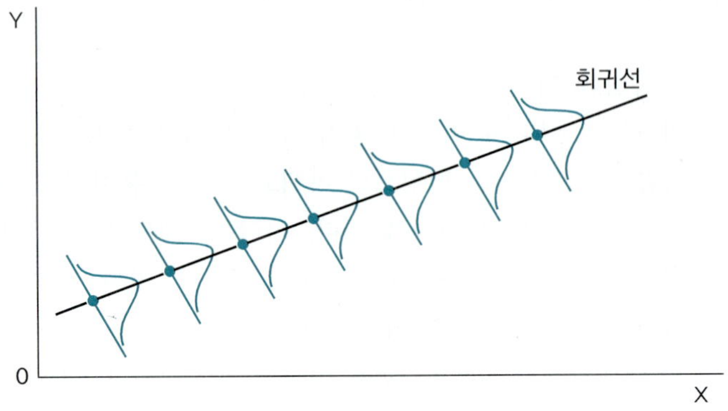

분석과 연결하여 구조방정식모형(structural equation model)으로 발전하였는데, 사회과학논문에서 많이 사용되고 있다(Bagozzi, 1994 참조). 회귀분석에서 관심을 가지고 예측하려는 변수를 종속변수라고 하며, 종속변수를 예측하기 위해 사용되는 변수를 독립변수라고 하며, 이들은 모두 등간척도나 비율척도로 측정된다. 상관관계분석과는 달리 독립변수와 종속변수의 위치를 바꾸면 결과에서 차이가 생긴다.

2.2 회귀분석의 종류와 가정

1) 회귀분석의 종류

회귀분석은 단순회귀분석, 다중회귀분석, 더미변수를 이용한 회귀분석, 그리고 비선형회귀분석이 있다. 이들의 주된 차이는 독립변수에 있으며, 이들이 어떻게 다른가를 살펴보자.

독립변수가 하나일 경우를 단순회귀분석(simple regression analysis), 독립변수가 두 개 이상일 때는 다중회귀분석(multiple regression analysis)이라고 한다. 다중회귀분석은 종속변수를 매출액으로 잡을 경우, 이 변수에 영향을 미치는 독립변수들을 가격, 광고의 양, 소비자들의 소득수준, 인구, 계절 등 다수의 변수들로 잡아, 종속변수와의 관계를 보고자 할 때, 사용될 수 있다. 알려진 여러 독립변수들의 값들을 사용하여, 단일의 종속변수 값을 예측하기 위한 모형을 도출하는 과정을 거친다.

독립변수로서 계절의 변동과 같은 명목척도를 개입하고자 할 때 더미변수를 이용한 다중회귀분석(multiple regression using dummy variables)을 사용한다. 그리고 회귀분석을 실시하기 전에 종속변수와 독립변수 간에 산포도가 선형이 아닌 다른 형태의 관계가 있다고 판단될 때 독립변수를 치환하여 종속변수와 선형에 가까운 관계를 가질 수 있도록 치환한 변수를 이용하는 경우 비선형회귀분석(non-linear regression)이라고 한다.

2) 회귀분석의 가정

회귀분석은 독립변수가 종속변수를 예측하는데 있어서 중요한 변수들이 누락되지 않고 있다는 전제 속에서 다음과 같은 몇 가지 주요한 통계적 가정 아래서 분석되고 있다.

① 독립변수값의 변화에 따라 종속변수값의 변화가 일정하게 나타나야 한다. 즉, 선형적인 관계(linear relationship)가 나타나야 한다. 비선형 회귀분석의 경우에는 치환을 통하여 선형에 가까운 관계로 만드는 과정을 거치는데, 원론과정을 다루는 이 책에서는 생략하기로 한다.

② 독립변수가 2개 이상인 다중회귀분석에서는 독립변수들 사이의 관계에서 상호작용이나 상관관계가 없어야 한다. 다중회귀분석에서 독립변수들 간의 상관관계를 다중공선성(multicollinearity)이라고 한다. 하나의 독립변수가 다른 독립변수에 미치는 영향이 클 경우 다중공선성이 존재하기 때문에, 다중공선성이 없도록 구상될수록 좋은 분석이 된다.

③ 종속변수의 관찰값과 예측값 간의 차이, 즉 오차는 평균이 0이 되고 일정한 분산을 갖는 정규분포를 이룬다고 가정한다. [그림 13.2]는 오차의 평균값이 0이고, 분산이 일정하며, 정규분포를 이루고 있다는 것을 도해적으로 보여주고 있다.

④ 예측의 오차들이 서로 독립하다고 가정한다. 두 개의 오차가 서로

독립하다는 것은 서로 다른 X값에서 나타나는 예측의 오차들은 서로 관계가 없다는 것이다. 이를 식으로 표시하면 $COV(\varepsilon_i, \varepsilon_j) = 0$이 된다.

3 단순회귀분석 실행절차

Malhotra는 단순회귀분석을 하는 데 있어 [그림 13.3]과 같이 9단계의 실행절차를 제시하고 있다(말호트라 저, 강석후와 조현철 옮김, 2004, p. 545 참조). 이 절차에 따라 이 장의 도입부에 제시한 〈표 13.1〉의 자료를 SPSS 16.0으로 분석한 결과를 이용하면서 단순회귀분석을 설명하기로 한다.

3.1 산포도 작성

산포도(scatter diagram or scattergram)를 그려보면 두 변수 사이의 관계를 대략적으로 알 수 있다. 산포도는 두 변수의 상관을 보지만, 회귀분석에서는 독립변수를 X축 종속변수를 Y축으로 하여 관계성을 보려고 하는데, 이와 같이 하여 산포도가 [그림 13.1]에서 볼 수 있는 것처럼, 산포도에 부합하는 직선이 나타날 것으로 예상되면, 선형모형을 탐색하는 과정으로 넘어가게 된다.

3.2 선형모형 형성

단순회귀분석에서 찾는 회귀모형의 일반적 형태는 다음과 같다.

$$Y_i = \beta_0 + \beta_1 X \qquad (13.6)$$

그림 13.3 **단순회귀분석 실행절차**

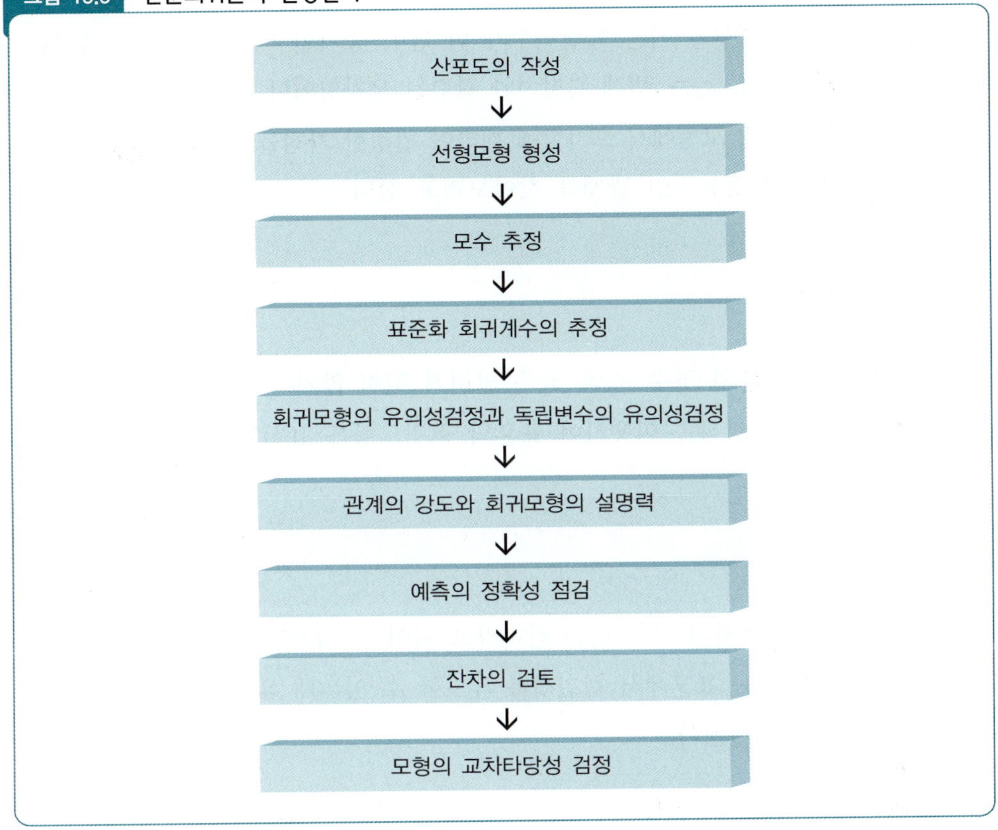

이 모형은 β_0와 β_1이 알려져 있다면 완전히 예측될 수 있는 결정적 관계(deterministic relationship)를 나타내고 있다. 그러나 마케팅조사 현실에서는 오차들이 수반되기 때문에 이렇게 결정적으로 나타나지 않으며, 회귀절차는 확률적 관계(probabilistic relationship)를 고려하기 위해 오차항을 첨가하여, 다음과 같아진다.

$$Y_i = \beta_0 + \beta_1 X_i + \varepsilon_i \tag{13.7}$$

여기서 종속변수 Y_i는 독립변수 X_i에 의해 변화되는 것을 의미하며, β_0

는 선을 구분하는 상수이며, β_1은 선의 기울기를 의미하는데, 이를 회귀계수라고 한다. 이는 독립변수가 한 단위 증가할 때 종속변수의 증가분을 의미한다. ε_i는 i번째 관찰치와 관련된 오차항이다. 회귀모형분석은 이 확률적관계 모형에서 오차항에 대하여 일정한 가정을 하고 종속변수와 독립변수의 평균적인 관계를 찾아보려고 한다.

3.3 모수추정

대부분의 경우 β_0와 β_1은 알려져 있지 않기 때문에 표본을 관찰하여 다음 방정식을 이용하여 표본의 회귀모형을 표현된다.

$$Y_i = a + bX_i + e_i \tag{13.8}$$

표본에서의 오차 e_i는 잔차라고 하여 식 (13.7)의 모집단의 오차 ε_i와 구별한다. 표본에서 회귀식을 유도할 수 있는데 유도된 회귀식은 다음과 같이 표현된다.

$$\widehat{Y}_i = a + bX_i \tag{13.9}$$

$\widehat{Y}_i$는 Y_i에 대한 예측값 또는 추정값이며, a와 b는 β_0와 β_1의 추정량이다. b는 비표준화 회귀계수(unstandardized regression coefficient)라 부르며 회귀선의 기울기를 나타낸다(표 13.5 SPSS결과 참조). 이 계수는 X가 한 단위 변할 때 Y의 기대변화량을 나타내주고 있다.

a와 b를 구하는 논리가 최소자승절차(least squares procedure)이며, 이 절차에 의해서 가장 부합되게 나타나는 직선을 찾는데 이를 회귀선(regression line)이라 한다. 이 선을 구하는 논리는 [그림 13.4]에서 관찰을 통해 나타난 점에서 추론한 회귀선까지의 수직거리가 설명되지 않는 편차, 즉 오차가 되는데, 이 거리를 제곱하여 모두 더하면 오차제곱의 합이

그림 13.4 최소자승기준의 기하학적인 표현

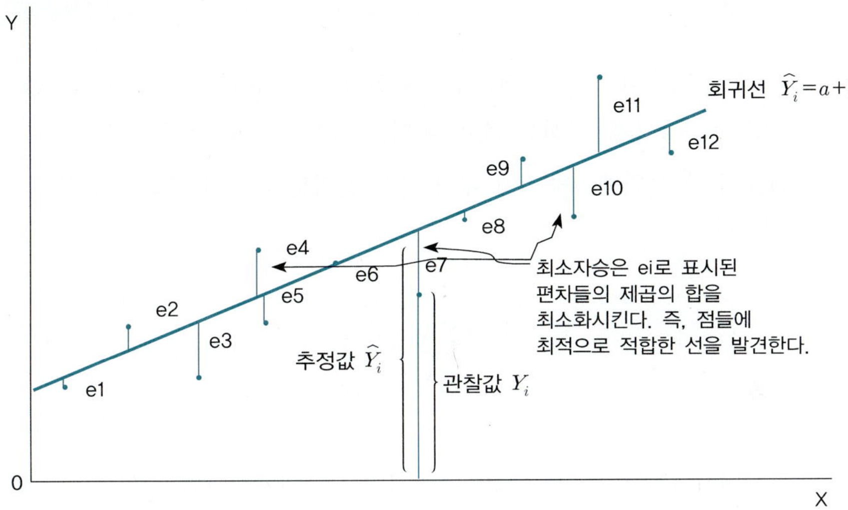

되는데, 이를 최소화시키는 과정으로 전개된다. 최소자승절차에 의해서 독립변수가 종속변수에 미치는 영향력의 크기는 기울기와 절편을 구하면 되는데, 이렇게 나타난 방정식을 회귀모형(regression model)이다.

최소자승기준을 기하학적인 도해로 표시하면 [그림 13.4]와 같다. 즉, 이 그림은 이 장의 도입부에 제시된 12개의 표본값을 예시하기 좋도록 바꾼 것으로서 12개의 점들로 표시되어 있다. 식 (13.9)와 같은 추정회귀식을 구하기 위해서는 ei로 표시되어 있는 편차들을 최소화시키면 된다.

편차들은 +와 −값이 나오기 때문에 편차들의 제곱, 즉 $(Y_i - \widehat{Y}_i)^2$을 전체적으로 합하여 최소화시키는 절차를 택하면 된다. 이것이 최소자승법(least square method), 또는 최소자승절차의 논리이다.

$$\min \sum e_i^2 = \min \sum (Y_i - \widehat{Y}_i)^2 \tag{13.10}$$

식 (13.9)를 식 (13.10)에 대입하면 식 (13.11)과 같이 된다.

$$\min\sum e_i^2 = \min\sum(Y_i - a - bX_i)^2 \quad (13.11)$$

그러므로 최소자승법에 의한 회귀식을 결정하려면 식 (13.11)을 만족시키는 a와 b를 구하는 것이 된다. $\sum(Y_i - a - bX_i)^2$를 최소로 하는 a와 b를 구하기 위해 a와 b에 대해 각각 편미분을 하면 다음과 같은 두 식을 얻는다.

$$Y_i = na + b\sum X_i \quad (13.12)$$

$$\sum X_i Y_i = a\sum X_i + b\sum X_i^2 \quad (13.13)$$

식 (13.12)와 식 (13.13)을 충족시키는 회귀계수 a와 b를 구하기 위해서 연립방정식을 풀면 다음과 같은 표본의 회귀계수가 도출된다.

$$b = \frac{\sum X_i Y_i - n\overline{X}\overline{Y}}{\sum X_i^2 - n\overline{X}^2} \quad (13.14)$$

$$a = \overline{Y} - b\overline{X} \quad (13.15)$$

이 장의 도입부에 있는 〈표 13.1〉에 나타난 자료를 가지고 위 식 (13.14)와 식 (13.15)를 가지고 표본의 회귀계수를 구해보자. 두 식을 살펴보면 b값은 $X_i Y_i$의 합($\sum X_i Y_i$)과 각 X_i의 합($\sum X_i$), Y_i의 합($\sum Y_i$), X_i제곱의 합($\sum X_i^2$)을 구하면 되고, a값은 b값을 알고 X의 평균값($\overline{X}$)과 Y의 평균값($\overline{Y}$)을 알면 도출될 수 있다.

평균 $\overline{X}$=11.750 $\overline{Y}$=8.416

$$b = \frac{\sum X_i Y_i - n\overline{X}\overline{Y}}{\sum X_i^2 - n\overline{X}^2} = \frac{1{,}262 - 12 \times 11.75 \times 8.42}{1{,}817 - 12 \times (11.75)^2} = 4.70$$

$$a = \overline{Y} - b\overline{X} = 2.899$$

표 13.4 회귀식 계산과정

대상	X_i	Y_i	X_i^2	Y_i^2	X_iY_i	예측 $\widehat{Y}_i$	$Y_i-\widehat{Y}_i$	$(Y_i-\widehat{Y}_i)^2$
1	10	6	100	36	60	49.90	43.90	1,927.12
2	12	9	144	81	108	59.30	50.30	2,529.99
3	12	8	144	64	96	59.30	51.29	2,630.66
4	11	8	121	64	88	54.60	46.60	2,171.47
5	12	10	144	100	120	59.30	49.30	2,430.39
6	6	4	36	16	24	31.10	27.10	734.36
7	8	5	64	25	40	40.50	35.50	1,260.18
8	18	11	324	121	198	87.50	76.50	5,852.10
9	17	11	289	121	187	82.80	71.80	5,155.10
10	9	9	81	81	81	46.20	36.20	1,310.37
11	9	10	81	100	90	45.20	35.20	1,238.97
12	17	10	289	100	170	82.80	72.80	5,299.69
합계	ΣX_i 141	ΣY_i 101	ΣX_i^2 1,817	ΣY_i^2 909	ΣX_iY_i 1,262			$\Sigma(Y_i-\widehat{Y}_i)^2$ 32,540.39

〈표 13.5〉에 나타난 단순회귀분석의 SPSS결과와 같게 나온다.

〈표 13.5〉의 SPSS통계분석결과표를 보면 비표준화 회귀계수를 줄여서 비표준화계수 b로 나타나 있다. 그리고 b의 표준편차는 b의 표준오차(standard error of b: SEb)라고도 한다. 평균의 표준오차(standard error of mean)로 표시하며, 추정량의 정도를 나타내는 척도로서 추정량에 관한 표본분포의 표준편차를 의미한다.

〈표 13.4〉에서 나타난 결과를 가지고 회귀식으로 나타내면 절편은 상수 2.899이고 기울기 b는 .470으로 나타나 있다. 따라서 방정식은 다음과 같은 식이 된다.

$$\text{태도 } Y = 2.899 + .470\, X(\text{방문횟수}) \qquad (13.16)$$

b의 표준편차, 즉 표준오차(SEb)는 0.121로 추정되고 t-관찰값은 t= 2.899/1.493=1.942로 자유도는 $n-2=12-2=10$이다.

표 13.5 단순회귀분석의 SPSS결과

단순 R	.774				
결정계수 R^2	.600				
수정된 R^2	.560				
표준오차	1.5027				
			분산분석		
	자유도	제곱합	제곱합의 평균	F	유의확률
회귀	1	35.336	35.336	14.985	.003
잔차	10	22.581	2.358		
			계수*		
	비표준화계수		표준화계수		
변수	b	표준편차	$Beta(B)$	t	유의확률
(상수)	2.899	1.493		1.942	.081
방문횟수	.470	.121	.774	3.871	.003

* 종속변수 : 백화점에 대한 태도

3.4 표준화 회귀계수의 추정

표준화 계수와 비표준화 계수를 살펴보자. 표준화 계수는 표준화된 자료를 입력자료로 하여 회귀분석결과로 나타나는 자료이고, 비표준화 계수는 표준화하기 전의 원래 자료를 이용하여 회귀분석결과로 나타나는 자료이다. 실제 예측에서는 측정된 독립변수에 해당되는 실제 자료를 입력하여 종속변수값을 구하기 때문에 비표준화 계수로 회귀식을 만든다([그림 13.5]와 식 (13.9)를 참조).

표준화(standardization)는 원자료가 새로운 변수로 변형되는 과정을 말한다. 표준화되어 나타나는 새로운 변수는 평균이 0이며 1이다. 자료가 표준화되면, 절편은 0의 값을 취한다. 베타계수(beta coefficient) 또는 베타가중치(beta weight)는 표준화된 회귀계수(standardized regression coefficient)를 지칭하기 위하여 사용된다. 이 경우에는 X에 대한 Y의 회귀식에 의해서 얻어진 기울기는 Y에 대한 X의 회귀에 의해서 얻어진 기울기와 동일하다. 〈표 13.5〉의 SPSS결과를 보면 표준화 계수 *Beta*(B)로 표시되어 나타나고 있다. 독립변수가 1개인 회귀분석에서 X, Y를 표준화하면 표준화계수 *Beta*(B)는 단순상관계수 *R*과 동일하다. 〈표 13.5〉에서 *Beta*(B)가 .774이고 단순상관계수 *R*도 .774로 나타나고 있다.

3.5 회귀모형과 독립변수의 유의성검정

1) 회귀모형의 유의성검정

도출된 회귀모형이 유의한지 아닌지를 검정하는 것은 분산분석표를 통해서 이루어진다. 〈표 13.5〉의 SPSS결과 분산분석표를 보면 모형의 검정통계량 *F*-값 14.985와 함께 유의확률 *p*-값이 .003으로 나타나 있다. 이는 백화점에 대한 태도를 종속변수로 하고, 방문횟수를 독립변수로 하는 단순회귀모형은 유의수준 $\alpha=0.01$에서도 통계적으로 유의한 모형으로 나타나고 있다.

2) 독립변수의 유의성검정

분산분석표를 가지고 회귀모형에 대한 통계적 유의성 검정이 끝나고 나면 회귀계수를 살펴보아야 한다. 〈표 13.5〉에 나타난 계수난을 보면 독립변수에 대한 비표준화 계수와 표준화 계수, 그리고 *t*-값과 유의확률 *p*-값이 나타나 있다. *t*-값과 유의확률로 개별 독립변수의 통계적 유의성을 검정한다. 〈표 13.5〉에서 방문횟수를 나타내는 독립변수의 유의확률은 .003으로 나타나 있다. 이는 유의수준 $\alpha=0.05$나 $\alpha=0.01$ 양쪽에서 유의하기 때문에 방문횟수가 단순회귀모형의 독립변수로 적합한 것으로 나타난다. 이 독립변수가 유의하지 않다면 제외하고 다른 독립변수를 찾아야 한다. 이와 같이 *t*-검정은 *X*와 *Y* 사이에 선형관계(linear relationship)를 검정하기 위해 사용된다.

이 책의 부록에 있는 통계표를 가지고 유의성검정을 하면 자유도 10과 유의수준 $\alpha=0.05$인 경우 *t*-임계값은 양측검정에서 2.228로 나타난다. *t*의 관찰값이 3.871로 나타나 임계값 2.228보다 크기 때문에, 귀무가설은 기각된다. 유의수준 $\alpha=0.01$인 경우 *t*-임계값은 양측 검정에서 3.169로 나타나 t-관찰값이 3.871이어서 t-임계값 3.169보다 크기 때문에 기각역에 속한다. 〈표 13.5〉 SPSS표에서 유의확률 p-값이 .003으로 나타났기 때문에 $\alpha = 0.05$나 $\alpha = 0.01$에서도 기각역에 속한다는 것을 알 수 있다. 이는 백화점에 대한 태도와 방문횟수 사이에는 유의한 선형관계가 있다는 것을 말해준다. 기울기 계수를 볼 때 정의 관계라는 것을 알 수 있으며, 백화점을 많이 방문하는 사람일수록 백화점에 대해서 호의적인 태도를 가진다고 볼 수 있다.

3.6 관계의 강도와 회귀모형의 설명력

1) 결정계수 R^2

관계의 강도는 결정계수로 측정된다. 결정계수(determination coefficient)는 회귀분석에 있어 독립변수들이 종속변수를 설명하는데 필요한 관련성의 정도를 의미한다.

단순회귀분석에서 결정계수는 두 변수를 상관시켜 구한 단순상관계수의 제곱이 된다. 결정계수는 0과 1 사이에서 변한다. 이것은 Y에 있어서의 전체 변동 가운데서 X에 있어서의 변동에 의해 설명되는 비율을 나타낸다. 〈표 13.5〉에서 $R^2 = 0.600$으로 나타나 있다. 이 관계의 강도는 0.8 정도보다는 못하지만 어느 정도 강도가 있다고 볼 수 있다.

여기서 결정계수에 대해서 자세히 살펴보자. [그림 13.5]에서는 종속변수 각각의 관찰값 Y_i와 이들의 평균 $\overline{Y}$의 차이를 Y의 총편차(total deviation of Y)로 그려져 있고, 이 총편차는 다시 설명되지 않는 편차(unexplained deviation)와 설명되는 편차(explained deviation)의 합으로 그려져 있다. 총편차제곱의 합(sum of squared total : SST)은 회귀식에 의해 설명되지 않는 변동인 편차제곱의 합(sum of squares error : SSE)과 회귀식에 의해 설명되는 편차제곱의 합(sum of squares regression : SSR)을 합한 것으로 나타낸다.

$$SST = SSE + SSR \qquad (13.17)$$

그림 13.5 단순회귀분석에서 전체 변동의 분해

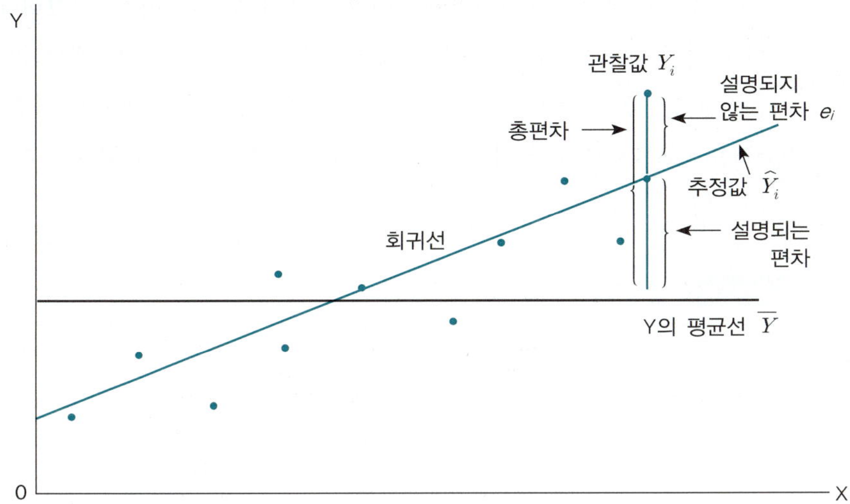

표본의 모든 요소들이 회귀선 상에 있다면, 설명되지 않는 변동 $SSE=0$이 될 것이다. 그러나 $SSE=0$인 경우는 거의 없다. 따라서 회귀식의 적합도는 SSE의 절대적 또는 상대적 크기에 따라 측정된다. 즉, 적합도의 측정값 가운데 하나인 추정의 표준오차는 SSE값의 절대적인 크기에 의해 측정된다. 즉, 추정의 표준오차는 표본회귀식에서 얻은 예측값과 실제 관찰값 사이에 나타나는 잔차들의 표준오차이다. 이는 SEE(standard error of estimate)로 표현하며, 예측의 정확성 검토에서 사용된다. 적합도의 또 다른 측정값인 결정계수는 총편차제곱의 합인 SST에서 회귀식에 의해 설명되는 편차제곱의 합인 SSR이 차지하는 상대적인 크기로 측정된다. 관찰값이 회귀식에 가까울수록 1에 접근하게 된다.

$$R^2=\frac{\sum(\hat{Y}_i-\overline{Y})^2}{\sum(Y_i-\overline{Y})^2}=\frac{SSR}{SST} \qquad (13.18)$$

2) 결정계수의 계산

〈표 13.1〉의 백화점에 대한 태도의 사전조사 자료를 가지고 [그림 13.5]에서 나타난 개념을 가지고 *SST*와 *SSR*을 구하여 결정계수를 계산하는 절차는 〈표 13.6〉과 같이 요약할 수 있다. 〈표 13.6〉에서 계산된 결정계수 0.600은 〈표 13.5〉에서 나타난 SPSS프로그램으로 분석한 결정계수와 같다는 것을 알 수 있다.

표 13.6 결정계수 R^2의 계산

X_i	Y_i	$\hat{Y}_i{}^b$	$(Y_i - \bar{Y}{}^a)^2$	$(\hat{Y}_i - \bar{Y})^2$
10	6	7.599	5.841	0.669
12	9	8.539	0.339	0.014
12	8	8.539	0.173	0.014
11	8	8.069	0.173	0.121
12	10	8.539	2.505	0.014
6	4	5.719	19.509	7.279
8	5	6.659	11.675	3.090
18	11	11.359	6.671	8.655
17	11	1.889	6.671	6.110
9	9	7.129	0.339	1.658
9	10	7.129	2.505	1.658
17	10	10.889	2.505	6.110
합계	101		58.906(=SST)	35.392(=SSR)

a : $\bar{Y} = 8.417$

b : $\hat{Y}_i = 2.899 + .470$ (관찰X값)

$$R^2 = \text{SSR/SST} = 35.392/58.906 = 0.600$$

3) 상관계수, 공분산, 결정계수

두 변수 사이의 선형관계의 강도, 즉 밀접한 정도를 측정하는 상관계수와 함께 두 변수 사이의 상호관계를 나타내는 측정값인 공분산(covariance)이 있다.

$$공분산\ COV_{xy} = \sum_{i=1}^{n} \frac{(X_i - \overline{X})(Y_i - \overline{Y})}{n-1} \tag{13.19}$$

이 공분산의 크기는 그 변수를 측정하는데 사용된 단위가 달라짐에 따라 커다란 차이를 나타내기 때문에 공분산 그 자체는 두 변수 사이의 관계의 상대적 강도를 나타내는 좋은 지표가 되지 못한다. 측정단위나 대상에 관계없이 두 변수 사이의 선형관계의 강도를 나타내 줄 수 있는 지표를 구하기 위해서는 두 변수의 공분산을 표준화할 필요가 있게 된다.

표본의 상관계수를 제곱하면 표본의 결정계수가 된다. 따라서 두 개의 변수를 독립변수와 종속변수로 분류하여 생각할 수 있다면 상관관계분석에서 표본상관계수의 제곱으로 나타내어지는 결정계수는 회귀분석에서의 표본회귀식의 결정계수와 같게 나타난다.

3.7 예측의 정확성 검토

예측값(estimate value)은 식 (13.9)에서 설명한 바 있듯이, $\widehat{Y}_i = a + bX_i$로 표현된다. $\widehat{Y}_i$는 Y_i의 예측된 값이며, 표본회귀식에서 나타나는 a와 b는 각각 모집단회귀함수의 상수 β_0와 β_1의 예측된 값을 의미한다는 것을 설명한 바 있다. 예측값의 정확성을 추정하기 위해서 추정값 $\widehat{Y}_i$의 표준오차(standard error of estimate : SEE)를 계산하면 된다.

$$\text{SEE} = \sqrt{\frac{\sum_{i=1}^{n}(Y_i - \widehat{Y}_i)^2}{(n-2)}} \tag{13.20}$$

〈표 13.4〉 SPSS결과표를 보면 잔차의 제곱합 $\sum(Y_i - \widehat{Y}_i)^2$이 22.581로 나타나 다음과 같이 추정된다.

$$SEE = \sqrt{\frac{22.581}{12-2}} = 1.5027$$

이는 〈표 13.5〉 단순회귀분석의 SPSS결과표의 왼쪽 위에 표준오차값으로 나타나 있다.

이 추정의 표준오차는 다음과 같은 의미를 가지고 있다.

X_i를 알고 Y_i를 예측하고자 하는 회귀모형에서 각 X_i에 대한 예측된 Y_i는 실제의 Y_i가 아니라, X_i에 대한 Y_i값들의 분포에서 하나의 대표값에 해당한다. 이 분포의 범위가 적을수록 예측오차는 적어진다. 예측의 표준오차 *SEE*는 예측값을 추정하는 데서 생기는 오차라고 하여 추정의 표준오차(standard error of estimate)라고도 부른다. 이는 표본들의 실제 관찰값이 회귀모형으로부터 얼마나 흩어져 있는가를 나타낸다.

앞의 식 (13.20)에서 분자의 $\sum(Y_i - \widehat{Y}_i)^2$를 살펴보면 예측값과 관찰값이 일치하여 회귀모형 위에 모든 관찰값이 놓여있다고 보면 0이 되어, *SEE*도 0이 된다. *X*와 *Y*가 아무런 관계가 없을 경우는 각 *X*에 대한 Y값을 예측할 수 없기 때문에 *Y*값을 예측할 때 예측값으로서 *Y*의 평균값만을 사용할 수 있게 된다. 이 경우 분자는 $\sum(Y_i - \overline{Y})^2$이 되어 *SEE*는 *Y*의 표준편차 S_y와 같게 된다. 즉, *SEE*는 0에서부터 S_y의 범위 안에 있게 된다. 식 (13.20)의 분모에서 2개가 빠져 $n-2$가 된 것은 회귀모형의 β_0, β_1의 모수추정과정에서 자유도가 하나씩 빠졌기 때문이다.

이와 같이 *SEE*는 표본회귀모형에서 얻은 예측값과 실제 관찰값 사이에서 나타나는 잔차들의 표준편차이다(〈표 13.4〉에서 구하는 방법을 소개한 바 있다).

이 추정오차의 의미를 [그림 13.6]에서 보여주고 있다. 회귀분석의 가정에서 종속변수의 관찰값과 예측값 간의 차이인 오차는 평균이 0이 되고 일정한 분산을 갖는 정규분포를 이룬다는 것을 배웠다(그림 13.2 참조). *SSE*를 S_e로 표시하면 회귀분석의 가정이 모두 충족된 회귀모형의 관찰값의 약 68%가 회귀모형의 +1 S_e에서 −1 S_e 안에 있게 되며, 관찰값의 95%가

그림 13.6 추정오차의 의미

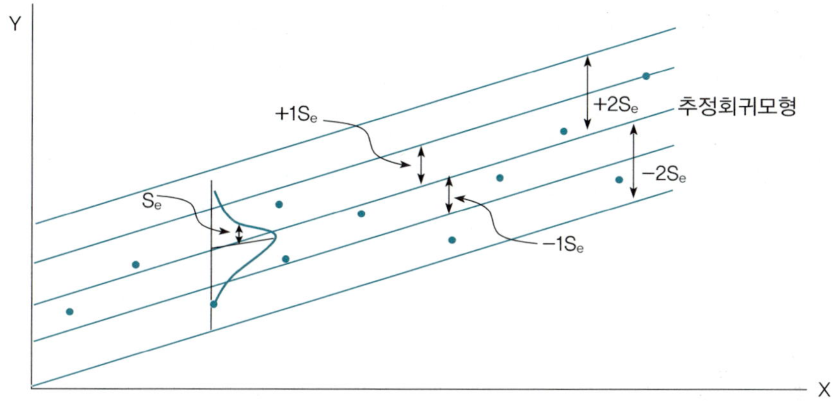

회귀모형의 +2 S_e에서 −2 S_e 안에 있게 된다. 관찰값의 99.7%가 회귀모형의 +3 S_e에서 −3 S_e 안에 있게 된다는 의미이다.

3.8 잔차의 검토

잔차(residual)는 Y_i의 관찰값(observed value)과 회귀방정식에 의해서 예측된 값(predicted value) 사이의 차이를 말한다. [그림 13.5]에서 잔차는 '설명되지 않는 편차'로 보여주고 있다. 즉, 점으로 표시된 관찰값과 회귀방정식 위에 있는 예측된 값 사이의 차이를 보여주고 있다. 잔차들은 회귀분석과 관련하여 몇 가지 통계량들의 계산에서 나타난다. 그리고 잔차의 산포도를 작성하여, 회귀모형의 적절성을 검토하는 데 도움을 준다.

오차항이 정규분포를 한다는 가정은 잔차의 히스토그램을 작성하여 조사할 수 있는데, 히스토그램을 시각적으로 조사해보면 분포가 정규분포인지 아닌지를 알 수 있다.

오차항의 등분산성(constant variance)에 대한 가정은 회귀방정식에 의해서 예측된 Y_i값을 X축으로 하고 잔차를 Y축으로 하여 그림으로 나타내

그림 13.7 모형이 적절할 때와 아닐 때 잔차의 분산

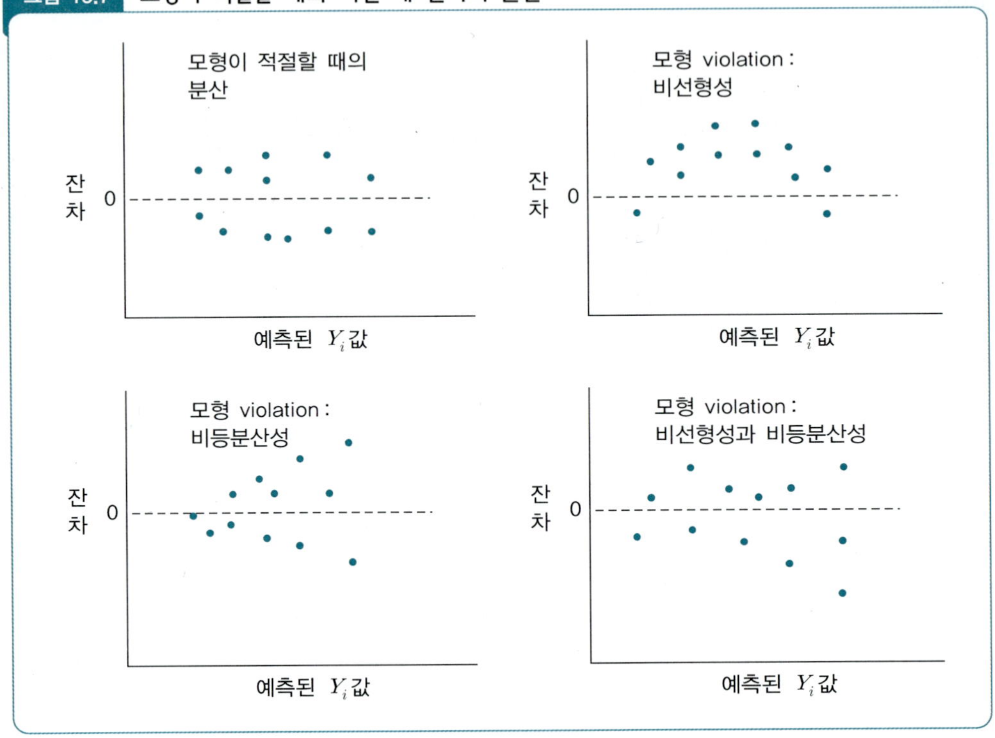

면 알 수 있다. [그림 13.7]을 보면 예측된 Y_i값에 잔차의 분산이 일정한 패턴을 보이고 있음을 보임으로서 모형이 적절하다는 것을 보이고 있다 (Stevens 2009, chapter 3 참조).

3.9 모형의 교차타당성 검정

회귀분석 실행의 마지막 과제는 도출된 회귀모형이 추정에 이용되지 않은 다른 독립표본 자료에 대해서도 얼마나 잘 예측할 수 있는지를 보는 것이다. 이를 교차타당성(cross-validation)검정 단계라고 하며, 결과가 모집단에 대해 일반화가능성(generalizability)을 가지는지 아닌지를 결정하는 단계이다. 타당성을 입증하기 위해 모집단의 또 다른 표본을 추출하여 두 가지 표본에서 나온 결과들이 어느 정도 일치하고 있는가를 평가하면 일

반화가 높아질 것이다.

다른 표본을 추출하지 않고 수집된 표본에서 타당성을 보려는 방법 중에서 자료분할(data splitting)법이 있는데, 이는 표본을 무작위적으로 반으로 분할하여 분할된 표본에 대한 회귀모형을 추정하여 결과를 비교하는 것이다. 또 하나는 수정된 R^2(adjusted R^2)을 검토하는 것이다(Stevens 2009). 〈표 13.5〉에서 수정된 R^2가 .560(R^2은 6.00)으로서 이는 추정된 모형이 어느 정도 적절하다는 것을 보여준다. 마케팅조사에서 교차타당성을 보고자 하는 경우에는 일반적으로 다음과 같은 절차를 수행한다(Malhotra 2006).

① 전체 자료집합을 가지고 회귀모형을 추정한다.
② 입수된 자료를 두 개의 표본, 즉 추정표본과 타당화표본으로 자료분할한다.
③ 추정표본자료를 가지고 회귀모형을 추정한다.
④ 타당화표본에서 나타난 관찰값에 대한 종속변수의 예측값들을 예측하기 위해 타당화표본 자료에 추정모형을 적용한다.
⑤ 타당화표본에서 관찰값과 예측값을 통해 결정계수를 결정한다. 나타난 결정계수는 전체 표본의 결정계수와 비교하고, 추정표본의 결정계수와도 비교된다.

4 다중회귀분석 실행절차

단순회귀분석은 한 개의 종속변수와 한 개의 독립변수의 관계를 다루었다. 현실에서는 한 개의 종속변수에 두 개 이상의 독립변수들이 영향을 미치는 관계를 볼 필요가 있는데, 이를 다중회귀분석(multiple regression)이라고 한다.

이 장의 도입부에 제시된 〈표 13.1〉에서 제시한 백화점에 대한 태도의 사전조사 자료에서 방문횟수와 태도와의 관계를 조사하였다. VIP카드를 만들어 자주 방문하는 소비자들에게 배포하고 일 년 뒤 백화점에 대한 태도, 방문횟수, 그리고 VIP회원이 되는 중요도가 어떻게 연관되는지에 대해서 알고자 했다. 두 개의 독립변수가 종속변수인 백화점에 대한 태도에 어떠한 영향을 미치는지 다중회귀분석을 살펴보고자 한다.

4.1. 다중회귀분석의 실행절차

다중회귀분석의 실행절차는 [그림 13.3]에서 제시한 단순회귀분석 실행절차와 비슷하게 이루어진다. 다중회귀모형 형성부터 시작하여 보자.

1) 다중회귀모형 형성

이 책의 도입부에 제시한 예에서는 백화점에 대한 소비자 태도에 영향을 미칠 수 있는 변수로서 방문횟수와 VIP 중요도라는 두 독립변수들을 제시하였다.

다중회귀모형은 식 (13.7)에서 VIP중요도라는 변수를 하나 첨가하여 나타난다.

$$Y_i = \beta_0 + \beta_1 X_1 + \beta_2 X_2 + \varepsilon_i \qquad (13.21)$$

〈표 13.1〉에서 제시한 백화점에 대한 태도의 사전조사 자료에서 방문횟수와 VIP중요도 두 변수가 종속변수인 백화점에 대한 태도와의 관계를 SPSS 16.0 프로그램을 이용하여 분석한 결과 〈표 13.7〉과 같은 결과가 나타났다.

2) 모수추정: 편회귀계수

식 (13.21)에서 모수 β_0, β_1, β_2를 추정하기 위한 표본의 종속변수의 예측값의 회귀모형은 다음과 같다. 이때 b_1과 b_2를 편회귀계수(partial

표 13.7 다중회귀분석의 SPSS결과

다중	R	.897
	R^2	.804
수정된 R^2		.760
표준오차		1.13285

분산분석[b]

	자유도	제곱합	제곱합의 평균	F-값	유의확률
회귀	2	47.367	23.683	18.454	.001[a]
잔차	9	11.550	1.283		
전체	11	58.917			

a: 예측값 : (상수), 방문횟수, VIP중요도, b: 종속변수 : 태도

계수[c]

모형	비표준화계수		표준화계수		
	b	표준오차(SE_b)	$Beta(B)$	t	유의확률
(상수)	1.678	1.171		1.433	.186
방문횟수	.370	.095	.611	3.893	.004
VIP중요도	.349	.114	.481	3.062	.014

c: 종속변수 : 태도

regression coefficient)라고 한다.

$$\hat{Y}_i = a + b_1X_1 + b_2X_2 \qquad (13.22)$$

편회귀계수 b_1은 X_2가 일정하거나 또는 통제될 때 X_1이 1단위 변할 때 Y에 있어 기대변화량을 나타낸다. 편회귀계수 b_2는 X_1이 일정하거나 또는 통제될 때 X_2가 1단위 변할 때 Y에 있어 기대변화량을 나타낸다. 변수가 여러 개 있는 경우에도 이를 확장하면 된다.

$$\hat{Y}_i = a + b_1X_1 + b_2X_2 + \cdots\cdots + b_kX_k \qquad (13.23)$$

편회귀계수 b_1은 X_2에서 X_k까지의 변수들이 일정하거나 또는 통제될 때 X_1이 1단위 변할 때 Y에 있어 기대변화량을 나타낸다.

베타계수는 회귀방정식이 추정되기 전에 모든 변수들(Y, X_1, X_2,$\cdots X_k$)이 평균이 0이고 분산이 1이 되도록 표준화된 경우에 얻어지는 편회귀계수이다. 절편과 편회귀계수는 방정식을 미분하여 편도함수가 0이 되도록 유도되는 연립방정식의 해를 구하여 얻어진다. 〈표 13.7〉에서 방문횟수의 편회귀계수 .370은 〈표 13.5〉의 단순회귀분석에서의 회귀계수 .470보다 작아진 것을 볼 수 있다.

〈표 13.7〉에 나타난 결과를 가지고 회귀식으로 나타내면 다음과 같은 식이 도출된다.

$$\widehat{Y}_i = 1.678 + .370\ X_1 + .349\ X_2 \tag{13.24}$$

$$태도 = 1.678 + .370(방문횟수) + .349(VIP중요도) \tag{13.25}$$

〈표 13.1〉의 자료는 임의로 설정한 것이기 때문에 조사에 따라 이 식의 내용은 달라질 수 있다.

3) 표준화 편회귀계수의 추정

〈표 13.7〉에서 표준화된 편회귀계수가 $Beta(\beta)_1$=.611, $Beta(\beta)_2$= .481로 나타났다. 회귀계수를 표준화시키는 원리는 단순회귀분석과 같다.

4) 회귀모형의 유의성검정과 독립변수의 유의성검정

(1) 회귀모형의 유의성검정

전반적 회귀모형의 유의성검정에서 귀무가설은 모집단의 다중결정계수 R^2가 0이라는 것이다. 이는 $\beta_1 = \beta_2 = 0$라는 것으로 나타난다.

〈표 13.7〉에서 F-값이 18.458로 나타나고 유의확률 p-값이 .001로 나타나고 있다. 이는 $\alpha = 0.05$에서 회귀모형이 유의함을 나타내고 있다.

(2) 독립변수의 유의성검정

〈표 13.7〉에 나타난 계수난을 보면 독립변수에 대한 비표준화 계수와 표준화 계수, 그리고 t-값과 유의확률 p-값이 나타나 있다. t-값과 유의확률로 개별 독립변수의 통계적 유의성을 검정한다. 〈표 13.7〉에서 방문횟수를 나타내는 독립변수의 유의확률 p-값은 .004으로 나타나 있다. 이는 유의수준 $\alpha=0.01$에서 유의하기 때문에 방문횟수가 독립변수로 적합한 것으로 나타난다. VIP중요도는 유의확률이 .014로 나타나고 있다. 이는 $\alpha=0.05$에서는 유의하다. 그러나 $\alpha=0.01$에서는 유의하지 않다.

5) 관계의 강도와 회귀모형의 설명력

〈표 13.7〉에서 결정계수 R^2이 .804로서 관계의 강도가 강하게 나타나고 있다. 단순회귀모형에서 나타난 R^2=0.600과 비교하면 독립변수를 추가한 다중회귀모형의 설명력이 상당히 높아진 것을 알 수 있다.

6) 예측의 정확성 점검

〈표 13.7〉에 제시한 것처럼 추정의 표준오차(SEE)는 1.13285로 나타나 〈표 13.5〉의 단순회귀분석에서의 SEE 1.5027보다 작게 나타나고 있다.

7) 잔차의 검토

잔차(residual)는 Y_i의 관찰값과 회귀방정식에 의해 예측된 값 $\widehat{Y}_i$ 사이의 차이이다. 잔차의 산포도를 작성하면 예측값, 예측변수 등에 의해서 그림으로 나타나는데, 기본적인 가정들과 회귀모형의 적절성을 검토하는 데 유용하다. 단순회귀모형 분석과정에서 설명하였다(그림 13.8 참조).

8) 예측변수의 상대적 중요도

예측변수들, 즉 독립변수들 중에서 어느 변수가 종속변수에 더 큰 영향을 미치는가? 일반적으로 회귀계수의 크기를 보면 알 수 있다. 그러나 비표준화계수는 표준화되지 않았기 때문에 독립변수가 측정단위와 분포의 평균에 따라 크기가 달라지기 때문에 이 계수로는 독립변수가 종속변수에 미치는 상대적 영향력을 파악할 수 없다. 따라서 독립변수의 측정단위와 분포의 평균에 따라 영향을 받지 않도록 독립변수들을 표준화한 자료를 가지고 회귀분석하여 나타난 표준화계수 *Beta*(β)가 필요하다.

〈표 13.7〉에서 방문횟수의 표준화계수 *Beta*(β) =.611이고 VIP중요도는 .481로 나타나 있다. 방문횟수가 VIP중요도보다 크기 때문에 백화점태도에 방문횟수가 더 큰 영향을 미친다는 것을 알 수 있다.

독립변수들 간에 상관관계, 즉 다중공선성(multicollinearity)이 존재할 때 예측변수들의 상대적 중요성을 평가하기 위해서는 다음과 같은 방법을 택할 수 있다(Malhotra, 2006).

① 한 변수의 편회귀계수가 유의하지 않으면 그 변수는 중요하지 않는 것으로 판단한다.

② 단순상관계수의 제곱 R^2에 의해 판단하는 것이다. 단순회귀분석을 하여 독립변수들에 의해 설명되는 종속변수의 변동비율인 결정계수(R^2)를 측정하여 판단할 수 있다.

③ 편상관계수의 제곱에 의해 판단하는 것이다. 이는 다른 독립변수들 간의 영향을 통제한 상태에서 종속변수와 독립변수 간의 결정계수($R^2_{yx1,xjxk}$)를 측정하여 판단할 수 있다.

④ 부분상관계수의 제곱에 의해 판단하는 것이다. 이는 다른 독립변수가 이미 포함되어 있는 회귀모형에 한 변수가 투입될 때 결정계수 R^2에서 증가가 나타나는지를 보고 판단할 수 있다.

⑤ 표준계수나 베타 가중치에 기초하여 판단하는 것이다. 이는 가장 일반적으로 사용되는 방법으로 베타 가중치의 절대값이나 베타계수의 제곱을 활용하여 판단하는 것이다.

⑥ stepwise 회귀분석을 하는 것이다. 이는 회귀방정식에서 순서대로 독립변수를 투입하거나 제거함으로 해서 독립변수들의 상대적 중요성을 판단하는 것이다.

4.2 다중공선성

1) 다중공선성의 개념

두 개의 독립변수를 가지고 있는 다중회귀식이 다음과 같이 추정되었다고 하자.

$$Y_i = \beta_0 + \beta_1 X_1 + \beta_2 X_2 \tag{13.26}$$

이 회귀식에서 독립변수 X_1, X_2와 종속변수 Y_i 사이에서 상관관계가 높을수록 좋다. 그러나 독립변수 X_1과 X_2 사이에서 상관관계, 즉 다중공선성이 높으면 잘못 추정된 회귀식이 된다. 그러므로 다중회귀분석에서 가장 먼저 고려해야 하는 것은 독립변수들 간의 다중공선성(multicollinearity)이다. X_1, X_2와 같은 종속변수들이 종속변수 Y와의 선형관계가 이루어지기 위해서는 변수 X_1, X_2 사이에 독립성 가정이 이루어져야 한다. 독립변수들 간에 상관관계가 존재한다면, 이들 독립변수들 간에 상호작용이 발생하여 독립변수들과 종속변수와의 정확한 관계를 파악하기가 어렵게 된다.

다중회귀분석에서 다중공선성이 존재하는 경우를 그림으로 설명하면 [그림 13.8]과 같다. 이 그림에서 왼쪽에 있는 세 개의 원으로 그려진 A는 X_1과 X_2 사이에 다중공선성이 나타나는 경우, 오른쪽에 있는 세 개의 원으로 그려진 B는 X_1과 X_2 사이에 다중공선성이 나타나지 않는 경우를 그림으로 나타낸 것이다.

2) 다중공선성의 진단

이러한 다중공선성이 있는가를 진단하는 방법 중에서 공차한계(tolerance)를 이용하는 방법을 많이 사용한다. 공차한계는 여러 개의 독립변수들 중에 하나의 독립변수를 종속변수로 하고, 나머지 다른 독립변수들을 독립변수로 한 회귀분석에서 모형의 설명력을 나타내는 결정계수 R^2을 구한 후 1에서 이 결정계수 R^2을 뺀 값, 즉 $1-R^2$을 말한다. 공차한계가 커진

그림 13.8 다중공선성

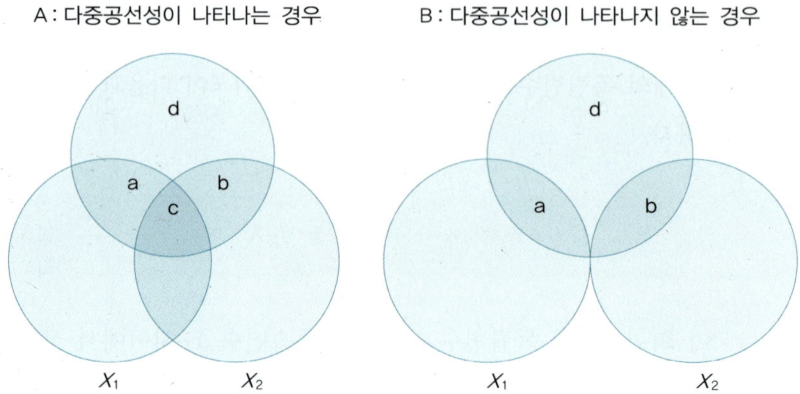

a = X_1에 의해서만 유일하게 설명되는 Y의 분산
b = X_2에 의해서만 유일하게 설명되는 Y의 분산
c = X_1, X_2를 합하여 설명되는 Y의 분산
d = X_1이나 X_2에 의하여 설명되지 않는 Y의 분산

다는 것은 R^2이 작다는 의미이며, 이는 하나의 독립변수가 다른 독립변수들에 의해 설명되는 변량이 작아진다는 것을 의미한다. 즉, 독립변수들 사이의 상관이 작아져 다중공선성이 약해진다. 1에 가까워질수록 다중공선성이 존재하지 않는다고 판단한다.

이러한 분석을 통하여 다중공선성이 존재하는 경우에는 이들 변수 간의 관계를 잘 고려하여 공선성이 나타나지 않도록 해야 한다. 다중공선성을 해결하는 방법은 세 가지가 있다.

첫째, 다중공선성에 관여되어 있는 변수를 제거해야 한다.

둘째, 좀 더 넓은 범위의 설명변수들의 값에서 새로운 관측값을 얻어낸다.

셋째, 주성분분석(principle components analysis) 등의 편의추정법을 사용할 수 있다.

첫 번째와 두 번째 방법은 다음 독립변수 선정방법에서 다루겠지만, 세 번째 방법은 상당한 전문성을 요하는 방법이어서 이 책에서는 생략하고자 한다.

3) 사 례

본 장의 도입부에 제시된 〈표 13.1〉 자료를 변화시켜 소비자들의 백화점 방문횟수와 소득에 따라 백화점에 대한 태도가 어떻게 다른가를 알려고 할 때, 백화점에 대한 태도를 종속변수로 하고, 방문횟수와 소득을 독립변수로 하여 4명씩의 표본들을 선정하여 〈표 13.8〉의 A, B, C 세 가지 집단자료를 수집하였다고 하자. 이 자료를 그림으로 나타내면 [그림 13.9]와 같이 나타난다.

표 13.8 독립성, 상호작용성, 상관

구 분	태 도	방문횟수	소 득
집단 A	3 4 5 6	2 4 2 4	10 10 20 20
집단 B	2 8 6 8	2 4 2 4	10 10 20 20
집단 C	2 4 6 8	2 4 2 4	10 20 10 20

그림 13.9 독립성, 상호작용, 상관

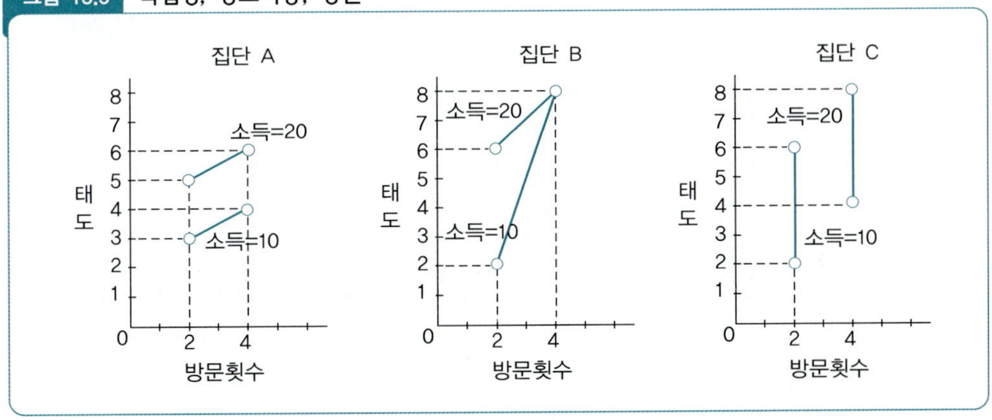

이 자료에서 집단 A의 경우는 방문횟수가 많으면, 태도가 높고, 소득이 많으면 태도가 높게 나타나는 경우이다. 그러나 집단 B와 집단 C의 경우는 방문횟수와 소득 사이에 상호작용과 상관으로 인하여 다중공선성이 나타나 다중회귀분석이 어렵다고 분석된다.

이제 다중회귀식에서 다중공선성이 나타나는 자료를 단순회귀식과 비교하여 보자. 〈표 13.9〉에서는 두 개의 독립변수들을 가지고 종속변수와 어떠한 관계를 보려고 8개의 표본을 추출한 사례이다.

표 13.9 다중공선성이 나타나는 자료

사 례	Y	X_1	X_2
1	5	6	13
2	3	8	13
3	9	8	11
4	9	10	11
5	13	10	9
6	11	17	9
7	17	12	7
8	15	14	7

각 독립변수 X_1과 Y와의 관계, X_2와 Y와의 관계를 바라보기 위해서 단순회귀분석을 하여본 결과 두 회귀식은 다음과 같이 나타났다.

$$Y_1 = -5 + 1.5X_1 \quad (13.27)$$

$$Y_2 = 30 - 2X_2 \quad (13.28)$$

이 결과를 보면 X_1과 Y 사이는 +관계, X_2와 Y 사이는 −관계로 나타나고 있다. 그리고 다중회귀식을 구해본 결과 다음과 같이 나타났다.

$$Y = 50 - 1X_1 - 3X_2 \quad (13.29)$$

이 식에는 X_1과 Y 사이에는 +관계가 아니라 −관계이다. 여기서 우리는

X_1의 부호는 직관적으로 틀린 것이라는 것을 알 수 있고, X_1과 X_2 사이에는 강한 부정적인 상관을 반영해 주고 있다는 것을 알 수 있다.

4.3 독립변수 선정방법

위의 〈표 13.9〉의 사례에서 살펴본 것처럼, 다중공선성이 나타나는 독립변수들을 선정하면 유용한 독립변수를 선정한 것이 아니다. 이 사례에서 독립변수를 선정하는 방식이 중요할 수 있음을 알 수 있다. 다중회귀분석에서는 하나의 종속변수가 결정되어 있고, 그 종속변수를 설명이나 예측하고자 하는 데 있어서 다중공선성이 나타나지 않는 유용한 독립변수들을 선정하는 데 관심을 두어야 한다. 분석결과는 선정된 독립변수들에 따라 달라지기 때문이다.

SPSS 16.0 프로그램의 회귀분석 내 method란에서는 enter, stepwise, remove, backward, forward순서로 방식들을 소개하고 있는데, 이는 조사자가 사용하고 있는 선호도로 보고 그 순서로 소개하고자 한다. SPSS상에서 enter방식이 일반적으로 사용되어 초기방식으로 지정되어 있지만, 두 번째로 지정되어 있는 stepwise도 자동적으로 최적화된 모형을 찾아내어 주어 매우 편리하게 사용할 수 있는 유용한 방식이다.

1) enter

동시입력(enter)이라 부르는 이 방식은 이 장에서 이제까지 사례에서 사용하여온 방식으로 분석자가 임의로 지정한 독립변수들을 동시에 입력하여 분석하는 방식이다. 이는 다음에 소개할 단계별(stepwise) 방식과 크게 다르다. 이 방식은 다른 독립변수들을 통제하여 특정 독립변수의 영향을 알 수 있고, 조사자가 고려하는 독립변수들이 종속변수에 대한 어떠한 설명력을 지니고 있는가를 알 수 있다. SPSS분석에서 다섯 가지 방법 중에서 초기설정으로 지정되어 있는 가장 일반적으로 사용하는 방법이다.

2) stepwise

단계적 해결(stepwise solution)이라 부르는 이 방식은 위 동시입력방식과 함께 가장 많이 사용하는 방식이다. 여러 변수들이 있을 때 종속변수에 대한 높은 설명력을 보여주는 변수 순으로 회귀식에 포함시켜간다. 그러나 그 전 단계에서 회귀식에 포함된 독립변수들도 나중에 들어오는 변수 때문에 설명력이 매우 낮아지면 회귀식에서 제거되는 방식을 택한다. 이 방식은 종속변수에 대한 설명력이 어느 정도 이상되는 변수들로 이루어진 회귀식을 발견하기 위해서 선택과 제거를 반복하면서 변수를 찾아간다. 이는 forward inclusion과 backward elimination을 결합한 방식이다.

3) remove

제거(remove)라고 부르는 이 방식은 위에서 전체 선택방식 중에서 어느 선택방식 하나를 사용하여 분석을 실시한 후, 결과로 나온 분석모형에서 특정 이유로 조사자가 특정 변수를 제거하고자 할 경우에 사용하는 방식이다.

4) backward

후진제거(backward elimination)라고 부르는 이 방식은 사용할 수 있다고 판단되는 모든 변수들을 독립변수로 하여 시작하여 불필요하다고 판단되는 독립변수를 하나씩 제거하는 방식이다. 전체 변수들을 이용하여 회귀분석을 한 결과, 유의하지 않은 독립변수들이 포함되어 있으면, 전체 변수에서 하나씩의 변수를 제외한 나머지 독립변수들을 가지고 회귀분석을 하고, F-값이 가장 큰 모형에서 사용하지 않았던 독립변수를 우선적으로 제외하는 방식으로 진행한다. F-값이 가장 큰 모형에서 모든 변수가 유의하면 그 모형을 결정한다.

5) forward

전진도입(forward inclusion)이라고 부르는 이 방식은 여러 개의 독립변수 중에서 가장 중요한 변수를 전진적으로 선택해 나가는 방식이다. 앞의 다중공선성이 일어나는 사례에서 설명한 것처럼, 개별 독립변수 하나씩을 독립변수로 사용하여 회귀분석을 하는 것으로 시작한다. 단순회귀모형의 유의성검정은 F-값과 유의확률을 통하여 분석한다는 것을 배운 바 있는데, 여러 단순회귀모형 중에서 가장 높은 F-값을 제시하는 모형에서 사용된 독립변수를 우선적으로 선택하는 것으로 결정한다.

다른 방식은 선정된 독립변수들을 포함하고, 선정되지 않은 변수 하나씩을 더 포함하는 회귀모형을 만들어 통계프로그램을 돌려보면서 F-값이 가장 큰 모형을 찾는 방식이다. 새로 추가된 독립변수가 모형의 F-값 증가에 유의한 역할을 하는 것으로 밝혀지면 그 변수를 선정하고, 다음 변수를 찾는 과정을 거친다.

앞의 선정방법 중에서 forward, backward, stepwise의 방식을 단계적 회귀분석(stepwise regression)방법으로 총칭하고 있는데, 이러한 단계적 절차들은 예측변수들 간의 상관 때문에 중요한 변수들이 포함되지 못하거나 덜 중요한 변수들이 포함되기도 한다는 단점이 있다. 이러한 방식들이 사용되려면 표본크기가 예측변수들의 수와 비교하여 클 때 유용하게 이용할 수 있다.

5 더미변수를 이용한 회귀분석

이제까지 회귀분석은 독립변수와 종속변수의 척도가 등간척도와 비율척도로 이루어진 경우에 분석하는 것을 다루었다. 그러나 독립변수들의 척도가 명목척도인 경우에 적용될 수 있는 기법이 있다. 예를 들어, 남녀와 같은 성별이나 계절에 따른 효과를 독립변수로 이용하는 경우이다.

5.1 개 념

이제까지 설명한 다중회귀분석은 독립변수와 종속변수의 척도가 등간척도와 비율척도로 되어 있는 경우를 가정하고 분석하였다. 그러나 독립변수가 명목척도(또는 서열척도)일 경우에 적용할 수 있는 회귀분석이 더미변수를 첨가한 회귀분석이다. 이때 명목척도로 측정된 변수들은 0과 1의 값만을 갖는 한 개 또는 몇 개의 이항변수(binary variable)로 바꾸어 회귀분석에 사용된다. 이 이항변수는 실제 측정변수가 아니라 명목척도로 측정된 변수값을 구분할 수 있도록 만든 변수라 하여 이들을 더미변수(dummy variable)라고 하고, 이를 이용한 회귀분석을 더미변수를 이용한 회귀분석이라고 한다. 이때 더미변수를 최소한으로 설정하는 것이 좋다.

일반적으로 단순회귀분석에서 사용되는 사례들 중에서 매출액에 영향을 미치는 독립변수로 광고비지출을 드는 경우가 많다. 그러나 이 광고비지출이 매출액에 영향을 미칠 뿐만 아니라 계절에 따른 변동이 매출액에 영향을 미칠 수 있는 경우를 가정하여보자. 이때 계절에 따른 변동은 외생변수로서 통제되어야 광고비지출이 매출액에 미치는 영향관계를 보다 정확하게 파악할 수 있다.

5.2 사 례

계절에 따라 매출액에 변동을 주는 영향이 어떠한가는 역사적인 자료에 근거하여 도출할 수 있다. 이 경우 광고지출은 등간척도이지만 계절은 명목척도가 된다. 이 명목척도로 측정된 독립변수를 변환하여야 하는데, 각 계절별 변수를 변환하면 다음과 같다.

표 13.10 더미변수의 사례

계 절 \ dummy변수	D_1	D_2	D_3
봄(기준점)	0	0	0
여름	1	0	0
가을	0	1	0
겨울	0	0	1

이때 각 더미1(dummy 1), 더미 2(dummy 2), 더미 3(dummy 3) 변수를 D_1, D_2, D_3으로 두었다. 위의 표를 보면 봄이면 어떠한 영향을 받지 않는다. 여름이면 D_1이 1이 되고 D_2와 D_3가 0이 된다. 가을이면 D_2가 1이 되고 나머지는 0이 된다. 그리고 겨울이면 D_3가 1이 되고 나머지는 0이 된다.

이제 더미변수를 포함한 회귀모형을 설정할 수 있다. 계절에 따른 매출액을 알려고 하면 다음과 같은 식이 된다.

$$Y = \alpha + \beta_1 D_1 + \beta_2 D_2 + \beta_3 D_3 \qquad (13.30)$$

광고지출과 계절이 이 함께 매출액에 미치는 영향을 분석하려면 계절을 더미변수로 두어 다음과 같은 회귀모형을 설정할 수 있다.

$$Y = \alpha + \beta_1 X_1 + \beta_2 D_1 + \beta_3 D_2 + \beta_4 D_3 \qquad (13.31)$$

〈표 13.10〉의 자료에 근거하여 주어진 독립변수가 봄일 경우, D_1, D_2, D_3 모두에 0을 대입하고, 여름이면 D_1에만 1의 값을 주고, 나머지 D_2, D_3에는 0을 대입하는 식으로 하면, 명목척도인 계절의 효과가 최소자승법 회귀분석에 반영되어 그 효과를 측정할 수 있다.

5.3 SPSS를 활용한 분석

〈표 13.10〉에 나타난 더미변수로 계절효과를 첨가하여 광고지출이 연간 매출액에 미치는 효과를 SPSS프로그램으로 돌려 〈표 15.11〉과 같은 자료가 나타났다고 하자.

첫 번째 더미변수의 추정계수 .160은 더미변수값 1을 부여한 계절인 여름에 매출액에 .160이 첨가됨을 의미한다. 봄에는 0이라는 점을 보면 여름에 증가하였음을 의미한다. 두 번째 더미변수의 추정계수 .180은 더 증가한 것을 의미한다. 더미변수값 1을 부여한 여름과 더미변수 3을 부여한

표 13.11 더미변수에 대한 SPSS결과

계 수*					
	비표준화계수		표준화계수		
	b	표준오차	β	t	유의확률
(상수)	3.624	1.313		2.324	.006
광고지출	1.120	.428	.104	2.022	.021
D_1	.160	1.022	.012	.162	.668
D_2	.180	1.120	.008	.143	.762
D_3	−.204	1.220	−.004	−.064	.824

* 종속변수 : 일년 매출액

겨울을 비교하면 여름과 겨울과의 차이를 보면 된다. 즉, .160−(-.204) =.384. 여름의 매출액은 겨울에 비해서 평균 .384 매출액이 많다.

사례

경제학과 마케팅에서 회귀분석

회귀분석은 경제학과 마케팅에서 종속변수의 영향을 시간적으로 바라보는 데 가장 많이 사용되는 분석 중의 하나이다.

[그림 13.10] 미국 실질 GDP의 변화

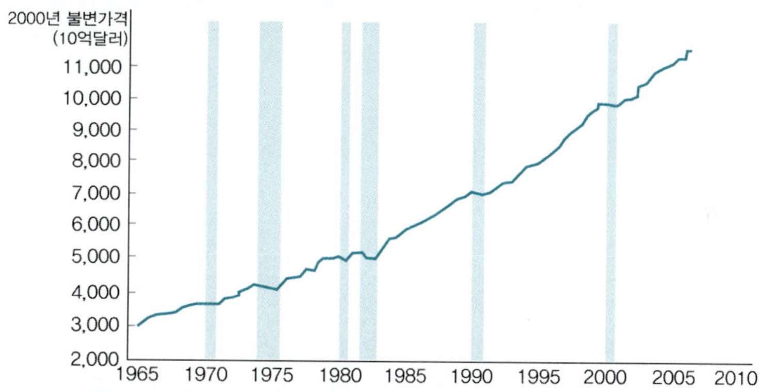

[그림 13.10]에서 볼 수 있듯이, 1965년부터 2010년까지 기간 동안 시간이 경과함에 따라 미국의 분기별 GDP 추이가 선형적인 것에 가깝게 올라가고 있는 것을 보여주고 있다(맨큐지음, 김경환. 김종석 옮김(2011), p. 624).

이 그래프의 붉은색 수직막대로 표시된 부분은 경기침체기로서 실질 GDP가 감소되는 것을 보여준다. 이러한 추세분석은 이 자료가 2010년까지 분석되었지만, 이 자료를 가지고 회귀선을 구하면, 2011년과 2012년에 어떠한 추세가 될 것이라는 것을 예측할 수 있는 직선식이 도출될 수 있다. 경제학에서 2차 자료를 가지고 많은 분석들이 이러한 형태로 이루어질 수 있다.

마케팅에서 종속변수는 연구하고자 하는 목적변수로서 연구주제와 관련된다. 마케팅에서는 가치가격결정(value pricing)이라고 하여, 품질준을 높이고, 가격을 적정하게 하여 소비자들의 선호도를 높이려는 접근을 택한다. 그러나 커피점과 같은 점포는 매장의 분위기와 위치도 중요하다.

이 경우 소비자조사를 수행한다고 가정하자. 이 경우는 점포에 대한 선호도가 종속변수가 되고, 제품의 품질지각, 적정가격, 매장분위기, 위치선호도에 대해서 11점 척도로 설문지를 작성하여 자료를 만들 수 있다.

표 13.12 다중회귀분석의 예

점포번호	점포선호도	품질지각	가격지각	매장분위기	위치선호도
1	6	5	3	4	2
2	9	6	11	5	10
3	8	6	4	5	4
4	3	2	1	3	2
5	10	6	11	5	10
6	4	3	1	4	2
7	5	4	7	3	6
8	2	1	4	2	5
9	11	9	8	8	7
10	9	5	10	4	9
11	10	8	8	7	7
12	2	1	5	2	4

위 자료는 표본을 12개로 탐색자료로서 제시되었으나, 200개의 설문지를 만들 수도 있다. 우리는 위 탐색적 자료를 가지고 점포선호도를 종속변수로 하고, 독립변수들을 제품의 품질지각과 가격지각, 매장분위기, 위치선호도로 하여 다중회귀식을 작성할 수 있다. 그리고 SPSS프로그램을 돌려 회귀의 유의성을 검정할 수 있다. 그리고 다중공선성을 조사하여 변수사이의 상관여부도 평가할 수 있다.

이와 같이 실무에서도 다중회귀분석은 매우 유용한 분석이 된다.

요약

1. 상관분석(corelation analysis)은 한 변수가 커지거나 작아질 때, 다른 변수가 어떻게 변하는지를 그 변동의 방향과 정도를 예측하게 한다. 상관관계가 있어야 인과관계(causality)가 성립된다는 점에서 인과관계의 필요조건이 된다. 상관계수(correlation coefficient)를 살펴보면서 변수사이의 연관성(association)을 살펴본다. 상관계수의 종류는 피어슨상관계수, 편상관계수, 부분상관계수가 있다.

2. 회귀분석(regression analysis)은 관심있는 변수의 변화를 알기위해 이 변수에 영향을 미치는 다른 변수들을 찾아서 설명 또는 예측하고자 할 때 이용한다. 이때 관심을 가지고 예측하려는 변수가 종속변수가 되고, 종속변수를 예측하기 위해 사용되는 변수들이 독립변수가 된다. 종속변수와 독립변수는 모두 연속형 변수로서 등간척도이거나 비율척도로 측정한다. 독립변수와 종속변수의 위치를 바꾸면 결과의 차이가 생긴다는 점이 상관분석과 다르다.

   독립변수가 하나일 경우를 단순회귀분석(simple regression analysis)이라고 하며, 독립변수가 두 개 이상일 때는 다중회귀분석(multiple regression analysis)이라고 한다.

3. 단순회귀분석의 실행절차를 이해하는 것이 중요하다. 이는 산포도의 작성, 일반 선형모형 형성, 모수 추정, 표준화 회귀계수의 추정, 유의성검정, 관계의 강도와 유의성 결정, 예측의 정확성검정, 잔차의 검토, 모형의 교차타당성 검토의 아홉단계의 순서로 실행할 수 있다. 본 장에서는 12명의 표본으로 구성된 사전조사 실제 자료를 가지고 회귀분석 실행과정을 비교적 자세히 설명하여 회귀분석의 논리에 대해 이해하였으며, SPSS를 실행하고 나타난 결과를 해석할 수 있도록 설명하였다.

4. 다중회귀분석은 단순회귀분석과 달리, 독립변수들 간의 다중공선성(multicollinearity)을 고려하여야 한다. 다중공선성은 설명변수 간의 완전한 또는 거의 완전한 선형 종속(linear dependency)의 관계를 의미한다. X_1, X_2와 같은 독립변수들이 종속변수 Y와의 선형관계가 이루어지

기 위해서는 변수 X_1, X_2 사이에 독립성 가정이 이루어져야 한다. 독립변수들 간에 상관관계가 존재한다면, 이들 독립변수들 간에 상호작용이 발생하여 독립변수들과 종속변수와의 정확한 관계를 파악하기가 어렵게 된다. 변수들 간에 다중공선성이 존재하는 경우에는 이들 변수 간의 관계를 잘 고려하여 공선성이 나타나지 않도록 해야 한다.

다중회귀분석에서 독립변수를 선택하는 방식에는 enter, stepwise, remove, backward, forward가 있다. SPSS상에서 enter방식이 일반적으로 사용되어 초기방식으로 지정되어 있지만, 두 번째로 지정되어 있는 stepwise도 자동적으로 최적화된 모형을 찾아내어주어 매우 편리하게 사용할 수 있는 유용한 방식이다.

5. 단순회귀분석이나 다중회귀분석은 독립변수와 종속변수의 척도가 등간척도이나 비율척도로 이루어진 경우에 분석하지만, 독립변수의 척도가 명목척도나 서열척도인 경우에 더미변수를 이용한 다중회귀분석을 할 수 있다.

더미변수를 이용한 회귀분석을 하면 명목척도로 측정된 외생변수의 영향을 제거하여 나머지 독립변수들과 종속변수의 관계를 보다 정확하게 측정할 수 있다는 점에서 이점이 있다.

토의과제

1. 본 장의 〈표 13.1〉의 자료를 가지고 여러분이 직접 SPSS프로그램을 돌려서 세 가지 상관계수, 즉 피어슨 상관계수, 편상관계수, 부분상관계수가 어떻게 나타나는가를 조사하고, 그 결과를 해석하여 보라.

2. 여러분이 친구들과 조를 나누어 거주지역에 있는 12개의 상이한 안경점을 방문하라. 7점 리커트 척도(1 = 매우 열악함, 4 = 보통, 7, 매우 우수함)를 사용하여 점포 내 서비스 품질과 전반적 만족도가 어떠한가를 평가하라. 그리고 수집된 자료를 가지고 이 장 [그림 13.4]에서 제시한 단순회귀분석의 실행절차에 따라 다음 순서로 분석하라.

   (1) 산포도를 작성하라. 이들 두 변수 간에 관련성이 존재하는지의 여부를 결정하기 위해 어떠한 척도를 사용하겠는가?
   (2) 전반적 만족도를 Y축으로 하고, 점포 내 서비스품질을 X축으로 하여 선형회귀모형을 형성하고 도식화하라.
   (3) 전반적 만족도의 점포 내 서비스 품질에 대한 선형회귀모형에서 최소자승법을 실행하고 a와 b를 구하라.
   (4) (3)에서 구한 비표준화 회귀계수를 해석하라.
   (5) SPSS 프로그램을 돌려 〈표 13.5〉와 같은 결과를 도출하고 회귀관계가 유의한지를 회귀모형의 유의성검정과 독립변수의 유의성검정을 하라.
   (6) 〈표 13.6〉과 같은 결정계수 계산절차에 의해 R^2을 구하고, SPSS 프로그램에서 구한 R^2과 비교하여 일치하도록 계산절차를 제시하라. 그리고 결정계수를 해석하라.
   (7) 〈표 13.4〉와 같은 표를 만들고 추정회귀모형의 표준오차, SEE를 식 (13.20)을 가지고 계산하고, SPSS 프로그램 결과와 일치하는지를 검토하라.
   (8) 잔차를 검토하라.
   (9) 모형의 교차타당성을 어떻게 할 수 있는가?

3. 이 장의 〈표 13.5〉에는 단순회귀분석의 SPSS결과를 제시하고 있다. 그리고 〈표 13.7〉에는 다중회귀분석의 SPSS결과를 제시하고 있다. 이들 결과에 나타난 자료를 보고 다음을 해석하라.

   (1) 결정계수
   (2) 분산분석의 유의확률의 의미
   (3) 비표준화계수를 보고 회귀식을 만들고 해석하여 보라.

참/고/문/헌

말호트라 지음, 강석후·조현철 옮김(2004), 『마케팅조사론』, 제4판, 도서출판 석정, pp. 533~574.

맨큐지음, 김경환. 김종석 옮김(2011), 『맨큐의 경제학』, 교보문고, p. 624.

이훈영(2012), 『연구조사방법론』, 도서출판 청람.

카네만, 슬로빅, 트발스키 편저, 이영애 옮김(2010), 『불확실한 상황에서의 판단』, 아카넷. pp. 89~92.

Bagozzi, Richard P.(ed.)(1994), *Advanced Marketing Research*, Wiley.

Hair, Joseph F., Robert P. Bush, and David J. Ortinau(2005), *Marketing Research: Within a Changing Informaiton Environment*, 3rd edition, Mc Graw-Hill/Irwin Series in Marketing.

Malhotra, Naresh K.(2006), *Marketing Research : An Applied Orientation*, 5th edition, Prentice-Hall, Chapter 17.

Mason, Charlotte H. and William D. Perreault, Jr.(1991), "Collinearity, Power, and Interpretation of Multiple Regression Analysis," *Journal of Marketing Research*, 28(August), pp. 268~280.

Stevens, James(2009), *Applied Multivariate Statistics for the Social Sciences*, 5th edition, chapter 3, Psychology Press.

Marketing Research 14

조사결과의 커뮤니케이션

Intro

1. 조사보고서의 평가기준과 작성기준
2. 조사보고서 양식
3. 구두 프레젠테이션
4. 도해 프레젠테이션
5. 사후조치와 조사결과의 확산

사례: 스티브 잡스의 프레젠테이션

요약

토의과제

INTRO

이제까지 이 책은 제1부, 제2부, 제3부로 나누어 학습하여 왔다. 제1부에서는 마케팅시스템 속에서 조사의 영역을 살펴보았고, 제2부에서는 정성적조사와 정량적조사를 결합할 수 있는 관점에서 전체적인 조사설계를 살펴보았다. 그리고 이 장을 제외한 제3부에서 통계적 조사방법에 대해서 살펴보았다. 이제 조사의 최종적인 단계인 조사보고서 작성과 프레젠테이션에 대해서 살펴보고자 한다. 이 과정은 이제까지 진행해온 노력을 결론짓는다는 점에서 중요한 과정이다. 이제까지 정성을 다했다고할지라도 이 단계에서 정성을 다하지 못하게 되었다면 프로젝트의 가치는 상당히 떨어지게 된다. 조사보고서의 평가기준과 작성기준을 알고 접근하면 가치를 높일 수 있다.

조사보고서가 의사결정자에게 정보를 제공하는 것이기 때문에 그들의 요구에 맞도록 정보가 수집·정리되고 체계를 갖추어야 한다. 경영자가 필요로 하는 정보에 초점을 두고 분명하고 세밀하게 작성해야 할 뿐만 아니라 조사목적에 충실하여 경영자들의 의사결정단계에서 필요한 정보와 관련된 조사결과를 제시하도록 노력해야 한다.

조사보고서의 독자는 경영자들이 되고, 그들이 조사의 성공여부를 평가하기 때문에 조사자의 입장에서는 경영자들이 고객이 되고, 고객지향적인 접근이 필요하게 된다.

마지막으로 작성된 보고서를 구두 프레젠테이션을 통해 잘 전달하여야 한다. 프로젝트가 막대한 시간과 돈을 투자하여 최종의사결정자에게 최종 승인을 얻거나, 경영자가 소비자 전체에 신제품 설명을 하는 경우 이는 더욱 더 중요해진다.

1 조사보고서의 평가기준과 작성기준

1.1 조사보고서 평가기준

조사보고서는 하나의 근본적인 기준에 의해서 평가되는데, 이는 독자인 경영자에게 조사한 결과를 잘 전달하는가의 여부이다. 기술적인 세련화를 지니면서도 경영자들이 조사과제의 어디에 관심을 더 가지고 있으며, 이 보고서를 읽는 환경은 무엇이며, 어디에 사용하려고 하는가 등을 고려할 필요가 있다.

이 책 제2부와 제3부에서 다룬 조사설계와 분석방법에 대한 이해능력이 뛰어난 경영자들에게 보고서를 제출한다면, 보다 정교하게 제시해주어야 하고, 이해능력이 부족한 경영자들에게 제출한다면, 기술적인 용어들을 덜 사용하고도 주제에 관하여 보다 쉽게 전달할 수 있어야 한다. 일반적으로 조사를 제공하는 조사자의 입장에서 보면 방법론에 뛰어나기 때문에 방법론적이고 기술적인 내용들을 정교하게 담기를 바라지만, 조사를 이용하는 이가 바쁜 환경에 있는 기업 경영자일 경우에는 통계분석보다는 경영의사결정에 직접적인 도움이 될 수 있는 실무적으로 적합한 자료를 원한다.

조사자는 보고서의 독자가 보고서의 형태를 결정한다는 것을 이해하고 준비하여야 한다. 조사자가 통계에 밝다고 하더라도 단순히 통계적인 결과를 강조하지 말고, 조사보고서를 작성하기 전에 의사결정자와 중요한 발견, 결론, 건의 사항 등에 대해서 상의를 거치면서 고객지향으로 접근하는 것이 좋다.

다음과 같은 질문은 도움이 될 수 있다.

- 이 조사의 목적은 무엇이며 조사목적에 맞는 정보를 적절하게 조사하여 분석하였는가?
- 이 조사의 내용과 결과에서 초점을 두고 있는 주요 항목들은 무엇인가?
- 이 조사에서 무엇을 보여주기를 희망하는가?
- 이 조사에서 무엇을 보여주고 있는가?

독자인 경영자들은 보고서와 프레젠테이션을 통해 이제까지 진행해온 프로젝트의 질을 평가한다. 조사보고서의 결과를 받아들이고 의사결정에 어떠한 도움을 주는가가 최종적으로 중요하게 된다.

1.2 조사보고서 작성기준

기업에 직면한 문제의 심각성이 크면 클수록, 문제해결을 위해서 수행한 조사보고서의 중요성도 커진다. 경영자는 기업전반에 걸쳐서 처리해야 하는 업무가 대단히 많고, 그 범위도 광범위하기 때문에 조사를 의뢰한 경영자에게 조사보고서가 판단의 객관적인 기준이 될 수 있도록 완전성, 정확성, 명료성, 간결성의 기준을 확보해야 한다. Churchill과 Brown(2006)은 다음과 같은 보고서 작성기준을 제시하고 있다.

1) 완전성

보고서는 독자들이 이해하는 언어로 독자들이 필요로 하는 모든 정보를 제공하고 있을 때 완전성(completeness) 기준이 달성된다. 보고서 작성자는 묻고자 하는 모든 과제들이 다루어지고 있는가를 체크하여야 한다. 불완전한 보고서는 다시 보완적인 보고서로 발전하여 나타나야 함을 의미한다. 보고서는 너무 간단하거나 너무 길어도 불완전할 수 있다. 필요한 정의나 짧은 설명 등이 빠져 있고, 깊지 않은 정보들로 너무 길게 작성되어 있는지를 체크해야 한다.

2) 정확성

조사보고서는 정확성(accuracy)을 가지고 자료를 제시해야 한다. 보고서에는 여러 가지 부정확성이 나타날 수 있다. "인구의 14퍼센트는 초등학교 이하의 교육수준, 51퍼센트는 고등학교에 참석하였거나 졸업, 16퍼센트는 대학을 다녔다." 이 자료에서 나타나는 퍼센트를 합치면 100퍼센트가 되지 못한다. 이러한 부정확성은 다시 수정될 수 있다. 문법적인 오류에 의해서 부정확성이 나타날 수 있다. "1984년에 연간 2천만 원이었던 가정이 2014년에는 6천만 원이 되었다. 가계 구매력이 3배가 되었다." 그러나 30년 사이에 물가는 3배 이상으로 올랐다면 이 해석은 오류이다. 이러한 오류는 조사보고서의 신뢰성을 떨어뜨린다. 보고서를 이용하는 사람에게 조사과정에서 있을 수 있는 모든 오류의 유형과 원천에 대해서 철저한 관리가 이루어졌다는 점을 강조할 필요가 있다.

3) 명료성

보고서는 명료성(clarity) 기준에 의해서 객관적이면서 효율적으로 작성되어야 한다. 이는 보고서식이 간결하면서도 핵심적이어야 하고, 경영자에게 적절한 용어를 선택하여 사용하여야 한다. 마케팅 조사자는 조사결과가 경영자들에 의하여 쉽게 받아들여지지 않는 상황을 예상하여야 한다. 조사결과는 경영자의 경험이나 판단과 다를 수도 있기 때문에 객관적인 태도로 조사결과를 제시하고 설명할 의무가 있으며, 조사결과가 매우 유용한 것이라는 사실을 경영자에게 인식시켜야 한다.

4) 간결성

보고서는 간결성(conciseness) 기준에 의해서 작성되어야 한다. 보고서작성자는 포함되는 것을 완벽하고 간결한 방향으로 선별해야 한다는 것을 의미한다. 세부적인 조사계획을 모두 보고서 내용에 포함시키는 것보다는 연구목적에 맞는 중요한 점에 대해서 집중적으로 다루어야 한다. 왜냐하면 경영자는 보고서 전체를 읽을 시간이 없다. 따라서 보고서의 윤곽을 파악한 다음 중요한 부분에 대해서 충분한 정보를 요구하기 때문에 표나 그래프를 사용하여 정확한 상황이나 추세를 파악할 수 있도록 해야 한다.

이러한 작성기준을 가지고 작성한 보고서는 서면보고만 제시되는 것이 아니라 구두 프레젠테이션의 지침이 된다. 이는 서면보고를 보충하기 위해 자주 이용되기도 한다. 구두 프레젠테이션을 할 때, 조사보고서의 핵심사항에 대해서 경영자가 도중에 질문을 하기도 하고, 여러 경영자들에게 프레젠테이션할 경우에는 조사결과에 대한 해석과 관련내용에 대해서 조사자와 경영자들이 의견을 상호 교환하기도 한다. 이때, 그들의 탁자 위에 있는 요약된 조사보고서는 지침이 된다.

2 조사보고서 양식

마케팅조사 보고서에 포함되는 일반적인 내용과 순서는 〈표 14.1〉과 같다. 조사보고서의 내용과 분량은 조사의뢰자의 사정에 따라 형식을 정해야 한다. 이러한 조사보고서를 작성할 때에는 조사를 의뢰한 경영자에 대해 이해하고, 문장 흐름을 쉽게 하면서도 전문성을 갖춘 보고서를 작성하여야 한다. 간결성과 객관성을 유지하면서 분석표와 그래프를 이용하면서 작성하여야 한다.

이러한 마케팅조사 보고서의 유형은 마케팅조사과정과 유사한 형태를 가지고 있다. 이들을 상세히 보면 다음과 같은 내용이 포함되어 작성되어야 한다.

2.1 표 제

표제는 조사제목, 조사일자, 조사기관명 등이 포함되어야 하며, 조사보고서 작성을 요구한 의뢰고객, 그리고 보고서 작성 연도가 기재되어야 한다. 그러나 조사보고서의 내용이 기밀사항인 경우에는 보고서 인수자의 이름도 명시해야 한다.

2.2 목 차

목차는 보고서를 읽는 사람의 요구에 맞게 기록되어야 한다. 대부분의 조사보고서들은 주요 표제어와 부제들을 포함하여 작성된다. 즉, 주제별 제목과 페이지번호, 표목차와 페이지번호, 그림목차와 페이지번호, 부록과 페이지번호 등을 함께 기록하는 것이 좋다.

표 14.1 조사보고서 양식

Ⅰ. 표제(title page)

Ⅱ. 목차(table of contents)
- 주제별 제목과 페이지번호
- 표목차와 페이지번호
- 그림목차와 페이지번호
- 부록과 페이지번호

Ⅲ. 결과요약(summary)
- 조사목적
- 조사설계
- 자료수집 및 분석방법
- 결론 요약
- 제안사항

Ⅳ. 본문(report body)
- 서론–배경과 목적
- 조사설계
  - 조사설계유형
  - 필요한 정보
  - 2차 자료수집
  - 1차 자료수집
  - 척도기법
  - 설문지개발과 사전조사
  - 표본추출방법
- 자료분석
- 조사결과
- 조사한계
- 결론과 건의사항

Ⅴ. 부록(appendix)
- 설문지, 관찰기록지
- 세밀한 표와 그림
- 참고문헌
- 통계처리결과의 컴퓨터출력물

2.3 결과요약

결과요약(Summary)은 경영자들이 읽기 위해 간결한 요약을 제시하는 것이다. 대부분의 경영자들은 이 부분을 읽고 필요한 부분을 선정하여 읽게 됨으로 경영자에 관련된 핵심적인 조사결과를 제공하여 주는 역할을 한다. 이 요약에서 조사목적, 조사설계, 자료수집 및 분석방법, 결론 요약 및 제안사항 등을 상세하게 밝혀야 한다. 이러한 결과에 대한 요약은 전체 내용을 총괄적으로 이해하고 작성되어야 하기 때문에 보고서 본문 작성이 끝난 다음에 작성하는 것이 바람직하다.

2.4 본 문

본문은 서론, 조사설계, 자료분석, 조사결과, 조사한계, 결론과 건의사항을 담는 것으로서 보고서의 많은 부분을 차지한다.

1) 서 론

서론은 보고서를 이해하는 데 필요한 배경적 지식을 제공하여야 한다. 이는 조사문제를 어떤 배경에서 기획하고 시작하였는지 그 배경을 제시해 주는 부분이다.

2) 조사설계

조사설계는 이 책의 제1부와 제2부 전체에 해당하는 것으로서 조사를 어떻게 설계하고 수행하였는지를 정리한다. 조사설계의 유형인 탐색조사, 기술조사, 인과조사 중에서 어떠한 설계를 하였는지를 먼저 정리한다. 본 조사에서 요구된 정보가 무엇이었으며, 2차자료와 1차자료로서 수집한 자료의 성격을 기술한다. 어떠한 척도를 개발하였고, 설문지는 어떻게 만들어 사전조사하였고, 어떠한 표본추출방법을 사용하였는지를 기술한다.

3) 자료분석

자료분석계획과 사용한 자료분석전략과 기법을 설명한다. 이 책의 제3부에서 분석한, 독립성 검증, 차이검증, 상관과 회귀분석 등 주요 통계 분석내용들이 포함된다.

4) 조사결과

보고서에서 가장 많은 분량을 차지하는 부분이며, 몇 개의 장으로 구성되는 특징이 있다. 이는 전체적으로 보고서의 총괄적인 수준이면서 여러 하위부문에 대한 내용을 포함해야 한다.

5) 조사한계

이는 마케팅조사 과정에 나타난 한계점을 명확히 제시해주는 것으로서, 그 한계에서 분석결과를 받아들일 수 있게 하고, 한계를 극복하면서 미래 연구를 수행하는 방향을 제시해주기도 한다.

6) 결론과 건의사항

이는 조사결과로부터 논리적으로 도출되는 것으로 결과와 정보요구를 연계시키는 것이다. 이 부분에서 조사결과를 해석하는 조사자의 주관적인 판단을 제시할 수 있다. 이때 건의사항은 의사결정문제에 초점을 둔 사고 전개를 하고, 넓은 경영 문제 속에서 의사결정과정에서 이 조사가 어떠한 역할을 하는가를 이해하고 제시되어야 한다. 또한 조사결과에 기초하여 가시적이고 실질적이며, 실행가능한 전략적 대안이 제시되어야 한다.

2.5 부 록

본문의 부록에 반드시 필요하지는 않지만, 참고가 되는 자료를 수록하는 부분으로서 전문적이며, 복잡하고 기술적인 면에서 관심이 있는 사람을

그림 14.1 공식성에 따른 보고서양식

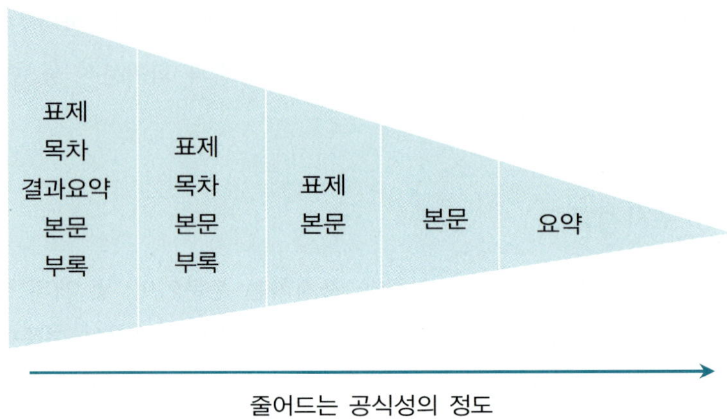

자료: William G. Zikmund and Barry J. Babin(2013). *Essentials of Marketing Research*. Cengage Learning.

위한 자료가 여기에 기록된다. 즉, 설문지나 관찰기록지, 세밀한 표와 그림, 참고문헌 및 컴퓨터출력물 등이 이에 해당된다.

이러한 보고서 양식은 공식성이 얼마나 요구되는가에 따라 다르게 제출될 수 있다(그림 14.1 참조). 공식적으로 제시할 경우 표제, 목차, 결과요약, 본문, 부록을 제시하여야 하지만, 공식성이 강하게 요구되지 않을수록 결과요약을 생략하고, 표제와 본문만을 제시할 수 있고, 경우에 따라서는 본문만을 제시할 수 있다. 가장 공식성이 약한 경우는 요약만 제시하는 경우이다.

3 구두 프레젠테이션

대부분의 조사보고서의 결론과 추천사항들을 글로 제시하면서 구두 프레젠테이션도 함께 한다. 구두 프레젠테이션(oral presentation)의 목적은 특정 조사 프로젝트에서 가장 중요한 발견이 무엇인가를 강조하면서 조사의뢰자들의 질문에 답변해주어, 그들이 애매하게 생각하는 쟁점들을 명확하게 해준다.

3.1 구두보고서 준비

성공적인 구두보고서(oral report)를 위해서 사전준비를 철저히 해야 한다. 보고서 전체에서 어느 부분을 강조할 것인가를 점검해야 한다. 구두보고서를 준비하면서 우선적으로 고려해야 하는 것은 독자인 경영자에 대한 이해이다. 그들이 원하는 수준이 어디까지인가? 이 프로젝트의 어느 분야에 그들은 몰입하고 있는가? 그들의 관심사항은 어디에 있는가? 경영자가 프로젝트에 깊이 몰입하고 있고, 방법론적으로 세련화된 내용까지 알고 있다면 보다 상세한 보고서를 제시해야 한다. 이는 대학생들이 그룹 프레젠테이션을 할 때 교수들이 원하는 방향에 맞추어 접근하는 것과 비슷하다.

1) 팀으로 제시

신제품 개발 프로젝트는 R&D, 생산, 마케팅 등 부서에서 테스크포스팀을 만들어 움직이는 경우가 많다. 이 경우에 구두보고서 준비도 팀을 이루어 신제품개발이 부서 간 협력을 통해, 시장에서 호의적인 반응이 이루질 수 있는 제품으로 나타나고 있음을 보여줄 필요가 있다.

2) 프레젠테이션의 조직화

프레젠테이션을 조직화하는 능력이 필요하다. 문제제기를 명확하게 하고, 문제해결을 지지하는 제반 증거를 제시하고, 그 증거에 기반을 두고 결론을 제시하는 것이다. 논리적으로 사실들을 제시하게 되면 청중이 관심을 가지게 되고, 연속적인 사례들을 들으면서 결론으로 연결지을 수 있게 된다. 다른 형태는 목적과 주요 목표들을 제시한 후에 즉시 조사의 결론을 제시하는 것이다. 이 구조는 경영자들이 즉각적으로 조사결과를 발견하는 데 몰두하도록 한다.

3) 적절한 시각적 자료의 사용

효율적으로 구두 프레젠테이션을 하기 위해 적절한 시각적 자료들을 사용한다. 이는 프레젠테이션이 수행되는 장소에 설치되어 있는 장비에 따라 달라지지만, 차트, 슬라이드, 화이트보드 등이 사용되기도 하지만, 오늘날에는 컴퓨터가 설치되어 있는 곳에서 마이크로소프트사의 파워포인트(Microsoft's Powerpoint)와 같은 컴퓨터 소프트웨어를 사용하면서 수행된다. 파워포인트를 사용하면 그림이나 도표를 포함하여 잘 요약할 수 있고, 프레젠테이션 도중에도 앞으로 돌아가서 설명할 수 있는 장점이 있다. 이때 사운드나 비디오테이프 등을 사용하여 접근할 수 있다. 파워포인트와 같은 컴퓨터 소프트웨어를 이용하여 자료를 작성하게 되면 인트라넷 등을 통해 회사 내부에 공유할 수 있을 뿐만 아니라, 외부와 연결된 온라인공동체에서도 서로 공유할 수 있게 된다.

3.2 구두보고서의 전달

구두보고서를 전달하는 과정에서 시간압박에 시달릴 수 있으며, 이때는 프레젠테이션 자료에 포함된 내용을 조리있게 전달할 수 있는 능력이 필요하다. 가장 핵심적인 발견들을 제시하고 토론할 수 있도록 프레젠테이션의 순서를 조정할 필요가 있다. 구두 프레젠테이션은 청중과 상호작용을 할 수 있기 때문에 질문을 하고 답을 하는 과정이 가장 중요한 과정이다. 이 과정을 통해 이해 못한 부분들을 명확하게 해주고, 제기된 질문들을 검토할 수 있어, 최종 보고서를 잘 구조화하는 데 도움을 받을 수 있다. 이는 교수나 대학원생들이 논문을 학계에 발표하면서 토론자들로부터 제기된 질문이나 아이디어들을 검토하면서 발전시켜 최종논문을 학술지에 게재하는 것과 같다.

4 도해 프레젠테이션

조사결과를 도해로 제시하는 도해 프레젠테이션(graphic presentation)은 구두 프레젠테이션 과정에서 커뮤니케이션을 명확하게 하고 효과를 높여줄 수 있다. 이 책 전체에서 도표와 그림에는 중요한 정보들이 담겨져 있다. 하나의 그림은 수많은 말보다 가치가 있을 때가 있다. 도해에는 다음과 같은 형태가 있다.

4.1 파이그림표

파이그림표(pie chart)는 특정 변수가 갖는 값들을 전체 원의 각 부분 면적으로 표시한다. [그림 14.2]에서 "당신은 올해 자동차를 구매할 의도가 있습니까?"라는 질문에 대한 답을 파이그림표로 표시한 것을 볼 수 있다. 10%만이 구입할 의사가 있다고 보이면서 구매할 의사가 없는 나머지 90%와 명확하게 분리되고 있음을 강조하고 있다.

그림 14.2 파이그림표

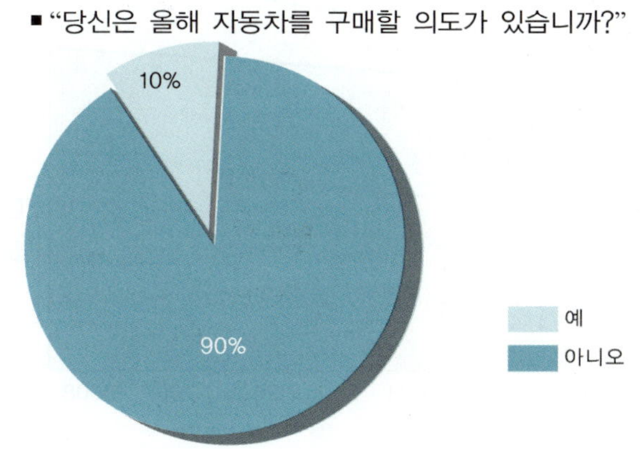

4.2 선그림표

선그림표(line chart)는 자료를 *X*축과 *Y*축에 표시하여 점으로 표시하고 선을 연결하여 선의 연결에 의해서 의미있는 정보를 제시하려고 한다. 이는 *X*축을 시간으로 둘 경우에 시간의 흐름에 따른 종속변수가 어떻게 변해가는가를 보면서 예측을 가능하게 한다. 추세분석에서 많이 사용되고 있다. 하나의 그림표에 여러 종류의 선을 표시하면서 비교도 가능하다. 이 책 제13장 사례에서 제시한 [그림 13.10]의 선 그림표에서는 연도에 따른 미국 실질 GDP의 변화에 관한 의미있는 정보가 제시되고 있다.

4.3 층그림표

[그림 14.3]은 연도에 따른 지출을 서비스지출, 비내구재지출, 내구재지출로 층그림표로 표시한 것이다. 이러한 층그림표(stratum chart)는 자료를 연속적으로 만들 뿐만 아니라 서로 결합하여 여러 층이 되게 하여 서로 상대적인 크기를 비교할 수 있도록 만든다.

그림 14.3 층그림표

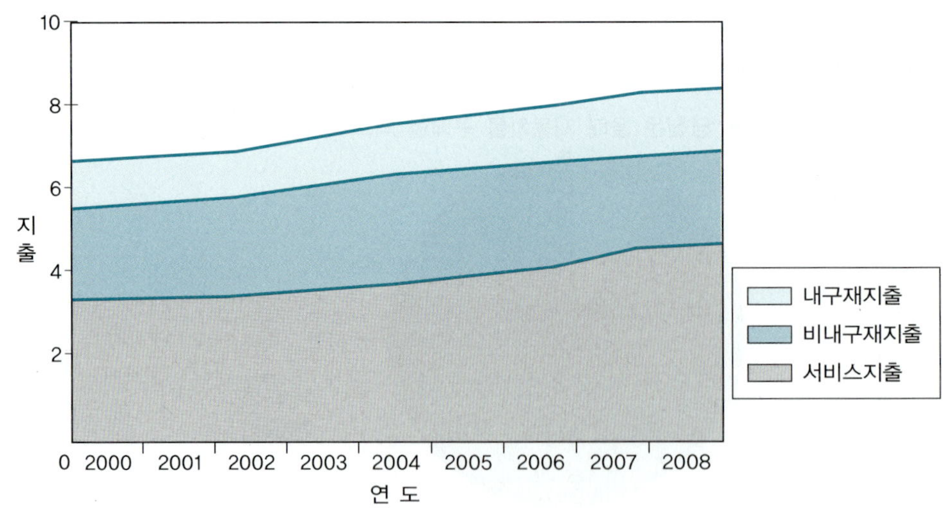

4.4 막대그래프

막대그림표(bar charts)는 수평이나 수직으로 된 여러 막대로 자료를 표시한다. 이 책 제10장에서 도수분포를 설명하는 데 막대그림표를 제시하고 있다.

4.5 지 도

지도(map)를 이용할 수 있는데, 이 책 제9장에서 다단계지역표본추출을 어떻게 하는가에 대해서 설명하기 위해서 지도를 그려서 설명한 바 있다(그림 9.5 참조). 지도 위에 여러 가지 정보를 담아서 제시하는 프레젠테이션 법은 공간의 개념을 이해하면서 정보를 제시할 때 도움이 될 수 있다.

5 사후조치와 조사결과의 확산

5.1 사후조치

조사보고서와 프레젠테이션의 목적은 경영자가 의사결정을 잘 할 수 있도록 조사발견을 제대로 전달하는 방향으로 진행되어야 한다. 조사보고서를 받는 경영자가 조사보고서를 보고, 내용이 난해하여 해석하지 못해 적절한 경영의사결정을 하는 데 도움을 받지 못한다면, 이제까지 수행한 노력이 가치가 없어질 수 있다.

그러므로 조사자는 의사결정자가 조사보고서를 읽는 기회를 가진 후에도 의사결정자와 만나서 첨가적인 정보를 제시하고 경영자가 관심있는 쟁점을 명확하게 해주려고 해야 한다. 마케팅조사자에게 경영자는 고객이므로 고객인 경영자를 만족시키는 방향으로 나아가야 한다.

그림 14.4 마케팅 지식창출과 이용

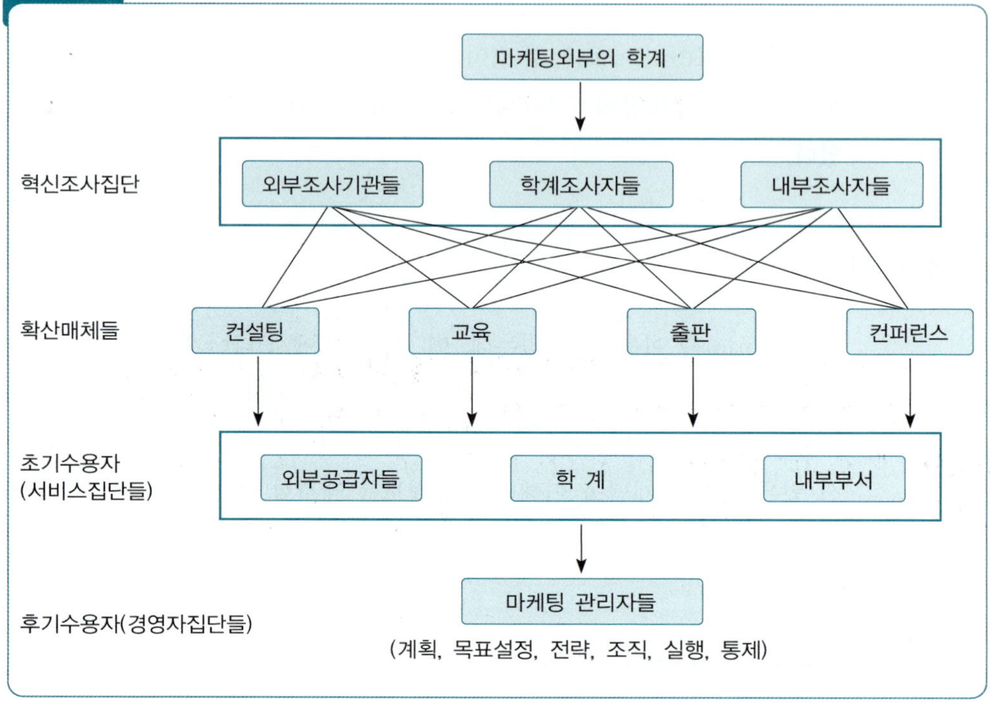

자료 : John G. Myers, William F. Massy, and Stephen A. Greyser(1980), *Marketing Research and Knowledge Development : An Assessment for Marketing Management*, Prentice-Hall, Inc. p. 182.

5.2 조사결과의 확산

조사결과의 확산을 거시적으로 바라볼 필요가 있다. 마케팅조사의 발전을 마케팅조사와 새로운 지식개발(marketing research and the development of new knowledge)측면에서 바라볼 때, 학계, 산업계, 여러 다른 부문들이 서로 함께 수행되어 왔음을 알 수 있다. Myers, Massy와 Greyser(1980)는 [그림 14.4]를 통해 잘 보여준 바 있다. 즉, 혁신조사집단들로부터 새로운 조사가 수행되면, 나타난 조사결과는 컨설팅, 교육, 출판, 컨퍼런스 등 확산매체들을 통해 수용자들에 수용되면서 사회로 확산된다. 초기수용은 기업내부와 외부, 그리고 학계가 되고, 후기수용자들은 마케팅 관리자들이 된다.

사례

스티브 잡스의 프레젠테이션

경쟁은 차별화된 프레젠테이션을 요구한다. 전달하고자 하는 가치를 현실감 있고, 지루하지 않으면서 감동을 전달하는 능력은 창의성을 필요로 한다. 이러한 창의성을 지닌 대표적인 사람으로 애플의 창업자 스티브 잡스를 드는 데 이의가 없다. 그는 세상을 떠났지만, 그의 프레젠테이션은 많은 동영상으로 제작되어 유튜브를 통해 쉽게 접할 수 있다.

카마인 갈로(2010)는 스티브 잡스가 청중의 마음을 끝까지 사로잡기 위한 프레젠테이션 비법을 세 가지로 제시하고 있다.

첫째, 이야기 행위를 창조하라(Create a story act). 무엇을 전달할 것인지, 그 전달하고자 하는 것이 무엇인지 쉬우면서도 핵심적인 헤드라인을 만들면서 이야기 형태로 전달하려고 했다. "iPod"을 출시할 때, "1,000곡의 노래를 호주머니에"라고 했고, "iPhone"을 출시할 때는 "오늘 애플이 휴대전화를 재발명합니다"라는 헤드라인을 만들어 청중에게 가치전달과 감동을 전달하려고 했다.

둘째, 경험행위를 전달하라(Deliver the experience act). 잡스는 슬라이드를 단순하게 구성하여 청중의 시선을 집중시켰으며, 다양한 시각효과를 이용하였다. 자연스러운 시연, 제3자를 내세운 무대 등을 통해 청중에게 경험을 만들어주었다.

셋째, 다듬고 연습하라(Refind and reherse). 그는 한 번의 프레젠테이션을 위해 500시간 이상 연습을 했다고 한다.

[그림 14.5] 스티브 잡스의 프레젠테이션

요약

1. 마케팅조사의 최종적인 단계는 조사보고서 작성에 있다. 조사자는 조사보고서를 잘 작성하여 경영자에게 커뮤니케이션해야 한다. 조사보고서는 독자인 경영자에게 조사 결과를 전달하는 목적을 가지고 있기 때문에 고객지향적으로 접근할 필요가 있게 된다. 문제제기를 명확하게 하여, 조사에서 보여주고자 하는 핵심항목들을 잘 담아야 하고, 보여주고 있는 것과 보여주기를 원하는 것을 잘 제시해야 한다. 따라서 보고서작성기준은 완전성, 정확성, 명료성, 간결성의 기준을 지켜야 한다.

2. 조사보고서를 작성할 때는 보고서에 포함될 정보를 주의 깊게 결정하며, 정확하고 쉽게 표현하도록 한다. 조사보고서에는 다음의 내용들이 포함된다. 표제, 목차, 결과요약, 본문, 부록 순으로 작성한다. 핵심이 되는 본문에는 서론, 조사설계, 자료수집방법, 자료분석, 조사 결과, 조사의 한계, 결론과 건의사항을 담아야 한다.

3. 구두 프레젠테이션은 청중을 대상으로 구두로 발표하는 것을 말한다. 프레젠테이션을 효과적으로 하기 위해서는 듣는 사람에게 보다 의미있다고 판단되는 부분만을 발표하도록 하고, 여러 가지 시각자료를 사용한다. 발표자는 발표내용을 충분히 숙지하고 사전연습을 하면, 좋은 프레젠테이션이 된다.

4. 도해 프레젠테이션은 표와 그림으로 구성되는데, 파이, 선, 층, 막대그림, 지도 등의 형태를 이용한다.

5. 경영자의사결정에 도움을 주기 위해서 이루어지는 응용마케팅조사의 경우는 사후조치과정을 중요시 여겨야 한다. 마지막으로 마케팅조사결과가 사회에 확산되어 영향을 미치는 과정에 대해서 이해하는 것이 중요하다.

토의과제

여러분들이 그룹으로 프로젝트를 진행하여 조사보고서를 최종적으로 작성하는 단계에 있다고 가정하고, 다음을 토의하고, 여러분의 그룹 보고서를 더욱 알차게 하는 방안을 생각하라.

1. 조사보고서를 제시하는데, 왜 고객지향적인 접근이 필요한가? 조사보고서를 작성하는 기준이 되는 완전성, 정확성, 명료성, 간결성이 어떻게 나타나야 하는가?

2. 이 장에서 제시한 보고서 양식에 따라 여러분의 그룹 프로젝트의 작성 순서를 결정하여 보라.

3. 구두보고서를 준비하고, 전달하는 과정을 어떻게 효율적으로 할 수 있는지에 대해서 토의하라.

4. 여러분의 그룹 프로젝트에 조사결과의 도해 프레젠테이션에서 파이그림표, 선그림표, 층그림표, 막대그래프, 지도 등을 어떻게 이용할 것인가를 토의하라.

5. 여러분이 작성한 그룹 보고서가 의미가 있을수록 주변으로 영향을 미치게 된다. [그림 14.4] 마케팅 지식창출과 확산을 설명하고, 조사결과의 사회적 확산을 위해서 나타나는 확산매체와 초기수용자들과 후기수용자들과의 관계에 대해서 설명하라. 초기수용자들과 후기수용자들 사이의 단절이 나타나지 않도록 하기 위해서 어떻게 하는 것이 좋은가도 토의하라.

참/고/문/헌

카마인 갈로 지음, 김태훈 옮김(2010), 『스티브 잡스 프레젠테이션의 비밀』, 랜덤하우스.

Churchill, Gilbert A. and Tom J. Brown(2006), *Basic Marketing Research*, 6th edition, Sowth-Western College Publication.

Myers, John G., William F. Masy, and Stephen A. Greyser(1980), *Marketing Research and Knowledge Development : An Assessment for Marketing Management*, Prentice-Hall, Inc. p. 182.

Zikmund, William G. and Barry J. Babin(2013), *Essentials of Marketing Research*, 5th edition, Cengage Learning.

부 록 통 계 표

STATISTICAL TABLES

부록표 1 t-분포표

d.f.	단측검정 유의수준					
	.10	.05	.025	.01	.005	.0005
	양측검정 유의수준					
	.20	.10	.05	.02	.01	.001
1	3.078	6.314	12.706	31.821	63.657	636.619
2	1.886	2.920	4.303	6.965	9.925	31.598
3	1.638	2.353	3.182	4.541	5.841	12.941
4	1.533	2.132	2.776	3.747	4.604	8.610
5	1.476	2.015	2.571	3.365	4.032	6.859
6	1.440	1.943	2.447	3.143	3.707	5.959
7	1.415	1.895	2.365	2.998	3.499	5.405
8	1.397	1.860	2.306	2.896	3.355	5.041
9	1.383	1.833	2.262	2.821	3.250	4.781
10	1.372	1.812	2.228	2.764	3.169	4.587
11	1.363	1.796	2.201	2.718	3.106	4.437
12	1.356	1.782	2.179	2.681	3.055	4.318
13	1.350	1.771	2.160	2.650	3.012	4.221
14	1.345	1.761	2.145	2.624	2.977	4.140
15	1.341	1.753	2.131	2.602	2.947	4.073
16	1.337	1.746	2.120	2.583	2.921	4.015
17	1.333	1.740	2.110	2.567	2.898	3.965
18	1.330	1.734	2.101	2.552	2.878	3.992
19	1.328	1.729	2.093	2.539	2.861	3.883
20	1.325	1.725	2.086	2.528	2.845	3.850
21	1.323	1.721	2.080	2.518	2.831	3.819
22	1.321	1.717	2.074	2.508	2.819	3.792
23	1.319	1.714	2.069	2.500	2.807	3.767
24	1.318	1.711	2.064	2.492	2.797	3.745
25	1.316	1.708	2.060	2.485	2.787	3.725
26	1.315	1.706	2.056	2.479	2.779	3.707
27	1.314	1.703	2.052	2.473	2.771	3.690
28	1.313	1.701	2.048	2.467	2.763	3.674
29	1.311	1.699	2.045	2.462	2.756	3.659
30	1.310	1.697	2.042	2.457	2.750	3.646
40	1.303	1.684	2.021	2.423	2.704	3.551
60	1.296	1.671	2.000	2.390	2.660	3.460
120	1.289	1.658	1.980	2.358	2.617	3.373
∞	1.282	1.645	1.960	2.326	2.576	3.291

부록표 2 카이자승 분포표

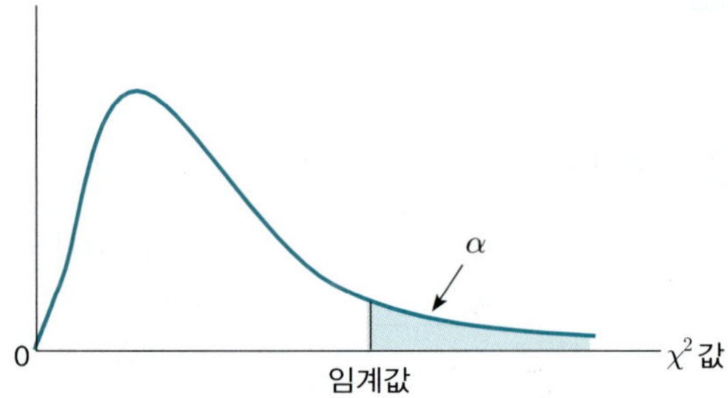

자유도 (d.f.)	유의수준(오른쪽 면적 : α)		
	.10	.05	.01
1	2.706	3.841	6.635
2	4.605	5.991	9.210
3	6.251	7.815	11.345
4	7.779	9.488	13.277
5	9.236	11.070	15.086
6	10.645	12.592	16.812
7	12.017	14.067	18.475
8	13.362	15.507	20.090
9	14.684	16.919	21.666
10	15.987	18.307	23.209
11	17.275	19.675	24.725
12	18.549	21.026	26.217
13	19.812	22.362	27.688
14	21.064	23.685	29.141
15	22.307	24.996	30.578
16	23.542	26.296	32.000
17	24.769	27.587	33.409
18	25.989	28.869	34.805
19	27.204	30.144	36.191
20	28.412	31.410	37.566
21	29.615	32.671	38.932
22	30.813	33.924	40.289
23	32.007	35.172	41.638
24	33.196	36.415	42.980
25	34.382	37.652	44.314
26	35.563	38.885	45.642
27	36.741	40.113	46.963
28	37.916	41.337	48.278
29	39.087	42.557	49.588
30	40.256	43.773	50.892

부록표 3 α=.05일 때 F-분포표

α=.05일 때, F_{v_1, v_2}임계값

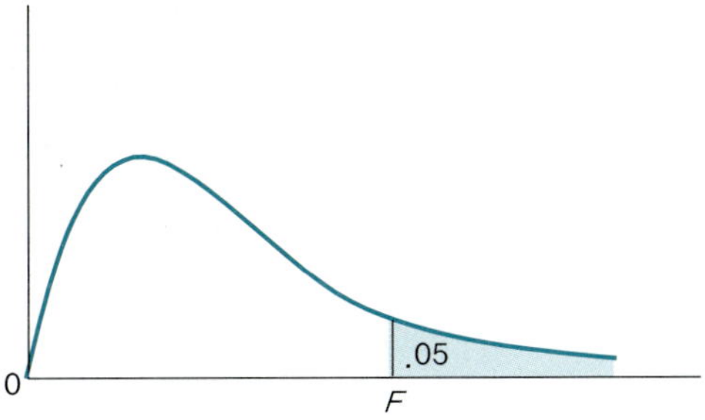

v_1 = 분자의 자유도

v_2 = 분모의 자유도	1	2	3	4	5	6	7	8	9	10	12	15	20	24	30	40	60	120	∞
1	161	200	216	225	230	234	237	239	241	242	244	246	248	249	250	251	252	253	254
2	18.5	19.0	19.2	19.2	19.3	19.3	19.4	19.4	19.4	19.4	19.4	19.4	19.5	19.5	19.5	19.5	19.5	19.5	19.5
3	10.1	9.55	9.28	9.12	9.01	8.94	8.89	8.85	8.81	8.79	8.74	8.70	8.66	8.64	8.62	8.59	8.57	8.55	8.53
4	7.71	6.94	6.59	6.39	6.26	6.16	6.09	6.04	6.00	5.96	5.91	5.86	5.80	5.77	5.75	5.72	5.69	5.66	5.63
5	6.61	5.79	5.41	5.19	5.05	4.95	4.88	4.82	4.77	4.74	4.68	4.62	4.56	4.53	4.50	4.46	4.43	4.40	4.37
6	5.99	5.14	4.76	4.53	4.39	4.28	4.21	4.15	4.10	4.06	4.00	3.94	3.87	3.84	3.81	3.77	3.74	3.70	3.67
7	5.59	4.74	4.35	4.12	3.97	3.87	3.79	3.73	3.68	3.64	3.57	3.51	3.44	3.41	3.38	3.34	3.30	3.27	3.23
8	5.32	4.46	4.07	3.84	3.69	3.58	3.50	3.44	3.39	3.35	3.28	3.22	3.15	3.12	3.08	3.04	3.01	2.97	2.93
9	5.12	4.26	3.86	3.63	3.48	3.37	3.29	3.23	3.18	3.14	3.07	3.01	2.94	2.90	2.86	2.83	2.79	2.75	2.71
10	4.96	4.10	3.71	3.48	3.33	3.22	3.14	3.07	3.02	2.98	2.91	2.85	2.77	2.74	2.70	2.66	2.62	2.58	2.54
11	4.84	3.98	3.59	3.36	3.20	3.09	3.01	2.95	2.90	2.85	2.79	2.72	2.65	2.61	2.57	2.53	2.49	2.45	2.40
12	4.75	3.89	3.49	3.26	3.11	3.00	2.91	2.85	2.80	2.75	2.69	2.62	2.54	2.51	2.47	2.43	2.38	2.34	2.30
13	4.67	3.81	3.41	3.18	3.03	2.92	2.83	2.77	2.71	2.67	2.60	2.53	2.46	2.42	2.38	2.34	2.30	2.25	2.21
14	4.60	3.74	3.34	3.11	2.96	2.85	2.76	2.70	2.65	2.60	2.53	2.46	2.39	2.35	2.31	2.27	2.22	2.18	2.13
15	4.54	3.68	3.29	3.06	2.90	2.79	2.71	2.64	2.59	2.54	2.48	2.40	2.33	2.29	2.25	2.20	2.16	2.11	2.07
16	4.49	3.63	3.24	3.01	2.85	2.74	2.66	2.59	2.54	2.49	2.42	2.35	2.28	2.24	2.19	2.15	2.11	2.06	2.01
17	4.45	3.59	3.20	2.96	2.81	2.70	2.61	2.55	2.49	2.45	2.38	2.31	2.23	2.19	2.15	2.10	2.06	2.01	1.96
18	4.41	3.55	3.16	2.93	2.77	2.66	2.58	2.51	2.46	2.41	2.34	2.27	2.19	2.15	2.11	2.06	2.02	1.97	1.92
19	4.38	3.52	3.13	2.90	2.74	2.63	2.54	2.48	2.42	2.38	2.31	2.23	2.16	2.11	2.07	2.03	1.98	1.93	1.88
20	4.35	3.49	3.10	2.87	2.71	2.60	2.51	2.45	2.39	2.35	2.28	2.20	2.12	2.08	2.04	1.99	1.95	1.90	1.84
21	4.32	3.47	3.07	2.84	2.68	2.57	2.49	2.42	2.37	2.32	2.25	2.18	2.10	2.05	2.01	1.96	1.92	1.87	1.81
22	4.30	3.44	3.05	2.82	2.66	2.55	2.46	2.40	2.34	2.30	2.23	2.15	2.07	2.03	1.98	1.94	1.89	1.84	1.78
23	4.28	3.42	3.03	2.80	2.64	2.53	2.44	2.37	2.32	2.27	2.20	2.13	2.05	2.01	1.96	1.91	1.86	1.81	1.76
24	4.26	3.40	3.01	2.78	2.62	2.51	2.42	2.36	2.30	2.25	2.18	2.11	2.03	1.98	1.94	1.89	1.84	1.79	1.73
25	4.24	3.39	2.99	2.76	2.60	2.49	2.40	2.34	2.28	2.24	2.16	2.09	2.01	1.96	1.92	1.87	1.82	1.77	1.71
30	4.17	3.32	2.92	2.69	2.53	2.42	2.33	2.27	2.21	2.16	2.09	2.01	1.93	1.89	1.84	1.79	1.74	1.68	1.62
40	4.08	3.23	2.84	2.61	2.45	2.34	2.25	2.18	2.12	2.08	2.00	1.92	1.84	1.79	1.74	1.69	1.64	1.58	1.51
60	4.00	3.15	2.76	2.53	2.37	2.25	2.17	2.10	2.04	1.99	1.92	1.84	1.75	1.70	1.65	1.59	1.53	1.47	1.39
120	3.92	3.07	2.68	2.45	2.29	2.18	2.09	2.02	1.96	1.91	1.83	1.75	1.66	1.61	1.55	1.50	1.43	1.35	1.25
∞	3.84	3.00	2.60	2.37	2.21	2.10	2.01	1.94	1.88	1.83	1.75	1.67	1.57	1.52	1.46	1.39	1.32	1.22	1.00

부록표 4 ◣ α =.01일 때 F-분포표

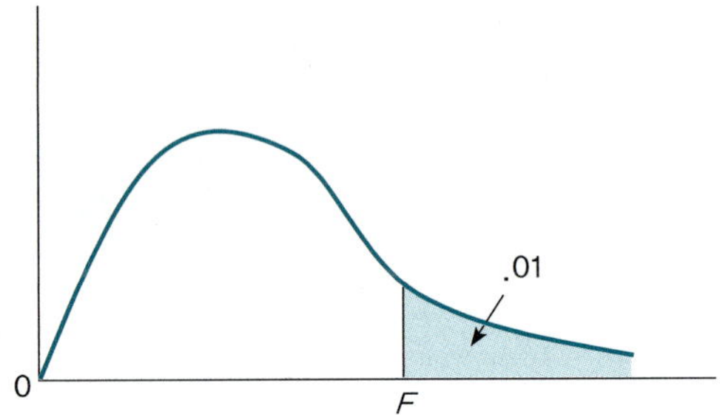

v_1 = 분자의 자유도

v_2 = 분모의 자유도	1	2	3	4	5	6	7	8	9	10	12	15	20	24	30	40	60	120	∞
1	4,052	5,000	5,403	5,625	5,764	5,859	5,928	5,982	6,023	6,056	6,106	6,157	6,209	6,235	6,261	6,287	6,313	6,339	6,366
2	98.5	99.0	99.2	99.2	99.3	99.3	99.4	99.4	99.4	99.4	99.4	99.4	99.4	99.5	99.5	99.5	99.5	99.5	99.5
3	34.1	30.8	29.5	28.7	28.2	27.9	27.7	27.5	27.3	27.2	27.1	26.9	26.7	26.6	26.5	26.4	26.3	26.2	26.1
4	21.2	18.0	16.7	16.0	15.5	15.2	15.0	14.8	14.7	14.5	14.4	14.2	14.0	13.9	13.8	13.7	13.7	13.6	13.5
5	16.3	13.3	12.1	11.4	11.0	10.7	10.5	10.3	10.2	10.1	9.89	9.72	9.55	9.47	9.38	9.29	9.20	9.11	9.02
6	13.7	10.9	9.78	9.15	8.75	8.47	8.26	8.10	7.98	7.87	7.72	7.56	7.40	7.31	7.23	7.14	7.06	6.97	6.88
7	12.2	9.55	8.45	7.85	7.46	7.19	6.99	6.84	6.72	6.62	6.47	6.31	6.16	6.07	5.99	5.91	5.82	5.74	5.65
8	11.3	8.65	7.59	7.01	6.63	6.37	6.18	6.03	5.91	5.81	5.67	5.52	5.36	5.28	5.20	5.12	5.03	4.95	4.86
9	10.6	8.02	6.99	6.42	6.06	5.80	5.61	5.47	5.35	5.26	5.11	4.96	4.81	4.73	4.65	4.57	4.48	4.40	4.31
10	10.0	7.56	6.55	5.99	5.64	5.39	5.20	5.06	4.94	4.85	4.71	4.56	4.41	4.33	4.25	4.17	4.08	4.00	3.91
11	9.65	7.21	6.22	5.67	5.32	5.07	4.89	4.74	4.63	4.54	4.40	4.25	4.10	4.02	3.94	3.86	3.78	3.69	3.60
12	9.33	6.93	5.95	5.41	5.06	4.82	4.64	4.50	4.39	4.30	4.16	4.01	3.86	3.78	3.70	3.62	3.54	3.45	3.36
13	9.07	6.70	5.74	5.21	4.86	4.62	4.44	4.30	4.19	4.10	3.96	3.82	3.66	3.59	3.51	3.43	3.34	3.25	3.17
14	8.86	6.51	5.56	5.04	4.70	4.46	4.28	4.14	4.03	3.94	3.80	3.66	3.51	3.43	3.35	3.27	3.18	3.09	3.00
15	8.68	6.36	5.42	4.89	4.56	4.32	4.14	4.00	3.89	3.80	3.67	3.52	3.37	3.29	3.21	3.13	3.05	2.96	2.87
16	8.53	6.23	5.29	4.77	4.44	4.20	4.03	3.89	3.78	3.69	3.55	3.41	3.26	3.18	3.10	3.02	2.93	2.84	2.75
17	8.40	6.11	5.19	4.67	4.34	4.10	3.93	3.79	3.68	3.59	3.46	3.31	3.16	3.08	3.00	2.92	2.83	2.75	2.65
18	8.29	6.01	5.09	4.58	4.25	4.01	3.84	3.71	3.60	3.51	3.37	3.23	3.08	3.00	2.92	2.84	2.75	2.66	2.57
19	8.19	5.93	5.01	4.50	4.17	3.94	3.77	3.63	3.52	3.43	3.30	3.15	3.00	2,92	2.84	2.76	2.67	2.58	2.49
20	8.10	5.85	4.94	4.43	4.10	3.87	3.70	3.56	3.46	3.37	3.23	3.09	2.94	2.86	2.78	2.69	2.61	2.52	2.42
21	8.02	5.78	4.87	4.37	4.04	3.81	3.64	3.51	3.40	3.31	3.17	3.03	2.88	2.80	2.72	2.64	2.55	2.46	2.36
22	7.96	5.72	4.82	4.31	3.99	3.76	3.59	3.45	3.35	3.26	3.12	2.98	2.83	2.75	2.67	2.58	2.50	2.40	2.31
23	7.88	5.66	4.76	4.26	3.94	3.71	3.54	3.41	3.30	3.21	3.07	2.93	2.78	2.70	2.62	2.54	2.45	2.35	2.26
24	7.82	5.61	4.72	4.22	3.90	3.67	3.50	3.36	3.26	3.17	3.03	2.89	2.74	2.66	2.58	2.49	2.40	2.31	2.21
25	7.77	5.57	4.68	4.18	3.86	3.63	3.46	3.32	3.22	3.13	2.99	2.85	2.70	2.62	2.53	2.45	2.36	2.27	2.17
30	7.58	5.39	4.51	4.02	3.70	3.47	3.30	3.17	3.07	2.98	2.84	2.70	2.55	2.47	2.39	2.30	2.21	2.11	2.01
40	7.31	5.18	4.31	3.83	3.51	3.29	3.12	2.99	2.89	2.80	2.66	2.52	2.37	2.29	2.20	2.11	2.02	1.92	1.80
60	7.08	4.98	4.13	3.65	3.34	3.12	2.95	2.82	2.72	2.63	2.50	2.35	2.20	2.12	2.03	1.94	1.84	1.73	1.60
120	6.85	4.79	3.95	3.48	3.17	2.96	2.79	2.66	2.56	2.47	2.34	2.19	2.03	1.95	1.86	1.76	1.66	1.53	1.38
∞	6.63	4.61	3.78	3.32	3.02	2.80	2.64	2.51	2.41	2.32	2.18	2.04	1.88	1.79	1.70	1.59	1.47	1.32	1.00

부록표 5 피어슨 상관계수

	단측검정 유의수준			
	.05	.025	.01	.005
	양측검정 유의수준			
d.f.	.10	.05	.02	.01
1	.988	.997	.9995	.9999
2	.900	.950	.980	.990
3	.805	.878	.934	.959
4	.729	.811	.882	.917
5	.669	.754	.833	.874
6	.622	.707	.789	.834
7	.582	.666	.750	.798
8	.549	.632	.716	.765
9	.521	.602	.685	.735
10	.497	.576	.658	.708
11	.576	.553	.634	.684
12	.458	.532	.612	.661
13	.441	.514	.592	.641
14	.426	.497	.574	.623
15	.412	.482	.558	.606
16	.400	.468	.542	.590
17	.389	.456	.528	.575
18	.378	.444	.516	.561
19	.369	.433	.503	.549
20	.360	.423	.492	.537
21	.352	.413	.482	.526
22	.344	.404	.472	.515
23	.337	.396	.462	.505
24	.330	.388	.453	.496
25	.323	.381	.445	.487
26	.317	.374	.437	.479
27	.311	.367	.430	.471
28	.306	.361	.423	.463
29	.301	.355	.416	.486
30	.296	.349	.409	.449
35	.275	.325	.381	.418
40	.257	.304	.358	.393
45	.243	.288	.338	.372
50	.231	.273	.322	.354
60	.211	.250	.295	.325
70	.195	.232	.274	.303
80	.183	.217	.256	.283
90	.173	.205	.242	.267
100	.164	.195	.230	.254

찾아보기
INDEX

[ㄱ]
가설검정 325
가설검정순서 331
가설검정절차 330
가정방문서베이 143
가치네트워크 7
간결성 449
간접관찰 156
감정적 요소 210
개념적 정의 202
개방형 질문 249
개방형 항목 308
개별 질문내용 247
검정력 329
결정계수 416
결정적 선택질문 250
고객관계관리 49, 56, 88
고객지향성 6
고정된 대안질문 141
고정총합법 217
고정형 질문 250
공급망관리 49, 55
공변량 385
공분산 418
공분산분석 368, 385
공차한계 429
과학혁명의 구조 35
관계마케팅 7
관찰법 152
교차타당성 검정 422
구두보고서 455
구두 프레젠테이션 454
구매자-판매자 파트너관계 7
구성개념 201
구성개념 타당성 230
구성기법 123
구조방정식모형 171
구조적 인과관계 170
구조화관찰 154
구조화된 자료수집 141
국립세종도서관 101
군집분석 315
군집표본추출법 285
귀무가설 325
균형화 181
그래픽 등급척도 218
그룹웨어 57
그림응답 123
그림좌절 124
기계를 통한 관찰 156
기능을 넘어선 팀조직 60
기술조사설계 23
기술통계학 278, 321
기준관련 타당성 226
기호학 36

[ㄴ]
내부마케팅 6
내부자료 91
내용 타당성 225
내적일관성신뢰성 233
내적 타당성 183
논리경험주의 33
논리경험주의 방법론 33
누락값 307

[ㄷ]
다단계지역 표본추출 286
다변량분산분석 368
다속성다측정 방법 224
다이렉트 메일링 86
다중공선성 428, 429
다차원척도법 315
단계적 해결 434
단순무작위추출법 284
단순태도척도들 214
단순한 마케팅시스템 8
단순한 인과관계 170
단일집단 사전사후측정설계 185
단일집단 사후측정설계 184
대립가설 325
대안항목신뢰성 233
대응표본 t-검정 358
대인면접 142, 246
대학조사기관 63
대화방 128
더미변수를 이용한 회귀분석 435
데이터 마이닝 49, 56, 88
데이터베이스 마케팅 86, 87
도수분포 316
독립변수의 유의성검정 427
독립표본 t-검정 353
동기조사 111
동반발생 168
동시입력 433
동시 타당성 227
등간척도 206
등분산성 421

[ㄹ]
리커트 척도 215
리커트 합산등급법 216

[ㅁ]
마케팅믹스 프로그램 결정 14
마케팅시스템 8
마케팅 윤리강령 65
마케팅조사이사 59
마케팅조사자 5
마케팅첩보 52
매개효과 171
면접기법의 능력비교 149
명료성 449
명목척도 204
모수 321
모집단 275, 278
모집단 구성요소 279
모집단분포 322
모형구축 84
무응답 311
무작위화 181, 186
미국마케팅학회 102
미니시험시장 191
민속학 36
밀집상가조우서베이 143

[ㅂ]
반복측정신뢰성 232
반증가능성 325
반증주의 33, 325
반증주의 방법론 34
방법론 쟁점 32
범위 319
범주척도 215
법칙 같은 일반화 130
법칙 타당성 230
베타(β) 329
보이는 관찰 157
보이지 않는 관찰 157
분산 319
분산분석 370
분산분석의 분류 367
분산분석표 373
브랜드 충성도 202

브레인스토밍 134
비구조화관찰 154
비디오 데이터베이스 54
비선형회귀분석 407
비율척도 207
비표본 오차 277
비표준화 회귀계수 410
비확률표본추출 282
빈도결정질문 250

[ㅅ]
사람을 통한 관찰 156
사례연구 115
사실발견 83
사용자의 권리와 의무 68
사이먼 64
사전사후 무작위 집단비교 설계 186
사회지향 마케팅 6
사후측정 통제집단설계 186, 187
산업조직론 분석 48
산포도 397
상관계수 398
상쇄 181
상호의존관계기법 315
상호작용마케팅 7
상호작용시험효과 178
상호작용효과 377
상호작용효과분석 380
생리적 반응 213
생리적 반응의 관찰 157
서베이 선정기준 148
서베이 조사 141
서베이 조사의 비교 148
서열척도 205
설명되는 편차 416
설명되지 않는 편차 416
설문지의 외형결정 258
설문지의 전체 구조 257
설문지 점검 306
성과모니터링조사 16
성과 측정 16
성숙효과 177, 232
소비자 태도 척도 209
소비자행동 반응분석 15
솔로몬 4집단설계 188
수정된 R^2 423
순수실험설계 184, 186
순차적 표본추출 293
숨기는 관찰 155
숨기지 않는 관찰 155
스티브 잡스의 프레젠테이션 461
시장세분화 13
시장잠재력 추정 85
시장추적 84
시티은행 134
시험마케팅 189
시험효과 178
신디케이트 자료 96
신디케이트 조사 96
신디케이트 조사기관 61
신뢰구간 293
신제품아이디어 창출 112
실험대상의 소멸 180
실험실 실험 182
실험집단 167

[ㅇ]
양자택일형 250
역사적 사건효과 177
역할연기 125
연구가설 325
연상기법 123
연속적 인과관계 170
예측값 419
예측 타당성 226
오스카 와일드 122
온라인조사 246
완성기법 123

완전성 448
왜도 320
외부마케팅 7
외부자료 93
외생변수의 유형 176
외적 타당성 183
요인분석 231, 315
우편면접 145
우편서베이 246
우편패널 145
월스트리트 저널 52
유니레버의 도브 159
유사실험설계 184
유의수준 327
유통정보화 55
은유 125
응답자의 권리와 의무 66
응답형태 249
의미차별화 척도 216
의사결정 17
의사결정수 91
이메일 면접 147
이원분산분석 367, 377
2종 오류 326
인공신경망 91
인과성 167
인과적 진술 168
인과조사설계 25
인위적환경 관찰 156
인지부조화 이론 172
인지적 요소 210
인터넷 면접 147
인터넷 조사기관 63
인트라넷 58
일원분산분석 367
1종 오류 326
임의표본추출 오류 151

[ㅈ]
자료저장시스템 54
자료청소 309
자료코딩 308
자료편집 306
자연환경 관찰 156
자유도 353
잔차 421
잠재변수 201
장바구니분석 89
재무 데이터베이스 54
적합도에 관한 검정 349
적합성 문제 82
전문가 의견조사 114
전사적 자원관리시스템 58
전수조사 276
전자 서베이 147
전자시험시장법 191
전진도입 434
전화면접 145, 246
정교화가능성모형 368
정량적 조사 131
정성적 조사 113, 131
정적집단설계 185
정확성 448
정확성 문제 83
제3자기법 125
제거 181, 434
제한된 합리성 17
조사보고서 양식 450
조사보고서 평가기준 447
조사자의 권리와 의무 67
조사중심 발전단계 45
조사중심 의사결정단계 46
조작적 정의 175, 202
종단조사 23
종속관계기법 315
주성분분석 430
주시험효과 178, 232

주효과분석 379
중심극한정리 323
중심화경향 318
중앙값 318
중앙사무실편집 306
지리인구통계 97
지리정보시스템 97
지역표본추출법 286
직관중심 의사결정단계 45
직접관찰 156
질문의 표현기법 251
집중 타당성 224, 228
짝수점 척도 214

[ㅊ]
참여관찰 37
척도의 정확도 223
척도의 종류 203
첨도 320
체계적 오류 151
체계적 표본추출법 286
최빈값 319
최소자승법 411
최소자승절차 410
추리통계학 278, 321
추세분석 84
추측과 논박 35
측정 201
측정변수 201
측정수단의 편향 178
층그림표 458
층화표본추출법 284

[ㅋ]
카이자승을 이용한 독립성에 관한 검정 345
컴퓨터가 읽을 수 있는 형태 308
컴퓨터지원 대인서베이 143
컴퓨터지원 전화면접 146
코카콜라 38
크론바하 알파 233

[ㅌ]
탐색조사 113
탐색조사설계 22
통계데이터베이스 54
통계량 321
통계적 회귀 179
통제시험시장 191
통제집단 167
투사 85
투사기법 122

[ㅍ]
파이그림표 457
파일럿 연구 116
판단표본추출법 287
판매예측 85
판별 타당성 229
페스팅거 172
편의표본추출법 287
편회귀계수 424
평균 318
평균으로의 회귀 404
평균의 표본분포 322
평생고객 87
폐쇄형 항목 308
포지셔닝 분석 13
표본 275
표본분포 322
표본선정의 편향 179
표본조사 276
표본추출 275
표본추출과정 280
표본추출단위 279
표본추출법의 장단점 289
표본추출프레임 279
표본크기의 결정 290
표본프레임 281

표적 모집단 245
표적시장 13
표적집단 그루피 119
표적집단면접법 118
표준시험시장법 189
표준오차 419
표준편차 319
표준화 414
표준화된 마케팅정보서비스 97
표준화된 마케팅정보서비스 자료 93
표준화된 회귀계수 414
표현기법 124
피어슨 상관계수 397
피어슨 적률상관계수 397

[ㅎ]
하겐다즈 360
학습조직 47
한국갤럽 99
한국마케팅학회 102
할당표본추출 146
할당표본추출법 287
합리적 행동이론 210
항목분할신뢰성 233
항목에 대한 무반응 307
해석주의 35
행동의 관찰 212
행동적 요소 210
허용확률 328
현상학 36
현장실험 182
현장편집 306
홀수점 척도 214
확률표본추출 282
환경탐색 84
회귀모형 411
회귀모형의 유의성검정 426
회귀분석 85
회귀분석의 가정 407
회귀선 410
횡단조사 23
후진제거 434

* * *

AGB닐슨미디어리서치 99
F-분포 371
p-값 327

찾아보기 INDEX

[A]

accuracy 448
adjusted R^2 423
affective component 210
after-only design with control group 186
alternative hypothesis 325
alternative-form reliability 233
analysis of covariance: ANCOVA 368, 385
analysis of variance: ANOVA 370
area sampling 286
artificial neural network 91
association techniques 123

[B]

backward elimination 434
Barbara Fredricksen 213
behavioral component 210
BehaviorScan 192
bounded rationality 17
brain storming 134
brand loyalty 202
buyer-seller partnership 7

[C]

case research 115
category scale 215
causal research 25
causal statement 168
causality 167
census 276
central limit theorem 323
central office editing 306
central tendency 318
Charles Darwin 404
chi-square independence test 345
clarity 449
closed-ended item 308
cluster analysis 315
cluster sampling 285
cognitive component 210
cognitive dissonance 172
completeness 448
completion techniques 123
computer assisted personal survey 143
computer readable form 308
computer-assisted telephone interview: CATI 146
conceptual definition 202
conciseness 449
concomitant variation 168
concurrent validity 227
conjectures and refutation 35
constant sum method 217
constant variance 421
construct 201
construct validity 230
construction techniques 123
content validity 225
contrived setting observation 156
control group 167
controlled test market 191
convenience sampling 287
convergent validity 224, 228
correlation coefficient 398
counter-balancing 181
covariance 418

covariate 385
criterion-related validity 226
CRM(Customer Relationship Management) 86
Cronbach's coefficient α 233
cross-functional teams 60
cross sectional study 23
cross-validation 422
customer orientation 6
customer relationship management 49

[D]

data cleaning 309
data coding 308
data editing 306
data mining 49, 88
data warehousing system 54
database marketing 86
decision-making 17
decision tree 91
degree of freedom 353
dependence technique 315
depth interview 114
descriptive research 23
descriptive statistics 278, 321
determinant-choice question 250
determination coefficient 416
direct mailing 86
direct observation 156
director of marketing research 59
discriminant validity 229
disguised observation 155
Dove 159

[E]

elaboration likelihood model 368
electronic test market 191
elimination 181
email interview 147
enter 433
environmental scanning 84
ERP(Enterprise Resource Planning) 58
estimate value 419
ethnography 36
experimental group 167
experimental mortality 180
explained deviation 416
exploratory research 22
expressive techniques 124
external data 93
external marketing 7
external validity 183
extrapolation 85

[F]

F-distribution 371
fact-finding 83
factor analysis 231, 315
falsifiablity 325
falsification 325
field editing 306
field experiment 182
fixed alternative questions 141, 250
focus group interview: FGI 114, 118
focus groupie 119
forward inclusion 434
Francis Galton 404
frequency-determination question 250
frequency distribution 316

[G]

geodemography 97
geographic information system: GIS 97
GIGO 306
goodness of fit test 349
graphic rating scales 218
Groupware 57

[H]
Haagen-Dazs 360
hidden observation 157
history effect 177
human observation 156
hypothesis testing 325

[I]
ID(identification number) 308
in-home survey 143
independent-samples *t*-test 353
indirect observation 156
inferential statistics 278, 321
instrumentation bias 178
interaction effect 377, 380
interactive marketing 7
interactive testing effect 178
interdependence technique 315
internal consistency reliability 233
internal data 91
internal marketing 6
internal validity 183
internet interview 147
interval scale 206
intranet 58
item non-response 307

[J]
judgement sampling 287

[K]
Kahneman 18
kurtosis 320

[L]
laboratory experiment 182
latent variable 201
lawlike generalization 130
learning organization 47
least square method 411
least squares procedure 410
Leon Festinger 172
life time customer 87
Likert Method of Summated Rating 216
Likert Scale 215
longitudinal study 23

[M]
mail interview 145
mail panels 145
mail survey 246
main effect 379
main testing effect 178, 232
mall-intercept survey 143
market basket analysis 89
market potential 85
market tracking 84
marketing intelligence 52
marketing research and the development of new knowledge 460
marketing researcher 5
matching 181
maturation 232
maturation effect 177
mean 318
measurement 201
measurement variable 201
mechanical observation 156
median 318
mediating effect 171
metaphor 125
methodological issues 32
methods of observation 152
mini test market 191
missing value 307
mode 319
model building 84
motivation research 111

multicollinearity 428, 429
multi-dimensional scaling 315
multistage area sampling 286
multi-trait multi-method matrix 224
multivariate analysis of variance: MANOVA 368

[N]
natural setting observation 156
nominal scale 204
nomological validity 230
non-linear regression 407
non-probability sampling 282
non-response 311
non-sampling error 277
null hypothesis 325

[O]
observation of behavior 212
on-line research 246
one-group pretest-post test design 185
one shot design 184
one-way analysis of variance: one-way ANOVA 367
open-ended item 308
open-ended question 249
operational definition 175, 202
oral presentation 454
oral report 455
ordinal scale 205
Oscar Wilde 122

[P]
p-value 327
paired-samples *t*-test 358
parameter 321
partial regression coefficient 424
participant observation 37
Pearson product-moment correlation coefficient 397
performance monitoring research 16
personal interview 142, 246
phenomenology 36
physiological reactions 213
picture frustration 124
picture response 123
pie chart 457
pilot study 116
population 275, 278
population distribution 322
population element 279
posttest-only control group design 187
power 329
predictive validity 226
pretest-posttest control group design 186
principle components analysis 430
PRISM 98
probability sampling 282
problems of accuracy 83
problems of fit 82
projective technique 114, 122
pure experimental design 184, 186

[Q]
qualitative research 131
quantitative research 131
quasi-experimental design 184
Quick Response 86
quota sampling 146, 287

[R]
random sampling error 151
randomization 181, 186
range 319
ratio scale 207
Real Beauty 캠페인 159
regression 85
regression line 410
regression model 411

regression to the mean 404
relationship marketing 7
remove 434
research hypothesis 325
residual 421
role playing 125

[S]

sample 275
sample survey 276
sampling 275
sampling distribution 322
sampling distribution of means 322
sampling frame 279, 281
sampling process 280
sampling unit 279
SAS 102
scattergram 397
selection bias 179
Semantic Differential Scale 216
semiology 36
sequential causal relations 170
sequential sampling 293
significance level 327
Simon, Herbert A. 64
simple causal relations 170
simple-dichotomy or dichotomous-alternative question 250
simple marketing system 8
simple random sampling 284
skewness 320
societal marketing 6
Solomon four-group design 188
split-half reliability 233
SPSS 102
standard deviation 319
standard error of estimate: SEE 419
standard test market 189
standardization 414
standardized marketing information service 97
standardized marketing information services data 93
standardized regression coefficient 414
static group design 185
statistic 321
statistical regression 179
stepwise solution 434
stratified sampling 284
stratum chart 458
structural causal relations 170
structural equational modeling 171
structured data collection 141
structured observation 154
supply chain management 49
survey research 141
syndicated data 96
syndicated research 96
systematic error 151
systematic sampling 286

[T]

target population 245
TAT(Thematic Apperception Test) 123
telephone interview 145, 246
test marketing 189
test-retest reliability 232
testing effect 178
the accuracy of a measure 223
The Structure of Scientific Revolution 35
Theory of Reasoned Action 210
third-person techniques 125
tolerance 429
Tversky 18
two-way analysis of variance: two-way ANOVA 367, 377
type 1 error 326
type 2 error 326

[U]

undisguised observation 155
unexplained deviation 416
unstandardized regression coefficient 410
unstructured observation 154
UPC(Universal Product Codes) 98

[V]

value networks 7
variance 319
visible observation 157

[W]

Wall Street Journal 52
Web-based chatroom 128

[Z]

ZMET(Zaltman Metaphoric Elicitation Technique) 114, 125

저자소개

이규현(李圭玹)

이규현 교수는 서울대학교에서 이학사, 경영학석사, 경영학박사학위를 받았으며, 1981년 이후 현재까지 한남대학교 경영학과 교수로서 연구와 강의에 전념하여 왔다. 1997년 이후 현재까지는 미국 미시간대학교의 Richard P. Bagozzi 교수와 함께 미국과 한국 사이의 비교문화 연구를 지속적으로 수행하고 있다.

연구방향은 방법론적 쟁점(본서 제1장 후반부에서 언급)을 강조하면서, 글로벌 관점에서 하이테크마케팅과 소비자행동연구를 접근하는 방향을 택하여 왔다. 혁신에 대한 저항과 수용, 소비자태도, 만족 등 소비자반응에 관한 여러 연구들을 국제학술지(*Social Psychology Quarterly*, *Advances in Consumer Research* 등)와 국내학술지에 게재하여 왔으며, 마케팅 관련 여러 저술들(『마케팅관리』, 『소비자행동』, 『마케팅조사』, 『글로벌 마케팅』, 『혁신확산』, 『신상품마케팅』, 『첨단기술제품마케팅』)이 있다. 이들 연구들은 여러 대학들(한남대, KAIST, 제주대, 충북대, 충남대, 한밭대)에서 학부와 대학원 강의를 통해 전파되었다.

대학에서 봉사(경상대학장, 이부대학장, 사회문화대학원장 등), 학계에서 회장(한국마케팅과학회, 한국소비문화학회)과 부회장(한국마케팅학회, 한국고객만족경영학회) 직을 수행하면서 대학과 연구공동체 발전에 기여하고자 했다. 또한, 학회에서 발간하는 여러 연구지들의 논문심사를 통해 연구수준을 높이는 데 기여하고자 했다. 연구를 통해 쌓은 지식을 컨설팅기관(KMAC, 한국산업기술평가원 등)과 협력하여 기업 평가와 자문을 지속적으로 하여 왔고, 정부 관련 기관들(기초기술연구회, 중소기업청, 조달청, 철도공사, 철도시설공단, 여러 지역 테크노파크 등)에서 자문과 옴부즈만 활동을 하면서 기관의 발전에 공헌하여 왔다. 주말 오후에는 테니스를 즐긴다.

마케팅조사 원론

저 자 이규현
발행자 한헌주
발행처 도서출판 **경문사**
서울특별시 서대문구 독립문로 21-9
전화 738-7035 FAX. 722-4678
E-mail : kmsp@korea.com
홈페이지 : http://www.kmsp.co.kr
등 록 1995년 11월 9일 제300-1995-138호

2014년 2월 21일 초판인쇄
2014년 2월 28일 초판발행

정가 30,000원

ISBN 978 89-420-0801-8 93320